全国医药中等职业教育药学类规划教材

医药市场营销技术

主　编◎陆国民
主　审◎陈军力

中国医药科技出版社

内 容 提 要

本教材是全国医药中等职业教育药学类规划教材之一。全书分上下两篇，共7个章节和9个项目。上篇为医药市场营销基础知识，下篇为医药市场营销实践与技能，从基础和实践两个方面介绍了医药营销心理、医药市场信息、医药产品组合与价格管理、医药分销渠道、医药市场促销、经济核算知识等。

本教材在编写过程中力求体现中等职业教育的特点，强调基本的理论知识、思维方法和实践技能，体现思想性、启发性、操作性和教学实用性。主要供医药中等职业学校药学专业使用，亦可作为药品行业职工继续教育和培训的教材。

图书在版编目(CIP)数据

医药市场营销技术/陆国民主编．—北京：中国医药科技出版社，2011.5
全国医药中等职业教育药学类规划教材
ISBN 978-7-5067-4953-4

Ⅰ.①医… Ⅱ.①陆… Ⅲ.①药品-市场营销学-中等专业学校-教材
Ⅳ.①F724.73

中国版本图书馆CIP数据核字(2011)第064939号

美术编辑 陈君杞
版式设计 郭小平

出版 中国医药科技出版社
地址 北京市海淀区文慧园北路甲22号
邮编 100082
电话 发行：010-62227427 邮购：010-62236938
网址 www.cmstp.com
规格 787×1092mm 1/16
印张 19½
字数 391千字
版次 2011年5月第1版
印次 2011年5月第1次印刷
印刷 北京顺义兴华印刷厂
经销 全国各地新华书店
书号 ISBN 978-7-5067-4953-4
定价 39.00元

编委会

主　编　陆国民（上海市医药学校）

主　审　陈军力（上海中华药业有限公司）

副主编　王冬丽（上海市医药学校）

编　委　（以姓氏笔画为序）

王冬丽（上海市医药学校）

汪丽华（湖北省医药学校）

张　爽（上海市医药学校）

陈歆妙（广东省食品药品职业技术学校）

陆国民（上海市医药学校）

陈江华（上海市医药学校）

陈　浩（上海市医药学校）

郭朝社（河南省医药学校）

贯　莉（北京市宣武区第二职业学校）

唐　伟（江西省医药学校）

葛新艳（安徽省医药技工学校）

出版说明

《全国医药中等职业教育药学类规划教材》是由“全国医药中等职业教育药学类规划教材建设委员会”统一组织规划并实施的全国惟一的中职类行业规划教材。“全国医药中等职业教育药学类规划教材建设委员会”由国家食品药品监督管理局组织全国十几所中等医药学校的校长、副校长和中等职业教育专家组建而成；本套规划教材就是在该委员会的直接指导下建设的。

本套教材的主要编写依据是：①《国家中长期教育改革和发展规划纲要》相关精神。②《中等职业教育改革创新行动计划（2010～2012）》中关于大力发展职业教育的指示精神。③教育部《中等职业学校专业目录（2010年修订）》的要求。④医药行业技能型人才的需求情况。

教材建设是深化中等职业教育改革的重要内容之一，也是学校全面建设的一项核心内容。国家教育部在《中等职业教育改革创新行动计划（2010～2012）》的总体思路中明确指出，当前要“全面推动中等职业教育随着经济增长方式转变“动”，跟着产业结构调整升级“走”，围绕企业人才需要“转”，适应社会和市场需求“变”；着力推进教育与产业、学校与企业、专业设置与职业岗位、教材内容与职业标准的深度对接”。鉴于此，本套教材的具体编写原则为：①科学的反映专业知识的系统性，涵盖教学大纲所强调的知识点，观点要明确、简练、具体、实用、够用。②根据中职教育特点，教材内容包括基本知识、实训实践、趣味学习、职业对接、知识链接等。③根据中职学生年龄轻，青春期思想活跃等特点，多使用图表的形式直接表述，以提高学生的学习兴趣和加强学生的主动参与意识，从而达到学习掌握知识的目的。本套教材首批建设科目按文化基础模块群（5个科目）、技能基础模块群（16个科目）、职业技能模块群（9个科目）分类，共计30个科目（附表）。

教材建设是一项长期而艰巨的系统工程，它还需要接受教学实践的检验。为此，恳请各学校专家、一线教师和学生关注本套教材，及时提出宝贵意见，以便我们进一步的修订。

附表

1	医药应用文读写	16	中药化学基础
2	数学	17	中药学基础
3	医药数理统计	18	中成药商品学
4	医药计算机基础及应用	19	医药商品学
5	医药英语	20	仪器分析概论
6	药事法规概论	21	制药设备概论
7	药用化学基础（一）——无机化学	22	药物制剂技术
8	药用化学基础（二）——有机化学	23	药物分析技术
9	分析化学基础	24	医药市场营销技术
10	生物化学基础	25	药品储存与养护技术
11	应用药理基础	26	中药鉴定技术
12	医学基础	27	中药炮制技术
13	微生物与寄生虫基础	28	中药制剂技术
14	药用植物学基础	29	中药材 GAP 实用技术
15	中医基础	30	中药调剂技术

全国医药中等职业教育药学类规划教材建设委员会

2011 年 4 月 26 日

前言

PREFACE

医药市场营销是中等职业学校医药卫生类各专业共同的专业基础课程。进入21世纪以来，学术界关于医药市场营销的理论和观点在不断演进和创新，加之国家医药卫生事业改革深入推进，取得了举世瞩目的成就，使得原有的医药市场营销类的教材已经不能跟上医药营销理论与实践快速发展的步伐。以往教材建设中重理论轻实践、多引进少创新、重国外轻国内的倾向已不能满足国家大力发展职业教育、促进医药卫生事业改革的新要求。为此，我们在全国医药中等职业教育药学类规划教材建设委员会的支持下，编写了具有探索性和创新性的教材《医药市场营销技术》，以满足不断发展和更新的教学需求。

本教材遵循现代职业教育“以市场为导向，以学生为主体，以能力为本位”的指导思想，融“教、学、做”为一体，弱化学科的系统性，突出实用性、技术性及应用性，强化学生能力的培养，探索任务驱动、项目导向等有利于增强学生能力的教学模式，开展“做学一体化”教学，力图使学生通过本课程学习，掌握医药营销的各项基本技能和必备知识，准确把握中国医药市场特点，具备熟练完成医药营销各岗位的工作能力，以满足医药行业的实际用人需求，促进学生就业。

教材内容的组织安排以完成医药营销的具体工作项目为出发点，根据医药行业技术领域和职业岗位的任职要求，结合中等职业学校学生的认知特点以及医药营销各项工作任务的操作程序，参照人力资源与社会保障部制定的医药商品购销员（四级）的职业资格标准，构建了与学校教学实际、企业用人需求和国家职业能力鉴定相适应的教学内容体系，具有创新性、前瞻性和实用性的特点。

1. 创新性。本书突破传统的体例格式，分为上下两篇，上篇为医药市场营销基础知识，下篇为医药市场营销实践与技能。上篇主要介绍了作为医药营销人员所要掌握的最基本的理论知识，并分析一些典型案例；下篇每一项目都设置了工作任务及实用技术训练，以指导教师和学生完成各项目的教学目标、工作任务和实用技术训练。在内容设计上面，做到上篇的理论知识指导下篇的实践操作，如上篇的第2章营销心理基础对应项目二消费者购买心理分析，上篇的第3章医药营销信息基础对应项目三医药市场调查和项目四目标市场选择，等等。

2. 前瞻性。一方面，引进学科发展中的前沿理论，将全方位营销、网络营销和关系营销等新理论融入教材中。另一方面，引入医药行业的最新改革实践和经验，将基本药物制度以案例的形式融入教材中。

3. 实用性。医药行业是专业性很强的行业，作为特殊的医药产品，其营销方式与普通产品相比较，既有共性，又存在着明显的个性。因此，本书注重一般营销理论与中国医药行业实际的结合，在全面阐述完整理论体系的基础上，总结医药市场营销的特点和规律，以案例赏析、知识拓展、案例分析、技能操作、相关知识链接等形式介绍医药行业的营销实践技术，为在校学生和医药营销人员提供理论和实践指导，具有较强的实用性。

担任本书主编的是上海市医药学校校长陆国民，本书由来自全国7所医药中等职业学校教师参加编写，为更好的体现教材与职场的结合，编写教师到企业进行调研和实践，与企业营销人员共同设计编写方案，本教材特聘请上海中华药业有限公司董事长陈军力作为主审，提出了很多具有实践意义的建议。

本书的编写得到了全国医药中等职业教育药学类规划教材建设委员会的关心和支持，表示感谢。

由于编者水平有限，本书若有不足之处，恳请有关专家学者及广大读者提出宝贵意见，以便修订提高。

编　者

2011年5月

上篇　医药市场营销基础知识

下篇　医药市场营销实践与技能

上篇

医药市场营销基础知识

>>>

第一章 绪 论

1. 掌握医药市场与医药市场营销的基本概念。
2. 了解医药市场的研究方法。

第一节 医药市场与医药市场营销

目前，不断完善的社会主义市场经济体制推动着产业快速发展。理念更快地转化为商品，如江苏苏南等地出现的“粮食银行”；世界最大的注射器生产商美国碧迪（BD）公司的折针器（一次性注射器使用完毕弃置后，其针头可能会造成意外伤害，于是碧迪公司提供一种可以将金属针头折断后安全收存的折针器）。商品的种类、款式、功能迅速更新，以提高人们的生活品质，如不断变化中的计算机、汽车、手机（手机的尺寸和外形不断更新，单一通话到多功能；铃声、屏幕等不断个性化），五彩缤纷的广告（电视，报纸，杂志，高速公路，公共汽车，114 查询电话……），使我们在日常生活中就能感知市场竞争的激烈。

在激烈竞争的市场舞台上，“营销”是使商品被客户或消费者接受、实现商品价值的重要手段，市场营销工作越来越受到企业和商业界的重视和研究，已发展成熟为市场营销学。

营销工作像商品一样，使人们的生活更加精彩，它充满挑战，全面锻炼提升人们从业、创业的能力。学习市场营销学，掌握市场营销技术，全面锻炼和提升人们从业、创业的能力，对当代中职学生做好入职准备，为以后在职场应对挑战奠定基础，是十分必要的。

一、市场与医药市场

市场属于商品经济的范畴，哪里有社会分工和商品生产，哪里就有市场。

医药市场是医药企业从事营销的出发点，正确理解医药市场的含义是医药企业正确制定营销策略的基础。

1. 市场的含义 有关市场的含义，理论界主要有以下三种观点（图 1－1－1）。

图1-1-1　市场的三种观点

（1）市场是指买方和卖方进行商品交换的场所。这是一个时空概念，也是市场原始概念，如中药材批发市场、安国药材市场等。

（2）市场是指商品交换关系的总和。随着社会分工和商品生产的发展，商品交换日益频繁和广泛，市场无处不在。在现代社会，交换渗透到社会生活的各个方面，打破了时空的限制，交换不一定都需要固定的时间和地点。因此，市场就不仅是指具体的交易场所，而且还指所有卖方和买方实现商品交换关系的总和。市场包括供给和需求两个相互联系、相互制约的方面，是二者的统一体。

（3）市场是指对某种或某类产品现实和潜在需求的总和。这是从营销学角度理解和使用的市场概念。在这里，市场专指买方和需求，而不包括卖方和供给，卖方构成行业，买方组成市场。在营销学的范畴，“市场”往往等同于需求。如“减肥药的市场很大”，并不是指减肥药的交易场所很大，而是指人们对于减肥药的需求很大。

2. 医药市场的含义　医药市场是指个人和组织对某种医药产品现实和潜在需求的总合，即对医药产品的需求构成了医药市场（图1-1-2）。

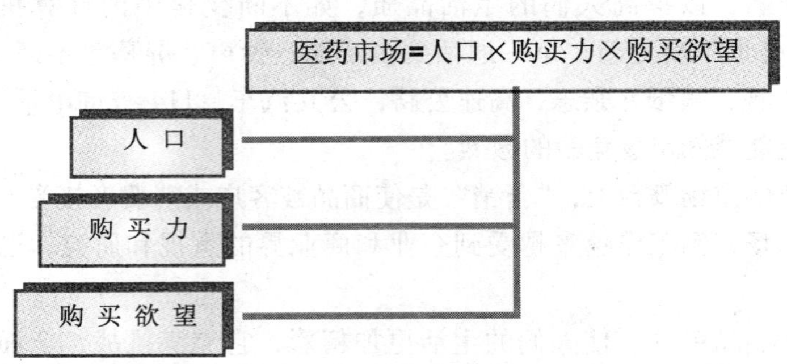

图1-1-2　医药市场的含义

医药市场具有三个构成要素：人口、购买力和购买欲望。这三个要素是相互制约、缺一不可的，只有三者结合起来才能构成市场，才能决定医药市场的规模和容量。例如，对于减肥药这类产品，在农村虽然人口多，但农民缺乏购买力和购买欲望，因此，在农村的减肥药市场不大；而在城市有许多需要减肥的人，他们有较强的购买力和购买欲望，在城市的减肥药市场就很大。每一个医药企业所面临的医药产品市场的规模和容量的大小还取决于竞争者的情况。因此医药企业在衡量市场时，不仅要考察市场需求还要考察竞争者。

二、医药市场的特点

企业营销活动的开展离不开市场，不同类别的市场因为运作对象的性质和活动规律不同而各有其特点。因为医药产品的特殊性，使得医药市场的特点表现在以下几方面。

1. 相关群体主导性强，被动消费现象突出 这是与其他商品市场本质区别的特点，是由医药产品的专属性和两重性决定的。医药产品的运用关系到患者的生命、健康和安全，需要对症使用，但是患者往往对于医药产品的适应症、性能、毒副作用、疗效等缺乏专业了解，不能自行决策，需要医生或药师给予指导和决策。即使是 OTC，大部分消费者仍会在咨询医生或药师后才会放心地购买所需药品。这样在药品销售或使用时，消费者仍处于被动消费状态，基本上没有自己选择医药产品的权力，医药产品的选择权在很大程度上掌握在处方医生（图 1-1-3）或执业药师（图 1-1-4）这些相关群体手中，他们对医药产品的购买和使用有很大的影响。

图 1-1-3 医生

图 1-1-4 执业药师

2. 需求缺乏弹性 医药市场的需求缺乏弹性是指消费者对医药产品的价格变动不很敏感，整个市场的需求受市场价格变动的影响较少。对消费者来说，生命是最重要的，只要能挽救生命，可以不惜一切代价。因此，医药产品的价格升高，一般不会引起整个消费需求的明显减少，尤其是用于治疗危害生命疾病的医药产品，其需求弹性更小。

3. 需求不确定性 由于存在个体差异性，人的疾病表现非常复杂，使需求出现不确定性，即很难预测患病的时间、疾病的类型、严重程度、医学需求的类型和数量等。

4. 需求波动大 医药市场需求波动大这一特点主要是由于突发性、流行性疾病等原因造成的。突发性、流行性疾病会使相关的医药产品在一定时期、一定区域的需求量增加，呈现出波动性。例如，莲花清瘟胶囊是以岭药业研发生产的专利创新的中药，系国家发改委高新技术示范项目、国家级重点新产品，2009 年被卫生部列入治疗甲型 H_1N_1 流感推荐药。2009 年甲型 H_1N_1 流感盛行时，莲花清瘟胶囊经常卖断货。

5. 社会责任性 由于医药产品关系着人类健康，为了保证人民群众能买得起药，用得到药，国家对基本医疗保险药品等影响大的医药产品实行政府定价，且不断进行市场调节，屡屡下调医药产品价格，并逐步建立健全基本医疗保险制度和国家基本药物制度。因此，医药费用一般由政府、社会、保险和个人共同承担。医药产品防治疾病的功能要求医药企业以社会责任为己任，不能单纯追求经济利益，即使是微利产品或是无利产品，一旦公众需要，也应该组织生产销售。

三、医药市场营销

（一）医药市场营销的含义

医药市场营销是个人和医药组织通过创造并同他人交换医药产品和价值以满足需求的一种社会管理过程。可以从以下四个方面理解医药市场营销的含义。

1. 医药市场营销的主体为个人和医药组织 现代市场营销的主体包括一切面向市场的个人和组织，既包括工商企业等盈利性组织，又包括医院、学校、公共事业单位等面向市场的非赢利性组织，还包括一些拟通过交换获取产品和价值的个人。医药市场营销的主体为个人和医药组织。医药组织包括医药生产企业、医药经营企业和医疗机构（图 1－1－5）。

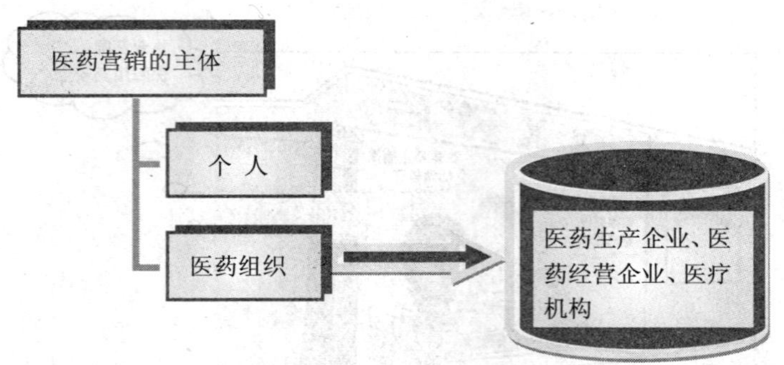

图 1－1－5 医药市场营销主体

2. 医药市场营销的客体是医药产品和价值 医药市场营销不仅仅是医药产品的交换，而且更加强调价值的交换。这里的价值主要指顾客价值（图 1－1－6）。

3. 医药市场营销的核心是交换 交换是医药市场营销的核心（图 1－1－7），交换是通过提供他人所需所欲之物来换取自己所需所做之物的过程。只有通过交换，才能产生营销活动。交换过程是一个主动、积极寻找机会，满足双方需求的过程，也是一个创造价值的过程。交换过程能否顺利进行取决于营销者提供的产品、价值满足顾客

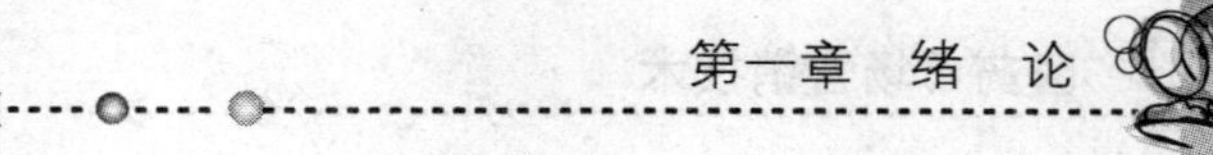

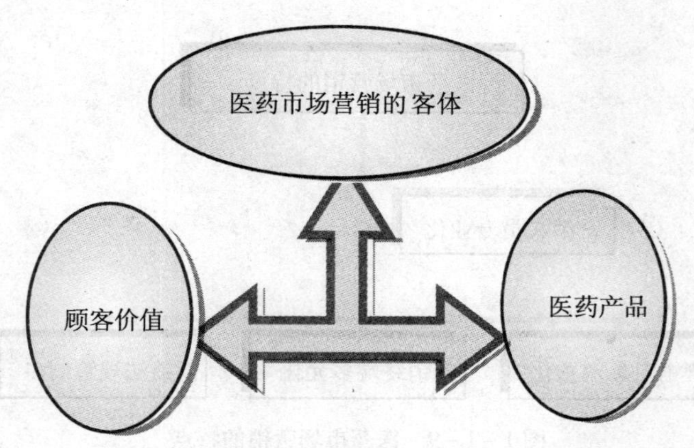

图 1－1－6 医药市场营销客体

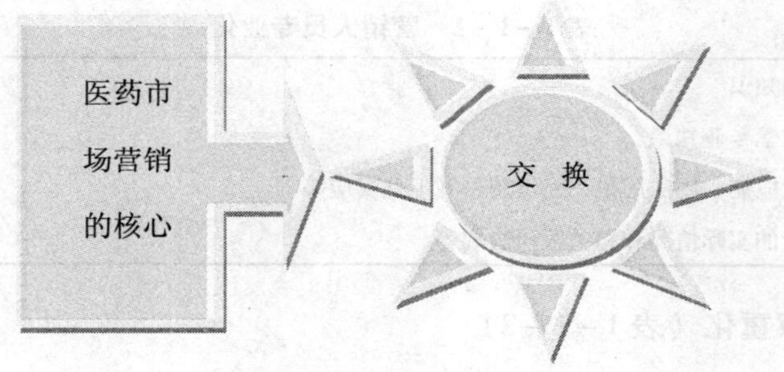

图 1－1－7 医药市场营销的核心

需求的程度和交换过程的管理水平。

4. 医药市场营销的最终目的是有利益地满足需求 医药组织开展市场营销是通过满足顾客及其他相关利益者的需求来实现自身利益，达到多赢。其中满足顾客需求是医药市场营销的中心，因此，满足顾客需求，让顾客满意成为医药市场营销的基本精神（图 1－1－8）。

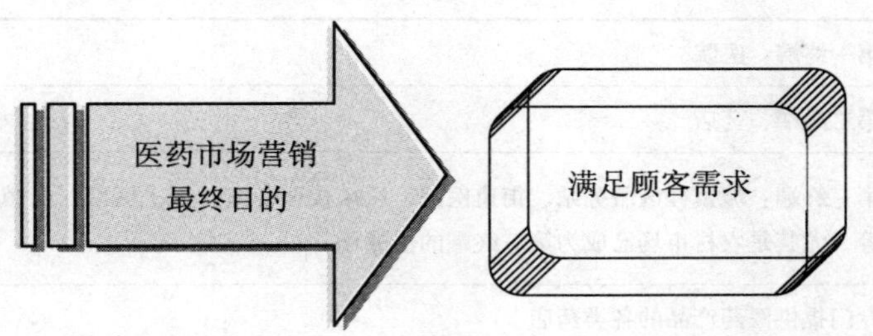

图 1－1－8 医药营销市场最终目的

（二）医药市场营销的特点

见图 1－1－9。

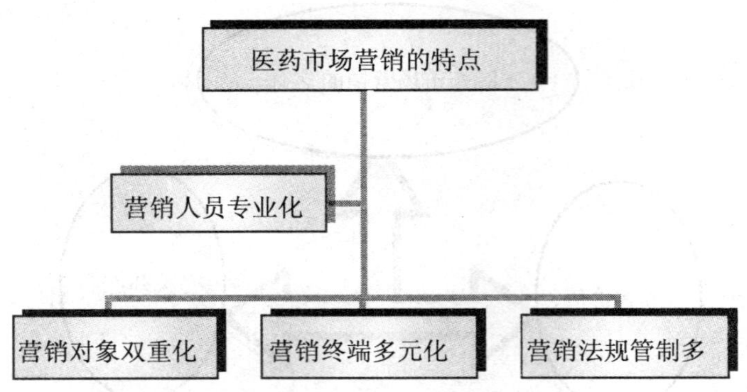

图1-1-9　医药市场营销的特点

1. 营销人员专业化（表1-1-1）

表1-1-1　营销人员专业化

营销人员专业化
(1) 掌握营销管理知识
(2) 具备医学、药学专业知识
(3) 掌握产品的适应症、用法用量、配伍禁忌、不良反应等
(4) 了解医药行业的实际情况和相关医药法规等

2. 营销对象双重化（表1-1-2）

表1-1-2　营销对象双重化

营销对象双重化
(1) 顾客：主要的营销对象
(2) 相关群体（医生、执业药师）：在医药产品的购买决策过程中，由于顾客对于相关群体有较强的依赖性，需要医生或执业药师提供指导和帮助决策，医生或执业药师在医药消费决策中具有很强的主导性

3. 营销终端多元化（表1-1-3）

表1-1-3　营销终端多元化

(1) 医药市场营销的三类终端	第一终端：医院
	第二终端：药店
	第三终端：城镇社区服务站、街道医院、厂矿校医务室、职工医院、乡镇卫生院、村卫生室等，尤其是农村市场已成为第三终端的主战场
(2) 终端的表现形式	专门提供医药产品的各类药店
	同时提供医疗服务和医药产品的医院及诊所

注：由于药店与医院诊所履行的功能不一样，它们对医药产品的需求会不同，这为医药市场营销带来了更多的复杂性。

4. 营销法规管制多（表1－1－4）（图1－1－10）

表1－1－4 营销法规管制多

（1）国家制定了《中华人民共和国药品管理法》、《中华人民共和国药品管理法实施条例》等法规；以及在广告法、刑法等法规上均有体现
（2）药品的生产、经营管理、医疗机构的药剂管理、新药管理、特殊药品管理、药品质量管理、药品包装管理、药品价格和广告管理、药品监督管理等，都有明确规定
（3）政策法规是医药营销活动的重要环境，都必须严格遵守

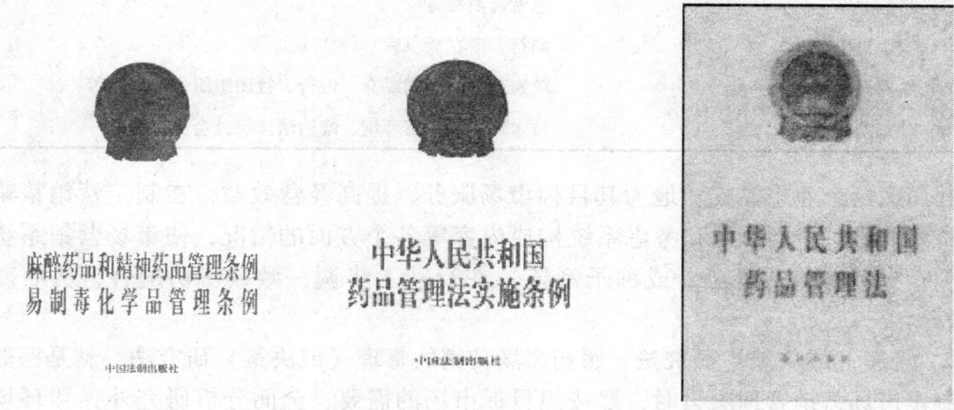

图1－1－10 药品法规样本

第二节 医药市场的研究方法

医药市场营销除了需要遵循一般市场营销规律外，还受到医药市场特殊性的制约，因此，准确把握医药市场营销的概念，还必须对医药市场的研究方法有充分的了解。下面介绍四种研究方法（图1－1－11）。

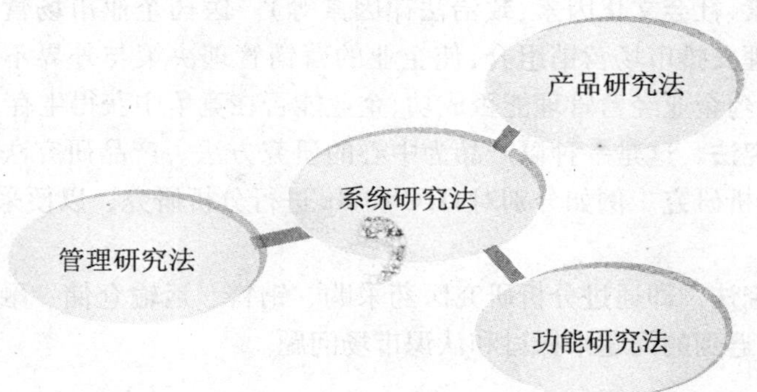

图1－1－11 医药市场研究方法

1．系统研究方法 医药市场的系统研究方法是指医药企业进行市场营销管理决策时，要把与具体营销活动有关的市场环境和营销活动过程看作是一个系统，按照系统论的客观要求，统筹兼顾其营销系统中的各个相互影响、相互作用的构成部分，内部一致、内外协调，千方百计地使各个部分协同行动，密切配合。

所谓系统，是指由两个或两个以上的相互影响、相互作用的部分所构成的统一整体。医药企业的所处的市场和营销活动过程实际上也是一个非常复杂的大系统，它一般包括以下一些相互关联的因素（构成部分）（表1-1-5）。

表1-1-5　系统构成内容

（1）企业自身	属于内部系统
（2）营销伙伴（渠道）	医药经销公司、医院等
（3）目标顾客	患者、消费者
（4）竞争对手	同行、潜在竞争者
（5）医药企业面临的公众	政府部门、新闻媒介、银行、社团组织、合作者等
（6）外部宏观环境	技术环境、自然环境、政治法律、社会文化等

任何医药企业想要成功地为其目标市场服务，提高经营效益，在制定营销策略时必须统筹兼顾，全面审视和考虑系统构成内容等各个方面的情况，使市场营销系统的各个因素（或称构成部分、或称子系统）在行动上步调一致，密切配合，从而产生“增效作用”。

2．管理（或决策）研究法　医药市场营销的管理（或决策）研究法，就是医药企业在制定市场营销管理决策时，要按照目标市场的需要，全面分析研究外界“环境因素”（即企业不可控制因素），同时考虑企业内部资源和能力，权衡利弊，选择最佳的市场营销组合，以满足目标市场的需要，扩大销售、增加赢利，提高企业经济效益。这就是从管理（决策）角度分析研究市场营销问题。

医药市场营销与其他有形产品领域的营销一样，其营销战略中应包括两个相互关联的部分，即目标市场和市场营销组合。医药企业为满足目标市场的需要，必须对“6PS”（产品、价格、分销、促销、权力、公共关系）作出最佳的组合。但企业的营销活动不是在真空中进行的，它必须全面考虑企业的目标与资源、外界制约因素（即经济因素、技术因素、社会文化因素、政治法律因素等）。医药企业市场营销管理的工作任务和重点是：合理安排市场营销组合，使企业的营销管理决策与外界不断变化的环境相适应。这就是医药企业经营管理能否成功、企业能否在竞争中获得生存发展的关键。

3．产品研究法　这是一种以产品为中心的研究方法。产品研究法是对各类产品的市场分别进行分析研究。例如分别对OTC和Rx进行分析研究，以便采取适合其特点的营销策略。

4．功能研究法　即通过分析研究医药采购、销售、运输仓储、融资、促销等各种市场营销职能所遇到的问题来探讨和认识市场问题。

知识拓展

一、市场营销的产生

市场营销是计划和执行关于商品、服务和创意的观念、定价、促销和分销，以创造符合个人和组织目标的交换的一种过程，市场营销学也是一门由多学科交叉渗透、实用性很强的新兴学科。它于20世纪初起源于美国，到了20世纪50～60年代，市场营销学才有了比较成熟的理论作指导，并随着市场营销实践的变化而不断丰富、发展和完善（图1－1－12）。

市场营销学作为一门学科，它从产生到现在不足百年历史，但作为培育它和为它提供实践场所的商品市场，却是一个非常古老的经济范畴。

市场是社会分工、商品生产和交换的产物，从人类发展历史角度来看，它经历了几种社会形态，有着几千年的发展历史。

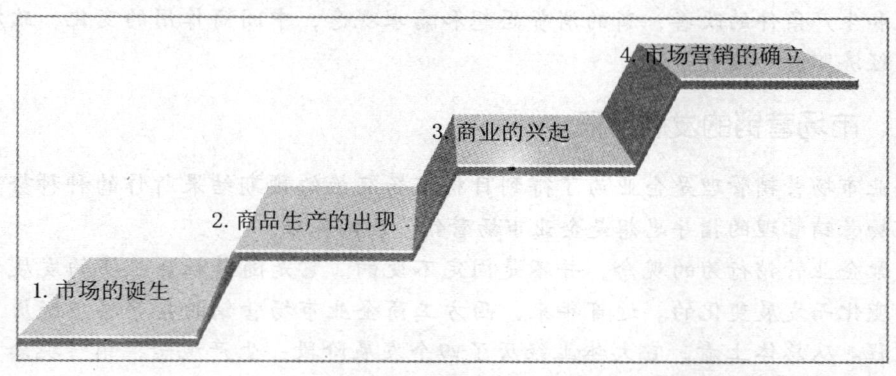

图1－1－12　市场营销的产生

畜牧业与农业分离的第一次社会大分工，由此出现了农产品和畜产品交换的需要，出现了交换的场所。这就是市场的雏形。人类社会第二次大分工，使手工业和农业产生了分离，形成了两大物质生产部门，出现了直接以交换为目的的生产活动，即商品生产，它为市场的进一步发展提供了物质基础。第三次人类社会的大分工产生了一个不从事生产而只从事产品交换的商人阶级，兴起了一种专门从事商品交换的行业——商业。这使得市场的扩大和发展有了组织条件。

无论何种社会形态，只要有商品生产和商品交换存在，就离不开为之提供场所的市场。因此，从简单意义上讲，市场是商品和服务交换的场所，是沟通供需的纽带。

在市场经济条件下，追求利益的最大化是商品生产者和交换者的本能，他们为了在激烈的市场竞争中获胜，就必须认真研究有关市场与交换的学问。专家考证后认为，世界上最早提出市场营销观念的国家是日本。早在公元1650年，日本三井家族的成员就在东京开设了第一家百货公司，并提出一套经营销售的方针：如商店要成为顾客的采购员；要为顾客设计和生产合适的商品；保证顾客满意，否则原款奉还。这些经营思想，应该说比较符合现代市场营销学原理的要求。

19世纪中叶，美国国际收割机公司提出经营销售思想后，市场经营才真正出现于西方国家。麦克密克不但发明了收割机，而且提出了经营销售理论。他是西方国家中第一位清楚地认识到营销重要性的人，提出了早期市场营销的理论与方法。

20世纪初，泰勒《科学管理原理》一书的出版，标志着现代企业管理的开端。市场营销活动以及理论研究开始正式登上美国学术界和企业界实践与探索的舞台。

经济思想史的发展进程表明，任何社会条件的变化都将产生新问题，从而导致为

解决此问题的新理论和新思想的产生。因此，市场营销思想首先起源于美国，也是和美国当时的社会经济环境密切相关的，是美国社会经济环境发展的产物。

19世纪末20世纪初，美国开始从自由资本主义向垄断资本主义过渡，与过去相比美国社会环境发生了深刻的变化，工业生产规模不断扩大，专业化程度日益加深，人口迅速增加，个人收入上升。日益扩大的市场需求为创新提供了无限的机会，市场竞争也随之进入了一个新的阶段。人们对市场和市场实践的态度开始发生了变化。所有这些因素共同促进了美国市场营销思想的产生，并逐步形成一门对商品营销活动进行全面综合分析的专门学科。其中最重要的因素有：市场交换规模的扩大，新的生产技术出现和生产条件的改善，新的消费思想和需求观念，中间商作用的变化，政府管理社会与经济职能的提升等等。

二、市场营销的发展阶段

企业市场营销管理是企业为了得到目标市场交换的预期结果所作的种种努力。其中，市场营销管理的指导思想是企业市场营销管理的基础。

支配企业营销行为的观念，并不是固定不变的。它是随着社会经济的发展和市场形势的变化而发展变化的。近百年来，西方工商企业市场营销的指导思想经历了演变发展过程。从总体上看，它大体上经历了四个发展阶段：生产观念、销售观念、市场营销观念、社会营销观念（图1－1－13）。

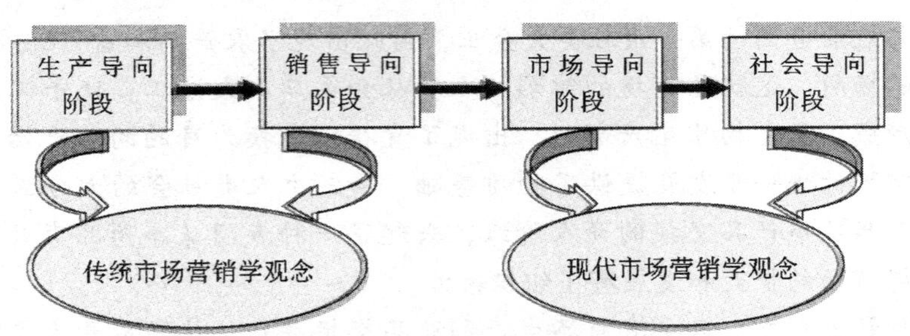

图1－1－13　市场营销发展阶段

第一阶段：生产导向，即企业以生产为中心阶段。

20世纪20年代以前，西方社会产品生产能力还不高，产品供不应求，整个市场总的趋势是“卖方市场”。只要商品质量过硬，价格适中，企业生产多少，就能销售多少。这时的企业家不用关心产品销售，而只要管好生产，在如何使生产得越多越好的目标上下功夫。这种以“生产为中心”的管理导向指导下的企业被称为“生产型”企业，其根本的特征是“以产定销”。

第二阶段：销售导向，即企业以销售为中心阶段。

20世纪30～50年代，西方世界商品生产能力有了很大提高，生产效率突飞猛进。产品快速成倍增长的结果，使得消费品市场由供不应求变为供过于求，由卖方市场变为买方市场。产品从紧缺到大量普遍过剩，使一些企业被迫减产、转产，甚至倒闭。为了求得生存和发展，大部分企业不得不把主要精力由生产管理转移到市场销售上来，由“以生产为中心”转变为“以销售为中心”阶段。严酷的社会现实诱导企业关注市

场销售，市场能销售什么产品，企业就生产什么产品，只要能够销售出去，企业就进行生产。在这样的社会背景下，各种销售技巧、广告宣传、经营管理被重视起来。

第三阶段：市场导向，即企业以消费者为中心阶段。

20世纪50年代以后，西方世界经济增长迅速，消费品大量普及，市场日趋饱和。其结果是，即使产品价廉物美，加上绞尽脑汁的推销，仍然不能将产品全部销售出去，市场竞争空前激烈，企业被迫由“销售中心”进入了“消费者为中心”的阶段。其本质内涵是，消费者需要什么，企业就生产什么、销售什么，并且销售技巧完全按消费者的喜好而改变，企业的生产经营活动也随着市场需求的变化而不断变化，形成企业以消费者为中心的市场导向阶段。

第四阶段：社会导向阶段。

这是20世纪70年代以后发展起来的一种新型市场营销观念，它是为解决市场营销与社会利益之间可能发生的矛盾而提出来的。它比单纯的市场经营观念增加了两个考虑因素。第一，社会市场营销观点认为在满足消费者某些需要的同时，还应考虑和兼顾别人的需求和社会利益。第二，更加强调消费者和社会长期的福利。社会营销学的观念要求企业进一步参与社会、生态环境、可持续发展等诸方面的协调工作，不仅要考虑企业微观效益，也要考虑整个社会的宏观效益。

案例赏析

黄氏响声丸——发出自己的“响声”

“黄氏响声丸”是国内第一个中药品牌的专业咽喉用药，因为功效显著，一直受到行业人士的青睐，更是诸多歌唱演员、教师必备的咽喉保养产品。

虽然已经有10年多的销售历史，可是黄氏响声丸销售业绩始终处于不温不火之中，一直没有上亿，且在2003年下滑到3000万元。

2005年，“黄氏响声丸”经过对产品及其长期以来的市场表现进行深入研究后发现，10多年的销售历史使其已拥有一定的消费人群和受众认知基础。但制约品牌提升和销量提升有两个实质问题需要解决：一是因为传播的长期乏力，造成过去的消费者在不断流失；二是产品定位缺乏科学性，使不少层面的消费人群对产品认识不足。同时，“黄氏响声丸”还面临着一个强大的竞争对手——“金嗓子”喉宝，后者是全国润喉片市场占有率第一，知名度、美誉度第一的产品，在全国许多药店，其零售额前几名中均有金嗓子喉宝，同时，企业也在公众中树立了热情、真诚的形象。

2005年，“黄氏响声丸”将市场定位调整为追随者，保持它的低制造成本和高产品质量和服务，主动地细分和集中市场，仅一年时间，销售额从3000万元增长到了一亿元。

【案例点评】

与“金嗓子”喉宝相比，“黄氏响声丸”是同类药品中的追随者，尽管找不到太好的创意，黄氏还是发出了自己的响声，并从已经被热炒的市场中分了一杯“羹”。从营销理论上讲，做追随者也是一种企业战略。追随者不承担创新的风险，不容易成为行业领导者火拼的目标，追随者以微利经营为生存模式。

目标检验

太太口服液的成功之路

“十足女人味，太太口服液”是家喻户晓的广告词。太太口服液自1993年3月8日面市以来，其独特的美容保健功效深受海内外妇女的认可和青睐，在同类产品中，市场占有率居首位，销售网络遍及中国内地二百多个城市，远销澳大利亚、新加坡、日本、韩国等海外市场。那么，太太口服液营销方面究竟有何独到之处呢？

产品包装的好坏直接影响顾客对产品形象和企业品牌的美誉度。传统的中药保健品给人的感觉都是黑乎乎的瓶子黑乎乎的药。作为专门针对中青年女性的太太口服液和静心口服液，太太药业从外包装上就做到了精心策划，从奥地利和德国引进的无菌生产线，造出新颖的白色瓶身，方便易开的瓶帽，加上红色的标签，不管从视觉上还是触觉上给顾客都是耳目一新的感觉。而独特的瓶帽设计，不仅便于顾客开瓶，而且其中包含了很高的科技成分，令造假者望而却步。

太太口服液采用在电视屏幕上成功塑造中年妇女形象而且是受众颇为熟悉的演员张凯丽作为产品代言人。太太药业结合中国人好送礼的习惯，制成30支装和60支装的礼盒装，并附送精美手袋，让顾客感到实惠、时尚。

产品成功了，急需的是完善的管理。太太药业把眼睛盯住了那些有合资企业经验的职业经理，通过他们把国外公司的管理经验引进公司。

人力资源是公司创新的关键因素，因此公司和一些名牌大学签订了协议，派员工学习。与国内外的大学、培训机构、顾问公司合作，组织演讲和培训，通过这些办法，提高员工的能力。

1. 案例中太太药业运用了哪些营销理念？
2. 太太药业的成功经验是什么呢？

1．请到社会药店观察一下，看看药店的药品陈列有什么规则？与日用品陈列有区别吗？

2．请去了解一下药店营业员与企业医药代表在销售药品的方式上有区别吗？

第二章 医药营销心理基础

1. 了解消费心理的需求、心理感受内容。
2. 了解医药消费市场的特点及市场分析内容。
3. 掌握消费者购买行为的基本分析。

第一节 消费心理分析

消费者是有差异的，每个消费者都有其特定的心理活动方式。同一个消费者对于不同的商品会有不同的认识，不同的消费者对于相同的商品也会有不同的认识，从而形成不同的态度、情感和意志。

一、消费心理概述

消费心理就是消费者在社会总体消费环境的影响下，调节、控制自身消费行为的心理现象，是消费者在购买医药商品过程中的心理活动。消费者从进入药店之前到把药品买走的整个过程，由于存在着影响心理活动的各种因素，其心理变化是复杂的。

二、需求

心理学家认为，消费者的购买行为和任何其他行为一样，都产生于某种尚未得到满足的需求。美国心理学家马斯洛（图 1 –2 –1）提出了“人类需求层次论”，他的理论基于两种前提（图 1 –2 –2）。

马斯洛需求层次论（图 1 –2 –3）有以下观点。

1. 生理需求 是人们为了求得延续生命的基本需求，是最低层次的需求，例如满足其解饥、御寒和睡眠等所需的食、衣、住等方面的需求。

2. 安全需求 是保障人身安全，以免遭受危险和威胁，如保险、保健、药品等的需求。

3. 社会需求 是指人的一种归属感。人类在社会中生活，往往很重视人与人之间的交往，希望成为某一团体或组织有形或无形的成员，得到人们的重视和友谊等。

图 1－2－1　马斯洛（1908—1970）

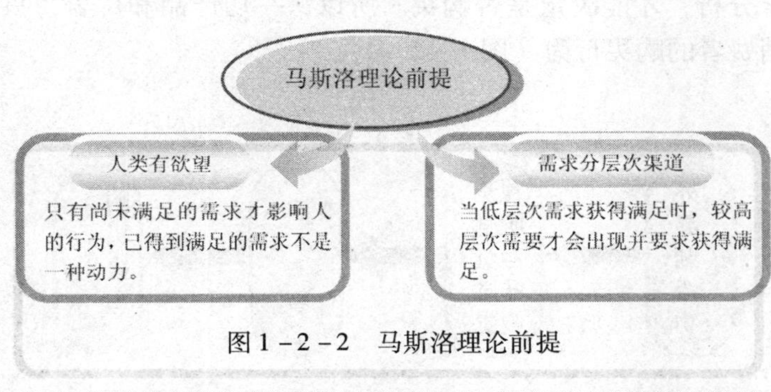

图 1－2－2　马斯洛理论前提

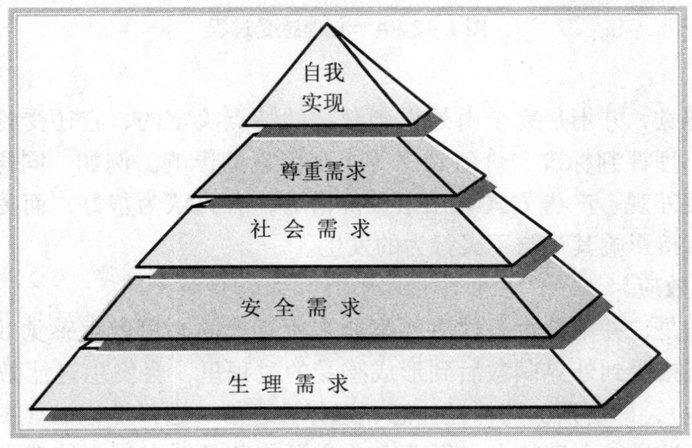

图 1－2－3　马斯洛需求层次论

4. 尊重需求　人类具有自尊心和荣誉感，希望得到别人的尊重，希望在才能、品德及成就等方面得到他人的好评，受到公众的承认。

5. 自我实现需求　是指人本身的潜力、才智与能力得到充分发挥的需求，这是最高层次的需求。

药品是特殊商品，按上述需求理论来分析，其购买行为的背后是消费者身体康复、

保健欲望未被满足。因此可以说消费者购买药品行为的根本原因是因为生了病或为了防病。然而，防病、生病后需吃药是无疑的，但具体吃什么药、吃多少药、如何吃药等问题，就不是仅由“生病”和“防病”这一点来决定的了，也是市场研究人员最关注的东西。同时，相对于其他可以刺激或诱导的需要而言，服药治病或防病的需要不是随便可以刺激的，医药企业更需要在其他方面做文章。

三、心理感受

（一）心理感受过程

心理学认为，感受是人们通过感觉器官接受外界环境的刺激后在大脑中留下的评价与反映。

潜在消费者产生了购买动机后，其购买行为还要取决于对刺激物的感受。任何消费者购买商品，都要通过自己的五官感受（视觉、听觉、嗅觉、味觉或触觉）得到的印象，进行综合分析，才能决定是否购买。所以，一切产品和广告，只有通过人的感觉，才能影响消费者的购买行为（图1－2－4）。

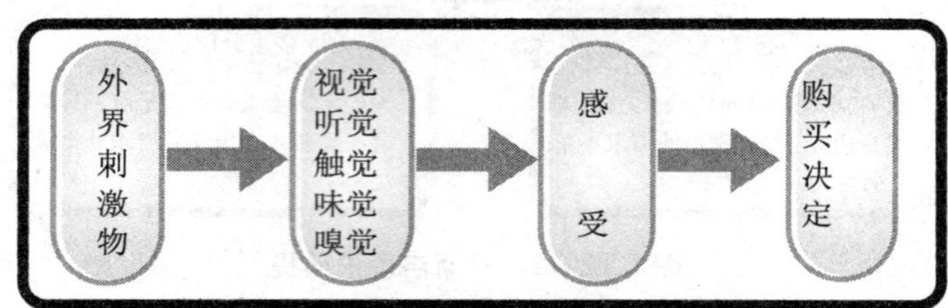

图1－2－4　心理感受过程

消费者的感觉，并不是完全由外界刺激物的特点决定的，它还受到消费者固有的文化、社会和心理评判标准、价值观念等主观因素的影响。例如，同样一种药品，其产品名称、包装外观、广告方式和用语、价格等，有人认为很好，而另一部分人却认为不好，从而直接影响其买与不买行为的发生。

（二）过滤效应

值得注意的是，并不是每一件事物都能在所有人的心里产生感觉效应。因为每一个人从感觉器官接受到外界刺激后到形成感受的过程里，会发生过滤效应（心理学上称知觉的选择性），即所谓的选择性注意、选择性理解、选择性记忆（图1－2－5）。

根据消费者这样的心理特点，医药企业为了使药品能在潜在消费者心中形成预期的感觉，提高其在消费者心中的形象，从而刺激消费需求，就有必要采取多种方式，把商品的成分、功效、味道、剂型、包装等特性，通过有别于其他药品的方式展示给消费者。另外，为增加对消费者的刺激作用，还要增加广告宣传的频率或实际接触的次数，如此反复宣传，才能加深消费者的印象。这也是现实生活中想扩大销售的产品必须经常做、甚至天天做广告的原因。

选择性注意	选择性理解	选择性记忆
由于兴趣、精力等原因，人们在五彩缤纷的世界中往往注意预期的刺激物和变化较大的刺激物。	人们对感觉到的外界刺激物进行理解时，往往按自己想象（如个人经历、偏好及当时情绪）去理解。	人们真正在大脑中留下印象、产生记忆的东西往往与个人兴趣、爱好、态度、信念相一致的事物。

选择性注意：想买保健品的消费者，会十分注意相关保健品的广告和商店、生产厂家，并留下各类保健品的印象；尽管他也同时接触到许多洗涤剂和杀虫剂的广告，但大脑里不会留下什么印象。

选择性理解：一则药品广告宣传某药品同时具有助消化及助睡眠功能时，消化不良者会注意其助消化功能，而失眠症患者则会根据其助睡眠功效来判断其疗效的好坏。

图 1-2-5　过滤效应

第二节　医药消费市场分析

医药行业是正在蓬勃发展的朝阳行业，我国目前约有6000余家医药生产企业，企业之间为了生存和发展，竞争日趋激烈。深入分析医药消费市场，对于企业开发、生产、销售适应消费者的医药产品、提高经济和社会效益，在竞争中取胜，有着重要意义。

一、医药消费者市场的概念及特点

（一）医药消费者市场的概念

医药消费者市场是指个人或家庭为了满足其防病、治病、健身等生活需要而购买药品和服务所形成的市场。

随着社会经济的不断发展，人民整体文化素质和自我保健意识的提高，人们越来越注重生命质量，不仅在总量上扩大了医药市场的规模，而且对药品质量、疗效提出了更高的要求。我国已参照国际通行的管理办法实施药品分类管理。根据药品的安全性、有效性原则，依品种、规格、适应症、剂量及给药途径等的不同，将药品分为处方药和非处方药（图1-2-6），并制订了相应的管理规定。

其中，药品市场是医药消费者市场的重要构成部分。企业只有动态地研究分析消费者市场的全面情况，提供适销对路的医药产品，并采取正确的营销策略，才能把握市场机会。

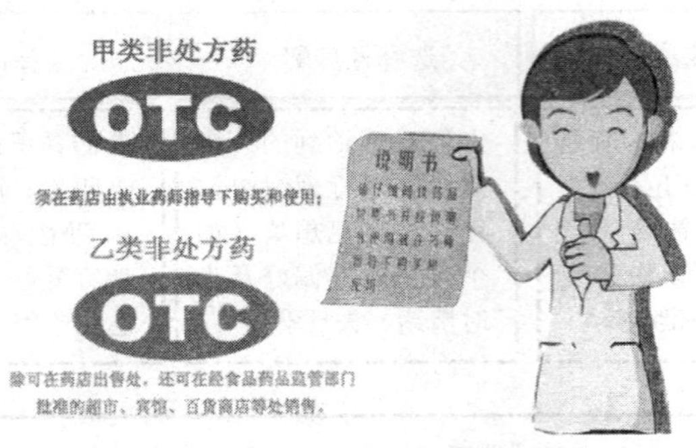

图1-2-6 非处方药

（二）医药消费者市场的特点（图1-2-7）

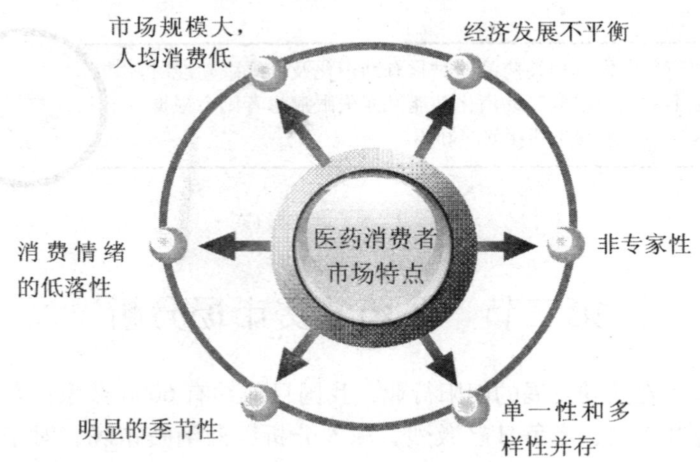

图1-2-7 医药消费市场特点

1. 市场规模大，但人均消费水平较低 这是我国人口基数庞大、经济水平较低、医疗卫生条件和水平较差等原因造成的。这一特点揭示，在我国现有的经济发展水平条件下，人们还是比较偏重于疗效确切、价格低廉的药品，但同时也预示随着我国人均用药水平的逐步提高，医药市场的容量是无比巨大的。

2. 经济发展不平衡 由于历史的和现实的原因，我国城乡差别依然存在，表现在药品的使用上也是如此。农村市场在经营品种、质量、价格档次，人们用药知识、观念与习惯等方面，都与城市有相当大的区别，但增长潜力巨大，大力开发农村市场将逐步成为我国医药经济新的增长点。此外，由于地区之间存在着地理环境、气候条件等差别，不同地区的居民需求的药品品种也不尽相同，如北方寒冷地区对一些驱寒药物、抗感冒药物的需求量较大；江南或江河边缘地区的血吸虫和真菌感染发病率较高，预防和治疗这方面疾病的药品需求量就较其他地区要大得多。

3. 非专家性 由于医药产品在使用过程中需要相对多的专业知识，而大部分消费者是无法达到这一要求的。一般消费者（患者）缺乏鉴别药品质量的能力，因为仅凭外观根本无法鉴别药物质量优劣，所以非专家性特点对于药品而言可谓特别突出（图

1－2－8)。人们或者习惯于听从医生的“命令”，由医生决定用药品种、数量和方式；或者容易受到药品广告、宣传和他人的影响。但这并不是说医药企业可以无视消费者基本权利，而应采用合适的方法，开展消费者教育，指导消费者科学合理地用药。

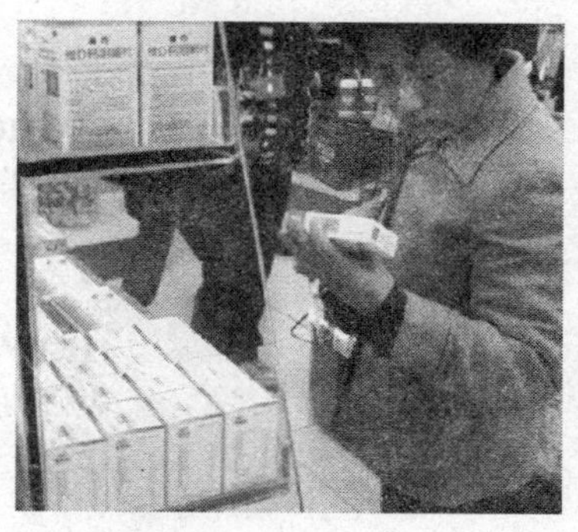

图1－2－8　选购药品

4. 消费的单一性与多样性并存　药品不同于其他商品，其潜在消费者要变为现实消费者的条件，就是当一个人生病或防病时，才会产生购买欲望，其诱导性相对于一般商品而言比较小。这就是药品消费的单一性特点。因而药品促销过程中的“诉求点”不像一般商品那样丰富。同时，由于存在消费者个体的差异，如民族传统、宗教、经济收入、文化程度、风俗习惯、兴趣爱好、性别、年龄、职业等，使其在药品购买行为方面产生一定差异，如有的关注价格、有的关注品牌、有的自己能够简单诊断、有的完全听从别人介绍（图1－2－9）。这就要求医药企业充分认识消费者的差异，针对不同的市场采取相应的营销策略，以更好地满足消费者需求。

图1－2－9　单一性和多样性

5. 明显的季节性　医药消费需求与季节有一定的关系，用药需求呈现出较明显的季节性特点。如春冬之交是感冒药的需求旺季，夏季多用防暑降温药，冬季多用滋补药等等。

二、医药消费市场分析的内容

由于医药市场涉及的内容复杂纷繁，通常的分析方法是围绕“6W1H”展开消费者市场的分析。这6个W是指：购买者（who）和购买决策者（who）、他（或她）为何购买（why）、在市场上要购买什么（what）、什么时候购买（when）、在哪里购买（where）、如何购买（how）（图1－2－10）等。

这七项内容可以说涵盖了营销人员在进行消费者市场分析时需掌握的情况，也是搞好医药企业市场营销的前提和基础。例如，一家医药企业要生产一种新药，它事先必须分析研究，回答以下几个问题：目前市场上最需要什么药品？顾客为什么要购买这种药品？哪一类顾客会选用这种药品？他们在什么情况下（何时、何地、如何）进行购买？如果对这几个问题的分析是正确的，那么对消费者的消费心理和购买行为也就摸清楚了，这种药品的市场需求就基本形成了。

（一）购买者和决策者

1. 谁是产品的购买者　了解谁是购买者，主要是要求医药企业了解特定药品的购

图 1－2－10　6W1H

买者情况，如需求总量、消费者年龄构成、收入情况、职业、地区分布、受教育程度等。这是企业研究消费者市场的基础和开始，找准消费者后才能展开有关的进一步研究工作。

比如感冒药购买者的特征有：要求感冒药能迅速消除症状；习惯用西药感冒药的人数比用中药感冒药的人多；大部分人喜欢用知名品牌；自己做主，对医生的依赖性不如其他药物。感冒药的生产厂家就应当以此为依据开发起感冒药，并不间断地对自己品牌进行宣传。

2. 购买过程中的决策者是谁　在消费者市场中，消费者的购买活动一般以消费者个人或以家庭为单位，但是购买的决策者通常不是家庭集体，而是家庭中的某一个或几个成员。因此，企业就必须进一步了解家庭成员在购买决策中所起的作用和影响。掌握这方面的情况，有助于确定或调整营销组合，从而进行有效的营销活动。家庭成员对购买决策的影响力是个非常微妙的问题。有时候购买药品的决策者似乎是患者本人，但实际上有可能是其家庭成员中的某一员施加了决定性的影响，也有可能是医生。这时，企业的促销策略就必须同时兼顾真正具有决定性或影响力的顾客的需求。

在消费者的实际购买活动中，人们可能以不同的身份出现（图 1－2－11）。

如儿童药品的消费者是儿童，决策者和购买者一般是父母。家庭中，妻子可能帮助丈夫购买保健品和药品。针对不同决策者，企业可采取以下营销活动（表 1－2－1）。

表 1－2－1　针对决策者的影响活动

决策者	针对决策者的营销活动
医生	医药代表向医生宣传药品，企业赞助医药学术会议等
儿童家长	广告中的母婴或父婴画面，强调是安全的儿童药品等
老人子女	选择中青年经常接触的广告媒介、广告中强化孝敬父母的诉求等
同病情或有诊疗经验的亲友	加强服务，提高患者满意度，实施提示性广告等
药店店员	开展店员教育，在店内张贴 POP 海报等

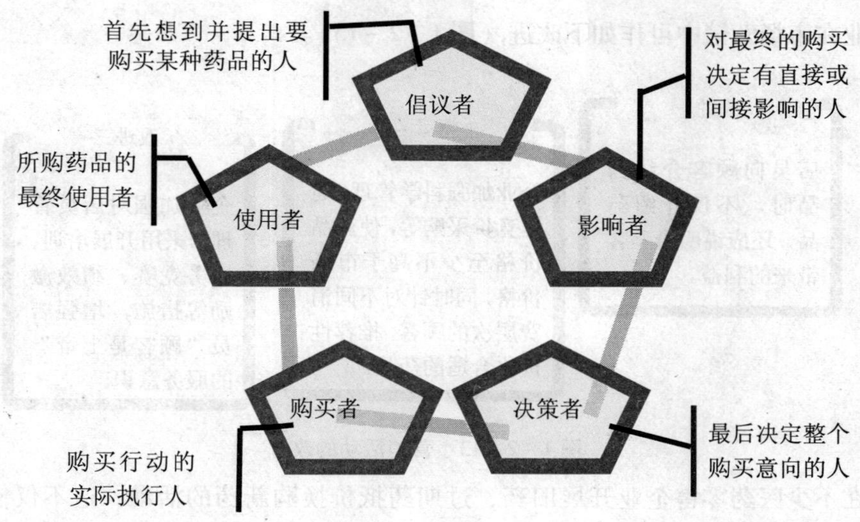

图 1－2－11　购买活动中的角色

（二）为何购买

这是指消费者的购买目的。消费者自行购买药品的原因有以下几点：治疗不严重的疾病，缓解症状，方便、省时等。

市场调查中，大量被调查的消费者表示自己去药店购药的最主要原因是得了小毛病，自身能够察觉症状并能判断所需药品，所以乐于自我药疗，治疗常见的小病，省去了去医院排队挂号、候诊、配药的时间。医药零售企业了解消费者购买目的后，一般可在销售活动中从以下一些方面改进工作（图 1－2－12）。

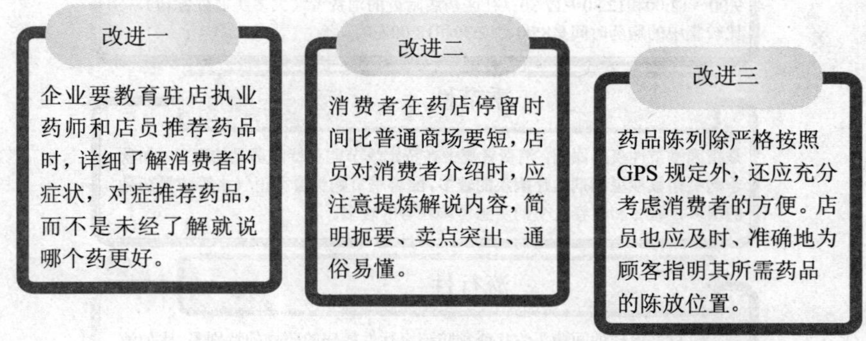

图 1－2－12　销售活动的改进

（三）购买什么

药品的包装、说明书、疗效、不良反应、使用便捷性、安全性、品牌等，是消费者选择药品时比较注重的内容。

在研究消费者购买什么时，除了要回答企业目标顾客最想得到的产品和服务外，更重要的是营销人员要掌握消费者在购买药品时关心的是什么、考虑的是什么、担心的又是什么等内容。由于消费者的差异，同一类药品的不同消费者在购买药品时所关心考虑的内容不可能是一样的，这就要求企业在市场营销中十分重视消费者的需要，尽可能满足消费者的需要。

企业在市场营销中可作如下改进（图1-2-13）。

改进一
店员向顾客介绍药品时，不仅介绍药品，还应说明给顾客带来的利益。

改进二
企业加强科学管理，通过竞价采购等，使药品价格至少不高于市场价格，同时针对不同消费层次的顾客，推荐性价比合适的药品。

改进三
企业加强对店员管理，采用开展培训、服务竞赛、绩效激励等措施，增强店员“顾客是上帝”的服务意识。

图1-2-13　营销活动的改进

现在不少医药零售企业开展旧药、过期药抵价换购新药的活动，这不仅使消费者得到实惠，同时又减少药品对环境的危害（过期药品对环境的危害还没引起重视），从而宣传了企业形象，提升了药品销量，真是高明之举。

（四）何时购买

医药消费具有急迫性特征，消费者深夜得病就得深夜买药。所以说医药消费者在任何时间都可能买药。但“任何时间”也有一定规律可循，那就是集中性、季节性、流行性、突发性（图1-2-14）。

集中性
是指靠近医院的药店，消费者（大多买处方药）比较集中的购药时间是9:00～12:00和12:30～17:30；社区药店附近的消费者（大多买非处方药），比较集中的购药时间是8:00、12:30和18:00左右。

季节性
是指因季节性疾病原因，消费者集中在特定季节购买特定药品的现象。如秋季购买诺氟沙星制剂治疗痢疾的较多，酷暑季节购买藿香正气水等防暑药品的很多，秋冬和冬春之交购买感冒颗粒等的较多。

流行性
是指流行性疾病期间购买治疗或预防该流行性疾病的药物的特别多，比如流脑期间、非典期间、流感期间，而一旦流行性疾病得到控制，这种需求就会急剧下降。

突发性
是指由于消费者的疾病具有突发性，因而会在“说不定什么时候”来药店买药。购药的突发性实际上就是一个没有规律的规律。

图1-2-14　何时购买的规律

针对购买时间的规律性，企业可采取什么样的营销活动呢（表1－2－2）？

表1－2－2　消费者购药时间规律在市场营销中的具体应用

购药时间规律	针对性的营销活动
集中性	一般在集中时段安排较多店员，为消费者提供及时、周到服务；在非集中时段安排少量店员，不让员工无谓加班
季节性	开展季节性药品市场研究，确定季节性品种；采购季节性药品要有提前量，力使货源充足、规避价格波动；相应季节来临时加大广告投放量
流行性	及时了解流行性疾病信息，掌握对应药品的生产情况，做好产销预案
突发性	开设昼夜售药窗口，安排店员值班，确保消费者购药方便

（五）何处购买

我国现时药品最基本的购买点是两个：一是医院（医疗单位），二是药店（图1－2－15）。这不仅是传统习惯，而且是国家相关政策的导向所致。这两大药品供应点的供应品种、供应方式、支付方式均有所不同。企业必须根据所生产经营的药品类别，制订相应的销售策略（图1－2－16）。

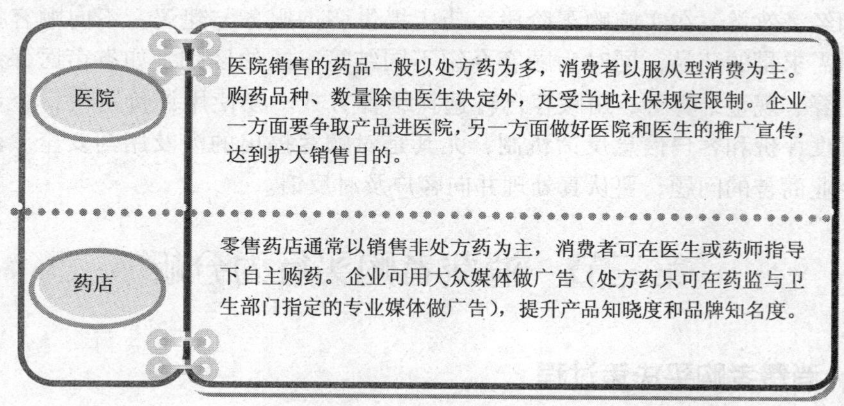

图1－2－15　医院与药店购药特点

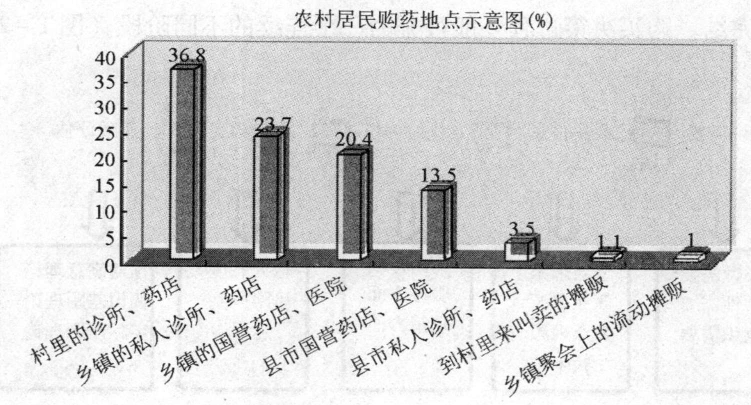

图1－2－16　农村居民购药地点

（六）消费者如何购买

如何购买是指消费者的产生需要、售前咨询、实施购买、使用评价等全过程，以及与之对应的思考、行为方法。

由于医药消费的急迫性，消费者购买过程一般是非常紧凑的。其消费需要一旦产生，他们就会立即咨询医生、亲友或者自己决定，消费者自己的决定是依据医药消费经验和药品广告等信息。消费者一旦决定就会立即实施购买行动。除了医院外，他们选择那些距离较近、服务齐全的药店购药。在购买活动中他们一般目标明确，偶尔咨询药师或店员，购买数量上较少受促销活动的影响，他们选择自己接受的价格的药品。药到病除是消费者的消费目标，也是他们评价药品效果的标准。那些能够快速见效的药品会给他们留下深刻印象，在以后遇到相似病情、相似需求时，他们会自信的购买或推荐这类药品。

根据医药消费者的购买规律，企业要在消费者不同的购买阶段，有针对性地开展营销活动。在产生需要阶段，要开展疾病预防宣传工作，宣示一种“但愿天下人无病，哪怕架上药生尘”的仁爱精神，使消费者一旦产生医药消费需要，首先想到的是形象好的药店。在售前咨询阶段，如开设一般病情咨询的热线电话，一定会产生良好的社会效应和经济效益。在实施购买阶段，药店提供咨询服务与建议，不向顾客推荐超过他们实际需求量的药品，同时为顾客介绍不同结算方式的区别，如省市医保结算、合作医疗结算、现金结算等，由顾客自行选择结算方式。在使用评价阶段，企业要建立顾客满意度评价和客户信息反馈机制，尤其是对顾客提出的涉及用药安全、药品不良反应、企业商誉的问题，要认真处理并向客户及时反馈。

第三节　消费者购买行为分析

一、消费者购买决策过程

消费者的购买决策，从表面上看，似乎就是“买”与“不买”之间的选择，事实上这是一个复杂的过程。消费者的购买，实际上在购买行为发生前就已经开始，并在购买后还没有完结。购买决策过程一般可分为一个连续的不同阶段（图 1－2－17）。

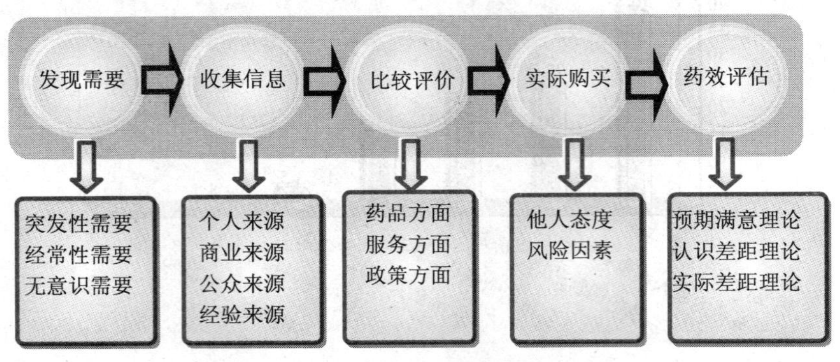

图 1－2－17　消费者购买决策过程

（一）发现需要

消费者首先认识到有待满足的需求，如身体有了疾病，才能产生购买药物动机。引起消费者自行购买药品的因素：可能是疾病发作，身体产生不适症状；或者疾病多发季节即将到来，提前预备药品；或者受购药环境影响，如设在药店或超市药柜的产品展示，以及医药企业的促销活动，这些都会引起非预想购买行为发生。

消费者购买药品行为的发生，常源于以下情况。

1. 突发性需求　这是医药市场中最常发生的购买行为。对于一个具体的消费者而言，由于疾病的发生一般情况下是没有规律的，所以药品的需要不具备预见性和预期性。只有当得了病才会产生购买某种药品的需要。

2. 经常性需要　这种购买行为是由于消费者患病后对某种药品需长期使用或经常使用，因而会经常购买。他们对这类药品的功效、价格、品牌都非常熟悉，一般不需花时间考虑。对于这种购买行为，市场营销的主要工作一是保持产品质量、价格和一定的存货水平，巩固现有的客户市场，二是利用适当的提示物如广告宣传、营业推广等，吸引潜在顾客，改变他们原来的购买习惯。

3. 无意识需要　这种需要一是指患者已经存在某种病症，但由于一些原因没有引起注意，所以也没有用药需要；二是某种新药的宣传力度不够，消费者不知道这种药品存在，所以也就没有购买需要。针对这些情况，企业要做的工作首先是提高消费者的健康卫生意识，其次是进行合理的宣传，提高产品知名度，使无意识需要变成现实需要。

（二）收集信息

消费者进行经常性购药时，其需求能很快得到满足。但如果是因突发性需要购药时，由于消费者不具备相应的专业知识，不能完全自我作出用药判断。这时他们常见的做法是要么上医院、诊所；要么去零售药店，由医生或药师对疾病作出诊断并决定用药品种和数量。还有就是向一些有经验的人咨询，着手收集有关产品、疗效、品牌、规格、价格等信息资料，这种情况在非处方药市场较为常见。企业营销人员要研究消费者的行为以及影响消费者选择的各种信息来源。

医药消费信息来源有下列四类（图 1－2－18）。

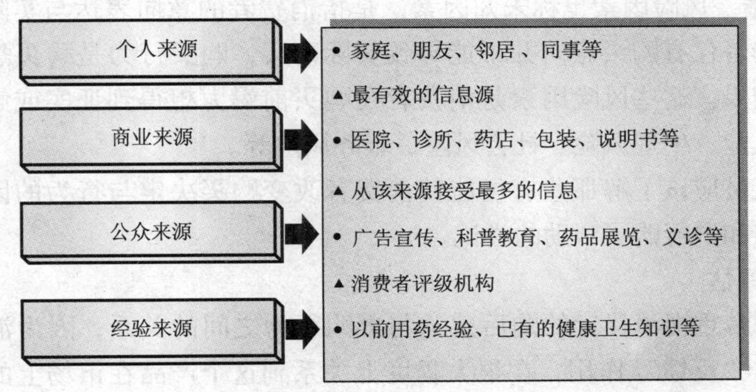

图 1－2－18　医药消费信息来源

各种信息因病情和用药种类的不同，在影响消费者购买决定时的作用也是不同的。

一般而言，商业和大众来源的信息起宣传和告知的作用，个人和经验来源的信息发挥权衡和抉择的作用。医生在消费者用药方面有绝对权威，零售药店和广告宣传则对非处方药营销的影响较大。

（三）比较评价

消费者需对已经获得的药品信息进行比较、评价、判断和选择后，才能最后作出购买什么（品牌）、购买多少（数量）的决定。比较评价是一个复杂的过程，在非处方药市场上，除了消费者本身因素如病情、经济条件、知识水平、身体状态等，影响判断选择的因素还有以下一些方面（图 1 –2 –19）。

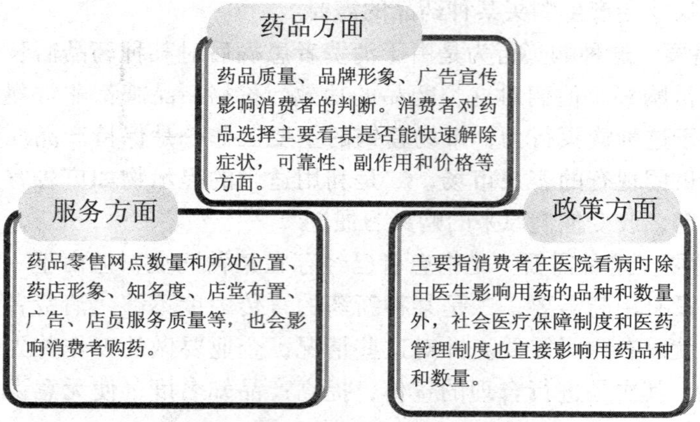

图 1 –2 –19　影响判断选择的因素

（四）实际购买

消费者经过上述几方面的权衡比较后，才能最后作出购买决定并发生购买行为。在实际购买中，消费者还受其他因素的影响。

1. 他人态度　这是影响购买决定与实际购买的因素之一，在药品购买中消费者受他人的影响是决不能忽视的。这些人包括家庭成员、直接相关群体、医生、药品零售人员等，如果他们的否定态度愈强烈，且与该消费者的关系愈密切，那么消费者的购买意向就愈低或直接取消购买决定和购买行为。

2. 风险因素　风险因素也称未知因素，是指消费者的意向表达与实际之间可能存在的差异。消费者仅有购买意向并不能导致实际购买，购买行为是购买意向与未知因素相互作用的结果。这些风险因素是消费者在购买前竭力想得到证实或解决的，如财务风险、功能风险、生理风险、社会风险、服务风险等。

市场营销人员应该了解那些有可能使消费者改变购买决定与行为的因素，并提供降低风险的资料和进行购买帮助的尝试。

（五）药效评估

市场营销非常重视消费者的购后感觉与再购行为之间的关系，因为消费者的购后评价具有巨大的“反馈”作用，在很大程度上关系到这个产品在市场上的前景。西方许多企业信奉一句名言：“最好的广告是满意的顾客”，说的也正是这个意思。

判断消费者的购后行为有三种理论（图 1 –2 –20）。

预期满意理论：认为消费者对产品的满意程度，取决于预期希望得到实现的程度。如产品符合消费者的期望，购买后就会比较满意；反之，期望距现实距离越远，消费者的不满就越大。

认识差距理论：认为消费者购买商品后都会引起程度不同的不满意感。原因是任何产品总有其优点和缺点，消费者购买后往往较多地看到产品的缺点。而别的同类产品越是有吸引力，对所购产品的不满意感就越大。

实际差距理论：认为消费者使用商品后对实际效果与理论预期效果之间存在差距，实际效果受很多具体因素影响。药品疗效既受药品本身的制约，又受患者个体的制约，它不可能与理论上或统计上的有效率完全一致。

图 1－2－20　购后行为三种理论

二、影响消费者购买行为的因素

购买行为指购买者寻找、购买、使用和评价用以满足其需要的产品所表现出来的一切活动。在实际营销中，真正了解和把握购买行为是很困难的。因为购买者采取购买行动时，往往带有很大的盲目性。例如，从医院买回一种药品，可能是因为医生建议；在一家连锁药店买回一大堆药品，可能是看到别人都在买。而且购买者因体质、性别、年龄、职业兴趣爱好等方面的不同，在购买行为上存在着很大的差异，同时每个人的行为也经常处在不断的变化之中。但是购买者的购买行为还是有规律可循，不同购买者在购买同类商品时之所以有不同需求，是在于各方面因素影响他们的购买行为。因此，营销人员必须分析影响消费者购买行为的因素。医药作为特殊商品，其购买者的购买行为主要受到以下五方面因素的影响：文化因素、社会因素、个人因素、心理因素和经济因素。

（一）文化因素

文化因素对消费者的需求和购买行为具有最广泛和最深远的影响，主要体现在文化、亚文化和社会阶层三个方面。

1．文化　文化是人类在创造物质财富的过程中所积累的精神财富的总和，是决定和影响消费者需求和购买行为的最基本因素。文化属于宏观环境因素之一，它包括知识、信仰、艺术、道德、法律、风俗习惯等。每个人都生活在一定的文化氛围中，并深受这一文化所含价值观念、行为准则和风俗习惯的影响。这一影响也延伸到了他们的消费需求和购买行为，而这些又都影响消费者的消费指向和购买行为。例如，我国消费者受传统中医药文化（图 1－2－21）的影响，普遍认为中药的毒副作用小，疗效全面，可以从根本上治疗疾病，在一些

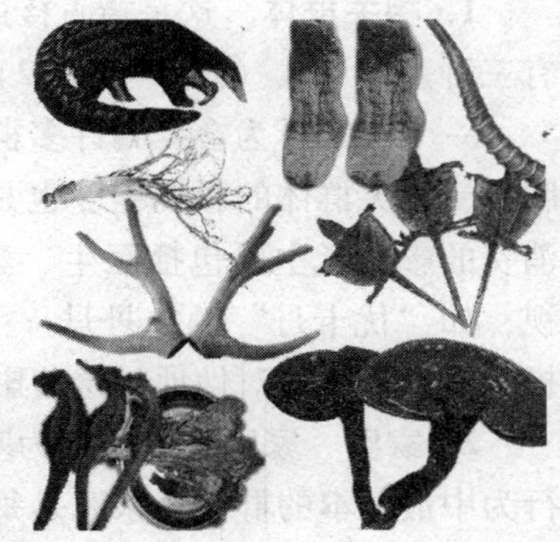

图 1－2－21　中药材

慢性病的治疗方面可能比西药更有效，在预防和保健方面也作用显著，这是都是文化的因素所致。

2．亚文化 在每一种文化中，往往存在许多在一定范围内具有文化同一性的群体，他们被称为亚文化群，主要有民族群、宗教群、种族群、地理区域群等。亚文化通过其特有的价值观、风俗习惯、象征符号和行为特点等因素影响秉持者的购买行为。例如，我国有56个民族，各个民族在生存发展的历史长河中，都有自己的医药需求和医药创造，形成了独特的民族传统医药学，也养成了各个民族独有的用药习惯。目前，在55个少数民族中，有30多个民族的传统医药得到了系统的挖掘整理，其中尤以藏医学、蒙医学、维吾尔医学、傣医学以及壮、苗、瑶、彝、朝鲜、土家等民族医药得到了较好的继承发扬。这些民族传统医药学之所以能够一直保存至今，原因就在于其中不乏具有稳定而确切疗效的良方，培养了忠诚的使用者和支持者群体。还有，我国南方或北方、城市或乡村、沿海或内地等不同地区，由于地理环境、风俗习惯和经济发展水平的差异，人们往往具有不同的生活方式、习惯和爱好，对医药需求会造成较大的差异，并影响到他们的购买行为。

3．社会阶层 这是根据职业、收入来源、教育文化水平来划分的人类群体。在社会研究中，不同社会阶层的人，其生活方式、价值观念、消费结构都有很大的差别，他们的购买行为也不同。

对药品消费而言，家庭的收入水平和医药的社会保障水平，直接对居民的医药消费产生影响。居民的教育程度和文化素质，也会影响药品的消费。此外，人们的职业环境对药品消费也构成影响。例如，城市中的“白领”群体收入稳定，具有较高学历，工作环境多为配有空调设施的办公室，但由于缺少运动锻炼，加上应酬多，膳食习惯不良，容易导致肥胖症、脂肪肝和高血脂等疾病；工作时间长、工作压力大、睡眠不足、环境压抑等因素，也会让“白领”们有健忘、精力不集中、失眠、浑身酸痛、无力、颈肩僵硬、头晕眼花、经常感冒等典型“亚健康”特征。

（二）社会因素

人具有群居本性，每个人都生活在一定的社会中，都要和其他人打交道。社会因素是消费者购买行为的重要影响因素，它包括相关群体、家庭等。

1．相关群体 这是指直接或间接影响消费者购买行为并与之相互作用的群体。它有三种基本形式（图1－2－22）。

一个人的行为会受到许多群体许多方面的影响。购买不同的产品和挑选不同的品牌，受相关群体的影响程度也是不同的。药品是受他人影响程度很深的消费品，医药消费的影响者主要包括医生、药师、亲友、病友等。另外，药品广告的影响也不容忽视，如“优卡丹”的宋丹丹、“江中健胃消食片”的郭冬临等。在遵循医药道德的前提下，企业可针对性地对这些影响者开展工作。

2．家庭 家庭是以婚姻为基础，以血缘为纽带的社会组织的基本细胞，也是消费行为中最基本的群体。家庭是每一个消费者接受影响最早最多的外部环境，消费者的一些基本的价值观念、消费爱好与模式、风俗习惯都直接来自于家庭。

（1）家庭结构 家庭结构是指家庭的组成模式与规模。家庭结构和规模会影响那

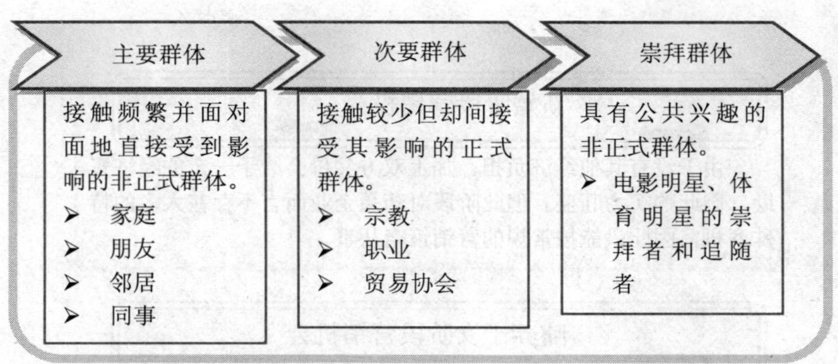

图 1－2－22　相关群体

些直接以家庭为基本消费单位的商品营销，如电视机、电冰箱、空调器等，其尺寸、容量、功率等都受家庭规模、住宅条件等的限制。我国的家庭规模有小型化的发展趋势，三口之家越来越多。另外，在家庭中谁来作购买决策也很重要。日本、韩国等家长制家庭，较偏重长辈意见，而欧美等民主型家庭则偏重子女的意见。由于这两种家庭中决策者的价值观念不同，从而导致购买决策有所不同或完全不同。

（2）家庭生命周期（图 1－2－23）　一个家庭的收入变化和需要药品的重点会随着家庭生命周期的变化而变化（图 1－2－24）。

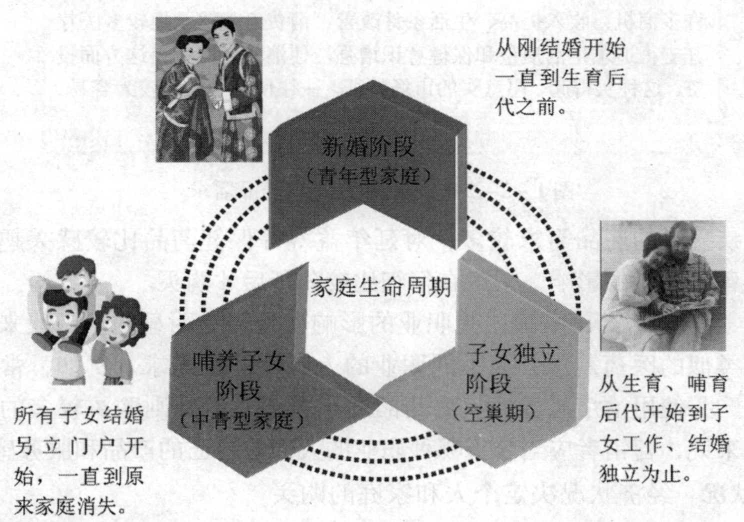

图 1－2－23　家庭生命周期

（三）个人因素

消费者的购买行为也受其个人特性的影响，特别是受年龄、性别、职业、经济状况、生活方式、个性以及自我观念的影响。

1．年龄、性别　不同年龄层、不同性别的消费者，无论是在生理上还是在心理上都有明显的差异，导致他们对医药的消费需求和购买方式都有明显差异。例如，青年人一般对时尚品如减肥、增高、美容等产品兴趣浓厚，而且购买时往往缺乏充分的考虑，容易受各种营销刺激的影响，有一定的随意性；老年人身体健康状况相对较差，

新婚阶段营销机会

由于没有其他经济负担，加上双方父母会给予一定的经济资助，因此购买力旺盛。但此阶段对药品企业而言不存在太多的特殊商机，因此只能按常规的营销策略从事。

哺养子女阶段营销机会

对医药企业有利的是儿童药品市场，每年出生新生儿越多，其药品市场规模就越大。出于年轻父母对独生子女的爱护，加上经济条件普遍改善，只要药品效果好、起效快、副作用小、易于小孩服用，销路绝对好，而价格不是主要问题。生产经营儿童药品的企业营销战略可以走名牌、高档次、精包装、高价格的路子。

子女独立阶段营销机会

是医药企业最具吸引力时期。各种形式疾病的存在，提供了许多商机；收入提高、生活条件改善，消费者能够承担较多医疗开支；追求生活质量和保健意识增强，使消费者愿意在这方面投资。这种买得起、愿意买的市场特征，往往使营销变得较为容易。

图 1－2－24　家庭生命周期药品需求

对治疗老年性疾病类的药品需求较多，对延年益寿等保健药品比较感兴趣，但通常不太容易受外界营销刺激的影响，一般在仔细比较分析后才购买。

2. 职业　个人的医药消费模式受职业的影响也是极为明显的。一般来说，同种职业的人往往有类似的医药需求，而不同职业的人有不同的需求。例如，常年在井下作业的煤矿工人购买使用治疗风湿性疾病药品的比较多，教师则购买较多的治疗咽喉炎的药品。一般来说，营销者应当分析哪种职业的人们对自己的产品和服务感兴趣。

3. 经济状况　经济状况决定个人和家庭的购买能力。消费者经济状况好，其消费水平就高，能买得起高价药品，也易做出购买决策。反之，就会制约其购买行为，一旦医药支出超过了本人和家庭的承受能力，即使要影响自己的健康和生命，他们也没有能力购买自己想要的药品（图 1－2－25）。因此，企业要注意研究消费者收入变化趋势，注意研究不同时期、不同行业、不同阶层人们的经济状况。当目标市场消费者的经济状况发生较大变化时，就应采取相应的措施，对产品重新设计、定位和调整

图 1－2－25　给家人买药

价格，以便继续吸引目标消费者。

4．生活方式　这是指人们在生活中所表现的兴趣、观念以及参加的活动等。在一定的社会中，人们的生活方式千差万别，即使是来自同一社会阶层，甚至是相同职业的人们，也可能具有不同的生活方式。不同的生活方式会有不同的需求特征和购买行为。例如，经常参加社会活动的人往往注重保持良好的身材，注重美容，这样就对美容产品及减肥产品的需求较大。此外，不良的生活方式会导致疾病。我国疾病死亡率居前的人群中，有44%以上的患病人群是由不良生活方式和行为方式所致（图1－2－26），而且不良生活方式导致的疾病患病率，城区高于郊区，男性高于女性。总之，生活方式对于医药消费者行为的影响主要是通过改变疾病谱表现出来的。

图1－2－26　过劳死

5．个性与自我观念　个性是一个人身上表现出经常的、稳定的、实质性的心理特征。个性的差异也将导致购买行为的不同。例如，外向型消费者一般喜欢与售货员交谈，表型容易外露，很容易表现出对产品的态度，但也容易受外界的影响；内向型的人大多沉默寡言，内心活动复杂，但不轻易表露；理智型的人喜欢对产品进行反复比较、分析和思考，最后才做出购买决定。可见，消费者的个性也是影响消费者购买行为的一种重要因素。此外，购买者的自我观念或自我形象，也是影响消费者行为的一个因素。

（四）心理因素

消费者行为除受上述因素影响外，还要受心理因素影响。消费者心理因素是消费者在满足需要活动中的思想意识，它支配着消费者的购买行为。

1．动机　消费者购买动机指消费者为满足一定的消费需求而引起购买行为的愿望或意念，是推动人们购买活动的内部驱动力。动机是由需求引起的，消费者的需求是复杂多样的，购买动机也是复杂多样的，大体可以概括为生理性购买动机和心理性购买动机两大类（表1－2－3）。

表1－2－3　购买动机

生理性购买动机	由人们先天的、生理性因素引起的购买动机，如饥思食、渴思饮、寒思衣等，所以又称为本能动机	生存动机	为了满足维持生命需要而产生的对衣、食、住、行等产品购买的动机
		安全动机	为了保护生命安全的需要而产生的对居住设施、药物等产品购买的动机
		繁衍动机	为了繁衍生命如组织家庭、生育和抚养子女、赡养父母、提高生活水平等需要，而对保险、保健、教育等产品购买的动机
心理性购买动机	由后天的、社会的或精神的需求而产生的购买动机	感情动机	由个人的情绪、情感心理方面的因素而引起的购买动机
		理智动机	在对产品客观认识的基础上，经过充分的分析比较后产生的购买动机
		惠顾动机	对特定产品或企业特殊的信任和偏好，而形成的习惯重复光顾的购买动机

2. 知觉 知觉就是理解了的感觉。人的知觉是有选择性的。任何消费者在购买产品时，都要通过自己的感觉器官，对产品或服务产生一定的印象，并在进行综合分析后，才能做出是否购买的决定。因此一切产品宣传，只有通过消费者的感觉，才能影响消费者的购买行为。医药企业为了促使消费者对产品和服务产生最佳感觉，从而更好地刺激需求，就必须采取多种营销手段，把医药产品的外观、色泽、功能、特性等充分展现给消费者，引起消费者的注意，加强印象，以激发其购买。

3. 学习 人类有些行为是与生俱来的，但大多数行为是通过学习而获得的。学习是指人们经过实践和经历而获得的，能够对行为产生相对永久性改变的过程。按照“刺激—反应”理论（图 1－2－27），人类的学习过程是包括驱动力、刺激物、提示、反应和强化等一系列因素相互作用的过程。例如，一个不小心将手划破的人，初次使用强生公司的“邦迪”牌创可贴后，如果止血护创、伤口痊愈的效果令其十分满意，他会自动保留这种感受，几次使用后会进一步“强化”对该品牌产品的良好印象。当以后再遇到类似情况，他就会不假思索地去购买使用。

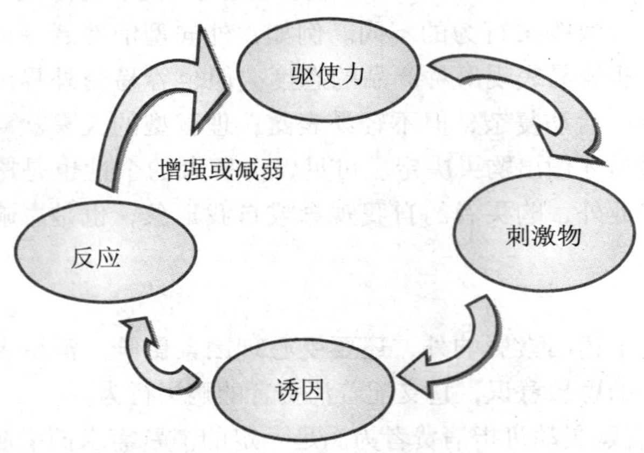

图 1－2－27 “刺激—反应”理论

4. 态度 态度是人们对某一事物的喜爱或厌恶的情绪表现，态度的形成是经验累积的结果。当一个产品满足了消费者的需求，消费者对这一产品产生的积极态度就强化了。消费者态度的形成，一是实际使用药品后的亲身体验，如感冒患者服用几种感冒药后，哪些有效、哪些作用不明显，会有一定的体验；二是相关群体的介绍与推荐，除了医生的作用外，日常生活中关系密切的人也会对当事人产生影响；三是媒体、广告的宣传作用。

（五）经济因素

从经济因素分析，影响消费者购买行为的，主要有两个方面的因素：一是医药商品的质量与价格的对应关系；二是医药商品的质量与医药消费者收入的关系，即医药商品价格能否为目标市场消费者所接受。

1. 商品质量与价格的统一 这是医药企业经营活动中必须认真处理好的一个问题。医药商品的质量与价格的统一，就是要求商品的价格与质量相符，即价值与使用价值相统一。因此，企业一方面要重视商品质量，另一方面要正确确定商品价格，力求价格与质量相一致。

2. 药品的定价　除了医药商品的价格要与质量相符外，企业还必须考虑商品定价能否为目标市场的消费者所接受（图 1－2－28）。有时企业虽然对商品价格与质量之间的关系处理得比较好，做到质价相符，但如果不能为目标市场的消费者所接受，仍然不可能取得营销成功，因为价格的高低是相对于目标市场的营销环境而言的。一种商品定价在某一市场是平价，在另一市场则可能是高价。因此，企业必须认真结合市场营销环境来研究商品定价。

图 1－2－28　药品定价

知识拓展

一、感觉与知觉

感觉是人脑对直接作用于感觉器官的客观事物个别属性的反映；知觉是人脑对直接作用于感觉器官的客观事物整体属性的反映（图 1－2－29）。

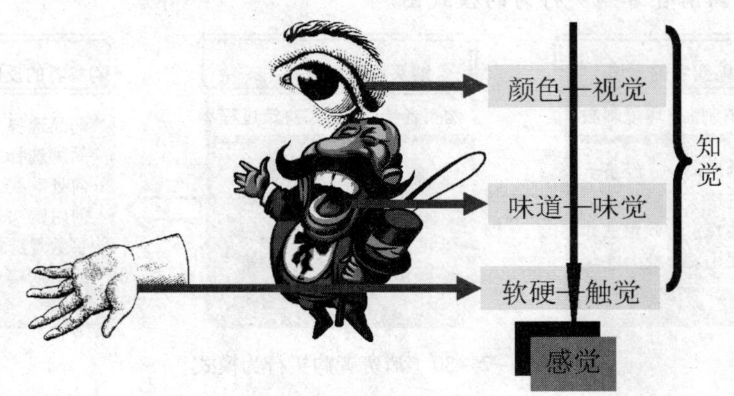

图 1－2－29　感觉与知觉

（一）两者的区别（表 1－2－4）

表 1－2－4　感觉与知觉的区别

区别	感觉	知觉
产生来源	介于心理和生理之间的活动，它的产生主要来源于感觉器官的生理活动以及客观刺激的物理特性	在感觉的基础上对客观事物各种属性进行综合和解释的心理活动过程，表现出人的知识经验和主观因素的参与
反应内容	是人脑客观事物的个别属性的反映	是对客观事物各个属性综合整体反映
生理机制	是单一分析器活动的结果	是多种分析器协同活动对复杂刺激物或刺激物之间的关系进行分析综合的结果

（二）两者的联系

1. 感觉是知觉产生的基础。感觉是知觉的有机组成部分，是知觉产生的基本条件，没有对客观事物个别属性反映的感觉，就不可能有反映客观事物整体的知觉。

2. 感觉的深入与发展。一般来说，若能对某客观事物或现象感觉到的个别属性越丰富、完善，那么对该事物的知觉就越完整，越准确。

3. 知觉是高于感觉的心理活动，但并非是感觉的简单相加之总和。它是在个体知识经验的参与下，以及个体心理特征，如：需要、动机、兴趣、情绪状态等影响下产生的。

二、消费者购买行为模式

千差万别的购买行为背后，实际上也存在着某些相似的行为。任何消费者的购买行为都脱离不了人类行为的一般模式。即 S－O－R 模式（刺激—反应模式）。医药消费者也不例外。这里的“S”代表刺激（stimulate），“O”代表刺激对象（object）的生理、心理特征，“R”代表反应（reaction）。也就是说，个体通过刺激，经过心理活动，最后产生反应。刺激—反应模式体现了消费者购买行为的发生过程。图 1－2－30 是一个用来分析医药消费者购买行为的模式图。

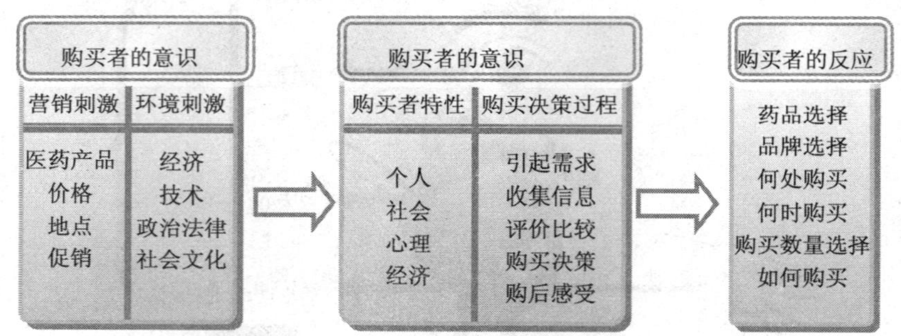

图 1－2－30　消费者购买行为模式

购买者购买行为的一般模式，是企业营销部门制订营销计划，扩大产品销售的依据。医药企业营销人员要注意对购买者在外界刺激进入其思想意识后的特征进行分析，包括购买者社会的、文化的、经济的、个人和心理特征，这些都会影响购买者对外界所受刺激的反应；另一方面要注意研究购买者作出各种选择的决策过程，以便企业运用刺激—反应模式，向购买者进行适宜的“刺激”，达到营销目的。

“白加黑”——一“招”赢得天下知

感冒的治疗目的之一是缓解或治愈相关症状，所以通常的感冒药都需有四种成分：解热镇痛、止咳、缩血管和抗过敏成分。而抗过敏成分大多都有嗜睡的副作用，这就使感冒药在缓解症状、发挥治疗作用的同时，产生白天打瞌睡、影响患者学习工作的副作用。为了解决这一矛盾，众多厂家经过若干年的努力依然找不到解决办法。

从1992年起，江苏启东盖天力制药厂开始了长达三年的调研过程。为学习国外先进的经营理念和产品研发思路，企业主要负责人和技术人员多次出国考察，并在“Bufferin® Cold Tablets”上找到了突破口。1993年夏天，他们在赴美医药考察期间，发现市场上有一种叫“Bufferin® Cold”的感冒药，销售很火爆，这是采用日夜分开服用的两种片剂，受到很大启发，由此形成萌发了产品研发创意，并经过反复论证，终于筛选出一套完整的方案。

1994年，第一盒“白加黑”感冒新药在车间下线。“白加黑”的复方药剂成分与普通感冒药的差异并不大，但首创白天与夜间分开服用的方法：白天服白片，晚上服黑片。白片内含对乙酰氨基酚、盐酸伪麻黄碱、氢溴酸右美沙芬成分，具有解热镇痛、收缩血管、止咳作用，但无嗜睡副作用，服药后可以正常坚持工作和学习；黑片是在白片基础上加入盐酸苯海拉明成分，使抗过敏作用更强，能进一步减轻由于感冒引起的各种不适，并能使患者更好地安睡。

“白加黑”带着极富创意的名称和简洁明快的电视广告——“感冒了，吃白加黑，白天吃白片，不瞌睡；晚上吃黑片，睡得香”，上市仅仅六个月销售额就突破了1.6亿元，一举占据了15%的感冒药市场。“白加黑”在高度同质化的市场中取得的非凡成就，给我国医药企业和营销者带来诸多启迪。

【案例点评】

白加黑，是个了不起的创意。它看似简单，只是把同一的感冒制剂分成白片和黑片，其差异就是将镇静剂“扑尔敏”成分放在黑片中，其他什么也没做。但实则很不简单，它不仅在品牌外观上与竞争品牌形成巨大差别，更重要的是它的服用方式与消费者的生活形态相符合，达到了引起共鸣和联想的强烈传播效果。

普通感冒药的缺点是服用后容易瞌睡（药中含有“扑尔敏”所致），这对大多数白天要上班、上学的消费者来说，无疑是个心理障碍。而“白加黑”片“白天吃白片，不瞌睡；晚上吃黑片，睡得香”的承诺，正中消费者下怀。这一来，“白加黑”就不仅仅是感冒药了，它还给消费者解决感冒疾病与日常生活的矛盾提供了一个好方案，不言自明地体现出厂家对消费者细致入微的关切。伟大的，往往也是简单的。它的奥秘在于一切从消费者出发，挖掘易为消费者接受的品牌传播支撑点。

目标检验

感冒药市场购买行为分析

作为非处方药的感冒药，是我国药品牌营销最成功的品类范例。随着一系列医药政策出台，我国非处方药市场越来越规范，医药零售市场逐步进入有序竞争的新时期。

一些企业通过调查发现，多种因素影响消费者对感冒药的购买决定。新康泰克、白加黑、快克、泰诺等几大制药企业不约而同地制定了一系列营销政策。

感冒药为家庭常备药品，消费者更愿意购买剂量较小、保质期长、包装易存放的产品。为此，不少企业根据这一消费需求，专门生产剂量小、保质期长、易存放包装的产品，并在包装图案和颜色上与原有包装形成系列化。

西药起效快，服用方便，便于携带；中成药毒副作用小、疗效独特、标本兼治。厂家就将生活节奏快、注重速度和效率的青年人作为西药的目标顾客，而着重在中老年人中介绍中成药。

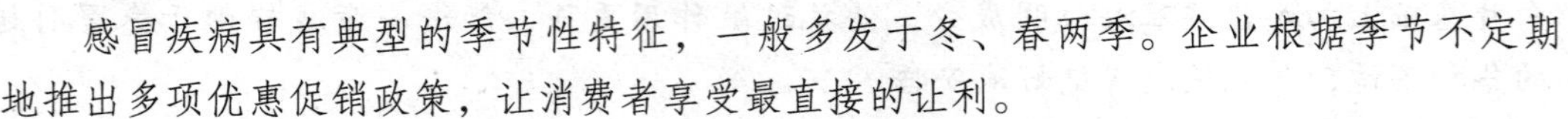

感冒疾病具有典型的季节性特征，一般多发于冬、春两季。企业根据季节不定期地推出多项优惠促销政策，让消费者享受最直接的让利。

在激烈的市场竞争中，各企业纷纷加大广告投入，利用广告对消费者进行反复提示，提高品牌知名度，同时通过店员推荐、卖场陈列等方式，引起消费者购买兴趣。

1. 根据以上内容，归纳出消费者购买感冒药的影响因素有哪些？

2. 针对不同的目标消费人群（如青年人、中老年人），我们应该推出具有什么特点的感冒药？

消费者类型自测题

1. 你的手机铃声设定：

A. 很卡通的音乐　　B. 流行的音乐

C. 单调的音乐　　D. 好听的音乐

2. 你买衣服通常：

A. 容易受售货员或广告的影响来决定买不买

B. 喜欢一见钟情的感觉，一眼看中就会买下

C. 约一个同伴，请他（她）帮你做参谋，但不一定对他（她）言听计从

D．明白自己需要什么，不受任何因素左右

3．你的刷牙方式比较接近哪一种：

A．一边让水龙头开着一边刷　　B．更喜欢用漱口水而不是麻烦的牙刷

C．越快越好三两下刷完了事　　D．慢慢地，仔细地刷

4．你没有特别目的而上街闲逛购物的频率大约是：

A．几乎每天　　B．一两周一次

C．个把月或者更长一点时间一次　　D．从不，每次逛街都要定好购物计划

5．钱对你来说更多的意味着：

A．更自由的购买名牌　　B．更高层次的享乐方式

C．更为自由，更有保障的生活　　D．存折上日渐增长的数字

6．要购买冰箱彩电等大型物品，你通常会：

A．无所谓，有一次我甚至穿着睡衣去超市逛逛就把彩电买回来了

B．总要比买衣服买化妆品慎重些，去百货商场仔细选购

C．征求身边人们的意见来决定买什么样的

D．先收集整理网上相关资料，综合朋友意见确定某一品牌型号，进了商场直奔那一款而去

7．你最喜欢的吃饭方式是：

A．一大帮朋友说说笑笑地吃

B．和家人一起吃

C．无所谓，只要吃饱吃好就行

D．自己做来吃，因为这样不用征求别人意见，想怎么就怎么样，也比较省钱

8．如果特然得了一笔四位数的意外之财，你会：

A．赶紧上街狂购一气用个精光

B．背上包旅游去

C．看看自己需要什么，渴望什么，然后上街购物，但不会一次把钱用完

D．把钱存起来

9．你对待信用卡的态度是：

A．没有它，你上街买衣服就不会那么爽，没钱的时候也不知道该如何熬过去

B．有时透支，但不经常用

C．很方便啊，但一般情况下不会透支

D．借记卡就足够了，因为你决不会允许透支这种事发生

10．假设你进了一家古董店，里面有四件物品你都喜欢，可是碍于经济能力，因此只能先买一种，你会选择：

A．煤油灯　　B．烛台

C．提包　　D．闹钟

选 项 得 分

每道题的 A 1 分，B 2 分，C 3 分，D 4 分

1. 10 ~16 分，你花钱属于挥霍型的。你认为赚钱的目的就是消费，工作的目的就是生活得更好，所以，花钱的时候你决不会手软，花钱再多，只要买来快乐你就觉得值了。你通常是所谓的零储蓄一族。这种消费观如果是建立在你的自信，你足够的赚钱能力上，也许并没有什么不好，但是如果你的想法只是得快乐时且快乐，根本无心明日事，那么在不久的将来，你也许会在金钱问题上遇到麻烦。

2. 17 ~28 分，你花钱属于情绪型的。你是个爱幻想，不切实际的人，有时候可能会感觉金钱的重要性而积极存钱，但三分钟热度过后马上放弃，没有太强的金钱观，但是花起钱来还是不敢随心所欲的。建议你请亲密的人，如妈妈、好友来督促你存钱，或是到银行办一个零存整取的存折，养成每月存一点钱的习惯。

3. 29 ~40 分，你花钱属于理智型的。你是很有金钱观念的人，花起钱来也有计划性。通常你的每一分钱都会花在最有用的地方，很少发生主动购买而事后又后悔的事情，但是该花钱的时候你也不会小气，另外你在理财储蓄方面也相当有一套，其实并没有人教你，素质几乎是天生的。

第三章　医药市场信息基础

1. 掌握医药市场营销环境的构成及影响因素。
2. 了解医药市场调查的内容及方法。
3. 掌握医药市场调查的步骤。
4. 掌握医药市场细分的标准和目标市场定位。

第一节　医药市场营销环境分析

在现代经济生活中，每个医药企业都在复杂多变的市场环境中开展营销活动。企业的营销活动既要受到自然规律的支配，又要受着社会规律的制约。企业内部的各种生产要素结构，构成了企业的内部系统条件。然而，企业的一切活动又从属于外界环境这个更大的社会系统，它的生存和发展必须以一定的外部环境为条件和前提。

一、医药市场营销环境概述

医药市场营销环境是指影响和制约医药企业市场营销活动的各种内外部因素的总和。根据医药企业的营销活动受制于营销环境的紧密程度划分，它可分为微观环境和宏观环境（图1－3－1）。

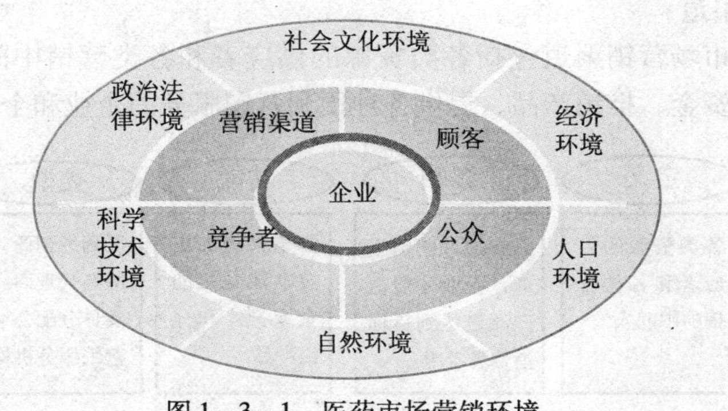

图1－3－1　医药市场营销环境

微观环境直接影响和制约企业的市场营销活动，而宏观环境主要以微观环境为媒介间接影响和制约企业的市场营销活动。因此，前者又可称为直接营销环境，后者又可成为间接营销环境。两者之间并非并列关系，而是主从关系，即直接营销环境受制于间接营销环境，间接营销环境通过直接营销环境对企业起作用。

二、医药市场微观环境

微观环境指直接影响企业活动的组织和因素，医药企业的微观环境包括企业、营销渠道、顾客市场、竞争者、公众。

（一）医药企业

医药企业的运作是建立在企业内部各部门分工协作的基础上的，如生产部门、采购部门、产品研发部门、财务部门、市场营销部门等。这是企业营销内部环境的第一个层次，即部门与部门之间的分工。不同部门之间的业务活动虽各有侧重，但是互相关联的一个整体，任何部门的决策都要考虑到其他部门的业务活动情况，相互之间密切协作，共同制订企业的各项长期计划。企业营销内部环境的第二个层次是最高管理层，即由经理或董事会等组成的决策层。公司的目标、任务、重大策略和政策都由最高层管理部门制订。企业内部各部门、各层次分工是否科学，协作是否和谐，有没有“人和”的气氛，是企业营销活动内在的重要因素（图 1 –3 –2）。

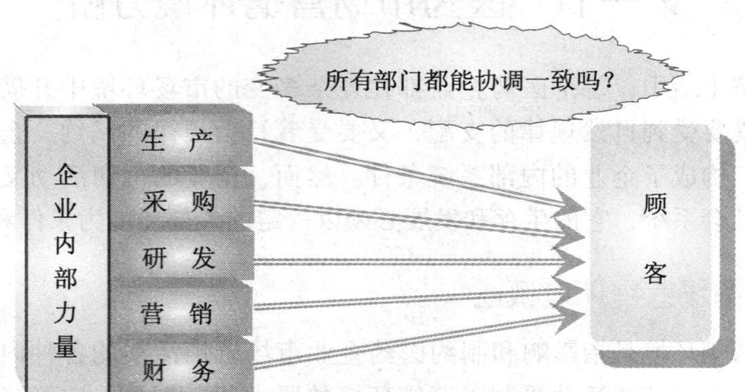

图 1 –3 –2　医药市场企业环境

（二）营销渠道

医药企业的市场营销渠道包括各类资源的供应者和各类营销中间人，营销中间人是指为企业融通资金、推销产品、提供各种便利营销服务的企业和个人(图 1 –3 –3)。

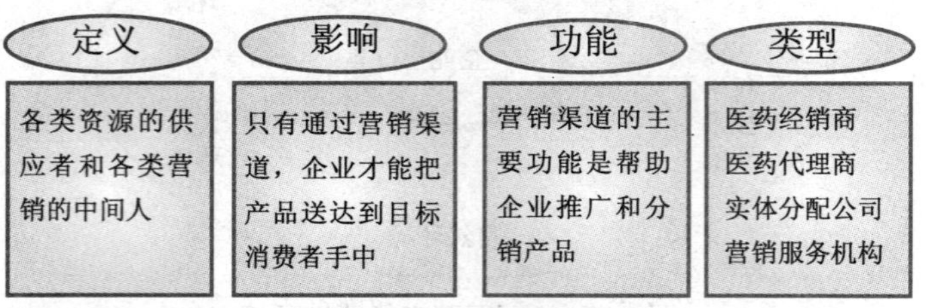

图 1 –3 –3　医药市场营销渠道环境

从各自不同的职能出发，医药营销中间商可以分为以下几种类型（图1-3-4）。

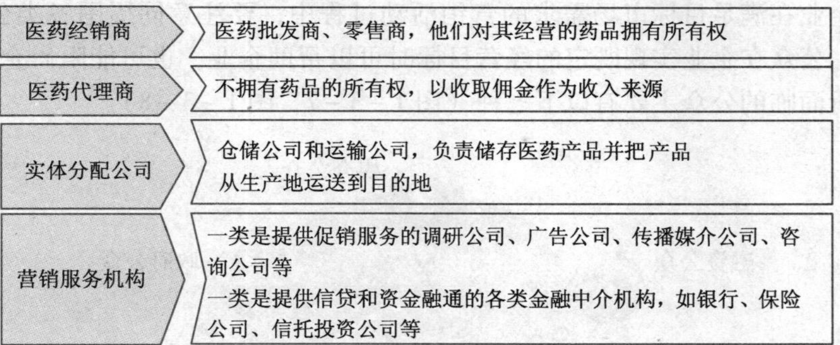

图1-3-4　医药市场营销渠道类型

（三）顾客

医药企业的一切营销活动都是以满足顾客需要为中心的，顾客是企业营销最重要的环境因素。顾客是企业服务的对象，也就是企业的目标市场。顾客市场一般可以分为五种（图1-3-5）。

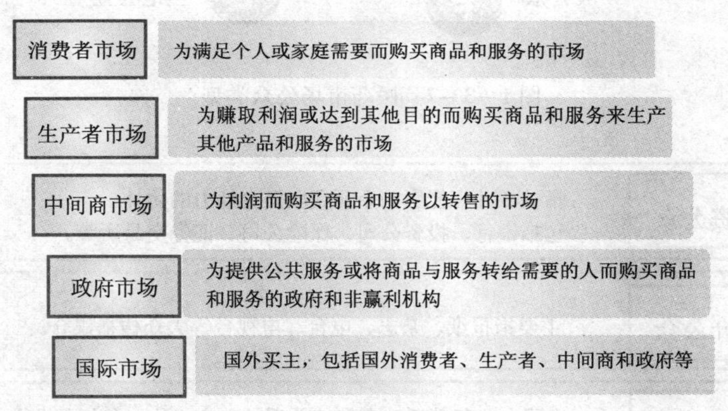

图1-3-5　医药市场顾客类型

（四）竞争者

在医药市场，企业会面临许多竞争者的挑战，因此需要做到知己知彼，方能立于不败之地。竞争者有以下几种（图1-3-6）。

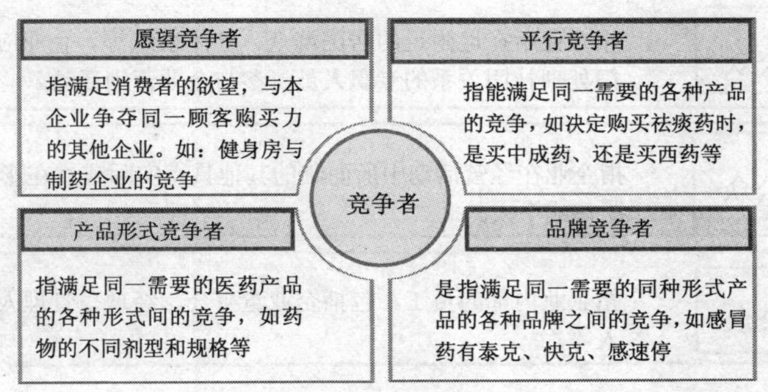

图1-3-6　医药市场竞争者类型

（五）公众

医药企业在满足目标市场需求的营销活动过程中，要注意同周围各类公众建立良好的关系。公众在企业实现既定的经营目标时可以帮助企业，也可能阻碍企业的活动。一个企业所面临的公众主要有以下七种（图1－3－7，图1－3－8）。

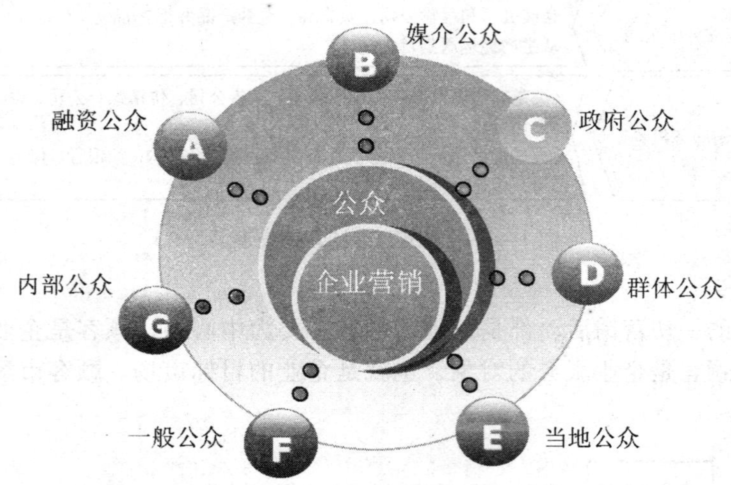

图1－3－7　医药市场公众类型

融资公众	指关心并可能影响企业获取资金能力的团体。包括银行、投资公司、保险公司、证券交易所等。
媒介公众	主要指报纸、杂志、电台、电视台等大众传播媒介。
政府公众	指同企业营销活动有直接关系的政府机构。包括行业主管部门及财政、工商、税务、物价、商品检验、司法检察等部门。
群体公众	指有可能影响企业营销活动开展的消费者组织、环境保护组织、少数民族组织及其他有影响力的公众团体。
当地公众	指企业所在地附近的居民群众、社团组织等。企业应设有专门处理社团关系的专职人员，参与企业营销活动。
一般公众	指企业在经营活动中所面临的其他具有实际或潜在影响力的团体或个人。
内部公众	指企业内部的员工。包括企业董事会、经理、管理人员、工人等。

图1－3－8　医药市场公众

综上所述，构成医药企业微观环境五大要素，与企业之间形成协作、竞争、服务、监督的关系，组成了医药企业市场营销体系，直接地影响和制约着企业服务目标市场的能力。

三、医药市场营销宏观环境

医药市场营销宏观环境是指与医药企业的市场营销联系较为直接的企业外部因素的总和，是企业不可控制的因素。

（一）政治法律环境

政治法律环境主要是指制约和影响企业营销活动的政府的方针、政策、法律法规及公众团体等方面的总和，企业的经营活动和长远发展都受其影响和制约。政府是企业的监管者、倡导者和消费者，并依法对企业实行管理。

随着社会主义法制建设不断完善，法律在医药经济发展中的作用愈来愈重要，其在医药企业的诸多环境因素中所占的地位也愈发重要。企业作为经济社会中的“法人”，存在于由各式各样的法律、法规和条例构成的完备的法规体系中，并受到法律的制约和保障。企业只有严格遵守各项法律法规，才能保障自身的发展。

对于药品生产和经营企业来说，我国相关的法律、法规和规章主要有：2001 年 2 月 28 日九届全国人大常委会第二十次会议修订通过的《中华人民共和国药品管理法》、2009 年 2 月 28 日十一届全国人大第七次会议通过的《中华人民共和国食品安全法》；2002 年 9 月 15 日起国务院颁布施行的《中华人民共和国药品管理法实施条例》；以及国家食品药品监督管理局颁布施行的局令，如《药品注册管理办法》、《进口药品管理办法》（图 1－3－9）等。

图 1－3－9　医药法律、法规和规章

（二）人口环境

人口数量直接决定市场的潜在容量，人口越多，市场规模就越大。人口的年龄结构，地理分布、婚姻状况、出生率、死亡率、人口密度、人口流动性及其文化教育等特征，会对市场格局产生深刻影响，并直接影响企业的营销和经营管理。医药企业必须重视对人口环境的研究，密切注视人口特征及其变化趋势，不失时机抓住市场机会；当出现市场威胁时，应及时、果断调整营销策略，适应环境变化（图 1－3－10）。

1．人口总数　医药企业在考察市场营销环境时，首先要考察的就是市场的规模。市场可以简单地理解为拥有购买力的公众。一个国家或地区总人口的多少，是影响市

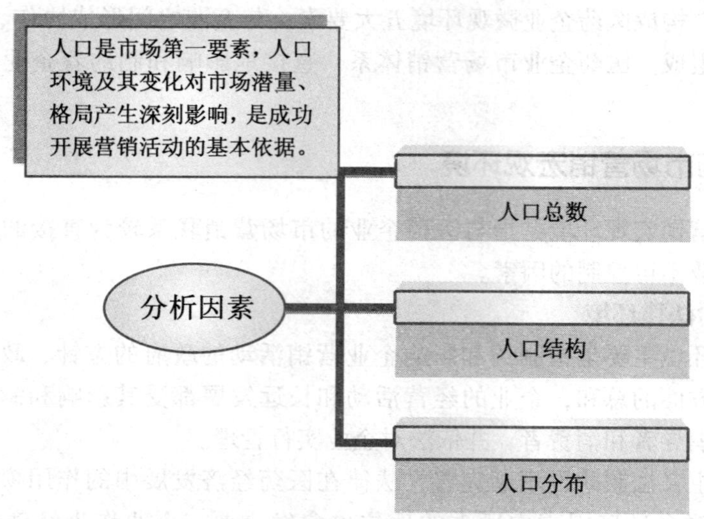

图 1－3－10　医药市场人口环境

场规模的最基本因素。对一个国家而言，可按其总人口数量粗略推算出其医药市场的规模。

2. 人口结构　人口结构主要包括人口的年龄结构、性别结构等。

（1）年龄结构　年龄结构指少年儿童、青壮年和老年人口的比例。不同的年龄结构会构成不同的市场需求特点（图 1－3－11）。

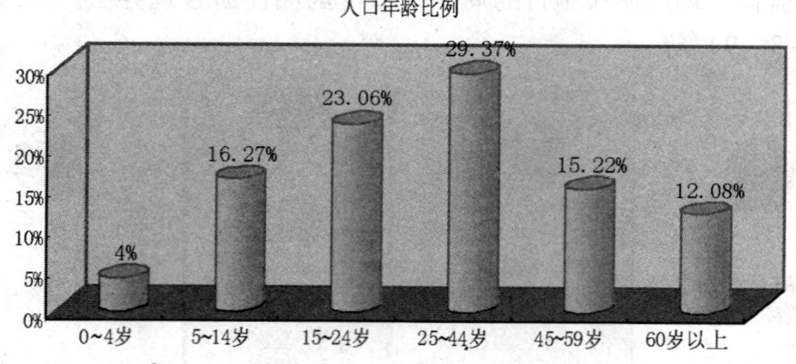

图 1－3－11　2005 年我国人口年龄比例

例如，我国现有儿童 3.5 亿人，每年患感冒、肺炎的病儿数较多，全国儿童用药量约占药品总销售额的 20%，因而是具有发展潜力的市场。又如，随着我国人民生活水平不断提高，医疗保健条件逐步改善，居民寿命普遍延长，人口结构呈老龄化趋势。2000 年我国 60 岁以上人口约占总人口的 11%，2025 年将达到 20%。人口的这种发展趋势，将会对医药市场的营销活动产生深刻的影响，企业应认识这一趋势，把握市场机会，努力开发老年人医疗保健产品。

（2）性别结构　人口性别不同，其市场需求有明显差异，购买习惯与行为方式也会有所不同。比如，女性尤其是成年女性易患妇科疾病，妇科用药和妇女保健品成为医药企业向女性市场投放的重要产品。

3．人口的分布　人口分布最明显的特征是城市化和乡村化。我国大中城市人口总量还不高，但人口密度大，消费水平高。而我国农村人口众多，农村消费水平有限。因此，医药企业应当以农村人口为主要营销对象，注意开发价廉物美的药品以满足农村人口的需要，拓展农村医药市场，有着广阔的前景。

人口分布的另一特征是人口的流动。目前我国大量农村过剩人口向城市流动，城市医药市场进一步扩大，企业在市场营销活动中，应充分认清这一变化情况，制订相应的营销计划，并对医药分销渠道进行调整。

（三）经济环境

经济环境是指影响企业活动的各种经济因素，包括工农业生产布局与发展水平、国民收入、居民家庭的平均收入及支出状况等。医药企业的市场营销活动受经济环境的影响很大，经济环境是制约企业市场营销的主要外部力量。其中，消费者购买力是构成市场的主要因素。影响消费者购买力水平的因素主要是消费者收入、消费者支出、消费者信贷及居民储蓄。其中，消费者的收入水平是影响消费者购买力，从而影响企业市场营销的最重要的因素。

1．消费者的收入变化　消费者的购买力来自消费者的收入（图1－3－12），消费者的收入高低，直接影响购买力的大小，从而决定市场规模的大小和消费者的支出模式。

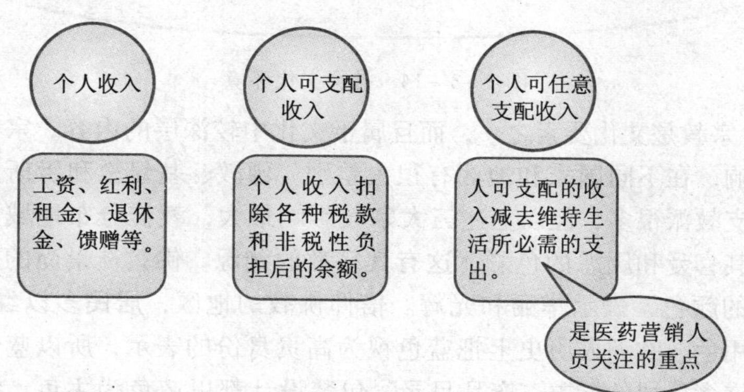

图1－3－12　消费者收入

2．消费者的支出变化　消费者的支出变化是指消费模式和消费结构的变化。在研究一个国家或地区的总体消费模式时，往往利用“恩格尔系数”（或称恩格尔定律）来评价（图1－3－13）。

西方经济学家后来又证明，不仅是食物消费，而且在衣服、住房等生活必需品的消费上也存在着类似的规律性。

（四）社会文化环境

文化是在某一社会里人们所共有的、由后天获得的各种价值观念和社会规范的综合体，即人们生活方式的总和，它包括社会组织、生活规则、信仰、艺术、伦理道德、风俗习惯、审美观、语言文字等。文化一般由两部分组成：一是全体社会成员所共有的基本核心文化；二是具有不同价值观、生活方式、风俗习惯的亚文化。下面分析与企业营销关系较为密切的几种社会文化因素（图1－3－14）。

恩格尔系数：

当收入水平很低时，主要用于食品等生活必需品的购买；随着收入增加，食品结构开始改善；随着收入再增加，食品等生活必需品在总消费中的比重开始下降，而用于衣着、娱乐、汽车、教育等高档产品和消费的支出增长。当这些消费已经满足后，储蓄很快增长。

$$恩格尔系数=\frac{食品开支}{消费总支出}\times 100\%$$

系数越小，说明一个国家（地区）越富裕，人们的收入越多，生活水平越高，对消费需求就会提出更高的要求。

图 1－3－13　恩格尔系数

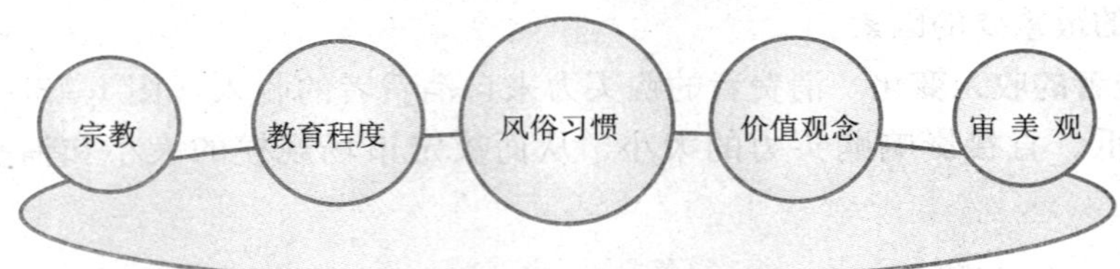

图 1－3－14　社会文化环境

1．宗教　宗教是文化要素之一，而且属于文化中较深层的内容。宗教对企业市场营销活动的影响，在不同国家和地区有很大差别。佛教、基督教和伊斯兰教为世界三大宗教，其分支教派很多，但以上述三大宗教影响最大，教徒分布地域最广。每一宗教的教徒均有其喜爱和厌恶的色彩，这有其宗教的渊源。佛教徒崇尚的是黄色，因为黄色代表太阳的颜色，表示华丽和光辉。信仰佛教的地区，居民多以红色为吉庆色，以白色为丧事用色。欧洲人历史上把蓝色视为高贵身份的表示，所以蓝色被选为欧共体的代表色，许多公司的标志、产品目录、包装设计都以蓝色为主色。绿色是伊斯兰教徒喜爱的色彩。伊斯兰教徒禁食猪肉、禁止饮酒等。伊斯兰教国家均禁用女性人体作商品广告和包装图案。

2．教育程度　消费者的受教育程度在社会文化因素中占据主导地位。教育水平的高低不仅关系人们整体素质，而且也能影响或改变原有的价值观念和风俗习惯，直接影响人们的消费行为和消费结构，因而也制约着企业的市场营销活动。受教育程度高的消费者对商品的内在质量、外观形象以及技术说明和服务有着较高的要求，而教育水平低的消费者则往往要求更多的实物样品和通俗易懂的说明书。药品不同于一般的商品，在消费过程中需要有一定的文化知识作支撑。即使是 OTC 药品，也需要消费者具有相应的知识，做到对症买药、按时按量服药，从而避免误服药和治疗。医药企业在制订产品营销策略时，应使产品的复杂程度、技术性能与目标消费者的受教育程度相适应，对不同文化程度的消费者采用不同的推广手段。

3．风俗习惯　风俗习惯（图 1－3－15）是人们根据自己的生活内容、生活方式和自然环境，在一定的社会物质生活条件下长期形成并世代相传，成为约束人们思想和行为的规范。它在饮食、服饰、居住、婚丧、信仰、节日、人际关系等方面都表现出独特的心理特征、伦理道德、行为方式和生活习惯。了解目标市场消费者的禁忌、习俗、避讳、信仰、伦理等，是企业进行营销的重要前提。例如，日本人有独特的礼节，最忌讳洽谈生意时在这方面造次，更不能拿礼节开玩笑，并且最好是送点礼物表示情谊；和沙特阿拉伯的买主谈判，绝不可问及对方的妻子；相反与墨西哥人谈生意，问候对方的夫人是必要的礼貌。如果不了解对方的风俗习惯，就会造成双方误会，影响成交。

图1－3－15　中国春节风俗

4. 价值观念　价值观念就是人们对社会各种事物的态度和看法。价值观念又分为核心价值观和从属价值观。核心价值观由父母传给孩子，并由学校、企业、社会、政府甚至宗教团体加以巩固，具有相对固定性，轻易不会改变，但从属价值观相对要容易改变，如人们对自己和他人，对组织、社会、自然和世界的看法。

生活在不同社会环境下，人们的价值观念往往有明显的差异，比如中国人往往把产品是否坚固耐用看作是质量好坏的重要标准，美国人则喜欢标新立异，与众不同。不同的价值观也造成人们对时间、风险等问题产生不同的态度，从而导致行为差异，这在国际市场营销活动时需要特别重视。时间观念是价值观的重要组成部分，不同文化背景下的人对时间往往有不同的态度。美国有两条关于时间的谚语：“时间就是金钱”，“今天能做的事不要拖到明天”。这表明美国人的时间观念是很强的。而拉美人和中东人的时间观念相对较弱。

5. 审美观　审美观是指人们对不同事物所产生的好坏、美丑、善恶的评价。不同国家、民族、宗教、阶层和个人，往往有不同的审美标准。人们的审美观也不是一成不变的，它受社会舆论、社会观念等多种因素影响。企业要制订一个良好的营销策略，就必须把握不同文化背景下的消费者的审美观。

医药自然环境

是指影响医药企业生产和经营的自然物质因素，如阳光、空气、水、森林、土地等

图1－3－16　自然环境

6. 自然环境（图1－3－16）　自然环境的发展变化会给医药企业造成一些“环境威胁”，或创造一些“市场机会”，企业要不断分析和认识自然环境变化的趋势，避免由自然环境带来的威胁，尽可能地抓住自然环境变化带来的机会（图1－3－17）。

医药自然环境现状

➤ 某些中药资源短缺

➤ 环境污染严重

图1－3－17　自然环境现状

（1）某些中药资源紧缺　近年来，随着人们生活水平的提高，“回归自然”的趋势日渐明显，消费者在许多产品方面都追求天然、健康。在医药领域，许多消费者更加偏爱副作用较小的中成药，中成药需求有逐渐增长的趋势，同时，中药资源除了用于药品生产外，还被广泛用于食品、化妆品、杀虫剂、香精等行业，这使得某些中药资源紧缺，特别是一些野生动植物药材，更为突出。自然界野生中药材的产量远远不能满足人类日益增长的需求，而且由于各种自然灾害（如旱灾、水灾、病虫害等）对中药材的产量和价格产生巨大的影响，从而对许多制药企业的生存和发展构成严重威胁。

图1－3－18　甘草

以甘草（图1－3－18）为例，甘草系半干旱、耐盐碱野生植物，生长于沙漠戈壁与绿洲之间的地区，有补脾益气、清热解毒、祛痰止咳、缓急止痛、调和诸药之功效，在医药业、印染业等领域的用途广泛。20世纪50年代，中国甘草产区分布面积约为320万～350万公顷，蕴藏量400万～450万吨。但近几十年的滥采乱挖、大面积垦荒和自然因素的风蚀沙化，现在甘草较集中的分布面积仅为110万公顷，减少了70%，总储量只有20世纪50年代的1/5左右。中国野生甘草资源匮乏已成为制约药品生产和消费的瓶颈，供求矛盾日益突出。

（2）环境污染严重　随着工业和城市化的发展，环境污染程度日益严重。水源、空气、土壤的大量化学污染的处理，废弃包装材料的处理等，已经成为当代社会的一个严重问题。西方发达国家自20世纪60年代以来，在环境保护方面陆续采取了大量措施，已经收到一定成效。在我国，污染问题也已经引起政府和公众的重视，有关部门也做了大量工作，但某些方面问题还相当严重。这对那些造成污染的行业和企业是一种环境威胁，它们在社会舆论的压力和政府的干预下，不得不采取措施控制污染；另

一方面，这也给那些不破坏生态环境，采用新的生产技术和包装方法的企业，创造了营销机会。

7. 科学技术环境　科学技术是第一生产力。科学是人类认识自然的知识体系，是潜在的生产力；技术是生产过程中的劳动手段、操作方法、工艺方法，是现实的生产力。科学技术作为营销总体环境的一部分，不仅影响企业的内部环境，而且与其他环境因素相互依存，直接影响经济环境和社会环境。20 世纪以来，世界科学技术日新月异，新的科技革命蓬勃兴起，形成了科学——技术——生产体系，科学技术在现代生产中愈来愈起着领头和主导的作用。科学技术环境对企业市场营销的影响主要表现在以下两个方面。

（1）科学发展给医药企业既提供机会又带来威胁　医药企业对制药设备创新、制药工艺改进及采用新的生产流程，使得生产效率大大提高，生产成本下降，产品在市场的竞争力显著提高，这给企业提供了新的营销机会，同时便于企业采取积极主动的营销策略。与此同时，科技对医药企业提出了更高要求，例如，对制药企业的 GMP 认证，推高了制药企业的生产成本。

（2）科技引起医药企业市场营销策略变化　新技术促使企业改变经营生产的内部环境和外部环境，引起企业市场营销策略变化。这主要表现在：产品策略上，要求企业不断开发新产品、以适应市场消费需求；价格策略上，先进技术应用、产品成本降低，使价格策略更加灵活；分销渠道策略上，超级市场、廉价商店等迅速发展，实体分配由传统的以工厂为出发点变为以市场为出发点；促销策略上，广告媒体多样化，传真、电脑、电话、电视成为医药企业与顾客接触的有效广告媒介。

第二节　医药市场调查

一、医药市场调查的概念与内容

（一）医药市场调查的概念

医药市场调查（图 1－3－19）就是根据预测、决策的需要，运用科学的手段和方法，有目的有计划地搜集、记录、整理、分析有关医药市场信息的活动。市场调查的内容一般包括产品的动态信息、消费者需求信息、竞争者信息、销售绩效信息及宏观环境动态信息等。

图 1－3－19　市场调查

（二）医药市场调查的内容

医药市场调查的内容（图 1－3－20）非常广泛，包括企业市场营销的各个方面。具体地说，可以概括为以下四个方面。

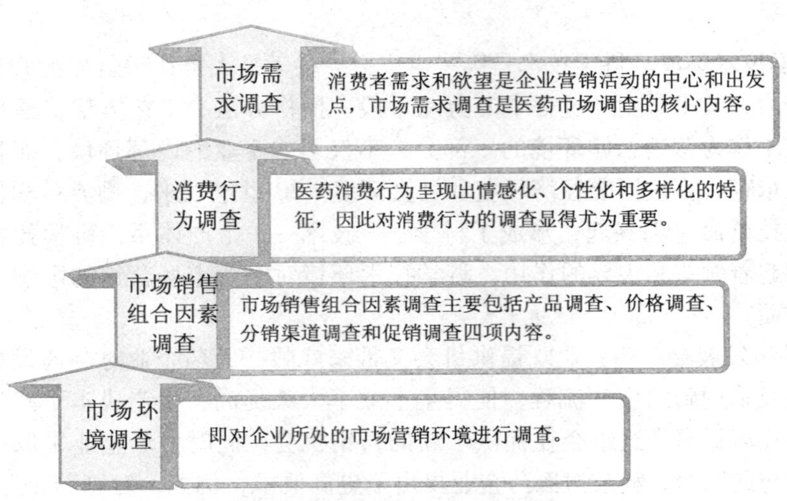

图 1－3－20　医药市场调查的内容

二、医药市场调查的方法

医药市场调查的方法（图 1－3－21）很多，这里重点介绍几种常用方法。

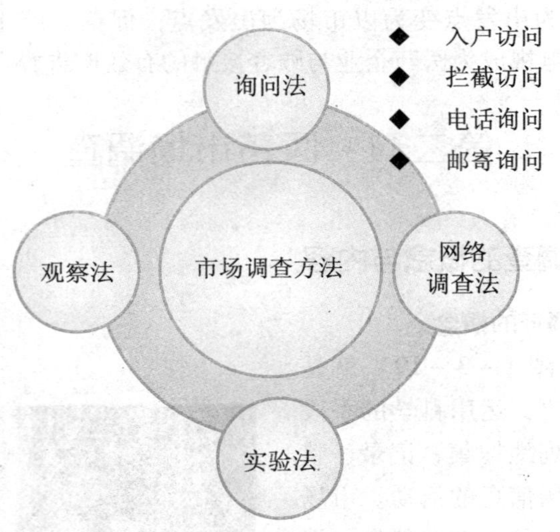

图 1－3－21　医药市场调查的方法

（一）询问法

调查人员将拟定的调查事项以面谈、电话或书面向被调查者提出询问，以获得所需信息的方法。在医药市场信息收集中应用广泛。主要形式有：入户访问、拦截访问、电话询问、邮寄询问等（表 1－3－1）。

表1－3－1　询问法的主要形式

询问法形式	工作流程
入户访问	确定待访对象的具体地址和名单，选择合适的时间入户，按照拟定的问题依此询问，客观记录，友好离开等
拦截访问	选择交通便利、人流量大的地方随机询问，注意选择合适的时间（节假日等充裕的时间段效果好），快速判断理想的受访者，按照拟定的问题依此询问，可适当赠送小礼品，赢得被访问者的配合
电话询问	选择受访户，确定受访的具体成员，多备选几个号码（以便替代使用），选择合适的时间，按照拟定的问题依此询问，控制询问的时间，做好询问记录，选择音质好的询问员有利于工作开展
邮寄询问	确定调查对象，寄发调查问卷，统计回收问卷，把回执的信封，邮票同时附上，对按时回执的礼物要先明确，尽量事先沟通，寄发一段时间后再次联系

（二）观察法

调查人员直接或通过仪器在现场观察和记录调查对象的行为反应或感受的一种收集信息方法。在医药市场信息收集中经常使用此法。例如，医药商品展销会、试销会、订货会等场合，均可采用此法进行信息收集，或直接到零售药店柜台前观察购买者的选购行为，或派人到代理商或经销商购买药品，以了解服务态度的好坏，或凭回执的统计数确定购买情况的相关信息。

（三）实验法

是指在一定条件下，通过实验对比，对某些变量之间的因果关系及其变化过程加以观察分析的一种方法。例如，将某一品种的药品改变其包装、或价格、或广告形式、或销售渠道以后，对药品销售量的影响，通过实验比较或小范围试验，来决定是否推广。

（四）网络调查法

网络调查作为一种重要的现代调研技术和方法，越来越受到重视和运用。不过，提高安全性是网络调查有待解决的一个重要问题。

三、医药市场调查步骤

为保证医药市场调查的系统性和准确性，市场调查行动（图1－3－22）应遵循一定的科学程序。

（一）确定调查目标

通过确定调查目标，可以明确为什么要调查、调查中想要了解什么、调查结果有什么用处、谁想知道调查的结果等。

例如，某医药企业近几个月销售量大幅度下降，究竟是消费者对药品质量不满意，售后服务不好，还是竞争者又有了新产品投放市场，还是市场需求趋于饱和、广告支出减少的影响。通过初步情况分析后，将问题减少或范围缩小，以主要问题为目标，就此开展信息收集。

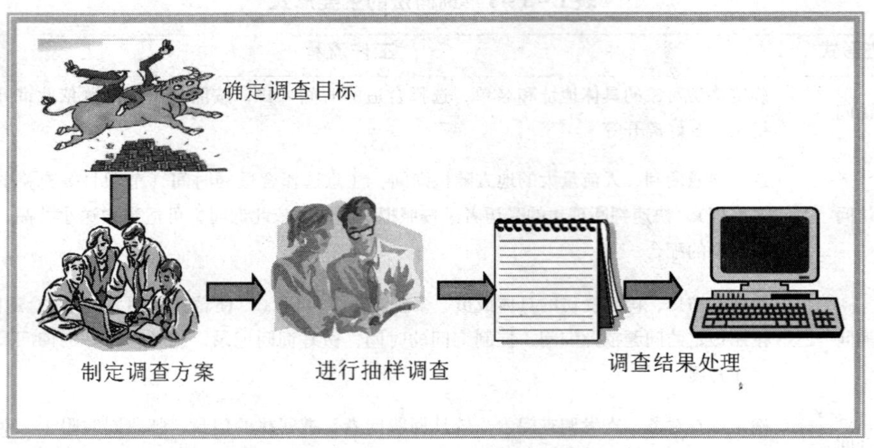

图 1-3-22　医药市场调查步骤

确定的问题和目标，原则上不宜过宽泛，也不宜太狭窄。过于宽泛会造成调查成本提高，同时资料过多往往难以决策，而过于狭窄又有可能做出片面的决定。

（二）制定调查方案

1. 确定收集的资料来源　依据信息资料的来源不同，可分为一手资料和二手资料（图 1-3-23）。一手资料是为当前某种特定目的、通过实地调查而收集的原始资料，二手资料是已经存在，并已经为某种目的而收集起来的资料。

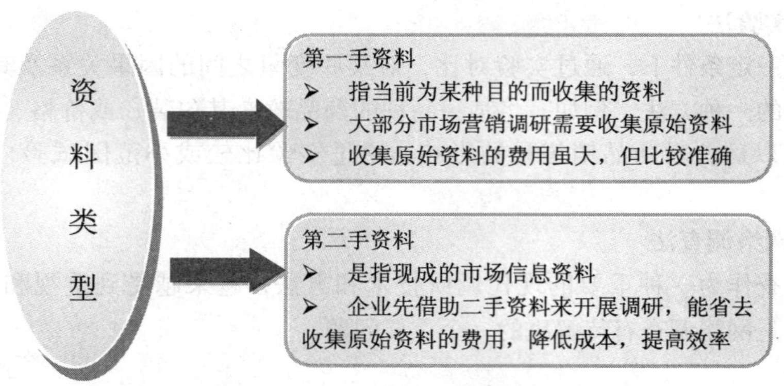

图 1-3-23　资料类型

2. 选择调查方法　选用的方法是否得当，对调查结果的准确性影响极大。

3. 设计调查问卷　调查方法确定后，就需要准备相关问卷。设计问卷是一项重要工作，问卷设计的好坏对结果影响很大。问卷是由一系列问题组成，提出问题的形式有是非题、选择题、自由题等。另还要根据收集的目标，设计观察记录表、实验记录表、统计表等。

4. 确定预算费用　调查预算就是调查活动的资金安排。主要项目有：二手资料收集费用、一手资料收集费用（包括材料制作费用、宣传费用、雇佣调查人员的费用等）、资料加工整理费用、其他费用。为防止意外情况发生，预算应留有一定的余地和弹性。

5. 部署调查人员　部署调查人员包括组织调查人员的培训、区域分工、将调查工作明细化、明确各调查人员的工作职责、明确人员间的相互协调配合方法等。

（三）进行抽样调查

要设计抽样计划。抽样计划包括三部分：抽样单位，就是向什么人调查；样本大小，就是向多少人调查；抽样方法，就是确定随机抽样还是非随机抽样等。

抽样样本的大小是由调查对象的规模大小决定。抽样样本要求科学、合理、有代表性、典型性。一般而言，抽样所取的样本越多，取得的数据同总体的特征越接近，但费时费力，因此必须把样本控制在必要的限度内。

（四）调查结果处理

将调查收集到的资料采用科学的方法，进行整理、分类、编号，以便查找、归档，统计分析。然后进行编校，消除资料中的错误和不准确的因素，统计计算并得出结论。

第三节　医药市场细分

一、医药市场细分的概念

市场细分是20世纪50年代中期由美国营销学者温德尔·斯密提出来的。所谓医药市场细分，是指企业通过市场调研，根据顾客对医药商品的不同欲望与需求、不同的购买行为与购买习惯，把某一产品（或服务）的整体市场即全部顾客和潜在顾客，划分成具有某种相似特征的若干子市场的过程。

通过市场细分，不仅有利于企业发现市场机会，而且有利于企业合理地选择目标市场，有效地配置有限的资源，集中力量提供有特色的产品和服务，更好地为目标顾客服务。

二、医药市场细分标准

医药市场的需求千差万别，影响因素也是错综复杂。医药商品市场的细分没有一个固定的模式，各企业可根据自己的特点和需求，采用适宜的标准进行细分，以求得最佳的市场机会。市场细分运用的是求大同存小异的方法，采用几个具有代表性市场细分的标准（图1－3－24），主要有地理特征、经济文化特征、人口变量特征、心理特

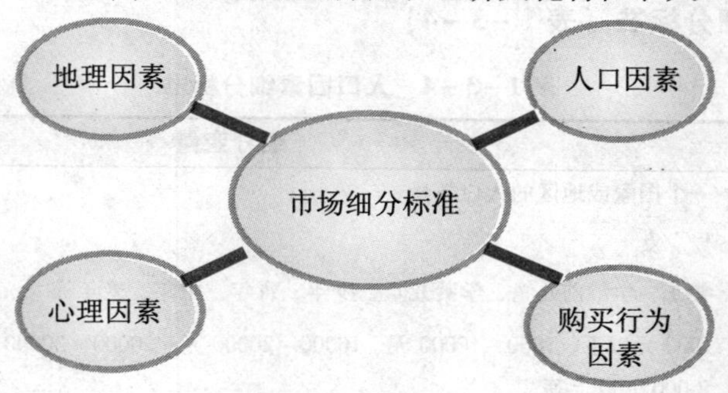

图1－3－24　市场细分标准

征和行为特征等，每一细分标准中又包含不同的具体细分变数。

（一）按地理因素细分市场

1. 地理因素细分标准（表1-3-3）

表1-3-3　地理因素细分标准

标准	细分变量
国界	国内、国际（具体分不同国家）
地理区域	我国华东地区、华南地区、华北地区、西北地区、东北地区、西南地区
政区	省、市、地、县等所属地区
城市规模	特大城市、大城市、中等城市、小城市等
气候	南方、北方等
人口密度	城市、郊区、乡村、边远地区等
地形地貌	山区、平原地区、高原地区、草原地区等

2. 地理因素与用药

（1）地区　根据地理位置将市场细分为东部、西部、南部、北部等。地区差异会影响用药习惯，以营养滋补品为例，北方人比南方人更偏爱补酒。

（2）城市与农村　城市与农村市场在用药习惯、用药常识、购买能力等方面都存在明显的差异。农村居民有使用民间验方或偏方的习惯，城市居民主要根据医师处方或药师指导购买和使用药品。

（3）气候　由于气候的差异，疾病的发生情况有很大不同。如鼻炎为寒冷气候条件下的多发病，而广东的炎热气候促使那里的人们习惯喝凉茶。

（4）人口密度　这一变量对企业的市场细分较有意义，因为它与市场规模直接相关。例如，居民集中的社区，药店的非处方药销量就相对较大。

（5）人口的地区间流动　这一因素既影响药品需求总量，又改变药品需求结构。例如，上海市政府为解决大量外来劳务人员的购药问题，实行给外来劳务人员发放综合保障卡，使他们能够在药店支付所购买的医药商品，从而促进了相对价廉的用药需求总量的增长。

（二）按人口因素细分市场

1. 人口因素细分标准（表1-3-4）

表1-3-4　人口因素细分标准

标准	细分变量
人口数	一个国家或地区的人口数量
性别	男、女
年龄	婴儿、学龄前儿童、学龄儿童、少年、青年、中年、老年等
家庭年收入	1000元以下、1000~10000元、10000~20000元、20000~30000元、30000~50000元、50000元以上等

续表

标准	细分变量
职业	职员、教师、科研人员、文艺工作者、企业管理人员、私营企业主、工人、离退休、学生、家庭主妇、失业者等
民族	汉、回、满、蒙、藏族等
教育程度	小学程度、初中程度、高中程度、大学程度、研究生以上等
家庭生命周期	年轻单身、年轻已婚无小孩、年轻已婚小孩6岁以下、年轻已婚小孩6岁以上、年长夫妇尚未独立的成年子女、年长夫妇子女离家自立、单身老人独居等
家庭人口数	1~2人、3~4人、5人以上等
宗教	佛教、基督教、天主教、道教、伊斯兰教等
种族	黄色人种、白色人种、黑色人种、棕色人种等
国籍	中国、美国、日本、英国等

2. 人口因素与用药

（1）年龄　不同年龄段人群的疾病发生情况有很大差异，如高血压等心脑血管疾病为中老年人的多发病，而在青年人中较少见。不同年龄的消费者的社会经历、价值观等差异，其对药品的选择也有区别。如老年人购买药品时通常以经济、方便为首选条件，有充裕时间反复挑选；而年轻人具有时尚、不在意价格、易受广告影响、易产生购买冲动的消费特点。

（2）性别　由于生理上的差别，男性与女性在药品需求与偏好上有很大不同，如减肥药品通常以女性消费者需求为主体。

（3）购买者的收入　收入是引起需求差异的一个直接而重要的因素，因为市场由有购买欲望和购买力的人组成，而收入在很大程度上决定购买力。消费者收入水平直接影响市场的大小和消费者的支出模式。如高收入者对保健品的需求较多，对药价相对敏感度低。

（4）购买者受教育程度　购买者受教育程度不同，其价值观、文化素养、知识水平不同，会影响他们对药品种类的选择和购买行为。受教育程度较高的人获取药品知识的能力较强，自我保健意识也较强。因此，其购买行为会相对较为理性；受教育程度较低的人其购买行为受他人和广告的影响较大。

（5）家庭生命周期　在不同生命周期的家庭，家庭结构会有差异，用药需求也会不同。

（三）按心理因素细分市场

1. 心理因素细分标准（图1-3-25）

2. 心理因素与用药

（1）购买者及处方者的个性　个性是指一个人比较稳定的心理倾向与心理特征，它会导致一个人对其所处环境做出相对一致和持续不断的反应，通常个性会通过自信、自主、支配、顺从、保守、适应等性格特征表现出来，并影响消费者思维和行动。如个性保守者通常不愿做新的尝试，新药接受程度低；外向型的人更喜欢新鲜事物。

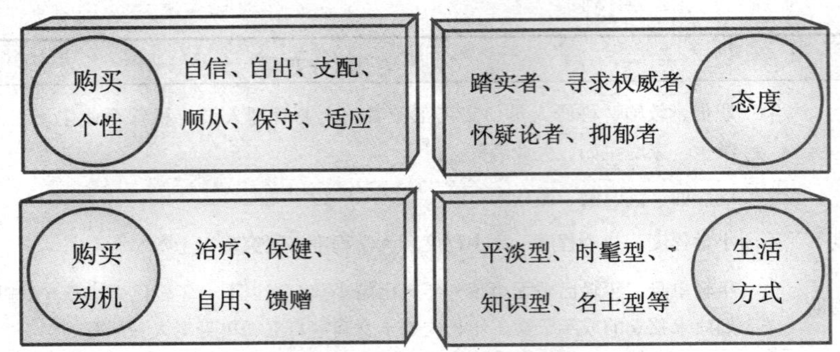

图 1－3－25　心理因素细分标准

（2）态度　指一个人对某些事物或观念长期持有的好与坏的认识上的评价、情感上的感受和行动的倾向。根据人对药品的需求及治疗作用所持态度不同可以分为踏实者、寻求权威者、怀疑论者和抑郁者。踏实者追求方便、有效的药品；寻求权威者更相信医生的处方；怀疑论者对药品的效果有所置疑，很少用药；抑郁者极关注自己的健康，稍有症状即找医生或自行购药。

（3）购买动机　人的行为是受动机支配的，用药购买目的是治疗或保健或馈赠，目的不同，选择则有差异。如脑白金主打馈赠市场。

（四）按购买行为因素细分市场

1. 购买行为因素细分标准（图 1－3－26）

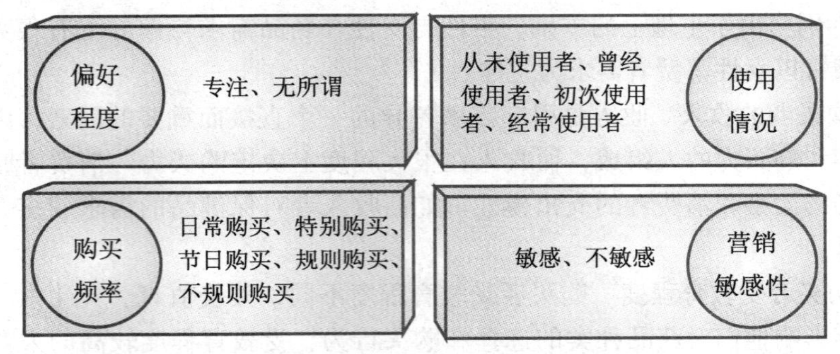

图 1－3－26　购买行为因素细分标准

2. 行为因素与用药

（1）购买者和处方者的品牌偏好程度　有些购买者和处方者经常变换品牌，也有一些购买者和处方者则在较长时期内专注于某一或少数几个品牌。对有品牌偏好的购买者和处方者推广新药是困难的。

（2）购买的决策权　由于药品的特殊性，购买者本身很大程度上并没有决策权，而医生才是真正的决策者，这尤其表现在处方药的购买和使用上。对于 OTC 药品，除了医生会影响购买者的行为外，药店营业员也是很重要的影响人。据对一个中老年疾病药物的市场调查显示，在所抽样的城市中，购药人自主决定的占 25%，店员推荐的占 21%。

（3）患者和处方者的使用频率。

(4) 购买渠道　指根据患者获取药品的渠道细分。可以分医院购买、药店购买及网上购买等。

(5) 利益　按购买者所追求的不同利益，将其分别归类。如有的购买者追求经济实惠（低价），有的追求使用方便（剂型），有的追求时尚（新品）。

第四节　医药目标市场选择与市场定位

一、医药目标市场的概念

医药目标市场是指医药企业根据自身的经营条件和环境所确定要进入并满足其需求的市场。确定目标市场是企业根据自身条件和特点选择某一个或几个特定细分市场的过程。这一过程首先是评估各个细分市场，接着确定市场覆盖面，最后选定目标市场。

二、医药目标市场选择步骤

见图 1－3－27。

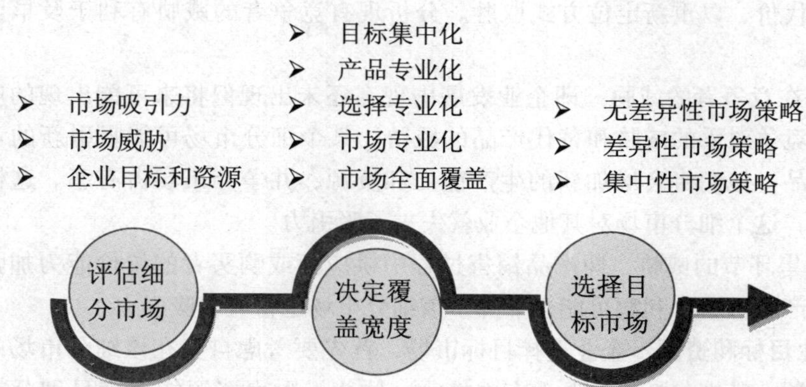

图 1－3－27　医药目标市场选择步骤

(一) 评估细分市场

每个企业的资源是有限制的，并不一定有能力进入细分市场中的每个子市场，也不是所有子市场对企业都有吸引力，这就要求评估不同细分市场时应考虑：市场吸引力、市场威胁及企业目标与资源。

1. 市场吸引力

(1) 细分市场的规模和发展潜力　企业都希望目标市场能保证有与企业规模相匹配的销售量和合理的盈利水平，且有良好的发展趋势。因此，分析市场规模既要考虑企业现有的条件，更要考虑发展潜力，以保证企业有长期、稳定的发展前景。

(2) 细分市场的盈利性　一个具有适当规模和发展潜力的细分市场，若缺乏盈利性同样不能成为目标市场。

2. 市场威胁（图 1－3－28）

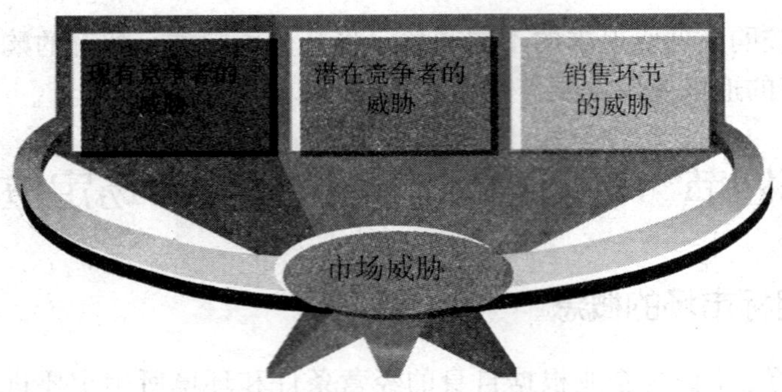

图 1－3－28　市场威胁

（1）现有竞争者的威胁　即细分市场内激烈竞争的威胁。如某个细分市场已经有众多强大的竞争对手，该细分市场对其他企业就失去了吸引力。如“血尔补血口服液”原名为“补血鸡精”，补血市场已有“红桃 K”和其他许多补血保健品，鸡精市场也已有白兰氏等名牌，面对强大的竞争对手要两边“讨好”，企业就必须参与竞争，就必须付出极高的代价，以重新定位方式取胜。分析现有竞争者的威胁有利于及早调整自己的营销策略。

（2）潜在竞争者的威胁　即企业发展中现在还未出现但将来可能出现的威胁，包括新加入的竞争对手的威胁和替代产品的威胁。某个细分市场可能吸引新的竞争者或者存在替代品，他们将会增加新的生产能力和资源，并争夺市场占有率。这样将使竞争趋于激烈，这个细分市场对其他企业就失去了吸引力。

（3）销售环节的威胁　即产品销售过程中供应商或购买者的议价能力加强，这个细分市场的产品价格和利润可能会下降，该细分市场也将失去吸引力。

3．企业目标和资源　企业选择目标市场，首先要考虑自身在该细分市场的目标和所具有的资源。其中包括：企业现有的能力、物力、财力资源能否满足细分市场的需求，对细分市场的投资是否符合企业的长期目标。有些很有吸引力的市场，如果与企业的长期目标不适合，就可能被放弃。而对一些适合企业目标的细分市场，企业必须考虑它是否具有在该市场获得成功所需要的各种营销技能和资源等条件。

（二）决定市场覆盖的宽度

企业通过细分市场评估后，将决定进入哪些细分市场即选择目标市场。在决定市场覆盖的宽度时常见的可供考虑的市场覆盖模式（图 1－3－29）。

1．目标集中化　企业在众多细分市场中集中全力只生产一类产品，选取一个细分市场进行集中营销，供应某一单一顾客群。选择单一细分市场集中化模式的企业一般应考虑：该细分市场中没有或少有竞争对手；企业资金有限，只能经营一个细分市场；企业具备在该细分市场从事专业化经营或取胜优势条件；准备以此为出发点，以求取得成功后向更多的细分市场扩展。此模式成本较小，但风险较大，一旦该细分市场不景气或有强大的竞争者出现，企业易陷入困境。

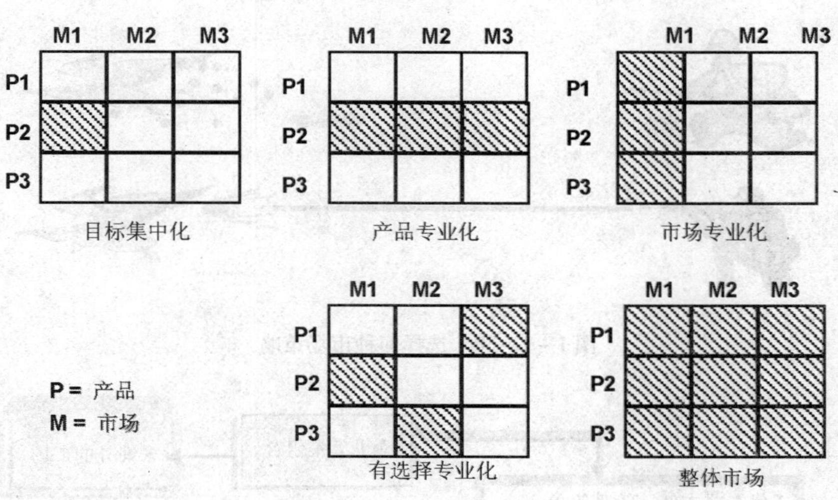

图 1－3－29　市场覆盖模式

2. 产品专业化　企业专注于生产某一种或某一类产品，并向各类顾客销售这种产品。此模式有利于企业形成和发展生产和技术上优势，在该专业化产品领域树立形象。但当该产品领域中出现一种全新的替代品时，企业将面临巨大冲击。当然，这种全新的替代品并不是经常出现的，由于顾客类型较多，产品专业化营销的风险与目标集中化营销的风险相比要小得多。

3. 选择专业化　企业选取若干个细分市场作为目标市场，其中每一个细分市场都具有良好的吸引力，且符合企业的目标和资源。该目标市场模型中各个细分市场间较少或基本不存在联系，每个细分市场将提供不同的产品和服务。此模式能有效地分散经营风险，即使某个细分市场陷入困境，企业仍可继续在其他细分市场取得赢利，但成本较高。应用此模式的企业应具有较强的资源和营销实力。

4. 市场专业化　企业集中生产某一市场某一顾客群体所需要的各种产品，即对同一市场生产不同的产品。由于经营的产品类型众多，此模式能有效的分散经营风险，可与这一群体建立长期、稳定的关系，并树立良好的形象，容易打开产品销路。但由于集中于某一类顾客，当这类顾客由于某种原因购买力下降时，销量会产生滑坡风险。

5. 市场全面覆盖　企业生产各种产品满足各种顾客群体的需要。有能力应用此模式的只有实力雄厚的超大企业。

（三）选择目标市场

企业决定市场覆盖的宽度不同，所选择的市场覆盖模式和采用的营销策（图 1－3－30）略也将不同。企业可供选择的目标市场营销策略有：无差异性市场策略、差异性市场策略、集中性市场策略（图 1－3－31）。

1. 无差异性市场策略　无差异性市场策略是指企业把整个市场作为自己的目标市场，只提供一种产品或服务，采用一套市场营销方案吸引所有的顾客。它只注意需求的共性，而不考虑其差异性，运用一种产品或服务、一种价格、一种推销方法，吸引尽可能多的消费者。目前，市场迅速发展壮大的经营方式——连锁经营，就是越来越采用无差异市场策略，它们一般实行统一规范管理、统一核算、统一采购配送、统一

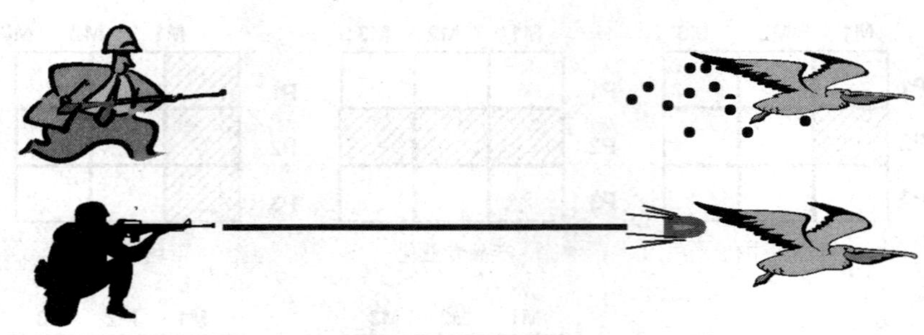

图 1－3－30　选择何种市场策略

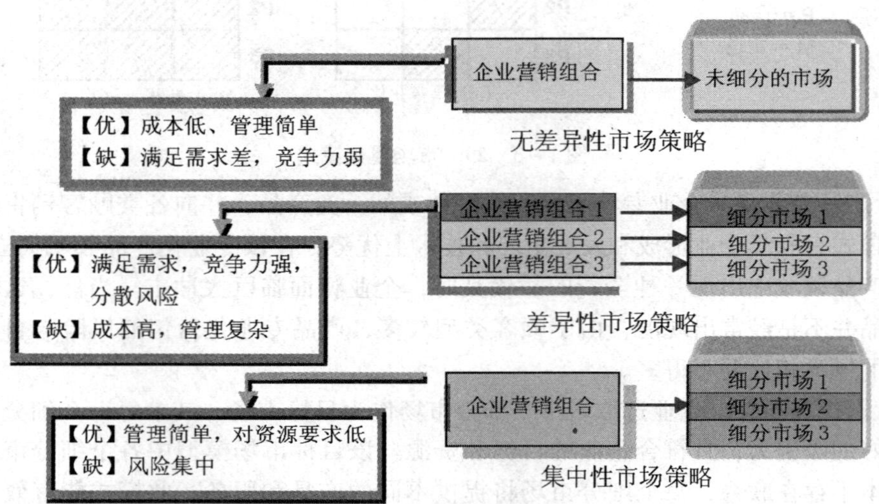

图 1－3－31　三种目标市场策略

营销模式等。例如，当你踏入任何一家麦当劳餐厅，就立即进入了麦当劳高效率的服务体系中，从点餐、收银和提供食品，均体现“快”，保证顾客点餐后30s左右就能拿到所要的食品。它们还在全世界各个分公司都同样的烹饪方法、同样的制作程序、同样的质量指标、同样的服务水平。可见，采用无差异市场策略，产品在内在质量和外在形体上必须有独特风格，才能得到多数消费者认可，从而保持相对的稳定性。

无差异性市场策略的优点是：生产、经营产品单一，服务规范化、模式化，容易保证质量，成本低、经费少、利润率高，从而提高企业竞争力。其缺点是：忽视了需求的差异性，部分需求得不到满足，对大多数生产企业不适用。

2. 差异性市场策略　差异性市场策略就是企业将整个市场细分，选择若干细分市场作为目标市场，并针对不同子市场的需求特点，设计不同的产品，制定不同的营销策略，满足不同的消费需求。如青霉素自1942年研制成功后，大大增强了人类抵抗细菌性感染的能力，开创了用抗生素治疗疾病的新纪元。针对不同子市场的需求特点，制药企业开发了多个剂型、多种规格的青霉素制剂，制定不同的市场营销组合方案来满足不同的需求。

与无差异市场策略相比，差异性市场策略具有明显的优点：多档次、多规格的产

品，适应不同的消费者需求，有利于扩大销售，提高市场占有率；多元化、多层次的品牌，能降低企业风险，企业具有抵御外部环境干扰的能力；易于取得连带优势，有利于企业树立良好形象。其缺点是：由于产品差异化、促销方式差异化，将增加设计、制造、管理、仓储和促销等方面的成本。随着市场竞争加剧，该策略被越来越多的大中型企业广泛使用。

3．集中性市场策略　集中性策略就是企业选择一个或少数几个子市场作为目标市场，为该市场开发特定产品，制定一套营销方案，集中力量为之服务，争取在较少的目标市场上占较大的市场份额。例如，科台公司新选择在尼日利亚私立医院就医的、有抗性的恶性疟疾患者作为目标市场，最终在国际大公司的围追堵截中找到安身立命的市场缝隙。

采用集中性市场策略的优点是能集中优势力量，在某个或几个子市场上寻求发展，有利于产品适销对路，提高市场占有率，降低成本，有利于树立和强化企业形象及产品形象、提高企业和产品的知名度。其缺点是目标过于集中、目标市场范围小、品种单一，当强有力的竞争者打入目标市场时，企业易陷入困境，有较大经营风险。中小型企业受自身条件限制一般采用该策略。

三、市场定位

（一）市场定位的概念

市场定位就是针对竞争对手现有产品在市场上所处的位置，根据消费者或用户对该种产品某一属性或特征的重视程度，为产品设计和塑造出本企业产品与众不同、给人印象鲜明的个性或形象，并通过一系列营销活动把这种个性或形象强有力地传达给目标顾客，从而使其在目标顾客心目中占有一个独特的位置的行动，即企业勾画自身形象，树立企业及产品的鲜明个性，使目标市场上的顾客了解和认识本企业有别于竞争者的特征。

（二）市场定位的步骤（图1－3－32）

市场定位的关键是通过分析自己及竞争企业的资源条件及产品特色，找出比竞争者更具有竞争优势的特性，将自己与竞争者区别开来。实现产品市场定位，需要通过识别本企业潜在的竞争优势、准确选择竞争相对优势和有效准确地向市场传递竞争优势三个步骤实现。例如，华润三九医药股份有限公司的999皮炎平，在品种繁多的皮

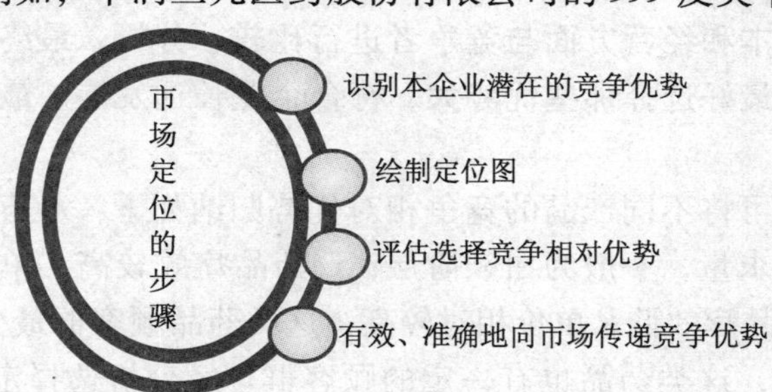

图1－3－32　市场定位的步骤

肤科用药市场中，以快速止痒、家庭常备为特点，明确地传达了999皮炎平速效、平民化的产品形象及定位。神威药业集团的神威藿香正气软胶囊以其方便携带、服用和贮存这一剂型上的特点在藿香正气类药品中一枝独秀。

1. 识别本企业潜在的竞争优势 这是市场定位的基础。首先，企业通过市场调研，切实了解目标市场需求特点以及这些需求被满足程度。一个企业能否比竞争者更深入、更全面了解顾客，是取得竞争优势、实现产品差别化的关键。其次，企业确定主要竞争者并研究其优势和劣势，包括竞争者业务经营情况，如近三年销售额、利润率、市场份额、投资收益率等；竞争者核心经营能力，如产品质量和服务质量的水平等；竞争者财物能力，如获利能力、资金周转能力、偿还债务能力等。

2. 绘制定位图 在识别本企业潜在的竞争优势后就要绘制定位图（图1-3-33），并在定位图上标示本企业和竞争者所处的位置。以某解热镇痛药为例，顾客最重视的两个指标是：药品的有效性（即疗效）和平均每次使用价格（即单价），据此绘制定位图，横坐标表示疗效的高低，纵坐标表示单价的高低。A、B、C、D、E代表5个同类产品。

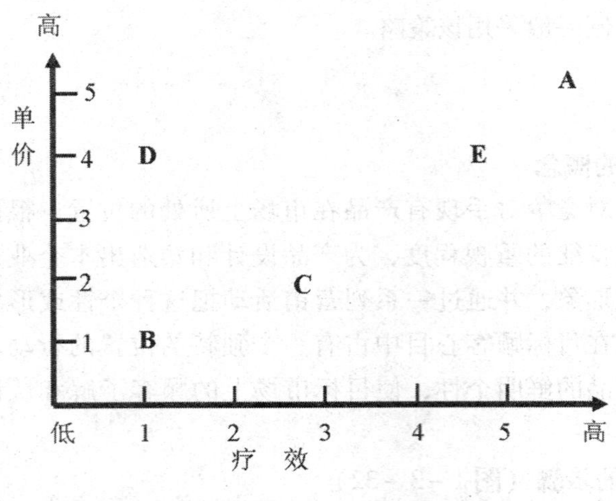

图1-3-33 定位图

3. 评估选择竞争相对优势 竞争优势是表明企业能够胜过竞争对手的能力。这种能力既可以是现有的，也可以是潜在的。选择竞争优势实际上就是一个企业与竞争者各方面实力相比较的过程。识别企业相对优势时，应把企业的全部营销活动加以分类，并对各主要环节在成本和经营方面与竞争者进行比较、分析，最终定位和形成企业的竞争相对优势。企业最好选择那些优势大、符合企业长远发展、最具开发价值的竞争优势。

根据定位图分析可将不同产品的竞争相对优势归纳如下：A药品疗效高但单价也高，市场有一定的需求量，一般为白领阶层；E药品疗效较高，单价相对低，这类药品顾客群最多；D药品疗效低，单价相对较高，这类药品顾客群最少；B、C药品单价相对低，有一定疗效，这类药品也有一定的顾客群。经分析选择定位于E药品附近，力争获得更多的市场份额，或可选择A产品的右边，以更高的疗效、更低的价格抢占

A 药品市场。

4．有效、准确地向市场传递竞争优势　要使所选择的竞争优势在市场上得到充分表现，企业必须制定明确的市场战略来充分表现其优势和竞争力。如通过一系列宣传、促销活动来表现，将其竞争优势准确传播给潜在顾客，并在顾客心目中建立与该定位相一致的形象。“脑白金”定位为礼品后，就一直突出自己是一种礼品，是一种能给人健康的礼品，并极力宣传一种“送礼更要送健康”的消费理念，从而抢占了这一新市场，将竞争者远远甩在后面。

当然，企业在运行或发展过程中，可能发现现有产品不适应市场环境，企业可考虑重新定位。重新定位是指企业为已在某市场销售的产品重新确定某种形象，以改变消费者原有的认识，争取有利的市场定位的活动。

（三）市场的定位方式

目标市场定位（图 1－3－34）主要根据竞争者的状况、本企业的经营状况、目标市场消费者的需求状况来定位。

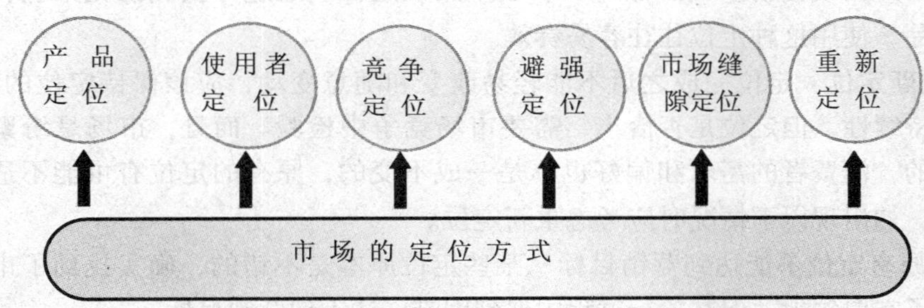

图 1－3－34　市场的定位方式

1．产品定位（表 1－3－5）

表 1－3－5　产品定位

侧重于产品实体定位，根据产品质量、成本、特征、功能、有效性、用途、款式、档次来定位
西安杨森的“采乐”洗发水，产品特点是“去头屑”，它突出自己的专业性和优秀品质，诉求为“采乐去头屑，针对根本”，把自己定位为一个专家，给消费者一种专业的气质与形象，使之与“海飞丝”的定位区别开，从而避免了与“海飞丝”的正面竞争

2．使用者定位（表 1－3－6）

表 1－3－6　使用者定位

针对企业的目标顾客群定位，即根据目标市场消费者希望得到什么样的利益和结果，然后是企业能够创造什么产品和利益
云南白药气雾剂强化“伤痛无忧，活力无限”、给患者带来止痛快、疗效好的利益；钙中钙定位为中老年人的补钙佳品等

3．竞争定位（表 1－3－7）

表 1－3－7　竞争定位

针对竞争对手的定位而定位，亦可视为对抗定位，即把本企业产品定位在与竞争者相似或相近的位置上，同竞争者争夺同一细分市场
“兰美抒”挑战“达克宁”，就是通过强有力的宣传迅速、有效地在目标对象中建立品牌知名度。厂家抓住消费者不断追求新鲜和变化的心理，不断创造产品和品牌概念以吸引消费者，这就是以竞争对手产品为导向的实质

4．拾遗补缺定位（避强定位）（表 1－3－8）

表 1－3－8　拾遗补缺定位

企业将产品定位于与目标市场上竞争者不同的市场位置，使自己的产品特征与竞争者有比较显著的区别
市场上保健品很多，一般定位为药品范畴，但脑白金给自己定位为能带给人健康的礼品

5．市场缝隙定位　市场缝隙定位就是寻找尚未被占领的市场，即填补市场的空白。开发新产品或更新换代产品时，一般采用该定位。通过寻找和强化某些特性所开发的新产品，使用这种定位往往容易奏效。

6．重新定位　定位完成之后不能轻易改变和随意变动，应该保持定位的稳定性、连续性和持续性。但定位是否恰当，需要市场竞争中检验。而且，市场是纷繁复杂和不断变化的，消费者的需求和偏好也不是一成不变的，原有的定位有可能不适应新的市场形势，如出现以下情况时应考虑重新定位。

（1）原有定位不能达到营销目标　某些定位原本是不错的，确实找到了市场空隙或是发现了空白领地，但在执行过程中遇到困难，达不到营销目标。

（2）竞争的需要　企业在竞争中丧失原来在某些方面的明显优势，而建立在此优势上的定位无法使企业具有竞争力，甚至竞争对手会针对企业定位的缺陷，塑造它们自身的优势，企业如果仍死守原来定位不放，就会在竞争中被动挨打，最终丧失市场。

（3）发展新市场的需要　在企业发展过程中，原有定位可能会成为制约因素，阻碍企业渗透到相关行业、发展相关产品和开拓新市场；或者由于环境的变化，消费者新的需求不断涌现，企业有可能获得新的市场机会，进入新的市场；面对新的市场环境和不同文化、社会背景的消费者、原有定位也可能变得不再适合。因此，企业需要调整和改变原有定位。

企业重新定位如果应用得当，就更能发挥自己的优势，寻求更大发展空间。但是，重新定位是破釜沉舟之举，如果应用不当则无异于自我毁灭。企业应在调研基础上按市场定位的步骤慎重地进行定位。

知识拓展

一、人口老龄化

人口老龄化（图 1－3－35）是指总人口中因年轻人口数量减少、年长人口数量增加而导致的老年人口比例相应增长的动态过程。国际上通常把 60 岁以上的人口占总人口比例达到10%，或65岁以上人口占总人口的比例达到7%作为国家或地区是否进入老龄化社会的标准。

中国的人口老龄化，仅用了18年时间就达到了发达国家几十年甚至上百年才达到的人口年龄的结构转变。中国是一个典型的“未富先老”国家。到目前为止，中国60岁以上的老年人口总是已达到1.49亿，占全球老年人口的21.4%，居世界首位，约相当于整个欧洲60岁以上老年人的总和，并且还在以年均3.2%的速度递增。根据《中国人口老龄化发展趋势百年预测》，2010年老年人口将达1.74亿，占总人口的12.8%，2020年进一步增至2.48亿，占17.2%，呈加速增长之势。特别是2030年以后中国老龄化社会将进入最严峻的时期，人口总抚养比和老年抚养比双双冲高，经济和社会发展将面临前所未有的压力。

图1-3-35　人口老龄化

二、医药市场调查的类型

按照抽取调查对象的样本数，可把调查分为：普查、典型调查和抽样调查（图1-3-36）。

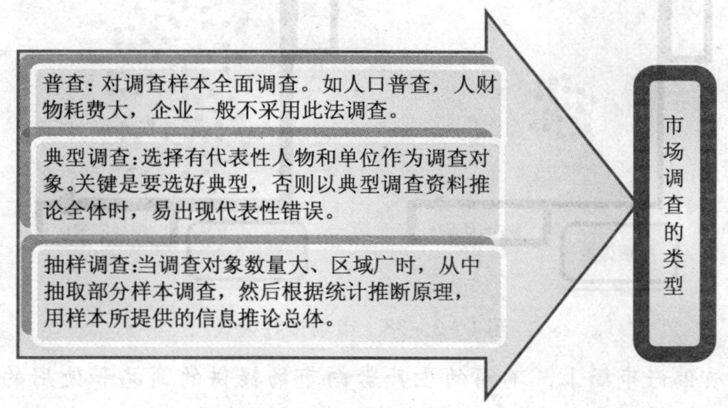

图1-3-36　市场调查的类型

根据抽样原则的不同，抽样调查可以分为两大类：随机抽样和非随机抽样（图1-3-37）。采用抽样调查的方法，可以在较短的时间内，用较少的费用和人力，获得比较准确的资料，简便易行，是目前医药市场调查中采用的最基本的调查方法。

三、医药市场偏好模式

市场细分并不是越细越好。如果分得太细，企业会陷入应付众多细分市场的困境之中，应该寻找合适的市场偏好模式（图1-3-38），对市场进行有细分。

1. 同质偏好　所谓同质偏好，指消费者对商品的要求和对营销策略的反应具有一致性的商品偏好。例如维生素C的市场，所有的消费者对该产品的需求基本相同，定期购买量、购买频率也大致相同。只要价格合适，包装便于使用即可，没有更多可挑

随机抽样

指按随机原则抽取样本。每个样本抽取机会是平等的，样本具有代表性。

此方法费时、费钱，不方便。有“简单抽样法”、“分层抽样法”。

非随机抽样

按照自定的标志来抽取样本。每个样本抽取的机会是不平等的，样本代表性较差。

此方法省时、省钱，运用方便。有“任意抽样法”、“判断抽样法”。

图 1－3－37　抽样调查类型

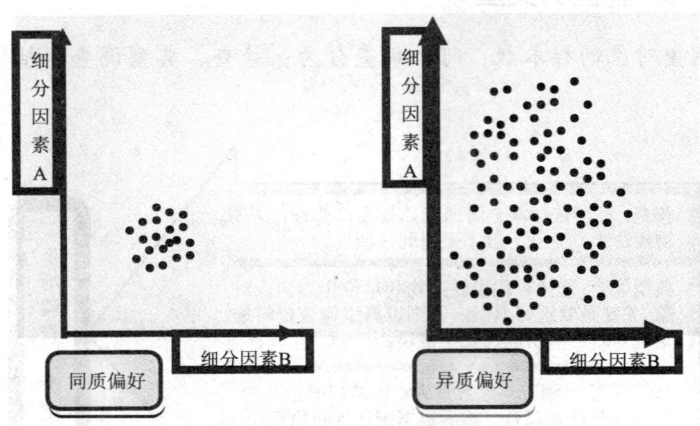

图 1－3－38　市场偏好模式

选之处。在同质偏好市场上，不同的生产者向市场提供的商品和使用的营销策略大致相同，无需采用更多的促销手段，竞争的焦点只要集中在价格上。

2. 异质偏好　现实生活中只有很少一部分商品市场属于同质偏好，而大部分商品市场的消费者对商品的质量、特性要求各不相同。例如抗感冒药市场中患者所使用的制剂，其剂型、用法、用量、疗效、适应症各有不同，这就是异质市场。在异质市场上，消费者购买商品，总是抱着不同的意图和目的，寻找自己适用的产品，这样就产生了异质偏好。

值得注意的是，同质偏好有的也可以渐变为异质偏好。例如抗感冒药市场在初期一度曾是相对的同质偏好，主要由“感冒通”、“感冒清”这些疗效相近的药物组成。但从 20 世纪的 80 年代以来，多元化的医药行业形态出现了，各种品牌的药物层出不穷，人们的要求也越来越高，目前中国 6000 多家制药企业中，有 1000 多家在生产不同种类的抗感冒药。原来没有必要进行细分的市场，此时却需要进行细分了。

案例赏析

"江中健胃消食片"

——"小毛病"创造大市场

随着社会的进步，人们工作压力越来越大，精神负担也越来越重，加上喜食辛辣、生、冷、烫的食物，以及不良的生活方式，成为严重影响肠胃健康的重要原因。江中制药集团计划推出一款胃药，来满足逐年呈年轻化的肠胃病患者。

江中制药集团调查发现消化不良市场的用药率较低，部分消费者出现消化不良(肚子胀、不消化)时采取置之不理，揉揉肚子或散散步等方法解决。虽然西安杨森出产的"吗丁啉"占据了胃药市场的第一位，可是它的品牌名、产品名、包装盒、白色药片等产品形态，都有非常明显的西药、甚至处方药特征，加之主要由医生推荐，凭处方购买，这些信息给消费者一种强烈暗示，即"吗丁啉"是一个治疗相对较为严重症状的疗效较强的药品。按照中国消费者对药品的认识，产品的药效越强，副作用也越大，不能经常吃，只在不得不吃时才服用。调查数据也证实，消费者认为消化不良是"常见的小毛病，没有什么影响"的超过50%，显然，对于消化不良这个小毛病，特别是饮食不当引发的消化不良，用点酵母片之类"小药"就可以了，"吗丁啉"并非首选。

在发现助消化药市场存在巨大的空白后，江中制药集团确定了新药品的功能定位——"日常助消化药"，推出了"江中健胃消食片"。

"江中健胃消食片"定位在"日常助消化用药"，避开了与"吗丁啉"的直接竞争，把消费群集中在儿童与中老年，是因为他们在日常生活中多发"胃胀"、"食欲不振"症状。在广告片创作中，"江中健胃消食片"选用了小品演员郭冬临，主要是看中他以往的作品中塑造的大多是健康、亲切、关爱他人、轻松幽默又不落于纯粹滑稽可笑的形象，并制定了广告语"胃胀腹胀，不消化，用江中牌健胃消食片"。

"江中健胃消食片"用两年的时间就完成了"吗丁啉"用10年才完成的成长，品牌竞争力在整个肠胃药市场排名第二，并已成为江中制药集团中的支柱产品。

【案例点评】

江中健胃消食片的定位成功之处：定位在“日常助消化用药”，避开了与“吗丁啉”的直接竞争，转向无人防御且市场容量巨大的消化类地方品牌市场，同时在地域上填补“吗丁啉”的空白市场，从而满足江中制药集团现时需要。其次，江中健胃消食片的现有消费群集中在儿童与中老年人，他们购买江中健胃消食片主要是用来解决日常生活中多发的“胃胀”、“食欲不振”症状。显然，定位在“日常助消化用药”完全吻合这些现有顾客的认识和需求，并能有效扩大市场份额。

目标检验

天有不测风云

几年前，“早一粒，晚一粒”的康泰克广告曾是国人耳熟能详的医药广告，而康泰克也因为服用频率低、治疗效果好而成为许多人感冒时的首选药物。可自从2000年11月17日，国家药监局下发关于立即停止使用和销售所有含有PPA的药品制剂，并将在11月30日前全面清查生产含PPA药品厂家的通知后，一些消费者平时较常用的感冒药“康泰克”、“康得”、“感冒灵”等因为含PPA而成为禁药。

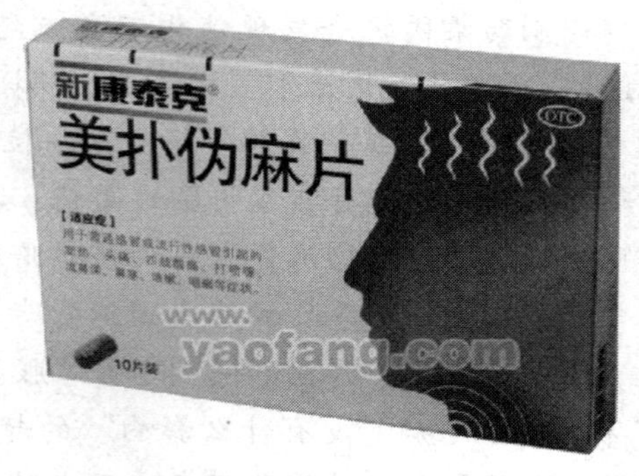

这次名列“暂停使用”名单的有15种药，但大家只记住了康泰克。作为向媒体广泛询问的一种回应，中美史克公司11月20日在北京召开了记者恳谈会，总经理宣读了该公司的声明，并请消费者暂停服用康泰克。产品进入了停产程序，但公司并没有收到有关康泰克能引起脑中风的副反应报告。对于康泰克被禁，公司的回答是：“中美史克在中国的土地上生活，一切听中国政府的安排。”为了方便回答消费者的各种疑问，公司专设了一条服务热线。同时，公司积极研发新品，不到一年时间，一种不含PPA的新康泰克带着新包装重新进入了市场，并重新在感冒药品牌知名度方面居前列。

1. 本案例中美史克公司遇到哪些环境因素的变化？

2. 中美史克公司是否采取了相应的对策？

1. 请根据各地的风俗习惯，将两边连一连吧。

伊斯兰教徒	见面行“碰鼻礼”
日本	不喜欢荷花
法国	不能用左手和别人打招呼
广东人	喜欢6、8
印度	不能吃猪肉
新西兰	痛恨墨绿色

2. 萧强被公司派去做市场问卷调查，可是在调查过程中，萧强发现，每次让被调查对象填写：“请问您的月收入是多少________？”被调查者要么不填，要么胡乱填个数字。而当他询问女性被调查对象年龄时，更是连连遭到白眼相对。萧强很郁闷，这些都是需要收集的市场信息，可为什么大家都这么不配合呢？

请你考虑一下，萧强的问题出在哪里？请你帮助萧强想个办法，既能收集到信息，又能不招致被调查对象的反感。

第四章 医药产品组合与价格管理

1. 掌握医药产品整体概念。
2. 掌握产品生命周期含义及特点。
3. 掌握产品组合的相关概念及了解医药产品组合策略。
4. 了解我国药品的价格管理模式。
5. 熟悉药品价格体系及影响因素。

第一节 医药产品组合

一、医药产品整体概念及意义

（一）医药产品的整体概念

产品的概念有狭义和广义之分。广义的产品是指能够满足人们需要的任何东西，既包括有形的实体，也包括无形的服务。产品种类十分丰富，从住房、书籍、药品到音乐会、律师咨询意见、家居装修服务、教育活动等，它强调的是产品的整体概念。从市场营销观念来看，医药产品应为满足消费者防病、治病、保健等方面需要和欲望的任何东西，不仅包括有形产品，还包括无形产品，如药品实体、用药咨询、用药指导以及药品销售的场所，医药企业经营的思想、理念，都是医药产品的范畴，这就是医药产品的整体概念。

整体医药产品由三个层次组成：核心产品层、形式产品层、附加产品层（图1－4－1）。

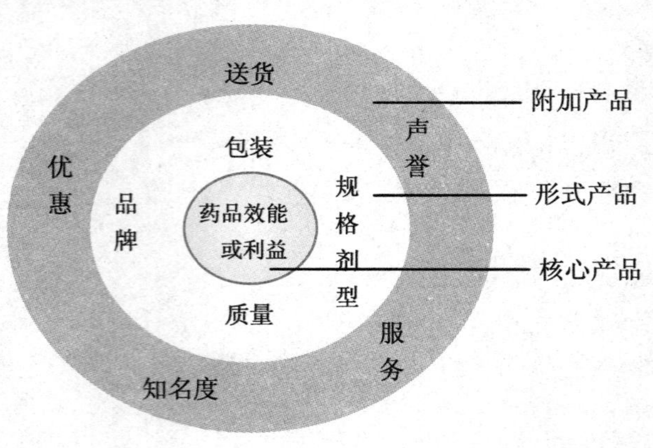

图1－4－1 整体医药产品示意图

1. 核心产品层 指医药产品的使用价值，即满足预防、治疗、诊断疾病，有目的地调节人的生理功能的医药产品基本效用或利益。这是医药产品最基本和最实质性的内容，也是顾客需求的中心内容。消费者到药店去购买某种药品，不是单纯为了购买某种剂型、某种包装的药品，而是为了解除某种疾病的痛苦，恢复身体健康（图1－4－2）。医药产品销售人员的任务就是把安全有效、利益可靠的医药产品推荐给消费者，以保证消费者的核心利益得到满足。

图1－4－2　购买药品

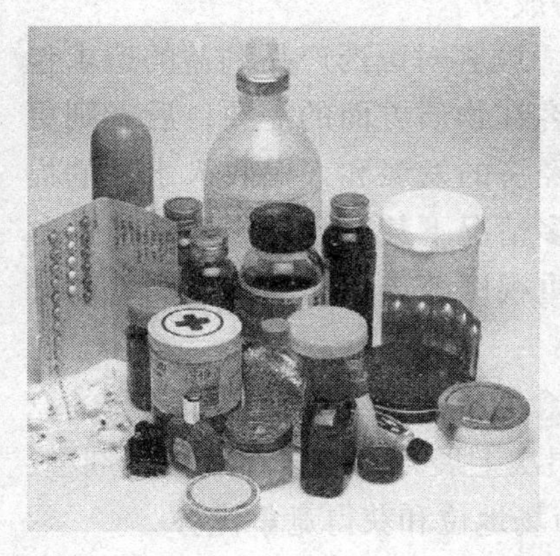

图1－4－3　不同形式的药品

2．形式产品层　指产品呈现在市场上的具体形态，是产品的实体性体现，一般通过产品的质量、规格、剂型、品牌、包装等表现出来，为消费者所识别。形式产品受生产技术所制约，随着社会消费水平的不断提高，消费者对形式产品的要求也随之提高，人们对药品的形状、质量、品牌包装等形式产品的要求越来越高，这些都不同程度地影响着药品的销售，影响着人们对药品的评价（图1－4－3）。

3．附加产品层　附加产品也称延伸产品，是指产品的各种附加利益的总和。即除了形式产品所产生的基本利益外，消费者购在买有形产品时所获得的一系列附加利益和服务，包括医院和药店为患者提供的送货、用药指导、解答疑难问题的免费热线电话、退换货等服务。消费者的需求能够得到满足，不仅取决于药品的生产和流通过程，还包括药品的使用过程（图1－4－4）。

图1－4－4　提供服务

药品的服务对医药企业而言，并不是可有可无的，而是药品功能的延伸和销售的继续，并将成为今后医药企业间竞争的一个关键内容。医药企业应把服务当成整体产品的一个重要组成部分，而不能看成企业的额外负担。

（二）医药产品整体概念的意义

医药产品整体概念的上述几个层次，十分清晰地体现了以顾客为中心的现代营销观念，它对医药企业的营销活动具有多方面的指导意义（图1－4－5）。

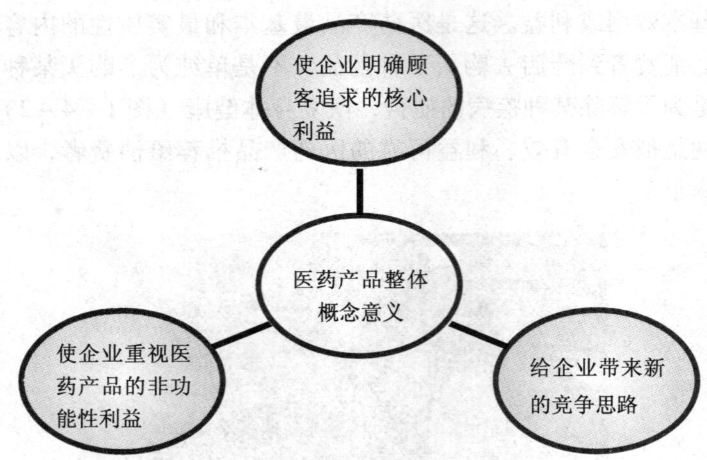

图1-4-5 医药产品整体概念的意义

1. 使企业明确顾客所追求的核心利益 顾客购买医药产品并非为了占有某种药品或是医疗器械之类的具体物品，而是体现了一种希望恢复健康的愿望。企业如果不明白这一点，就不可能真正满足顾客需求，也不可能获得成功。

2. 使企业必须特别重视医药产品的非功能性利益 顾客对医药产品利益的追求包括功能性和非功能性两个方面。前者更多地体现了顾客在物质方面的需要，后者则更多地体现了顾客在精神、情感方面的需求。随着社会经济的发展和人民收入水平的提高，顾客对医药产品非功能性利益越来越重视，在很多情况下甚至超越了对功能性利益的关注。由此要求企业摆脱传统的医药产品概念，重视医药产品非功能性利益的开发，更好地满足顾客的需求。

3. 给企业带来了新的竞争思路 医药产品整体概念的提出，给企业带来了新的竞争思路，那就是医药企业在产品上的竞争可以在多个层次上展开，通过在规格、剂型、包装、品牌、售后服务等各个方面创造差异，来确立市场地位和获得竞争优势。

二、医药产品生命周期

（一）医药产品生命周期的含义

所谓医药产品生命周期是指医药产品研制成功后，从进入市场开始，直到被市场淘汰所经历的全部时间。

◆ **对医药产品生命周期的理解** 产品的生命周期与产品使用寿命是两个不同的概念。

（1）产品的市场生命周期是指一种产品从开发出来投放市场开始，到被市场淘汰为止的整个阶段，也是产品交换价值的消失过程，即产品的经济寿命。如果没有特别说明，本书所指的产品生命周期含义即指产品的市场生命周期。

（2）产品的使用寿命周期是指一种产品的有效使用时间，即产品使用价值的消失过程，指产品的自然生命或使用寿命。

（3）产品生命周期是一种理论上的描述。

（二）医药产品生命周期的四个阶段

根据医药产品市场销售变化的规律，一个完整的医药产品生命周期一般包括四个阶段：导入期、成长期、成熟期、衰退期。用于描述某一医药产品变化轨迹的曲线就称之为医药产品生命周期曲线（又称成长曲线）（图1－4－6）。

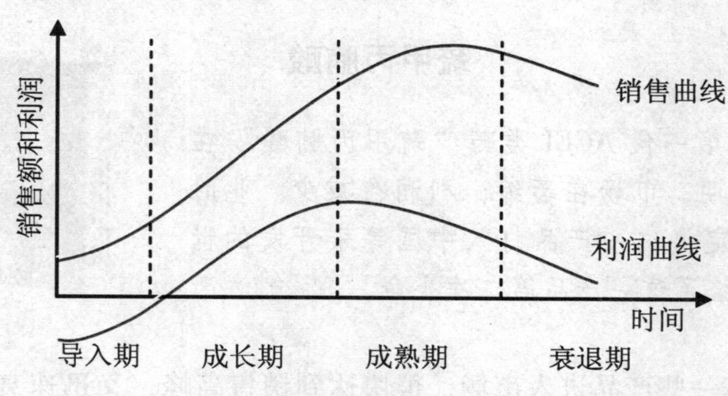

图1－4－6　典型医药产品生命周期曲线

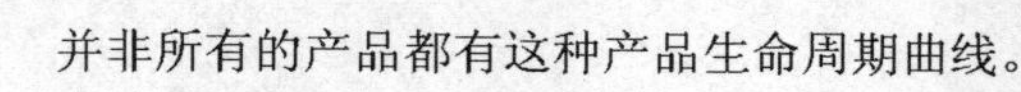

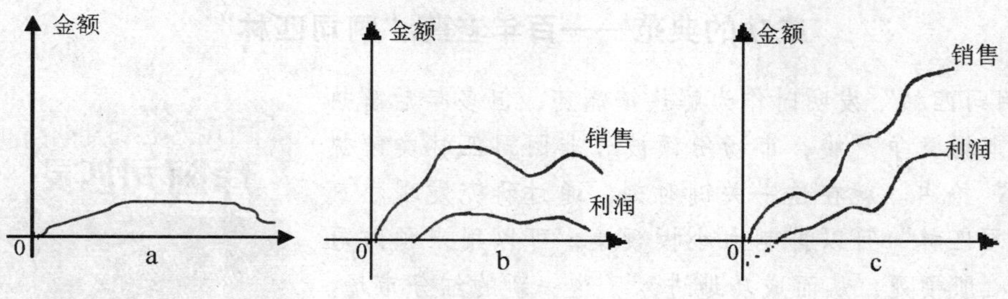

图1－4－7　特殊医药产品生命周期曲线

1．快速夭折型　有些产品刚一进入市场，由于种种原因很快就夭折了，它的产品生命周期曲线如图1－4－7（a）所示。

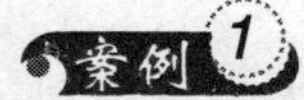

“万络”的撤市

1999年，默克公司推出治疗关节炎和急性疼痛的药物“万络”。2003年，其全球销售额高达25.5亿美元，成为全球最畅销的抗关节炎COX－2抑制剂。然而，FDA通过安全监测与评价，对COX－2选择性抑制剂的安全性产生了警觉。此后研究表明：“万络”可增加心血管不良事件发生的概率（包括心梗和卒中）。2004年9月，“万络”被默克公司撤市，其在全球市场上仅仅生存了5年。

2. 循环—再循环型 有一些产品经过市场重新定位又焕发了新的生命力，它的产品生命周期曲线如图 4－7（b）。

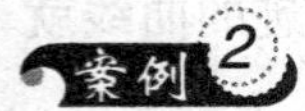

巯甲丙脯酸

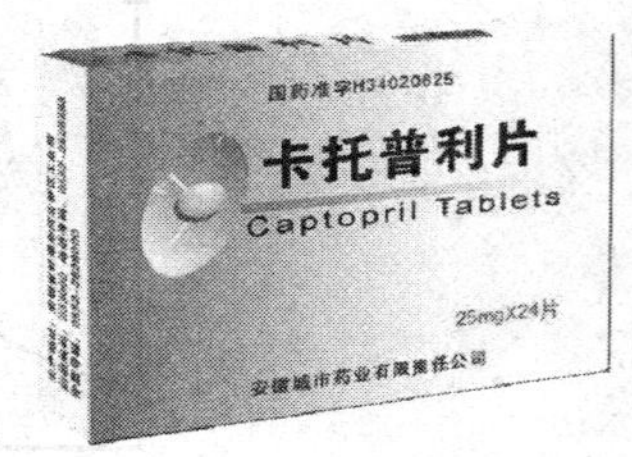

治疗高血压的第一代 ACEI 类药“巯甲丙脯酸”在国外已经走过成熟期，市场在萎缩，利润在减少。此时该公司的决策者决定将这一产品打入中国等未开发的世界其他市场，从而给了这一产品第二次生命。

3. 扇型 还有一些产品进入市场，很快达到销售高峰，又迅速衰退，它的产品生命周期曲线如图 4－7（c）所示。

成功的典范——百年老药“阿司匹林”

“阿司匹林”发明时作为解热镇痛药，但多年后解热镇痛药市场竞争严峻，市场份额被“非阿司匹林类解热镇痛药”抢占。就在这一关键时刻，通过研究发现小剂量“阿司匹林”可以抑制血小板凝集，可以用来预防冠心病与心肌梗死，从而成功地进入了这一新的细分市场。目前小剂量的“阿司匹林”又成功地进入了癌症预防药市场，使“阿司匹林”的生命不断延长。

三、医药产品组合

很少有医药企业只经营单一品种产品，当然也不可能经营所有产品。为了充分利用医药企业资源，抓住市场机会，规避风险和威胁，就需合理确定医药产品种类、数量及组合方式。如何将多个产品合理组织起来，这就是产品组合问题。

所谓产品组合是指医药企业生产或经营的全部产品的有机构成方式，或者说是医药企业生产经营的全部产品的结构。医药产品组合一般是由若干条医药产品线组成的，每条医药产品线又是由若干个医药产品项目构成的。

（一）医药产品项目、产品线、产品组合

1. 医药产品项目 指医药企业产品目录上列出的每一个产品，即产品线中不同剂型、规格、大小、价格的产品。

2. 医药产品线 指密切相关的满足同类需求的一组产品项目。一个医药企业可生

产经营一条或几条不同的产品线。

3. 医药产品组合 指一个医药企业生产经营的全部产品的有机构成和量的比例关系。由若干条产品线组成，每条产品线又由许多产品项目构成。产品线和产品项目的组合，要适应产品消费对象的需要，并与企业的目标市场和市场营销策略有着密切关系。

(二) 医药产品组合的变化要素

医药企业产品组合的变化要素包括宽度、长度、深度和关联度（图1-4-8)。

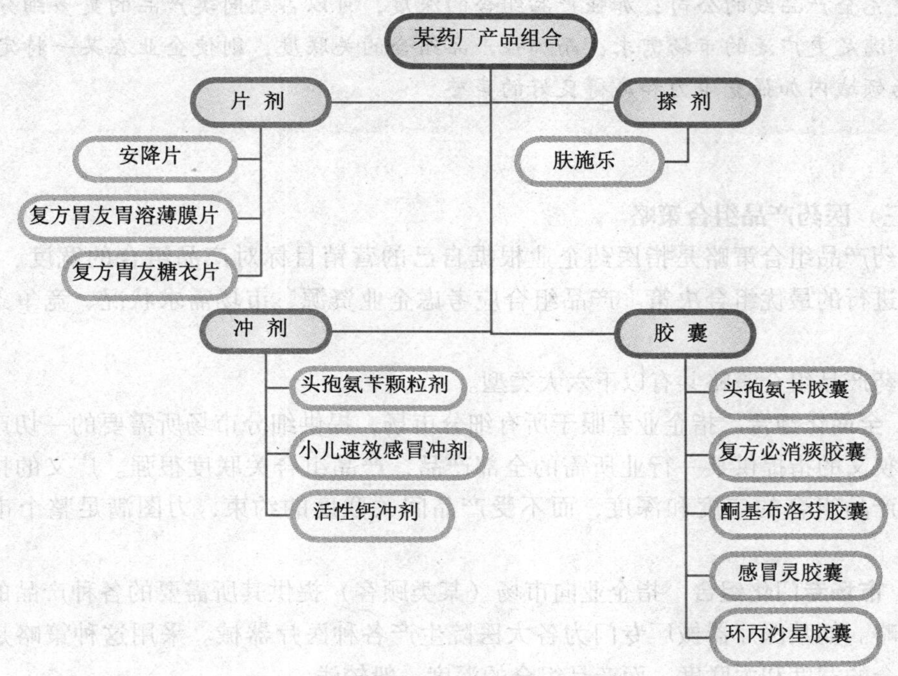

图1-4-8 某药厂的产品组合

1. 宽度 指医药企业产品组合中包含的产品线的数量，又称广度。产品线越多，说明该医药企业产品组合的宽度越宽，二者呈正比；同时也反映一个医药企业市场服务面的宽窄程度和承担投资风险的能力。

2. 长度 指医药企业各条产品线所包含的产品项目总数。在图1-4-8中产品项目总数是12，即为产品线总长度。

3. 深度 指一条产品线上包含的产品项目的数量。一条产品线上包含的产品项目越多，说明产品组合的深度越深。它反映一个企业在同类细分市场中满足顾客不同需求的程度，可计算平均深度。如该药厂的“肤施乐”搽剂有三种规格，那么它的深度为3。

4. 关联度 指每条产品线之间在最终用途、生产条件、销售渠道以及其他方面相互关联的程度。其关联程度越密切，说明企业各产品线之间越具有一致性；反之，则缺乏一致性。

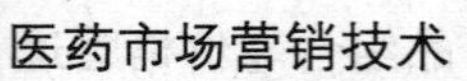

注意：分析产品组合的宽度、长度、深度和关联度，有助于企业更好地制定产品组合策略。在一般情况下，扩大产品组合的宽度，有利于扩展企业的经营领域，实行多角化经营，可以更好地发挥企业潜在的技术、资源优势，提高经济效益，分散企业的投资风险；增加产品线的长度，使产品线丰满充裕，可以成为有更完全产品线的公司；加强产品组合的深度，可以占领同类产品的更多细分市场，满足更广泛的市场需求；而加强产品组合的关联度，则使企业在某一特定的市场领域内加强竞争力和赢得良好的声誉。

（三）医药产品组合策略

医药产品组合策略是指医药企业根据自己的营销目标对产品组合的宽度、广度、关联度进行的最优组合决策。产品组合应考虑企业资源、市场需求状况、竞争条件等因素。

医药产品组合策略共有以下六大类型。

1. 全面化组合 指企业着眼于所有细分市场，提供细分市场所需要的一切产品和服务。狭义的指提供某一行业所需的全部产品，产品组合关联度很强。广义的指尽可能增加产品组合的广度和深度，而不受产品间关联度的约束，力图满足整个市场的需要。

2. 市场专门化组合 指企业向市场（某类顾客）提供其所需要的各种产品的产品组合策略。如某医疗器械厂专门为各大医院生产各种医疗器械。采用这种策略是强调产品组合的宽度和关联度，而产品组合的深度一般较浅。

3. 产品专门化组合 指企业专注于生产和经营某一类产品，并将其推销给各类顾客的产品组合策略。如某企业生产各种抗生素类药品，可以满足各类不同消费者的需求。

4. 有限产品组合 企业根据自己的专长集中生产和经营有限的甚至是单一的产品线，以适应有限的或单一的消费者需求的产品组合策略。如某医疗器械企业只生产和经营各种轮椅，来满足一部分残疾人和老年人的需求。

5. 特殊专业性产品组合 指企业根据某些顾客的特殊需要专门生产经营某一种特殊产品的组合策略。如某企业专门为有听力障碍者生产各种助听器。

6. 单一产品组合 指企业凭借特殊的条件，如凭借其拥有的知识产权或特许经营权，排斥竞争者的涉足，独霸市场的产品组合策略。如一些基因药品的生产。

（四）调整产品组合策略

根据医药产品生命周期理论，一种新产品在经历了成长期和成熟期之后，必然要进入衰退期，最后完全退出市场。因此，企业有必要对现有产品线和产品组合进行分析评价之后，针对所存在的问题采取相应措施，对现有产品进行整顿，调整产品结构，

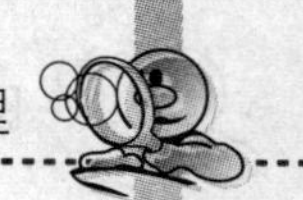

使其能达到更佳的组合状态。

1．扩大产品组合策略　指扩大产品组合的宽度和深度，即增加产品线和产品项目，增加品种，扩大经营范围。

（1）垂直多样化策略　指不增加产品线宽度，只增加产品线的深度，即产品线的深度发展策略（图 1－4－9）。

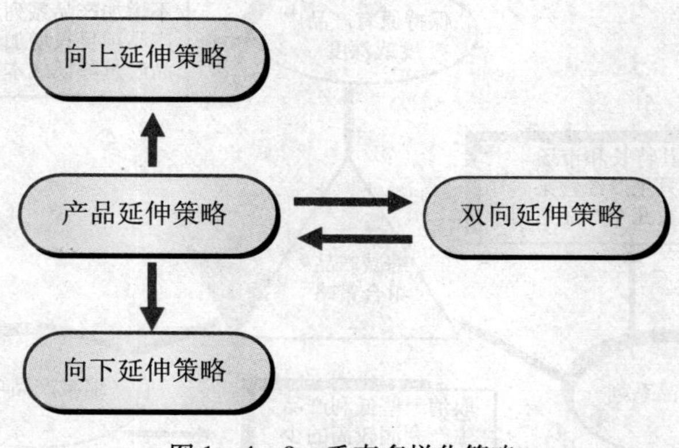

图 1－4－9　垂直多样化策略

表 1－4－1　垂直多样化策略比较

策略	向上延伸	向下延伸	双向延伸
延伸方式	在只定位于生产经营低档产品的产品线中增加高档产品项目	在定位于只生产经营高档产品的产品线中增加低档产品项目	在只定位于生产经营中档产品的产品线中增加高、低档产品项目
原因	高档产品销售形势好、利润高	高档商品市场增长缓慢或遇到激烈竞争，利用高档商品声誉吸引低档商品需求者	
目的	为发展成生产经营高、低档产品俱全企业，从而更好地为顾客服务	扩大市场范围或是填补市场空缺	开拓新市场，获取更大的利润
特点	（1）顾客可能不相信企业能生产高档产品，竞争者也可能反过来进入低档品市场，以进行反击 （2）企业尚需培训人员为高档商品市场服务	可能会损坏高档产品声誉，给企业经营带来风险	

（2）水平多样化策略　指增加产品线的数量，拓展广度。可分为两种：① 相关系列多样化策略，即根据关联性原则增加相关的产品线；② 无关联多样化策略，即增加产品线时，不考虑关联性原则，增加与原产品线无关的产品，开拓新市场，创造新需求。

2．缩减产品组合策略　指缩小产品组合的广度和深度，即减少产品线或产品项目的数量。当企业生产经营原产品的内外环境发生变化时，企业应及时剔除那些获利很小、甚至不能获利的产品线或产品项目，集中精力发展有优势的产品，提高经济效益（图1-4-10）。

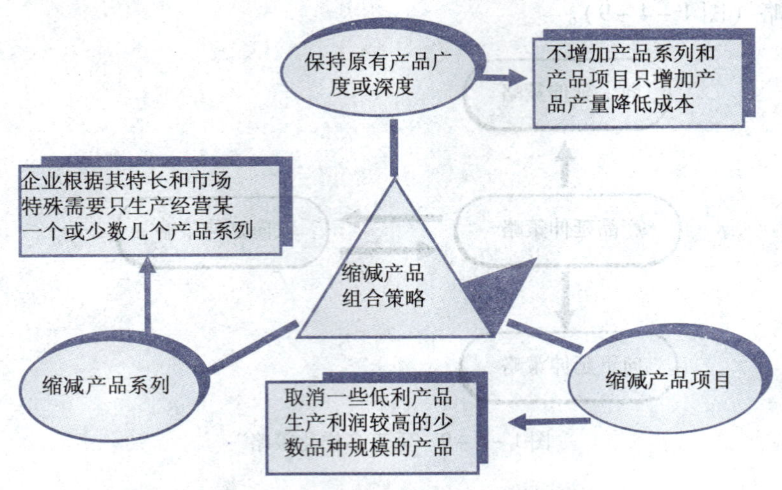

图1-4-10　缩减产品组合策略

3. 产品差异化策略　即通过市场调研活动，收集顾客需求信息和竞争对手的产品信息，对企业产品在质量、性能、用途、特点和剂型上重新定位，采取与竞争对手有明显不同特色的产品策略，改进老产品的结构，增加产品新的功能、规格和式样，引起顾客的浓厚兴趣，以期增强企业的竞争优势，从而为企业创造更多的利润。

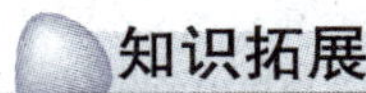

知识拓展

医药新产品开发与技术创新

一、医药新产品的界定

（一）医药新产品的概念

现代市场营销学认为，凡是企业向市场提供过去没有生产过的产品属于新产品的范围，它包括了企业所有发明、革新、改进和仿制出来的产品。医药是一种特殊商品。

（二）医药新产品的类型

1. 按药品审批管理的要求，可分为以下几类

（1）中药（表1-4-2）。

表1-4-2　中药类别

类别	主　要　内　容
1类	未在国内上市销售的从中药、天然药物中提取的有效成分及其制剂
2类	未在国内上市销售的来源与动物、植物、矿物等药用物质制成的制剂
3类	中药材的代用品
4类	未在国内上市销售的中药材新的药用部位制成的制剂
5类	未在国内上市销售的从中药、天然药物中提取的有效部位制成的制剂
6类	未在国内上市销售的由中药、天然药物制成的复方制剂
7类	未在国内上市销售的由中药、天然药物制成的注射剂
8类	改变国内已上市销售药品给药途径的制剂
9类	改变国内已上市销售药品剂型的制剂
10类	改变国内已上市销售药品工艺的制剂

(2) 西药（表1-4-3）。

表1-4-3　西药类别

类别	主　要　内　容
1类	未在国内外上市销售的药品
2类	改变给药途径且尚未在国内外上市销售的制剂
3类	已在国外上市销售但尚未在国内上市销售的药品
4类	改变已上市销售盐类药物的酸根、碱基（或者金属元素），但不改变其药理作用的原料及其制剂
5类	改变国内已上市销售药品的剂型，但不改变给药途径的制剂

(3) 生物制品（表1-4-4）。

表1-4-4　生物制品类别

类别	主　要　内　容
1类	未在国内外上市销售的生物制品
2类	单克隆抗体
3类	基因治疗、体细胞治疗及其制品
4类	变态反应原制品
5类	由人、动物的组织或者体液提取的，或者通过发酵制备的具有生物活性的多组分制品
6类	由已上市销售生物制品组成新的复方制品
7类	已在国外上市销售但尚未在国内上市销售的生物制品
8类	含未经批准菌种制备的微生肽制品
9类	与已上市销售制品结构不完全相同且国内外均未上市销售的制品（包括氨基酸位点突变、缺失，因表达系统不同而产生、消除成者改变翻译后修饰，对产物进行化学修饰等）

续表

类别	主要内容
10 类	与已上市销售制品制备方法不同的制品（例如采用不同表达体系、宿主细胞等）
11 类	首次采用 DNA 重组技术制备的制品（例如以重组技术替代合成技术、生物组织提取或者发酵技术等）
12 类	国内外尚未上市销售的由非注射途径改为注射途径给药，或者由局部用药改为全身给药的制品
13 类	改变已上市销售制品的剂型但不改变给药途径的生物制品
14 类	改变给药途径的生物制品（不包括上述 1～12 项）

2. 根据医药新产品特点的不同，把新产品分为以下几种类型

（1）全新产品。

（2）换代新产品。

（3）改进新产品。

（4）仿制新产品。

二、技术创新

（一）技术创新的特点（图 1－4－11）

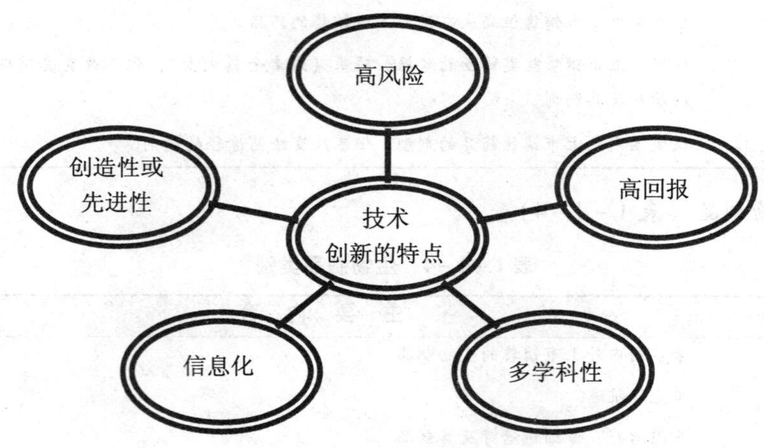

图 1－4－11　技术创新的特点

（二）技术创新的作用

1. 技术创新是经济增长的根本动力。
2. 技术创新是企业的生命力。
3. 技术创新是企业走向国际市场的必由之路。

三、新药研发模式

医药企业根据自身的研发能力、经济实力、营销管理能力的强弱，以及对国内外医药市场环境的了解和熟悉程度，选择适合自己的新药研发模式。

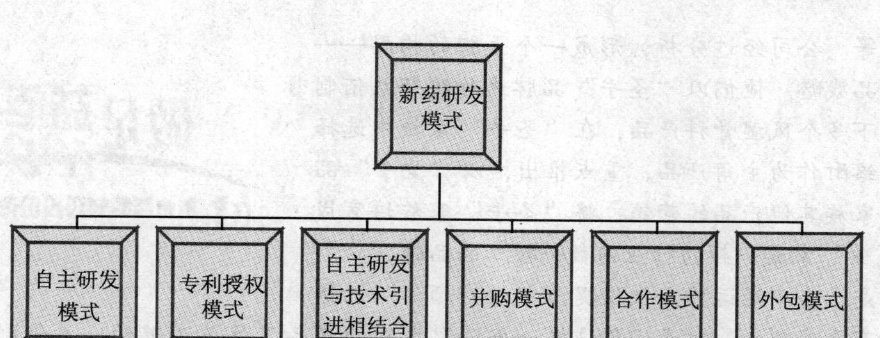

图 1-4-12　新药研发模式

四、提升我国新药研发水平的策略

新药研究与开发是多学科、高科技、高难度、高投入、长周期、高风险、高回报的风险产业。据统计，在美国上市一种新药平均要花费5亿~8亿美元，耗时11~15年时间。专利药品可垄断市场，能获取最大的经济效益。在销售额世界前10位药品中，辉瑞公司仅阿伐他汀一项专利，2003年销售近90亿美元。可以说，新药研发是医药产业发展的火车头，新产品是企业的主要利润来源和发展的推动力，有利于造就企业形象和品牌，促进企业长期稳定发展。

1. 政府部门采取的策略　政府及医药管理部门制定相应的支持政策，采取有效措施，营造有利于新药产品技术创新和发展的环境政策。

(1) 资金支持。

(2) 加强对知识产权的管理和保护。

2. 企业采取的策略

(1) 仿制和创新相结合。

(2) 自主创新。

(3) 产、学、研合作。

(4) 新药技术引进与转让。

(5) 加大研发资金投入。

(6) 引进与培养医药人才。

益佰制药靠差异化改写竞争格局

贵州益佰制药是一个在激烈的竞争中积极寻求变革的企业。克咳品牌的成功，成就了益佰制药。圣手镇痛活络酊是公司的又一主力风湿骨科产品，产品功效也比较明确突出，具有一定竞争力。虽然风湿药市场非常大，需求也非常强烈，但市场领导品牌并不突出，尤其是同一剂型。益佰制药旗下有多个风湿骨科产品，包括骨筋丸、玻璃酸钠等。公司经过分析，形成一个大胆的构思——一牌多品战略。他们以“圣手”品牌名称统领益佰制药的旗下多个风湿骨科产品，在“圣手”家族中选择镇痛活络酊作为主角产品，重点推出，以“圣手”品牌带动家族其他产品的营销，将“圣手”家族培育成与“克咳”家族一样的行业内数一数二的品牌。

但是，在市场运作上仅仅提出“治疗顽痛”的概念，没有更多创新，对于运作这样一个风湿类别的产品显然是不够的，益佰制药面临的问题是如何创新营销模式、丰富营销手段。他们采取差异化策略来改写竞争格局。

1. 在对目标人群差异化的综合调研和分析后，益佰制药把目标人群定位在中老年人风湿痹症轻、中度患者，这一方面是因为“圣手”镇痛活络酊能够对患者发挥较好的治疗作用，不会因为“过度承诺”导致产品昙花一现；另一方面是患者对外用产品的接受度较高，因为患者疾病初起，他们希望迅速摆脱痛苦，“圣手”镇痛活络酊快速见效的特点能吸引他们，易于促成最终的消费。

2. 传播概念精准化。风湿病最突出的特征是患者病程长、痛苦大，消费者一方面有根治的迫切需求，另一方面又要求迅速见效。但目前市场上还没有哪一种产品能够同时满足这两种需求，因此很难形成品牌忠诚度。对此公司制订的解决方案是：以极具杀伤力的产品概念吸引消费者，以极具说服力的产品作用机理打动消费者，做到既有概念，又不“过度承诺”，这是保障产品迅速赢得市场、同时又平稳运作的最佳解决办法。

3. 市场推广方法自助化。市场推广方案的制定，关键是要体现服务性和适应性。既要有典型性、可普及性，又要能够根据经销商市场的不同情况及经销商的资源优势、操作能力进行调整，为每个市场量身定做，发挥其在当地市场的最大威力。公司对这套模式有一个很形象的名字叫“圣手金三角架构”：一个中心（服务），三个基本点（传播、康复中心、终端）。为消费者的服务是架构中的核心部分：服务＝沟通，服务＝尊重消费者、满足消费需求。“圣手”通过三个角来实现服务的内容，与消费者进行不同层次的沟通：传播（活动）与消费者中度沟通，终端与消费者深度沟通，康复中心与消费者持久沟通。从“克咳”到“圣手”，益佰制药正在实现历史性跨越。

【案例点评】

贵州益佰制药从“克咳”到“圣手”，取得了历史性跨越，重要的是充分利用企业资源，通过挖掘与其他药品差异化的亮点，塑造产品“治疗顽痛”独特的概念。把中老年人风湿痹症轻、中度患者定位为目标人群，大胆采用一牌多品的营销战略，将益佰制药多个风湿骨科产品统领到“圣手”品牌下，丰富产品线，加强产品组合的深度和关联度，使企业在风湿骨科市场领域内赢得良好的声誉。更值得为其他企业借鉴的是与消费者进行不同层次的沟通：传播（活动）与消费者中度沟通，终端与消费者深度沟通，康复中心与消费者持久沟通，从而使公司与市场和消费者建立起畅通的沟通渠道。

第二节　医药产品价格管理

为什么要对医药产品价格进行管理？

由于药品是防病治病、康复保健的特殊商品，在药品零售市场上，大多数药品的使用和疗效不易为一般消费者所掌握，消费者购药行为多数是由第三者（医生或药店店员）推荐决定，因此，药品的消费对于药品价格的约束力很弱。世界上大多数国家，包括一些经济发达的西方国家，都对药品价格实行不同程度的管制。

一、药品价格的构成

（一）药品价格构成的因素

药品价格通常由四部分构成，即生产成本、流通费用、国家税金和企业利润。

1．生产成本　指生产一定数量的某种药品所耗费的物质资料的货币表现和支付给劳动者的报酬。在构成药品价格的各因素中，生产成本是最主要的因素，是制定价格的基础。

2．流通费用　指商品从生产领域到消费领域转移过程中所发生的劳动耗费的货币表现。包括企业的经营管理费用，如销售员工资、广告宣传、市场调查等费用及利息、运杂费和损耗等。在其他因素不变的情况下，流通费用增加，价格提高；流通费用减少，价格就下降。

3．国家税金　是国家通过税法的形式，按规定的税率进行征收而取得的财政收入。税金也是构成药品价格的重要因素。生产企业必须按照国家税法义务交纳税金。

医药企业应交纳的税种，按其与药品价格的关系分为价外税和价内税。价外税（如所得税）是直接由医药企业利润负担的，企业不能把其加入药品价格中而转嫁给消费者。价内税（如增值税）可以加入到药品价格中，随药品出售而转嫁出去。因此，价内税的高低与产品价格成正比。

4．企业利润　指医药企业在一定时期内生产经营的财务成果，包括营业利润、投资收益和营业外收支净额三部分。它是医药企业生产经营中追求的最终目标。

药品价格构成的四个因素是互相联系和制约的，其中任何一个因素发生变化，都会引起价格的变化。

（二）药品价格体系

医药产品从生产领域经过流通领域才能进入消费领域，在流通领域又要经过批发、零售等不同环节。药品经过每一个环节就是一次买卖，就要有一个价格，这样就形成了药品的出厂价、批发价、零售价等药品价格形式（图 1－4－13）。

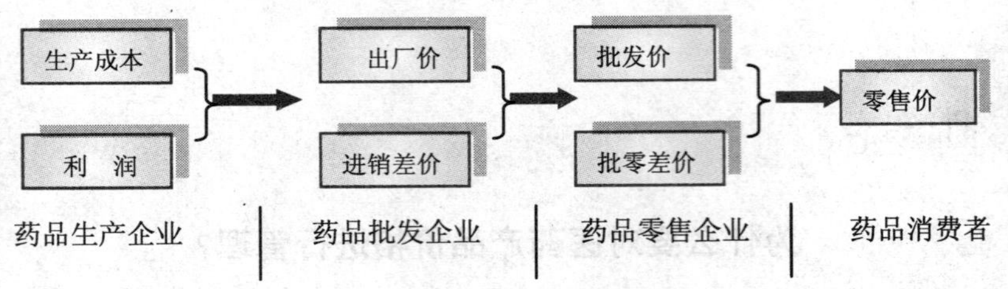

图 1－4－13　药品价格的形成

1. 国产和进口分装药品价格

（1）药品出厂价　也称药品生产者价格，是药品生产企业向批发企业销售时的药品价格，由药品生产成本加利润构成。药品出厂价是药品进入流通领域的第一道环节的价格，是制定药品批发价、零售价的基础，它既关系药品生产企业的经济利益，也决定了药品批发价、零售价的价格水平，同时又关系到药品经营单位、医疗单位和广大消费者的切身利益。

（2）药品批发价　药品批发价是药品批发企业向零售药店或医疗单位销售时的药品价格，由购进成本（即药品进价）加上进销差价构成。它处于药品生产价格之后、零售价格之前，在药品价格结构中起着“承上启下”的作用。合理确定药品批发价格有助于稳定药品零售市场。

（3）药品零售价　药品零售价是零售药店或医疗单位向消费者销售时的药品价格，由购进成本（即药品进价）加上批零差价构成。药品零售价是药品在流通领域中最后一道环节的价格。它体现着国家、药品经营者、广大消费者之间的经济关系，与人民大众利益息息相关。

（4）药品差价

① 药品进销差价：药品进销差价又称购销差价。它是指药品批发商在同一时间、同一市场购进和销售同一种药品的购进价格和销售价格之间的差额。具体而言，就是药品出厂价和批发价之间的差额。

② 药品批零差价：药品批零差价是指药品批发价格与零售价格之间的差额。它是由零售商（零售药店、医疗单位）在经营药品的过程中形成的，它包括零售商的流通费用、合理利润及税金。

2. 进口药品价格

含税口岸价＝到岸价×（1＋关税率）×（1＋增值税率）＋口岸地费用

口岸地费用包括报关费、检疫费、药检费、运杂费、仓储费等。

3. 医院制剂零售价　国家有关部门规定，医院制剂零售价格的计算公式为：

零售价格＝制造成本×（1＋制造成本利润率）

规定：医院制剂的原料损耗，中药最高不得超过20%，西药最高不得超过5%。调剂购进的医院制剂，医疗单位应以实际购进价格为基础，加不超过5%的利润制定零售价格。

4. 中药饮片价格　中药饮片的价格出厂价和批发价实行同价。

二、影响药品价格高低的因素

医药企业制定药品价格时首先要考虑的是其成本，药品价格只有在大于等于其成本时，企业才能愿意生产和经营。追求利润欲望的驱使企业当然希望其价格越高越好，但因受到多方面的因素的制约，这种愿望不一定能够实现。这些因素主要有以下方面。

（一）外部因素

包括国家政策、医药市场状况和消费者行为。

1. 国家政策　国家药品价格政策无疑是医药企业制定药品价格时必须严格遵守和认真履行的。国家通过制定方针政策来影响医药商品价格，目的是抑制药价过度虚高、减少社会药费负担，保证企业合理盈利、促进医药行业健康发展。随着我国医药卫生制度改革的不断深化，由政府直接定价的药品范围、品种、价格等会根据社会经济的条件变化会不断调整并减少，由医药企业自主定价的范围与品种也会逐渐扩大，政府更多的会加强其他方法的宏观监管手段。因此，医药企业药品定价时首先要考虑国家政策。

2. 医药市场状况

（1）市场需求　市场需求受很多因素的影响，如人口、收入水平、性别、职业、教育程度、宗教信仰、社会风尚等等。但就其主要而言，包括人口、购买力、购买动机三方面。

（2）药品供求状况　供大于求引起价格下降，供不应求引起价格上升。价格下降，引起供给量减少或需求量增加；价格上升，会引起供给量增加或需求量减少。所以，医药企业定价时务必考察该产品的市场供求情况。

（3）需求的价格弹性　指需求量对价格变动的反应程度，是需求量变动的百分比与价格变动的百分比的比值。医药企业在给某种药品定价时，必须考虑该种药品的需求价格弹性。

规律：需求价格弹性强的药品采用价格降低的方法；需求价格弹性弱的药品采用较高定价是有利的；需求价格弹性一般的药品选择平均价格。

上述规律为什么？

(4) 医药市场竞争状况　在我国医药市场上，目前国内药品生产企业有6000家左右，药品经营企业有16000多家，再加上许多外国制药企业的加入，竞争可谓是异常激烈，几乎每种药品都有或多或少的竞争品和竞争对手。竞争越剧烈，对价格的影响也越大。一般而言，市场竞争的强度主要取决于：产品制作的难易、供求形势、竞争格局、竞争对手的数量、实力等因素。竞争对手的生产能力、产量、销量、定价策略、目标等等都是在进行市场营销决策时需要努力弄清楚的内容。制定价格时除了积极考虑对抗竞争外，还需努力避免价格战。

3. 消费者行为　消费者行为尤其是消费者心理行为对药品价格的影响主要表现在人们对医药商品的期望价格。当实际价格高于或低于期望价格时，消费者一般都会拒绝购买。

(二) 内部因素

包括医药产品的生产成本、企业目标和其他因素。

1. 生产成本　是医药企业定价的基础和核心。

2. 企业目标　是医药企业选择定价方法和定价策略的依据。

3. 其他因素

(1) 生命周期　药品定价也会受到其在生命周期中所处位置的影响。

(2) 分销渠道　考虑中间商的利润来定价。

(3) 促销费用的多少。

三、我国的药品价格管理

我国政府对药品价格非常重视，针对我国医药市场药品价格上涨过快、社会医药费用负担过重的情况，为加强药品的价格管理，深化药品价格改革，整顿药品市场的价格秩序，国家发改委对药品价格采取了严格的管理制度。随着我国社会医疗保障制度和医药卫生体制改革的深化、法律法规的逐步完善，我国药品的定价将会更加合理。

(一) 药品的政府定价

1. 政府定价范围　根据国家宏观调控和市场调节相结合的原则，我国药品定价实行政府定价、政府指导价和市场调节价。

(1) 政府定价　是指由价格主管部门制定最高零售价格。各药品零售单位在不突破政府最高零售价格的前提下销售药品（图1-4-14）。

(2) 政府指导价　是指由价格主管部门规定基准价及其浮动的范围。

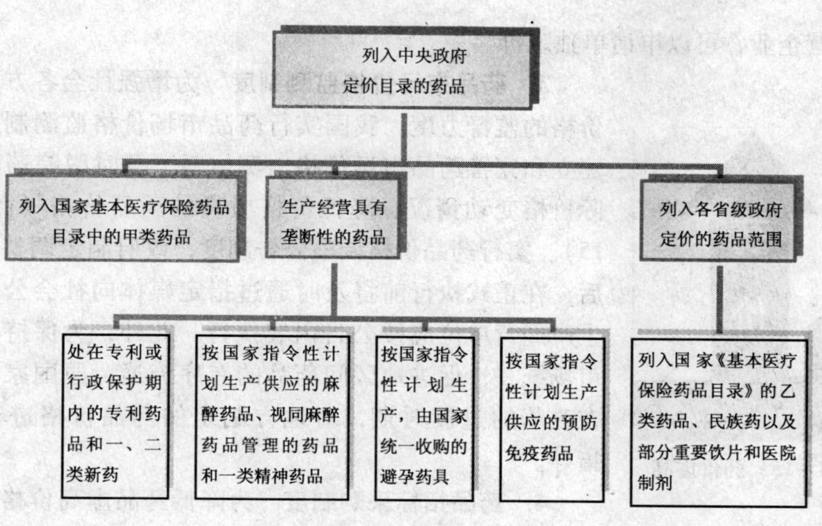

图 1－4－14 政府定价范围

（3）市场调节价 政府定价以外的其他药品实行市场调节价格，由医药生产经营企业和零售单位根据市场供求关系自行定价。定价药品的利润应根据国家的经济政策和价格政策来确定。

2．政府定价原则

（1）政府定价要综合考虑国家宏观调控政策、产业政策和医疗卫生政策，并能够使生产经营者弥补合理生产成本并获得合理利润。

（2）能够反映市场供求。

（3）体现药品质量和疗效的差异。

（4）保持药品合理比价。

（5）鼓励新药研制开发。政府定价原则上按社会平均成本制定。对市场供大于求的药品，按能满足社会需要量的社会先进成本定价。

（二）药品价格管理的内容

1．药品价格管理的权限 我国药品价格实行统一领导、分级管理的原则，即药品价格管理政策、作价办法和中央管理的药品价格，由国务院价格主管部门统一制定；省级及省级以下价格主管部门要按照国家统一政策，对辖区内的药品价格进行管理、监督和检查。各业务主管部门在各自职责范围内协助价格主管部门管理药品价格。

2．药品的定价管理 我国药品定价实行优质优价，鼓励创新和技术进步，对于不同厂家的药品价格具体要求如下。

（1）达到药品生产质量管理规范（GMP）药品、专利药品、新药以及名优药品，在价格上与普通药品拉开差价。

（2）剂型规格相同的同一种药品，GMP 药品比非 GMP 药品，针剂差价率不超过 40%，其他剂型差价率不超过 30%。

（3）已过发明国专利保护期的原研制药品比 GMP 企业生产的仿制药品，针剂差价率不超过 35%，其他剂型差价率不超过 30%。

（4）对有效性、安全性明显优，治疗周期、治疗费用明显低于其他企业同种药品的生产经营企业，可以申请单独定价。

3. 药品市场价格监测制度 为增强社会各方面对药品价格的监督力度，我国实行药品市场价格监测制度。通过建立和完善药品市场价格监测体系，及时跟踪药品市场实际价格变动情况，降低价格虚高的药品价格（图 1－4－15）。实行药品价格调整公告制度，政府制定调整药品价格后，在正式执行前将及时通过指定媒体向社会公告，药品生产经营单位应按公告内容执行。此外，为保持全国药品市场统一，促进地区间药品的有序流通，原国家计委还将在改革的过渡时期，对地方制定的药品价格进行协调和指导。

图 1－4－15　药价虚高

4. 药品招标采购制度 为降低药品虚高价格，杜绝假劣药流入医疗机构，切实减轻患者和社会的不合理医药费用负担。2000 年 7 月，国家卫生部等六部门联合印发了《医疗机构药品集中招标采购试点工作若干规定》，规定“县及县以上人民政府举办的非营利性医疗机构必须开展药品集中招标采购”，表明药品集中采购已成为一项制度在全国各地推行。

此后，原国家药品监督管理局、卫生部、国家药品食品监督管理局相继出台《药品招标代理机构资格认定及监督管理办法》、国家发改委发布《关于集中招标采购药品有关价格政策问题的通知》，禁止价格欺诈和低价倾销等不正当价格行为。中标药品要保持不同质量层次、不同剂型、规格、包装之间的合理比价。要求对中标药品零售价格的核定，实行以中标价为基础顺加规定流通差价率的作价方法。属于政府定价范围的药品，中标零售价格不得超过价格主管部门制定公布的最高零售价格。流通差价率实行差别差价率。具体差价率由省级价格主管部门确定。招标人可低于规定差价率核定中标药品零售价格。后来卫生部又发布了《医疗机构药品集中招标采购监督管理暂行办法》等文件，明确了招标代理、价格政策、监督管理等多方面的问题。

知识拓展

医药企业药品定价的方法

医药企业可以采用的定价方法很多，主要有以下几种。

一、成本导向定价法

1. 成本加成法 这种方法主要基于对企业内部的考虑，计算公式为：

药品价格＝生产成本×（1＋利润率）

例如某药品生产成本 10 元，毛利率为 20%，此药品价格为 10×（1＋20%）＝12 元。

这是一种最基本、最普遍和最简单的定价方法，但这种方法忽略了市场竞争与市场需求的价格影响，也没有考虑到产品生命周期的问题，因此灵活性较差。

2. 目标利润定价法　这种方法是根据企业的总成本和计划完成的总销量，并在此基础上加上预期的固定利润。这个利润不随成本的变化而变化，计算公式为：

药品单价＝（总成本＋目标利润）/产量

例如某医药企业年固定总成本500万元，单位变动成本为10元，年产量为20万件，企业的年目标利润为100万元，该产品的单价为：（500＋10×20＋100）/20＝40元。

这种方法适用于追求长期利润、市场占有率较高或具有垄断性质的企业定价。其优点是可以保证实现既定的目标利润，并考虑到销量对制定价格的影响，但忽略了竞争和需求对价格的影响。

3. 盈亏平衡法（量本利定价法）　这种方法以总成本和总收入保持平衡为定价原则。当总成本等于总收入时，企业利润为零收支平衡，此时的价格使企业不盈不亏为保本价格。通常盈亏平衡点的计算公式为：

销售量×保本价格＝固定成本＋变动成本

此公式可以推导为：

保本价格＝固定成本/销售量＋单位变动成本

如果企业考虑预期利润，则可将计算公式变为：

药品单价＝（固定成本＋利润额）/销售量＋单位变动成本

例如某医药企业年固定成本为210万元，预期销量1万件，单位变动成本150元，需要实现利润10万元，则此时产品的单价为：（210万元＋10万元）/1万＋150元＝370元。

这种方法的优点是企业可以在较大范围内灵活掌握价格水平，而且运用简便，但前提是首先应掌握企业总成本、预期销量、预期利润等，并以产品能够全部销售出去为前提。

二、需求导向定价法

这种方法主要考虑医药企业外部因素，即以产品在市场上的需求强度为定价基础。事实上，价格最终是由消费者来认可的，因此企业在确定价格水平时，重点考虑的是消费者对价格的接受程度。

1. 销售价格倒推法　销售价格倒推法又称反向定价法，实际工作中俗称倒剥皮定价法。其特点是不以产品成本为依据，直接制定出厂价格，而是先以市场需求状况、消费者的期望价格为基础，根据产销量、利润目标等因素制定出市场零售价，然后推算出批发价、出厂价。计算公式为：

含税批发价＝零售价格/（1＋批零差率）

含税出厂价＝含税批发价/（1＋进销差率）

2. 需求差异定价法　不同的地区、不同的时间、不同的营销条件下，不同的消费者对某种药品的需求强度是不一样的。因此，企业可以根据这些不同情况制定不同的药品价格。具体如下。

(1) 以顾客为基础差别定价，消费者收入不同，其需求弹性也不同，据此可对同一产品制定不同的价格。

(2) 以地理位置为基础定价。

(3) 以时间差异为基础定价，根据同一商品在不同时间、季节里的不同需求强度可对其制定不同价格。

(4) 以产品为基础定价，对不同的批号或式样的商品，制定不同的价格。

三、竞争导向定价法

1. 随行就市定价法 随行就市定价法是指企业按照行业的平均价格来制定价格的方法。由于人们往往把平均价格水平认为是“合理价格”，所以容易被消费者接受。另外，这种定价方法可以避免挑起竞争，降低竞争带来的风险。同时，还能保证企业获得合理的利润。

2. 市场攻击定价法 有些企业为了扩大市场占有率或进入新的市场，制定低于竞争对手的价格。采用这种策略必须谨慎，否则极易引起价格战。

3. 优良品质定价法 如果企业生产或经营的产品质量上乘，并具有一定特色，企业声誉较高，就可以采用高于竞争者的价格出售。一方面通过较高价格建立优质药品的形象，另一方面通过较高价格获得超额利润，来支持企业的技术开发和新药产品开发。

4. 投标定价法 这是中国医疗机构普遍实行集中招标采购药品以来医药企业必须采用的定价方法。

国家发改委降低17类药品价格

在物价上涨的形势下，为了降低百姓的负担，国家发展改革委发出通知，决定从2010年12月12日起，降低头孢曲松等部分单独定价药品的最高零售价格，涉及抗生素、心脑血管等十七大类药品。各省物价部门已经陆续在对一些药品进行重新核价，拟降低部分价格偏高的省管药品价格。

11 北京新闻 2010年12月1日　www.yzdsb.com.cn

发改委大幅降低17类药品价格

平均降幅为19%　每年可为民众减负近20亿

据测算，十七大类药品价格调整后，比现行规定价格平均降低19%，预计每年可减轻群众负担近20亿元。发改委价格司有关负责人特别强调，这些都是“常用药品”，零售价格水平明显下调，群众将“切实感受到实际价格的降低”。如中美上海施贵宝制药有限公司生产的卡托普利（商品名：开博通，12.5mg×20片）价格从34元降到

22.1元，降幅为35%；罗氏公司生产的头孢曲松（商品名：罗氏芬，1g注射剂）价格从93.8元降到65.7元，降幅为30%。

据有关人士介绍，国家发改委定价的药品有两种情况：一种是针对基本药物的统一定价，不管是哪个企业生产的，同一种药物价格都是“一视同仁”；还有一种就是针对特定企业，包括国内知名品牌企业生产的药品实行优质优价，即单独定价。单独定价的药品不少是外资企业的专利药、原研药等，即老百姓口中的“进口药”，这类药品的价格要比国产药贵出很多倍。发改委单独定价的药品数量并不多，但在二三级大医院中用得比较多，销售的数量和金额都不小，降低这部分的药价肯定能在一定程度上降低百姓的用药负担。

17类药品大幅降价

发展改革委决定从12月12日起，降低17大类药品价格

平均降幅为19%

1 抗微生物药
2 抗寄生虫病药
3 解热镇痛药
4 神经系统用药
5 心血管系统用药
6 呼吸系统用药
7 消化系统用药
8 泌尿系统用药
9 血液系统用药
10 激素及调节内分泌药
11 营养类药
12 调节水电解质类药
13 诊断用药
14 皮肤科用药
15 眼科用药
16 耳科用药
17 妇产科用药

药品

与这174种药品降价令同时下达的，还有对16种药品取消单独定价的一道文书。包括辉瑞公司产的150mg×12粒规格的克林霉素胶囊，阿斯利康的奥美拉唑肠溶胶囊，安斯泰来制药的一种法莫替丁注射剂等。这意味着这些在数次药品降价潮中均得以豁免的“贵族药”将回到平民价格水平上。

此次降价的大多是外资企业过了专利期的原研药，基本是与307种基本药物同品种的。事实上，此次降价后，这些单独定价药品的价格还是偏高的，比如施贵宝的卡托普利即使降到了22.1元，与普通品种1.5元的售价比，仍是天上地下。国家发改委有意分期分批继续降，力争在这三五年内，将这些“贵族药”的价格水平与普通药品拉到同一条线上。

【案例点评】

群众看病难看病贵的问题，是当前社会关注的热点问题之一，也是党和政府下决心要解决的问题。为此，国家已经试行农村医疗保险制度，构建社会保障体系，加大医疗体制和社会保障体制改革的力度，为人民群众带来了真真正正的实惠。本次降价政策中特别值得注意的一点是，部分外资背景厂商生产的高价原研药降幅也不小。而国家发改委最新公布的《药品价格管理办法》中，已经取消了原研药的概念，并要求原研药周期性降价，这意味着原研药价格以后将陆续下调。

综上所述，降低部分药品的最高零售限价，是国家调控物价、保持经济健康发展的举措之一，也是国家对药品价格管理的体现。

目标检验

根据医药产品整体概念的含义，请写出下列几种商品的核心产品是什么？

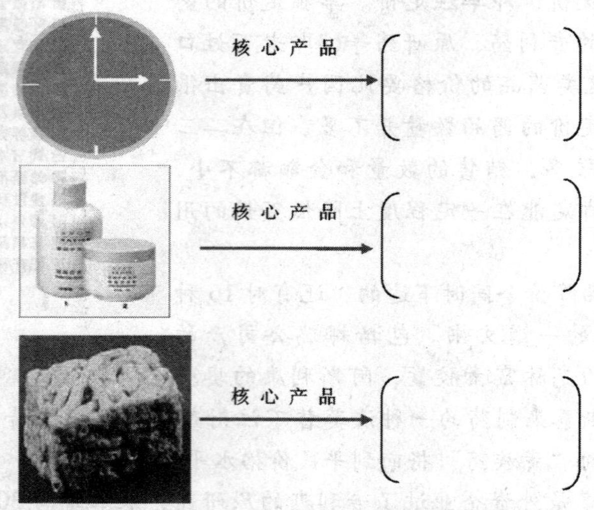

2. 结合医药产品组合策略的内容，请尝试写出美国强生制药公司的产品组合。

提示：通过互联网查询美国强生制药公司资料。

3. 漫画欣赏　下面漫画由三幅图组成，请根据漫画的内容发挥你的想象力，自编一个小故事，并说明这个故事反映出当前哪些热点问题并进行讨论。

4. 看图说话　根据下面两幅图片，结合本节课内容试分析一下为什么政府一再降低药品价格，药品价格依然虚高，有什么解决办法？

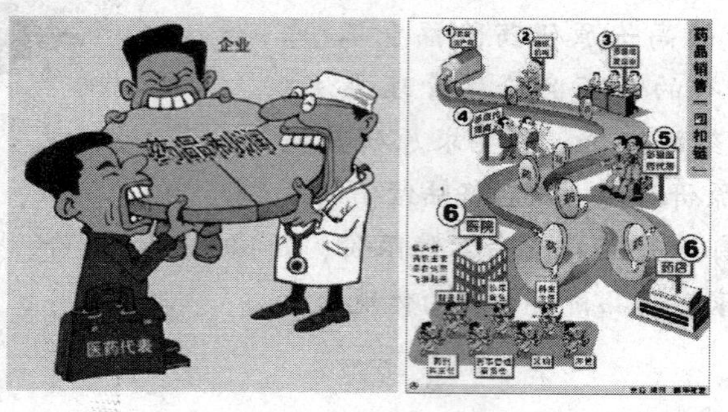

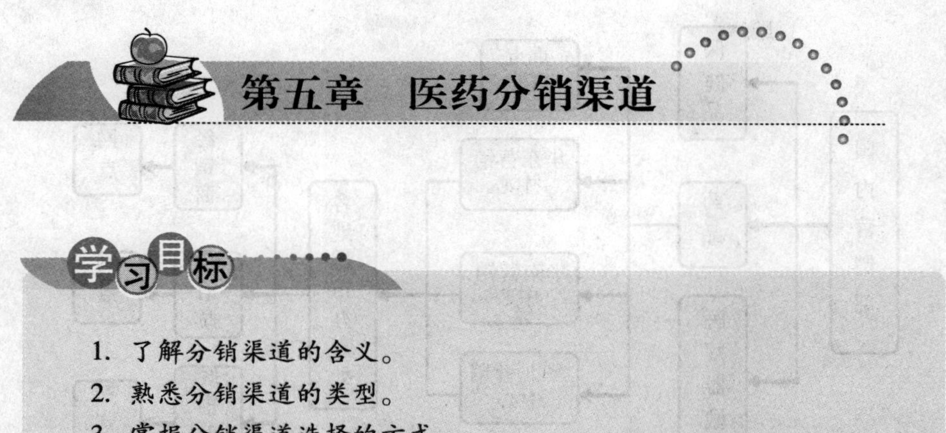

第五章　医药分销渠道

学习目标

1. 了解分销渠道的含义。
2. 熟悉分销渠道的类型。
3. 掌握分销渠道选择的方式。

第一节　医药分销渠道概述

分销渠道是产品从生产企业到最终消费者的过程中所经过的各个中间环节联结起来的通道。任何产品只有送到消费者手中才是现实的商品，才能获得利润实现企业的市场营销目标。企业如何把产品最有效最迅速地传递到消费者手中满足市场需求，是我们医药企业所研究的主要问题。

分销渠道策略是企业市场营销组合中的一个重要策略，其他策略的实施都要通过渠道发生作用。因此，对于医药企业而言，了解分销渠道的类型、合理选择合作伙伴、加强渠道的管理工作，不仅有利于企业产品的市场销售，而且也是企业进行市场营销活动的关键。分销渠道既是产品的销售渠道，也是产品导入市场的途径，更是企业感触市场的“神经末梢”。所以，医药企业应充分重视分销渠道的建立与维护工作。

一、分销渠道的定义

美国著名营销学大师菲利普·科特勒认为：“一条分销渠道是指某种货物或劳务从生产者向消费者移动时取得这种货物或劳务的所有权或帮助转移其所有权的所有企业和个人。因此，一条分销渠道主要包括商人中间商（因为他们取得所有权）和代理中间商（因为他们帮助转移所有权）。此外，它还包括作为分销渠道起点的生产者和终点的消费者，但是，它不包括供应商、辅助商等。”医药企业的分销业务的组织形式见图1－5－1所示。

1. 医药分销渠道的含义和分类　医药分销渠道是指医药产品从医药生产企业转移到消费者手里所经过的通道。医药分销渠道的结构按照医药产品从其生产者转移到消费者或者用户手中经过的环节数，可以分为零阶、一阶、二阶和三阶。

（1）零阶渠道　零阶渠道是指制药企业将医药产品直接销售给消费者，也称直接

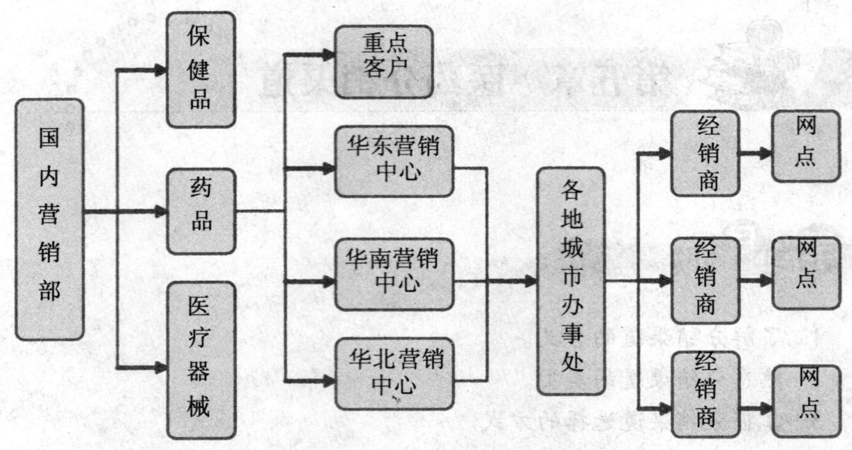

图 1－5－1　分销渠道的组织形式

渠道，中间没有经过批发商和零售商等中间商的参与转手。如电视直销中，消费者通过电话订购医疗器械。直销是大型医疗设备、特殊药品、原料药等医药产品的销售方式。随着科技的发展、药事法规的日臻完善、人们生活水平的提高以及消费习惯的变化，直销渠道正以飞快的速度发展。

（2）一阶渠道　一阶渠道包括一层中间商，在医药市场中，这种中间商通常是由医院药房或药店组成的。而在医疗器械、原料药市场中，他们通常是指各级代理商或经销商。

（3）二阶渠道　二阶渠道通常包括两层中间商，药品二阶渠道的典型构成是由批发商和零售商组成，而在医疗器械市场中，这两层中间商通常包括代理商和经销商的组合。

（4）三阶及以上渠道　三阶及以上渠道指中间商包括更多层的批发商或代理商。例如：某药品在某省销售时，可以先批发给省级批发商，由这些批发商再转批给市级批发商，再由市级批发商批发给医院药房和城乡药店，这是典型的药品三阶渠道。

除此之外，还可以按照药品由制药企业传递到药品终端的直接程度，又可以分成直接渠道和间接渠道；按照渠道的长短，也可以分为短渠道、长渠道等形式。

（1）直接渠道与间接渠道　直接渠道也称短渠道，是指没有中间商的参与，生产企业将医药产品直接销售到消费者手中，如消费者可以通过电子商务、电话、邮购等方式从生产商处购买所需医药产品。间接渠道也称长渠道，是在医药产品的分销过程中，有中间商的参与。由此可见，直接渠道就是零阶渠道，一阶以上的渠道属于间接渠道，他们之间的优缺点比较见表 1－5－1。

表 1－5－1 直接渠道与间接渠道优缺点比较

	直接渠道	间接渠道
优点	直接与消费者接触，及时调整营销策略，能够最大限度地满足市场的需求，降低了流通成本，增加了生产企业的利润和提供给消费者更多的利益	扩大生产企业融资的范围、分担了生产企业的经营风险，并能够降低交易次数及成本，扩大产品销售范围，快速提高了市场占有率
缺点	需要较大资金及管理、人才的等资源支持，不利于吸引生产企业融资、降低经营风险及减少交易次数与费用等	不利于生产企业对分销渠道的管理与控制

（2）宽渠道与窄渠道　渠道的宽度是指同一渠道层次中使用的中间商数量。同一层次中使用的中间商越多，覆盖的市场面越宽，则此渠道为宽渠道（图 1－5－2）；反之则为窄渠道（图 1－5－3）。

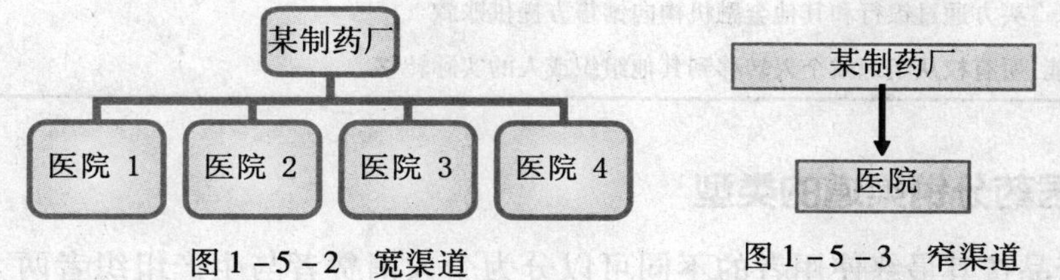

图 1－5－2　宽渠道　　图 1－5－3　窄渠道

宽渠道与窄渠道的优缺点比较见表 1－5－2。

表 1－5－2 宽渠道与窄渠道的优缺点比较

	宽渠道	窄渠道
优点	扩大药品的市场覆盖面，方便消费者购买某药品	有效管理、控制分销渠道，有利于提高分销渠道的效率
缺点	增加企业管理渠道的难度	不利于将药品及时推向市场

2. 医药分销渠道特征（图 1－5－4）

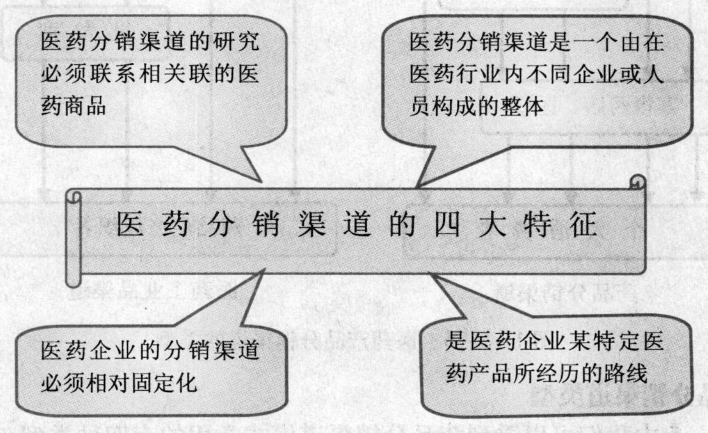

3. 医药分销渠道的职能（表 1－5－3）

表 5—3　医药分销渠道的职能

职能	描　述
信息职能	收集和传播医药营销环境中有关潜在和现实的顾客、竞争对手和其他参与者及力量的营销调研信息
促销职能	发展和传播有关医药商品的，具有强烈说服力，并能够引起顾客足够注意的沟通材料
交易谈判职能	尽力达成有关医药产品的价格和其他条件的最终协议，以实现医药商品所有权或者持有权的转移
订货职能	医药分销渠道的成员向医药产品生产商或供应商进行的具有购买意图的沟通行为
融资职能	获得和分配资金以负担医药分销渠道中各层次存货所需的费用
承担风险职能	在执行医药分销渠道任务的过程中承担有关风险（如药品库存风险、药品损耗风险等）
物流职能	医药商品实体从药品原料到最终消费者手中的连续的储运工作
付款职能	买方通过银行和其他金融机构向销售方提供账款
所有权转移职能	所有权从组织或个人转移到其他组织或人的实际转移

二、医药分销渠道的类型

医药产品按其最终使用者的不同可以分为个人消费者与生产组织者两大类，因此产品也可以相应的概括为药品、医药工业品（指原料药、中间体等）两大类。药品分销渠道类型与医药工业用品分销渠道类型如图 1－5－5 所示。

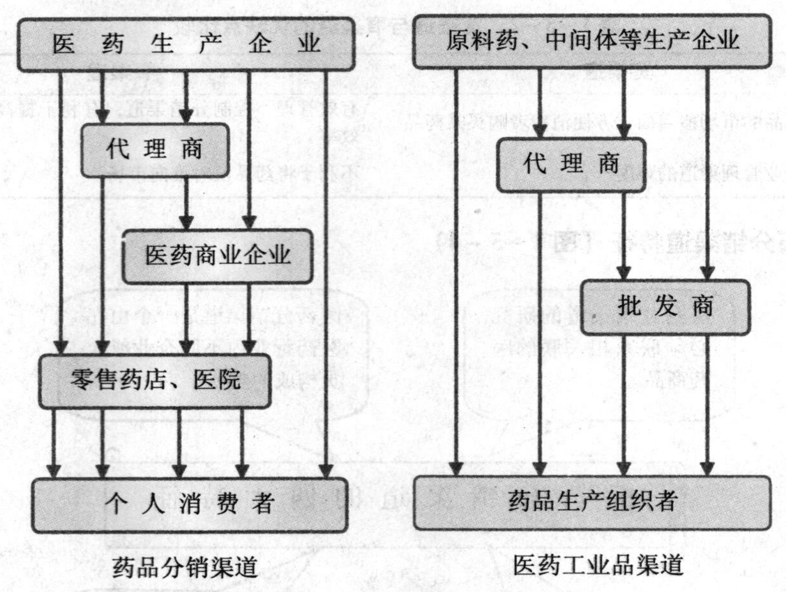

图 1－5－5　医药产品分销渠道的类型

（一）药品分销渠道类型

从图 1－5－5 中我们可以看到药品分销渠道模式常用的有四种类型。

1. 医药生产者—医药零售药店或医院—个人消费者　对于大型制药企业来说，可以直接向医院药房和零售药店出售药品，由于渠道层次较少，因此，利润空间较大，但对于规模不大、资金较少的制药企业来说，短期内无法建立有效的销售网络，无法完成铺货、送货、宣传、促销、汇款等营销工作，因此也有可能错失良机。所以是否选择此种药品分销渠道模式，需要综合考虑销售区域及其效率等因素。

2. 医药生产者—代理商—医药零售药店或医院—个人消费者。

3. 医药生产者—医药商业企业—医药零售药店或医院—个人消费者　对于2、3类型的分销渠道，比1渠道增加代理商或医药商业企业，增强了企业更大范围市场的药品销售能力，适用于实力不足且没有自建销售网络的中小企业，使其药品迅速推向其他市场。

4. 医药生产者—代理商—医药商业企业—医药零售药店或医院—个人消费者　很多中小企业，为了将自己的药品迅速推向全国市场，往往先在全国范围内进行药品的招商，寻求区域药品代理商；然后代理商再去寻找本地内多家批发商，将药品转批给这些批发商；再由批发商负责将药品销售给医院药房或零售药店，进而销售给消费者。

5. 医药生产者—个人消费者　此类型是指医药生产企业将本企业生产的OTC药品通过自办零售药店直接出售给消费者，或者是医院药剂科按照国家规定向患者出售自制的医院制剂等形式。

（二）医药工业品分销渠道类型

相比药品分销渠道，医药工业品分销渠道的类型要简单得多，主要有以下几种。

1. 原料药、中间体等生产企业—医药生产组织者　这是一种直销类型，由原料药、中间体等生产企业直接向产品下游生产企业供货，适用于数量大、品种单一的产品类型。这是医药原料药企业常用的销售模式。随着互联网技术的发展，企业具体操作时往往通过网络平台交易。

2. 原料药、中间体等生产企业—批发商—医药生产组织者。

3. 原料药、中间体等生产企业—代理商—医药生产组织者　在2、3渠道中，原料药、中间体等生产企业通过一定的批发商或代理商向生产者销售产品。优点是有助于企业扩大市场份额，最大限度的占有分销资源。其缺点是企业不能够直接与需求者联系和沟通，对市场信息的控制力不够。

4. 原料药、中间体等生产企业—代理商—批发商—医药生产组织者　这种模式的环节最多、途径最长。通常适用于产品数量少、品种多的生产企业，可以充分借助中间商的各种功能促进生产与销售工作的开展，但也容易造成渠道成员之间的矛盾。

第二节　医药分销渠道选择

一、分销渠道的设计决策及影响因素

医药企业在发展其市场分销渠道时，必须在理想渠道与可用渠道之间进行抉择。一般来说，新的医药企业在刚刚开始经营时，总是先采取在有限的医药市场上进行销

售的策略，以当地医药市场为销售对象，因其资本有限，只得采用现有中间商。而在这一地区市场内，中间商的数目通常是很有限的，所以，医药企业的分销渠道系统须因时因地灵活变通。一般来讲，设计一个有效的分销渠道系统，须经过如下步骤（图1－5－6）。

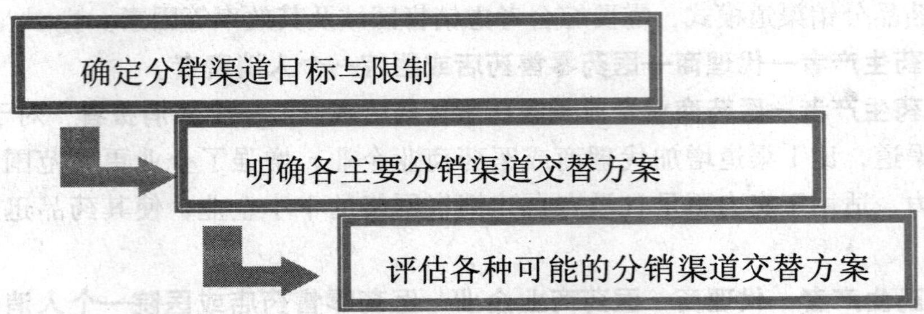

图1－5－6　分销渠道选择的步骤

（一）确定分销渠道目标与限制

有效的医药商品分销渠道设计，应以确定医药企业所要达到的市场为起点。从原则上讲，目标市场的选择并不是渠道设计的问题。然而，事实上，市场选择与渠道选择是相互依存的。有利的市场加上有利的渠道，才可能使企业获得利润。分销渠道设计问题的中心环节，是确定到达目标市场的最佳途径。而分销渠道目标的确定要受顾客、产品、中间商、竞争者、医药行业政策和环境等因素的限制。

1. 顾客特性　分销渠道的设计深受顾客人数、地理分布、购买频率、平均购买数量以及不同市场销售方式的敏感性等因素的影响。当顾客人数多时，医药企业倾向于利用每一层次都有许多中间商的长渠道。但购买者人数的重要性又受到地理分布程度的修正。例如：医药企业销售给集中于同一地区的500个顾客所花的费用，远比销售给分散在500个地区的单独顾客少。而顾客的购买方式又修正购买者人数及其地理分布的因素。

2. 医药产品特性　医药产品特性也影响分销渠道选择。例如：易变质，氧化的医药产品为了避免拖延及重复处理，通常需要选择直接渠道。直接面对医院药房或临床使用的药物，医药企业通常使用一阶渠道进行销售，这主要是由于不易找到具有医药类专业知识的中间商。单位价值高的医药商品则应由医药行业内的专业推销人员进行直接渠道销售而不通过中间渠道销售。

3. 竞争特性　医药商品生产者的分销渠道设计还要受到同行业内竞争者所使用的渠道的影响，因为这些医药行业内的生产者希望在与竞争者相同或相近的经销处与竞争者的产品抗衡。有时，竞争者所使用的市场分销渠道反倒成为生产者所避免使用的渠道。

4. 企业特性　企业特性在分销渠道选择中扮演着十分重要的角色，企业的总体规模决定其市场范围、较大客户的规模及强制中间商合作的能力。企业的财务能力决定了哪些市场营销职能可由自己执行、哪些应交给中间商执行。财务薄弱的企业，一般都采用“佣金制”的分销方法，并且尽力利用愿意并且能够吸收部分储存、运输以及顾客融资等成本费用的中间商。

医药企业的产品组合也会影响其渠道类型。企业产品组合的广度越大，则与顾客直接交易的能力越强；产品组合的深度越大，则使用独家专售或选择代理商就越有利；产品组合的关联性越强，则越应使用性质相同或相似的市场分销渠道。医药企业过去的渠道经验和现行的市场营销政策也会影响分销渠道的设计。

5. 环境特性 分销渠道设计还要受到环境因素的影响。例如，当经济萧条时，医药企业都希望采用能使最后顾客以廉价购买的方式将其医药产品送到市场，这也意味着使用较短的渠道，并免除那些会提高最终售价但却不必要的服务。

（二）明确各种药品分销渠道交替方案

在研究了医药分销渠道的目标与限制之后，分销渠道设计的下一步工作就是明确各主要分销渠道的交替方案。分销渠道的交替方案主要涉及到以下四个基本因素：①医药商品中间商的基本类型；②每一分销层次所使用的中间商的数目；③各中间商特定的市场营销任务；④医药企业与中间商的交易条件以及相互责任。

1. 医药商品中间商的类型 医药生产企业首先须明确可以完成其分销渠道工作的各种中间商的类型。这涉及到是否采用中间商、选择哪几类中间商等问题。

2. 中间商的数目 在每一分销渠道类型中的不同层次所用多少数目的中间商，要受到医药企业分销渠道战略的影响。医药企业可以根据自身实力，结合产品特点，选择不同的分销战略，即密集分销、选择分销和独家分销。

3. 分销渠道成员的特定任务 每一个医药企业都必须解决如何将医药产品转移到目标市场这一问题。在转移的过程中，会有许多工作要做，如：运输、广告、储存等等。这就涉及到对分销渠道成员进行任务的分派，某一特定层次应有其特定的工作任务，这样才会使所建立的分销渠道经济、合法、稳定。

（三）评估各种可能的分销渠道交替方案

每一医药分销渠道交替方案都是医药生产企业产品送达最后顾客的可能路线。医药企业所要解决的问题，就是从那些看起来似乎很合理但又相互排斥的交替方案中选择最能满足企业长期目标的一种。因此，医药企业必须对各种可能的分销渠道交替方案进行评估。评估标准有三个，即经济性、控制性和适应性。

在这三项标准中，经济标准最为重要。因为医药企业是追求利润而不是追求分销渠道的控制性与适应性。经济分析可用许多医药企业经常遇到的一个决策问题说明，即医药企业应使用自己的推销力量还是应使用医药产品生产者的销售代理商。这就要分析各方案的销售额和销售成本。

使用代理商无疑会增加控制上的问题。代理商是一个独立的企业，他所关心的是自己如何取得最大利润。在代理过程中，常常会出现一些问题，如：他可能不愿与相邻地区同一委托人的代理商合作；代理商的推销员可能不愿去了解与委托人产品相关的技术细节，不能正确认真对待委托人的促销资料等。

在评估各分销渠道交替方案时，还有一项需要考虑的标准，那就是医药产品生产者是否具有适应环境变化的能力，即应变力如何。每个分销渠道方案都会因某些固定期间的承诺而失去弹性。所以，一个涉及长期承诺的分销渠道方案，只有在经济性和控制性方面都很优越的条件下，才可予以考虑。

二、选择医药分销渠道模式的原则

医药分销渠道管理人员在选择具体的分销渠道模式时，无论出于何种考虑，从何处着手，一般都要遵循以下原则。

1. 畅通高效的原则 这是医药分销渠道选择的首要原则。任何正确的分销渠道决策都应符合物畅其流、经济高效的要求。医药商品的流通时间、流通速度、流通费用是衡量分销效率的重要标志。

畅通的医药分销渠道应以消费者需求为导向，将医药产品尽快、尽好、尽早地通过最短的路线，以尽可能优惠的价格送达消费者方便购买的地点。畅通高效的分销渠道模式，不仅要让消费者在适当的地点、时间以合理的价格买到满意的商品，而且应努力提高医药企业的分销效率，争取降低分销费用，以尽可能低的分销成本，获得最大的经济效益，赢得竞争的 时间和价格优势。

2. 覆盖适度的原则 医药企业在选择医药商品分销渠道模式时，仅仅考虑加快速度、降低费用是不够的。还应考虑及时准确地送达的医药商品能不能销售出去，是否有较高的市场占有率足以覆盖目标市场。因此，不能一味强调降低分销成本，这样可能导致销售量下降、市场覆盖率不足的后果。成本的降低应是规模效应和速度效应的结果。在分销渠道模式的选择中，也应避免扩张过度、分布范围过宽过广，以免造成沟通和服务的困难，导致无法控制和管理目标市场。

3. 稳定可控的原则 医药企业的分销渠道模式一经确定，便需花费相当大的人力、物力、财力去建立和巩固，整个过程往往是复杂而缓慢的。所以，医药企业一般轻易不会更换渠道成员，更不会随意转换分销渠道模式。只有保持分销渠道的相对稳定，才能进一步提高分销渠道的效益。畅通有序、覆盖适度是分销渠道稳固的基础。

由于影响医药商品分销渠道的各个因素总是在不断变化，一些原来固有的分销渠道难免会出现某些不合理的问题，这时，就需要分销渠道具有一定的调整功能，以适应医药市场的新情况、新变化，保持渠道的适应力和生命力。调整时应综合考虑各个因素的协调，使渠道始终都在可控制的范围内保持基本的稳定状态。

4. 协调平衡的原则 医药企业在选择、管理医药商品分销渠道时，不能只追求自身的效益最大化而忽略其他分销渠道成员的局部利益，应合理分配各个成员间的利益。

医药商品分销渠道成员之间的合作、冲突、竞争的关系，要求分销渠道的领导者对此有一定的控制能力，能够统一、协调、有效地引导分销渠道成员充分合作，鼓励分销渠道成员之间有益的竞争，减少冲突发生的可能性，解决矛盾，确保总体目标的实现。

5. 发挥优势的原则 医药企业在选择医药商品分销渠道模式时为了争取在医药产品的竞争中处于优势地位，要注意发挥自己各方面的优势，将医药产品分销渠道模式的设计与医药生产企业的产品策略、价格策略、促销策略结合起来，增强营销组合的整体优势。

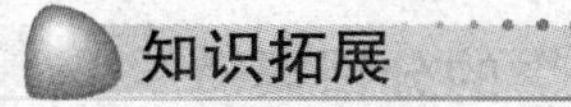

知识拓展

医药分销渠道的成员

医药分销渠道的成员是独立并且追求个体利益最大化的经济组织。通过制造商、批发商、零售商、医药代理商和其他对成功的分销起重要作用的专业公司的合作而形成的渠道可以看作是一个关系系统。

1. 医药制造商　医药制造商是指各种制药企业，医疗器械生产企业等。作为品牌产品的创造者，医药制造商广为人知，并被认为是渠道的源头和中心。像辉瑞制药、默沙东、诺华公司这样成功的制药企业在各自的分销渠道中占据着举足轻重的位置。但事实是：许多服务于医药工业领域的医药制造商并不广为人知，并不是所有的医药制造商在各自的销售渠道中都占据着主导地位。

2. 医药批发商　医药批发商指的是医药分销公司、药材公司等商业企业。医药批发商在分销渠道中的作用并不像医药制造商和医药零售商那样明显可见。医药批发商曾经是渠道的主导，它们通过设计和发展渠道将许多医药零售商和医药制造商的活动联结起来。但最近几年，由于许多医药零售商和医药制造商之间的纵向一体化，医药批发商的作用似乎在减弱，医药批发商被认为是在分销渠道中不必要的一环。但实际上，医药批发商远没有被排除在分销渠道之外，许多著名的医药批发商仍主导着其各自的分销渠道。

3. 医药零售商　与医药制造商直接相对的是医药零售商，它们是分销渠道中最靠近消费者的一环。主要有医院药房和零售药店。医药零售商利用各种购物环境把不同医药制造商的医药产品提供给消费者。在许多渠道中，医药零售商是主导力量，就像三级医院，连锁药店那样，它们决定了如何组织和运作整个分销过程。实际上，信息技术的高速发展已经使得医药零售商在分销渠道中的作用越来越重要。

4. 消费者　消费者或患者是整个分销渠道的终点。医药制造商、医药批发商、医药零售商的诸多努力都是为了满足消费者的需要，实现商品的销售，从而最终实现各自的盈利。因此，消费者的类型、购买行为、购买特征都是它们关注的焦点。

5. 医药代理商　医药代理商是指受委托人委托、替委托人销售药品并收取一定佣金的组织和个人。按照代理权限不同可以分为：全国代理商和地区代理商。

6. 特殊渠道成员　特殊渠道成员也称专业渠道成员，是指为整个分销过程提供重要服务但不承担货物所有者风险的企业。它可以分成两种类型：功能型的特殊渠道成员和支持型的特殊渠道成员。前者包括运输业、仓储业、装配企业和提供促销支持的企业；后者包括金融业、信息业、广告业、保险业和咨询与调研业等。

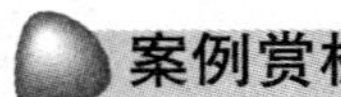

案例赏析

海南伊人生物技术有限公司生产的“伊人净”的分销渠道

1. 上海地区健康相关产品的渠道分析 药品、食品、保健品和消毒制品统称为健康相关产品，目前主要的分销渠道为药店、商场、和便利店。其中药店多为柜台销售且营业员有一定的医学知识，目前药店仍然是以国营体制为主，资信好，进入成本低，分布面广。商场、超市和大卖场近几年来蓬勃发展，在零售中处于主导地位，销量大，但进入成本高，结款困难且多为自选式销售，无法与消费者进行良好沟通。便利店因营业面积小而以成熟产品为主。

2. 未来两年渠道变化趋势分析 目前各大上市公司和外资对中国医药零售业垂涎欲滴，医药零售企业也在不断地做变革，加之医保改革使大量的药店成为医保药房，药店在健康相关产品的零售地位将会不断提高，其进入门槛也会越来越高，比起日渐成熟的超市大卖场而言发展潜力巨大。

3. “伊人净”的产品特性 “伊人净”是泡沫型妇科护理产品，剂型新颖，使用方便，但与传统的洗液类护理产品不同，首次使用需要适当指导，因此以柜台销售为好；且产品诉求为解决女性妇科问题，渠道因尽量考虑其专业性，如药店和医院。

4. “伊人净”公司的营销目标 随着上海经济的快速发展，收入的不断提高，人们的观念也在不断的更新，对新产品更易于接受，伊人公司希望产品能够快速进入市场，成为女性日用生活的必需品，从而改变中国女性传统的清水清洗和洗液清洗的习惯。最终，公司希望产品能像卫生巾取代卫生纸一样成为女性妇科护理市场的主导产品。这个过程需要很大的广告投入进行引导和时间积累，而在公司成立初期大量的广告费和经营费意味着高度的风险。相关人员的口碑传播可能比较慢，但却是一种更安全和低投入的方式。努力使相关人员如营业员推荐和介绍本产品是优先考虑的方式。

5. “伊人净”上海地区的渠道结构及评价 根据以上分析，伊人公司在上海建立了如下的分销渠道策略：分步完善渠道结构，优先发展传统国营医药分销渠道，在有限的广告中指定仅在药店销售，保证经销商的合理利润。在产品成熟后发展常规渠道。渠道结构如下。

（1）第一年度

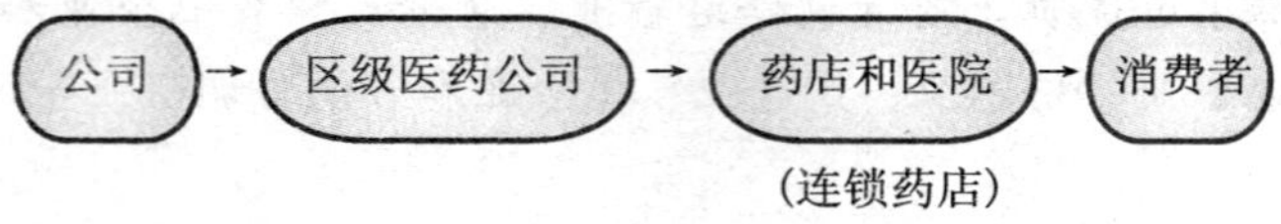

（连锁药店）

（2）第二年度以后

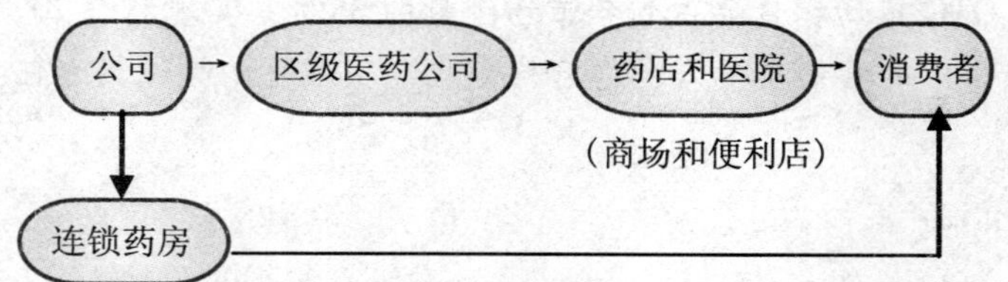

【案例点评】

伊人公司的分销渠道结构体现了健康相关产品应有的专业特性，有效克服产品进入市场时的在使用指导上的困难，同时又以较低的代价达到了广泛的铺货。因第一年度的分销渠道选择上的指定性（仅在药店销售），使得现有渠道对公司产品有良好的印象，从而有利于后继产品的快速上市。医药在价格上的稳定性，也使公司在产品价格上易于控制，保证其他区域的招商的顺利进行。

虽然起初的销量未能达到最大化，在零售终端的陈列上也不够活跃，但考虑公司的成本控制和长远发展，公司在成长性的渠道上的良好印象，本方案仍不失为成功的分销渠道策略。

目标检验

认真阅读下面的文章，回答问题。

某制药企业90%以上的销售额来源于处方药品种。通过几年的运作，其中一种降压药品已经在部分市场具有了较好的品牌知名度。同时，该产品通过医院市场的带动，在零售终端也逐步形成了较好的销售，并有逐步增大之势。于是，企业希望通过该处方药品种的品牌影响力，来带动其他OTC品种的销售，借此机会开始向OTC领域拓展。

在该企业的渠道模式中，原已具有一定品牌影响力的处方药品，在流向零售市场时，因为其产品本身的畅销，所以渠道阻力小，通过目前医药渠道的网络化结构，相互交叉，相互影响，在终端需求的拉动下很容易完成在渠道中的分流。而其他OTC产品只是企业品牌的延伸，只具有企业品牌而不具有产品品牌，渠道的终端需求还没有建立，渠道成员对其接受程度、推广意愿和销售动力都不高。

但由于零售市场和医院市场在销售渠道上存在明显的差别，成熟产品的渠道通畅，而其他OTC产品还没有形成一定的品牌效应，在渠道流通中非常不畅，导致前期运作不佳。如何开发新的渠道模式进行产品销售，依托渠道和终端的力量提升OTC产品的销售量，成为企业急需解决的问题。

该企业进入OTC市场后，因资金问题，按常规所需要的广告宣传和终端促销支持未能在市场启动期进行投入。为此企业高层把渠道开拓的任务交给了营销负责人，要

求在目前严峻的形势下，该企业策划出几种渠道模式，使该企业的产品迅速打开在终端的销售局面，OTC 市场销量要占到各市场销量的 35%，实现利润 20 万元以上。

如果你是该企业的营销负责人，你怎样完成这项艰巨的渠道策划任务？

由于“老鼠会”在我国曾经异常的猖獗，引起了消费者的强烈不满，还引发了大量的社会问题，因此我国政府根据民众的要求于 1996 年取缔了所有形式的传销组织与活动，安利公司也未能幸免。安利公司是一家在我国具有稳定、长期、高额投资的外国公司，具有高质量的环保产品。为了顺应国家的经济政策，在政府的要求下，安利进行了转型经营。转型经营的具体形式就是，不仅仅采用直销的方式，而是与其他的商品销售方式融合，建立统一的销售门市等。当然国家也允许安利公司聘请适量的营业代表进行产品演示、宣传直销等。

一方面，安利在全国五十多个城市设立店铺，产品明码标价，使顾客看得见、摸得着，从根本上区别于层层加价的传销方式，构成了业务发展的基础；另一方面，为了增加产品的销路，安利还雇佣营业代表推广安利产品，为顾客提供销售服务，竭尽所能地满足顾客需要。此外，安利还通过经销商进行产品的批发与零售。2000 年，安利在我国大陆的销售额达到人民币 18 亿。

“店铺加雇佣推销员”的模式，使安利既保持了自己的特色，又适应了我国的国情。

1. 安利公司的营销环境发生了那些变化？
2. 安利公司的营销观念发生了那些表化？
3. 试分析安利公司在我国市场获得经销成功的原因？

1. 了解医药市场促销的含义及作用。
2. 掌握促销组合的含义及影响因素。
3. 掌握促销组合的方式。

第一节　医药市场促销组合概述

一、医药市场促销的含义与作用

（一）医药市场促销的含义

所谓医药市场促销，是指医药企业通过人员或非人员的方式传播商品信息，帮助和促进消费者熟悉某种药品或服务，并使消费者对某种药品或服务产生好感和信任，继而使其踊跃购买的活动。

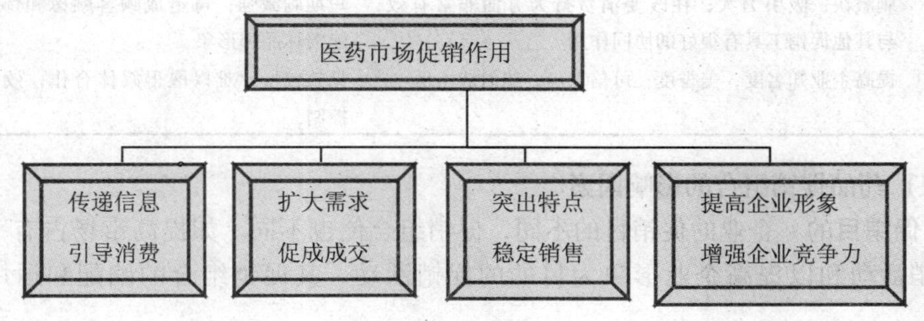

图 1－6－1　促销作用

（二）医药市场促销的作用

1. 传递信息，引导消费　无论药品正式进入市场之前或进入之后，企业都需要及时向市场介绍药品的特点、疗效、规格、价格等信息。对消费者来讲，信息情报起着引起注意和激发购买欲望的作用，对中间商来说，则是为他们的采购决策提供依据，调动他们的经营积极性。

2. 扩大需求，促成成交　有效的促销活动在诱导和激发需求方面的作用是显而易见的，在一定条件下还可以创造需求，促销可使市场需求朝着有利于企业销售的方向发展。

3. 突出特点，稳定销售 市场环境的复杂性常使许多公司销售量波动很大，企业如果能有针对性开展促销活动，使更多消费者了解、熟悉和信任本公司的药品，这对稳定销售乃至扩大企业的市场份额，巩固企业的市场地位均有重要作用。促销在非价格竞争手段中具有举足轻重的地位，合适的促销可以先于产品在人们心目中树立起强有力的形象，激发购买欲望，它可以使相差无几的产品在人们的心理上产生大不一样的感觉。

4. 提高企业形象，增强企业竞争力 医药企业通过各种促销活动，千方百计地突出本企业产品的特点以及给消费者或者用户带来的种种利益，在市场上树立起本企业和产品的良好形象，使消费者对本企业的产品产生信任感，保持销售的稳定与增长。

二、医药市场促销组合

（一）医药市场促销组合方式

药品促销包括人员推销和非人员推销两类。在非人员推销中，又有广告、营业推广、公共关系等多种形式。促销组合就是把人员推销、广告、营业推广、公共关系等具体形式有机的结合起来，综合运用，形成一个整体的促销策略。

表1－6－1 各种促销方式的比较

促销方式	优 点	缺 点
人员推销	信息双向沟通，反馈及时；信息传递针对性较强；适用于某些贵重药品和处方药	成本高；受推销人员素质的制约；接触面太窄
广 告	传播面广；形象生动，速度快，吸引力强；可选择多种媒体；可重复使用	说服力较小；购买行为滞后；信息量有限
营业推广	刺激快，吸引力大；在改变消费行为方面非常有效；与其他促销工具有很好的协同作用	短期刺激强；可造成顾客顾虑和怀疑；可能损坏品牌形象
公共关系	提高企业知名度，美誉度；可信度高；绝对成本低	见效较慢；难以取得媒体合作；效果难以控制

（二）药品促销组合的影响因素

1. 促销目的 企业的促销目的不同，促销组合便也不同。如提高市场占有率为目的的促销活动和以提高企业形象为目的的促销活动，其促销组合的编配和运用是不同的。

2. 产品性质 产品性质不同，促销组合便也不同。如强心苷广告效果便不是很佳，更多的是使用人员推销；而非处方药主要是通过广告作为促销手段。

3. 产品所处的生命周期 产品在生命周期的不同阶段，促销的具体目标不同，故而需具体区别对待。

4. 市场特点 不同市场情况采用不同的促销策略

（1）市场地理范围的大小 向小规模本地市场进行市场促销，可采用人员推销为主，但在全国性市场、国际市场进行促销，应多采用广告和文字宣传。

（2）市场类型 针对不同的市场类型采用不同的促销组合，如非处方药主要以广

告、营业推广为主，处方药主要以人员推销为主。

（3）市场潜在顾客的数量　市场潜在顾客多的，可采用广告宣传的方法；反之，潜在顾客少，使用人员推销可能较好。

5. 促销预算　企业用于促销的财力是有限的，不同企业、不同产品使用的营销组合策略不同，其促销预算也不同。

（三）药品促销的基本策略

1. 推动策略　是指用人员推销手段，把产品推进到目标市场的一种策略。即生产者将产品积极推到批发商手上，批发商又积极将产品推向零售商，零售商再将产品推向消费者。

图1-6-2　推动策略

2. 拉引策略　是指企业用非人员促销的方式，特别是用广告宣传的方式，刺激消费者的需求和购买欲望的策略。即企业针对最后消费者进行广告宣传活动，以此引起消费者的注意，刺激消费者的需求。如果广告宣传做得有效，消费者就会向零售商要求购买该产品，零售商会向批发商要求购进该产品，批发商又会向生产者购买该产品。

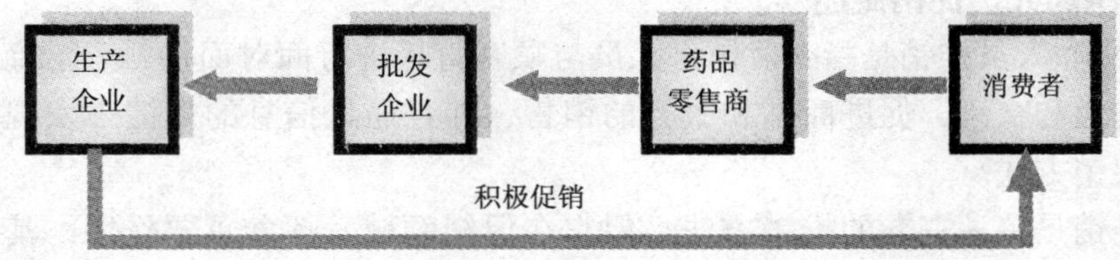

图1-6-3　拉引策略

兰美抒的“拉引策略”

中美天津史克制药有限公司的“兰美抒”是将拉引策略用得淋漓尽致的例子（图1-6-4）。虽然脚气药市场上不仅存在着有近十年历史和信誉度的全国性领导品牌——西安扬森的达克宁，它占有整个市场绝对的领导地位；而且，还有相当影响力的地方品牌，如环利、孚琪、美克等。在拥有一个好产品的前提下，兰美抒准确找出了自己的目标对象，并迅速有效地在目标对象中建立了品牌知名度，通过有效的市场宣传和推广，使它在半年时间内快速成长为脚气市场的第二品牌。它的策略值得我们学习。

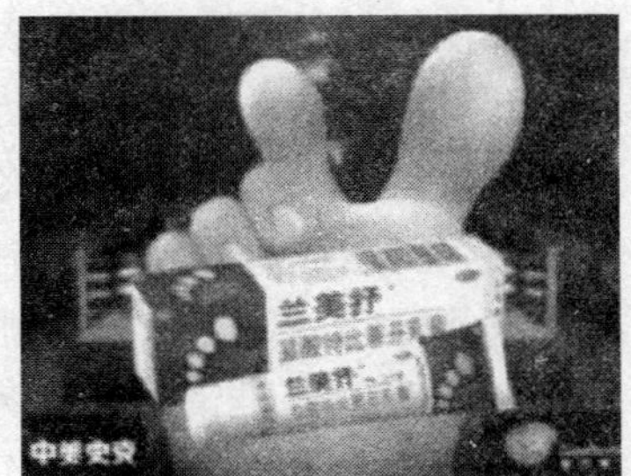

图1-6-4　兰美抒广告图片

中国，30%的中国人都有脚气药的需要，在这个10亿~15亿元的市场，达克宁占有60%的市场份额，拥有绝对的领导地位；另外，西安扬森公司实力雄厚，在渠道和医院都有很好的基础。达克宁不仅占据绝对市场份额，而且在消费者心目已经占据相当重要的位置，82%的消费者对达克宁是满意的。因此，兰美抒必须以超常规的姿态进入市场获取份额才能成功。

这时，中美天津史克有限公司没有按常规出牌，而是另辟蹊径。考虑到广告传播的单一性，中美史克整合了各路资源：在药店零售方面，发动二百多个城市展开大规模的推广活动，进行了全面的店员培训工作；调动大量人力走进医院，对医生进行推广，获取他们专业的认可；在二十个城市里招募首批患者，并对他们的疗效进行跟踪，让医生和患者进行完全交流。

通过各种活动，仅上市半年的兰美抒总体上已快速成长为中国脚气药市场第二位的品牌。同时，各项数据表明：兰美抒的业绩在不断增长，达克宁在不断的下降，兰美抒仍然在中国脚气药市场存在较大的上升空间。

第二节　医药市场促销方式

一、医药人员促销

（一）医药人员促销概述

1. 含义　人员推销是指企业销售人员与顾客直接进行面对面接触、洽商，通过双向的信息沟通和交流，促进商品和服务的销售，并且通过信息的反馈来发现和满足顾客满足的促销方式。

人员推销是一种古老的推销方法，但它在促销领域发挥着重要作用，其最大的特点是：双向信息交流，针对性强，有助于营销人员及时掌握顾客的需要，随时调整自己的推销方案，在争取顾客偏爱、建立顾客购买信息和促成当面迅速成交等方面效果显著。

2. 人员推销的基本形式　受药品的特殊性限制，人员推销形式主要有非处方药的推销和处方药的医院临床推销两种形式。

（1）非处方药推销　非处方药不需要医生的处方，消费者可自行购买和使用，企业的推销重点放在终端推销。终端就是零售点，是药品实现交易、满足顾客需求的场所。终端推销是药店医药代表、药店店员利用终端如药品超市、药店等宣传与介绍药品，开展推销活动。药店医药代表的工作对象是药店店员和广大的患者，药店店员的工作对象是广大的消费者。终端推销现在日益成为医药企业OTC市场工作的一个重点。在这里，药店店员也就是推销员，其职能就是与顾客直接接触，面对面交谈，介绍药品，解答疑问，便于顾客的挑选和比较。

（2）处方药推销　处方药推销就是医药代表向一群人或一组人，即面向团队销售药品或服务。医药代表的工作对象是医院的医生，如面向医院某一科室推广药品，向癌症俱乐部的患者介绍药品等属于团队推销。

（二）医药产品推销人员的基本素质要求

见图 1－6－5。

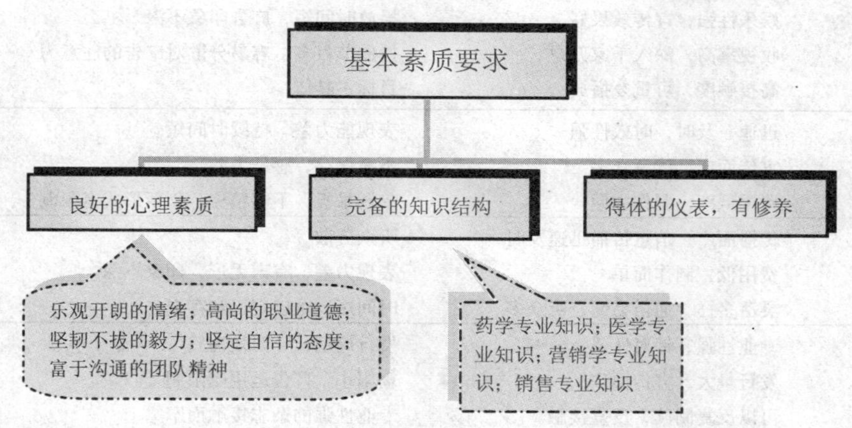

图 1－6－5　药品推销人员应具备的素质

二、医药产品广告

（一）医药产品广告概述

药品广告是以销售药品为目的的产品广告，它是通过多种媒体向社会宣传药品，以加强药品的生产者和经营者与用户之间的联系，从而达到销售药品、指导患者合理用药的目的（图 1－6－6）。

广告可以用来激发欲望、刺激销售，又可用来树立企业产品形象。广告可用较低的成本将信息有效地传递给地理位置比较分散的购买者。所以广告是企业界使用最为广泛的促销手段，但是医药产品的广告要受到国家有关法规的限制。

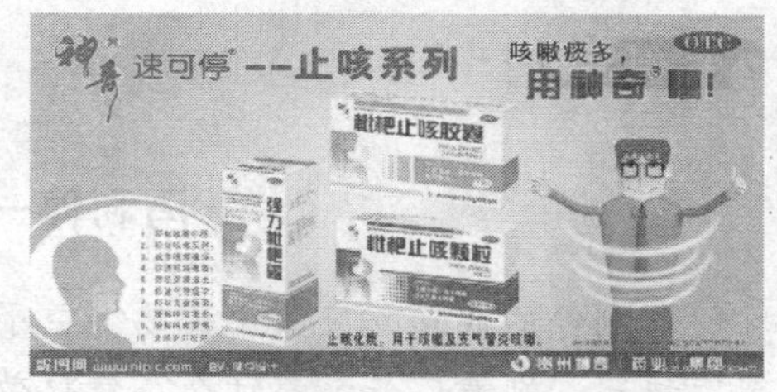

图 1－6－6　药品广告

我国《药品管理法》明确规定处方药不得在大众媒体上做广告，也不得以其他方式以公众为对象进行广告宣传，而只能在指定的医学、药学专业刊物上进行介绍，处方药广告媒体及所采取的方式受到严格审查和控制。

（二）医药产品广告的媒体

广告运用的媒体是多样的，大致有：报刊、杂志、广播、电视、幻灯片、户外招贴、广告牌、霓虹灯、交通广告、传单、包装纸、商品陈列、现场 POP 广告、网络广告等。其中最常用的五大媒体是报纸、杂志、电视、广播和网络。它们的特性如下（表 1－6－3）。

表 1-6-3　广告媒体的特征

媒介	优点	缺点
电视	形象逼真，表现力强 娱乐性强，宣传效果好 收视率高，深入千家万户 高接触度，可重复播放	成本高 播放时间短，广告印象不深 播放节目多，容易分散对广告的注意力 目标不具体
报纸	迅速、及时，时效性强 宣传面广，读者众多 费用低廉，制作方便	表现能力差，持续时间短 不易保存，感染力差 单调呆板，不够精美，创新形式有限制
广播	传播面广，信息传播迅速及时 费用低，制作简单 灵活多样，通俗易懂，听众多	听众分散 表现力差，有声无形，印象不深 时间短，难以记忆和存查
杂志	专业性强，针对性强 发行量大，宣传面广 可以反复阅读，反复接触 印刷精美，引人注目	发行周期长，时效性差 篇幅小，广告运用受限制 专业性强的杂志接触面窄 登载内容精彩，分散对广告的注意力
网络	即时性，网络更新速度快 互动性，网络更利于互动 广泛性，传播范围极其广泛	受硬件环境的限制 被动性，需要消费者主动进入互联网 效果测评标准尚未确立 网络管理法规尚未完善

医药企业想要获得良好的广告效果，必须综合考虑药品的特性，媒体的费用和特征等多种因素。当然，对于广告媒体的选择往往是综合性的，即几种媒体一起使用，从而提高广告的总体效果。广告成功运用，可以给企业带来巨大的成功，泻利停就是一个成功的例子。

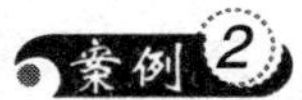

泻利停——广告成为经典

泻利停的成功，应该说主要得益于赵本山的那版广告：“拉肚子，选好药，选药也要有诀窍，别看广告。看什么？看疗效啊？”“泻利停，泻利停，痢疾拉肚……都知道啊？”在哈药集团巨大的投放量下，不仅消费者都能背下这版广告的全部用语，也使得“都知道啊？”这句话一度成为流行语。从此泻利停深入人们的脑海，建立了“拉肚子就用泻利停”这样一种牢固的、很难被取代的品牌印象。赵本山特有的幽默，也让人们把对明星的好感转移到产品上，给消费者增加了更多的精神利益。

这版广告成就了广告语，不仅使“都知道啊？”一度流行，还惠及了其他产品，被其他产品的广告所借用，最有名的是北极绒保暖内衣的那句“地球人都知道”，还有蚁力神的那句“谁用谁知道啊”。这版广告也成就了赵本山本人，从此开始广告片约不断，而且身价一涨再涨。

（三）医药产品广告策略

1. 广告媒介策略

（1）非处方药广告媒介策略　大部分非处方药终端既是受众又是消费者，据调查35%的人购买决策来自广告介绍；功效相同或相近的OTC药品，其中有广告与无广告的销售比为5∶1。在我国具有高普及率的电视正符合OTC药品广告受众广泛这一特点，因此很多OTC产品一般首选电视媒体发布广告。消费者不常用的非处方药的信息接受，主要是通过药师、药店店员及广告等途径，其中药师、药店店员对消费者的影响占有绝对重要的地位，这类产品可以选择药店陈列POP这一媒介进行宣传（图1－6－7）。

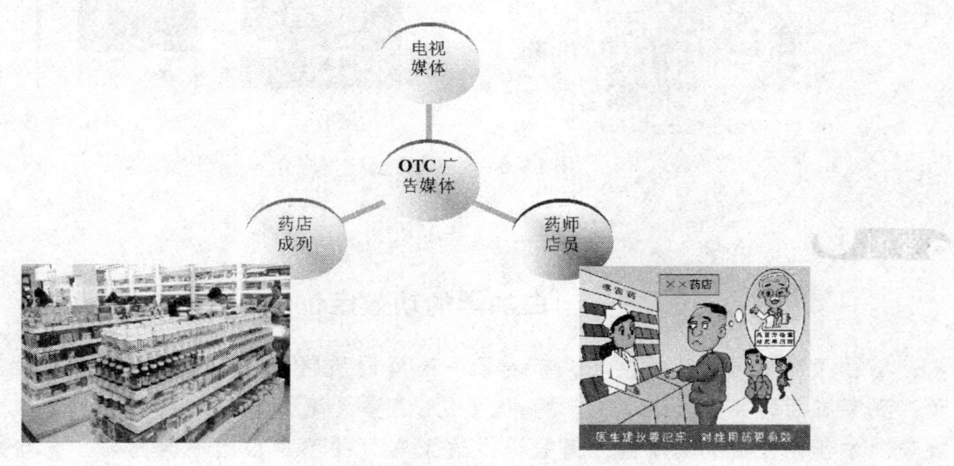

图1－6－7　非处方药常用的广告媒体

（2）处方药广告媒体策略　处方药主要是在医药专业媒体上做广告，广告的对象主要是医生或职业药师，信息源是医药企业，受众绝大多数是医药专业人员。消费终端是广大的消费者，消费者对处方药信息的接受主要是通过医生或药师等中介（图1－6－8）。

我国目前有5万多种药品是处方药，同类品种繁多，如何使自己的产品广告有效果呢？首先就是要选择适当的医药专业媒介。在选择广告媒介时要熟悉备选媒介的特点和相关属性，如媒介受众的构成及媒介习惯、媒介成本、适用性、灵活性、地域特性、传播效果、广告时段、竞争者所采用的媒介等，然后根据广告的具体形式、内容及要求等加以综合考虑和权衡。

2. 医药产品广告定位策略

（1）品质定位　在广告诉求中突出该产品的具体品质，以求在同质的同类产品竞争中突出个性。

（2）功效定位　在广告诉求中突出该产品特殊功效，显示其在同类药品中的区别和优势。其中最著名的就是盖天力的白加黑，由于功效定位正确，在半年内就登上了业界第二的宝座。

图1-6-8 处方药广告媒介

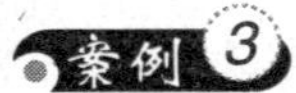

白加黑的功效定位

感冒药市场同类药品甚多，市场已呈高度同质化状态，而且无论中、西药，都难于实现实质性的突破。康泰克、感康、三九感冒灵等“大腕”级的产品凭强大的广告攻势，才各自占领一块地盘，而盖天力这家实力并不是很雄厚的药厂，竟在短短半年里就登上行业第二品牌的地位，关键在于其功效定位。“白加黑”确定了干脆简练的广告口号：“治疗感冒，黑白分明”，所有广告传播核心信息是“白天服白片，不瞌睡；晚上服黑片，睡得香。”产品名称和信息都在清晰的传达产品功效，堪称广告中的经典！

（3）市场定位 在广告诉求中将产品的宣传对象定在最有利的目标市场上，以形成集中的广告攻势。

三、医药企业营业推广策略

（一）医药企业营业推广概述

医药企业的营业推广是指通过短期的推销活动，直接引导和启发、刺激顾客，以提高其购买兴趣，促其立即作出购买行为，它是介于人员推销与广告之间的一种特殊的推销方法。

相对于其他的促销方式而言，医药营业推广具有以下几个显著的特点。

1. 针对性强、销售效果明显 医药营业推广是一种以刺激消费者购买和调动经销商积极性为主要目标的辅助性、短暂性的促销措施，大都是通过提供某些优惠条件，调动有关人员的积极性，刺激和诱导顾客购买。因而医药营业推广见效快，对一些消费者具有较强的吸引力。

2. 无规则性和非经常性　医药营业推广是一种非人员促销形式，大多数医药营业推广方式是无规则和非经常性的，它只是辅助或协调人员推销及广告活动的补充性措施。

3. 短期效果　医药营业推广往往是企业为了尽快的批量推销产品，获得短期经济效益而采取的措施。但这种促销方式的效果往往是短期的，如果运用不当，容易使顾客产生心理逆反，这种做法有时会降低产品的身份和地位，从而有损产品或企业的形象。

（二）医药企业营业推广的方式（图1-6-9）

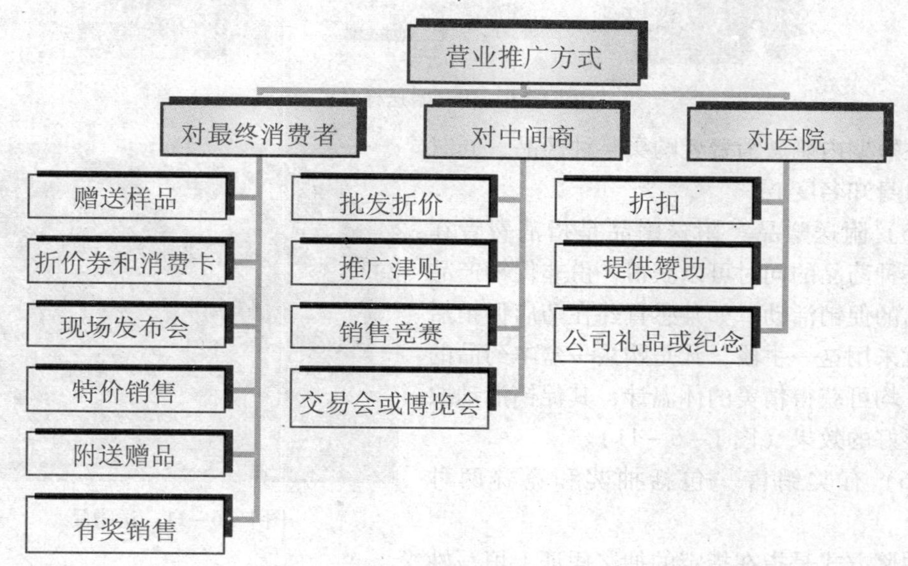

图1-6-9　医药企业营业推广方式

1. 针对最终消费者的医药营业推广　对消费者营业推广的方式主要适用于OTC药品推销，它是以消费者为推广对象，运用各种推广手段，以直接提高消费者现场购买兴趣，达到促进销售的目的。消费者促销的目的是：促使已使用者大量购买，吸引尚未使用的消费者群，维持现有顾客，增加产品的使用频率，抵制竞争品牌的威胁。常用的方式如下。

（1）赠送样品　企业在开发出新药品后，如果想吸引目标消费者率先使用，可以采用赠送样品的方式。赠送方式有现场赠送、挨户赠送或邮寄赠送等。一般来说，赠送样品是最有效也是最昂贵的介绍新产品的方式。

（2）消费卡　消费卡是指持卡人凭卡购买药品时可以享受一定的折扣。采用这种方式有利于培养固定的消费者。

（3）现场发布会或现场交易会　医药企业把自己的产品在销售现场进行讲演和咨询，把药品的特点和使用效果介绍给消费者，同时就患者关心的问题进行解答，把真实信息传递给他们，消除他们心中的疑惑和不正确的认识。

（4）特价销售（小额折价交易）　企业在某个特定时期可以开展一些优惠酬宾活

图 1-6-10　赠送样品

动，在短期内刺激消费者购买某种药品，同时提高自身知名度。

图 1-6-11　送赠品

（5）附送赠品　附送赠品是指消费者在购买某种药品的同时可以获得一份非促销产品的礼品的促销活动。如某感冒药在药店促销活动中就采用这一手段，凡是购买一盒本药品的顾客，均可获得精美的体温计，其促销活动取得了很好的效果（图 1-6-11）。

（6）有奖销售　包括抽奖和竞赛两种形式。

抽奖方式是指在指定的抽奖凭证上填写姓名等资料，就可以参加抽奖。有奖竞赛是指厂家预先设立一定的奖励标准，在公证机关监督下，举办知识竞赛、有奖征询等活动，以提高企业和药品知名度的一种促销方式。

2. 针对中间商的营业推广

（1）批发折价　折扣的方式可以是折价，也可以是附赠商品。批发折扣可以吸引中间商增加对本企业医药产品的进货量，促使他们购进原先不愿意经营的产品。

（2）推广津贴　医药生产企业为促使中间商购进本企业的产品，并帮助企业推销产品，还可以支付给中间商一定的推广津贴，以鼓励和酬谢中间商在推销本企业产品方面所做的努力。但津贴推广必须按国家财务规定执行，企业不得违反规定暗中给个人支付变相的回扣。

（3）销售竞赛　医药生产企业如果在同一市场上通过多家中间商来销售本企业的产品，就可发起这些中间商参加销售竞赛活动，根据各个中间商销售本企业产品的成绩，分别给优胜者以不同的奖励，或是给予较大的批发折扣。

（4）交易会或博览会　这类交易会或博览会能集中大量优质医药产品，并能形成对促销有利的现场环境效应，对中间商有很大吸引力，所以也是一种对中间商进行营业推广的好形式。

3. 针对医院的医药营业推广

（1）折扣　折扣是企业根据市场需要，在原销售价格基础上给与一定的价格打折。也有的企业与购药单位达成协议，在购药单位进货额达到一定规模后，企业给与购药方一定的价格打折。国家工商部门对销售折扣有明确规定，企业应按规定执行。

（2）提供医药科研赞助　这是医药企业为实现自己的目标而向医院、科研单位等提供资助的一种行为。如果运用得当，赞助方式可以为医药企业带来比较大的经济效益。

（3）公司礼品或纪念品　用这种方式能有效的宣传公司形象和产品，更好的发展与医院客户之间的关系。

四、医药公共关系促销策略

（一）医药公共关系概述

公共关系作为促销组合因素之一，在刺激目标顾客对医药产品的需求，增加销售，改善形象，提高知名度等方面，起着十分重要的作用。所谓公共关系，就是一个社会组织为了推进相关的内外公众对它的知晓、理解、信任、合作与支持，塑造组织形象、创造自身发展的最佳社会环境，利用传播、沟通等手段而努力采取的各种行动，以及由此而形成的各种关系。

公共关系是一种隐性的促销方式，它是以长期目标为主的间接性促销手段。对于医药企业而言，塑造良好的形象是公共关系意识的核心，同时也是企业能够长远发展的根本保证。因为企业生产的产品不是一般意义上的商品，而是能治病防病的药品，药品质量好坏，疗效确切与否，直接关系到人民的健康与生命安全。因此，相对于其他行业而言，人们对医药企业的形象与名声往往更为关注。

（二）医药公共关系的作用

1. 树立企业形象　企业形象是指企业内外广大公众对企业的看法、评价、标准和需求，是企业在社会公众心目中从内到外的整体特征的综合印象。由于医药产品的特殊性，医药企业要赢得公众支持，除了优质的产品外，还需要通过公共关系等手段在公众心目中树立良好的企业形象，提高企业知名度。

2. 开拓产品销量　通过公共关系活动，有利于沟通医药企业与公众之间的联系，对公众实施影响，为产品的销售创造良好的环境。

3. 创造良好的营销环境　通过公共关系可以使医药企业加强同外界的沟通和联系，有利于企业内部理顺关系，使全体员工以主人翁态度维护企业形象，共同创造宽松和谐的工作氛围，创造良好的内外环境。

（三）医药企业公关促销方式（图 1－6－12）

1. 药品推广会（图 1－6－13）　药品推广会是医药行业最常用的一种综合运用各种媒体宣传药品和企业信息的传播方式，它通过现场展示和咨询来传递药品信息，推销企业形象，是一种常规性的公共关系活动。

2. 开放参观日（图 1－6－14）　举办开放参观日活动是企业进行一种特殊的“公开展览活动”或者广告活动，它能提高企业的社会透明度，增进外界对企业的了

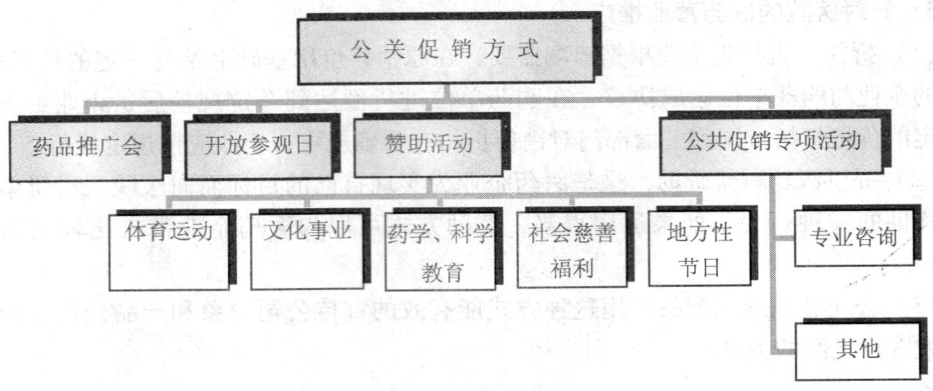

图1－6－12　公关促销方式

图1－6－13　药品推广会

图1－6－14　开放参观日

解，消除企业与公众之间的隔阂，培养公众对企业的感情，创造良好的营销环境气氛，树立良好的公众形象。

3. 赞助活动　赞助是企业通过无偿提供资金或实物支持某一项活动，以获得一定的形象传播效应的社会活动。举办赞助活动是企业承担社会责任与义务，搞好社会公共关系的一种有效手段，也是国内外常用的公关促销手段之一。

（1）赞助体育运动　特别是奥运会和世界杯等这一类的大型体育比赛，其涉及的公众可能遍及全球，因此国内外厂家都乐于赞助这些体育活动，以扩大自身的社会影响力。

（2）赞助文化事业　赞助音乐会、演唱会等也能有效地吸引社会的注意力，提高企业知名度。

（3）赞助科学、教育事业　如设立某项培养和奖励药学专门人才的奖学金、基金，或直接赞助某项药学科研项目和学科建设。

（4）赞助社会慈善和福利事业　如赞助国家希望工程，重大自然灾害救灾活动，社区公益福利事捐赠等。这些活动既能充分表达企业的同情心，又能实现企业最根本的经营理念。

（5）赞助地方性的节日活动。

4. 公共促销专项活动　企业为了提高企业形象，促进药品销售，还可以采取一些专项公共活动。

（1）专业咨询　医药企业进行药品服务专业咨询的活动，主要有公开的药品知识咨询、健康知识咨询教育、专家坐堂咨询等。

（2）其他　如企业可以利用开业庆典、周年纪念、危机处理等机会，向社会传播企业正面形象。

知识拓展

药品（保健品）广告创意及表现方法的 12 把利剑

药品广告与其他产品广告一样，其灵魂为创意。其存在不过是运用各种媒体语言，将一个伟大的灵魂充分演绎的过程，是受众对广告本身的认可，既而为之震撼，从而接受其所宣扬产品的过程。一个好的药品广告创意绝对是智慧的灵光闪现，同时好的广告表现则会让好的创意更加光彩四溢，天地为之生辉。广告创意尽管是智者的妙手偶得，但大凡事物依旧有规律可循。如果能够掌握广告创意的一些基本方法和表现手段，偶得的机会往往可能就会更多一些。下面介绍几种医药保健广告创意及表现方法。

◎常用创意方法之一 ——对比法

例一：“三十岁的人，六十岁的心脏，六十岁的人，三十岁的心脏！”电视画面上一侧是一位三十多岁的年轻人慢腾腾地拍着皮球，另一侧是一位老人矫捷地拍着皮球，伴随皮球嘭然落地的音效——海王银杏叶片的电视广告！

将药品的功效凭借恰当的电视或平面语言方式进行对比，即会产生无限的联想和强大的视觉及心理冲击力。而且，这种创意及表现手法还可以机智地规避《广告法》所不允许的贬低同类产品的嫌疑，是医药广告最常用的创意及表现手法之一。

◎常用创意方法之二 ——地域神秘法

例：“这是观音草，我们苗家千百年来一直用它治疗咳嗽……”——观音草的电视广告。电视画面上一位身着苗族服饰、背被采药筐的老者，向面前的一位小姑娘诉说着苗药的历史和功效。画外音乐神秘而悠远。包括苗药、藏药、蒙药等少数民族的药品广告，多采用民族和地域的神秘感，向消费着讲述广告产品背后神秘的故事，以激发消费者的好奇心和崇拜感，进而期望消费者从意识上达到神秘故事的背后必有神奇疗效的消费导向作用。

◎常用创意方法之三——机制法

例：“融了、排了、通了，中科甲尔！”电视画面上一条鲜红的血管中流淌的血液被血管壁上的血栓阻挡着，缓慢的流动。中科甲尔的“药物因子”进入血管，迅速融掉血栓，同时推动溶解的血栓向前流去（但不知流到哪去了），接下来，整条血管变得畅通……

药品机制广告多数是通过三维动画技术，将发病的病灶或病致病菌以拟人或拟物的形式表现在画面上。同时，将药品的某种成分或所谓秘密成分以对立面的方式或形象（正面形象）直接破坏或杀死病灶或致病菌。整个过程给人非常鲜明的和直接的“确切治疗”表现感官认识。如果该种创意或表现方式的画面处理得当，对目标人群来说极有诱惑力！

◎**常用创意方法之四——名人法**

例：“抽完之后你给我含一片！”吕丽萍愠怒地用手指点着葛优的额头，葛优顾作傻相地冲着电视画面一笑“呵呵，我有吃！”——伊利甘草良咽的广告。

名人广告或形象代言人广告是较为古老和常用的广告创意和表现手法。寻求合适的广告形象代言人，利用他们的知名度、美誉度及其形体、演艺和生活中的特点充分展示广告产品的诉求点能够取得消费者趋同心理的消费效果。

◎**常用创意方法之五——幽默法**

例：“甲：咋地了哥们，让人给煮了！乙：感冒了，正发烧呢！甲：我有办法呀，整点易服芬吧！”——电视画面上两个螃蟹哼哼唧唧地说着人话……

幽默法大体分为情节幽默和表现幽默两种。以上的例子属表现幽默法。与名人广告相比，动物的幽默与滑稽表演更能拉进人与产品的距离，因为人们从心理上更愿意接受原始的玩笑表现形式，正比如迪斯尼的动画片依旧有无数的成人在津津有味地欣赏一样。但是，动物幽默法必须同时注意产品的品牌形象的正面树立，防止知名度升高的同时诋毁了产品的美誉度。

◎**常用创意方法之六 ——悬念法**

例：“我要清嘴……，要清嘴，不要亲嘴！”电视画面上一位青春少女嚷嚷着要“亲嘴”，正当观众们为其惊诧之时，而画外音解释到要清嘴而不是要亲嘴！

悬念法最大的特点就是在广告的一开始就以一种似乎非理智或不符合逻辑的方式吸引住人们的眼球、揪住人们的心，而正当你想了解其真相的时候，诉求点便展现在你的眼前——于是你记住它了！

◎**常用创意方法之七——情感法**

丽珠得乐胃药广告——“其实，男人更需要关怀”，这句广告语配合普通百姓的目标人群定位，同样征服大多数消费者的心。情感法的运用一定要挖掘人性深处的、能够引起人类共鸣的东西，否则将会让人大跌眼镜，适得其反。

◎**常用创意方法之八——暗喻法**

比如，洁尔阴的广告语：“难言之隐，一洗了之”，更加简洁、清晰地阐述了广告本身诉求的“难言之隐”，以至成为经典的广告创意，被广泛流传和借鉴。

◎**常用创意方法之九——歌唱法**

“腰腿痛，肩背痛，痛痛痛，贴贴贴，早贴早轻松！——天和牌骨通帖膏的电视广

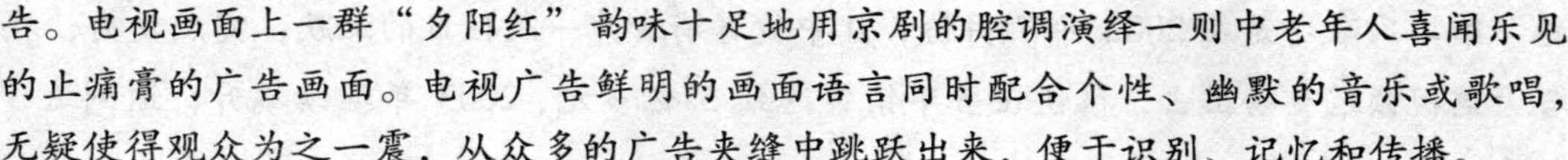

告。电视画面上一群“夕阳红”韵味十足地用京剧的腔调演绎一则中老年人喜闻乐见的止痛膏的广告画面。电视广告鲜明的画面语言同时配合个性、幽默的音乐或歌唱，无疑使得观众为之一震，从众多的广告夹缝中跳跃出来，便于识别、记忆和传播。

◎常用创意方法之十——虚张声势法

例：“如果脑白金有效，请你告诉100名朋友，如果脑白金无效，请你告诉10000名朋友！”——脑白金的电视广告。电视画面上包括厨师的各色人等列队游行，高呼上述口号，声势如此浩大，大有“炸平庐山，停止地球转动”之势。其目的都是以强烈的视觉冲击力达到快速引起消费者注目的作用。

◎常用创意方法之十一——专家法

例：“医学研究证明，感冒是由于病毒引起的，感康有效杀灭病毒，治疗感冒！”——治疗感冒药感康的电视广告。电视画面上一位身着白色西装，表情凝重又略显兴奋的老年长者，站在酷似人民大会堂的礼堂里，以庄重的语调向全场人员宣布似乎很重要的消息（实际上有故作神秘之嫌）。运用专家法创意广告能够制造庄严、可信的氛围，从侧面烘托广告对象的权威性，从而坚定消费者的购买者购买产品的信心。

◎常用创意方法之十二——恫吓法

例：“你把螨虫传给了女儿！”。电视画面上一位年轻的爸爸正在与女儿亲热的拥抱，父女面颊接触的特写。镜头拉近。三维效果表现父亲皮肤毛孔中蠕动的大号螨虫向女儿幼嫩的皮肤爬去……

将所要诉求的广告卖点以恐怖的电视语言尽量地放大，对于那些目标消费群体来说无疑是一种震惊抑或威胁！可以想象，经过频繁恫吓与诱惑，不相信那些担心自己就是被螨虫或其他病菌所侵犯的对象不会心甘情愿地掏出钞票，还是“破财免灾”吧！

案例赏析

卖得比脑白金还多的“小药片”——江中健胃消食片广告攻略

2001年，江中健胃消食片年销量1.7亿；
2002年，江中健胃消食片年销量近4亿元；
2003年，江中健胃消食片年销量近7亿元；
2004年，江中健胃消食片年销量近8亿元；
2005年，江中健胃消食片年销量超过8亿元；
2006年，江中健胃消食片年销量超过9亿元；
2007年，江中健胃消食片年销量9.5亿元；
2008年，江中健胃消食片年销量10.7亿元。

简单回顾一下江中健胃消食片的发展，可以看出该产品的历史上有过两次的“激增”，一次是在上市初期，直到1997年销量达1亿元后才归于平

稳。第二次激增是在2002年7月份，江中健胃消食片一改往日的沉默，突然发力，在各大电视频道重磅出击，很快在当年销售达到3亿多元，2003年继续攀升，达到近7亿元。

2001年，对于国内医药企业而言，是极不平静的一年。企业纷纷重组，越来越多中小企业被兼并，一些大型企业也在逐渐成形，如哈药集团、华北制药集团等。在这个大趋势下，江中药业要避免被更大的鱼吞噬，就必须自己成长为一条大鱼。成长的压力，迫使江中从2001年或更早些时候，就一直在寻找新的增长点。

江中药业在调查中发现，消化不良用药市场的行业集中度并不高，明显不符合市场成熟的一般规律，研究同时还发现，消化不良市场的用药率较低，部分的消费者出现消化不良症状（肚子胀、不消化）时采取置之不理，揉揉肚子或散散步等方法解决。其中，儿童市场用药率低的情况尤为突出。

在发现助消化药市场存在巨大的空白后，江中药业将江中健胃消食片的品牌定位——“日常助消化用药”。

在针对成人消费者的电视广告中，穿浅绿衬衣的郭冬临，关怀地对着镜头询问，“你肚子胀啦?”接着镜头拉远，他坐在椅子上，作出胃胀腹胀的表情，“胃胀?!腹胀?!”，随后引出解决之道，“胃胀、腹胀、不消化，用江中牌健胃消食片”。广告片的画面干净简单，祛除了过多的装饰，定位广告直击消费者心理，从而快速引起消费者共鸣。这使得众多的消费者消化不良，出现胃胀腹胀的症状时，立即会想到江中健胃消食片，并加以考虑选择——这就是直接见效的品牌广告。

儿童及家长的媒体收视习惯、儿童适用药品在广告表现上均有较大不同，企业决定对儿童再单独拍摄一条广告片，在儿童及家长收视较高的时段投放。针对儿童的电视广告，同样简单明确，直接提出家长的烦恼：孩子不喜欢吃饭。“哄也不吃，喂也不吃”是最真实的写照，快速引起家长的关注。最后，“孩子不吃饭，用儿童装江中牌健胃消食片”，告知解决之道。这样的广告片，直击消费者需求，能够快速地拉动销售。

在2002年江中集团就投入了过亿广告费用，为迅速抢占“日常助消化用药”定位打下坚实基础，市场也给企业丰厚的回报，当年销售额就直线上升到了3亿多元，比2001年翻了近三番！终于突破了江中健胃消食片年年销量不过2亿的销售瓶颈。

【案例点评】

直接见效的品牌广告，协助品牌更快走入市场，同时激起企业、经销商与消费者的热情，有利于良性地将品牌推广进行下去，一步步地加强消费者的认知，逐渐为品牌建立起独特而长期的定位——真正建立起品牌。江中健胃消食片的成功，根本原因在于企业以定位理论为指导，对助消化药市场进行了全面客观评估，并通过诉求准确的定位广告迅速、大力度传播出去。

目标检验

1. 药品在不同的生命周期可以选择哪几种促销组合方式？并说明理由！

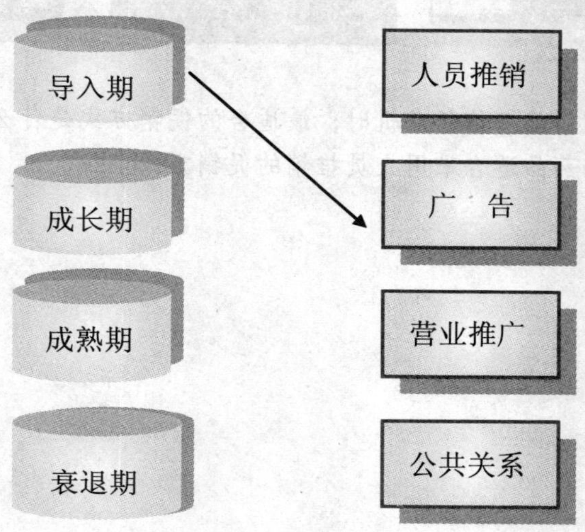

2. 下列不同类型的药品宜采用哪种或哪几种促销方式？并说明理由！

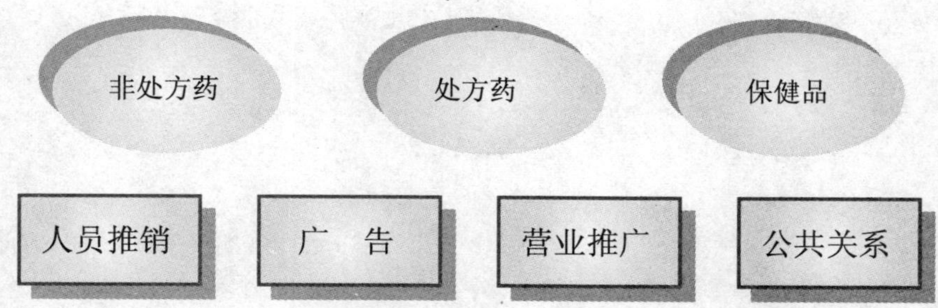

1. 给下列药品选择合适的广告媒介，并说明该媒体的优缺点。

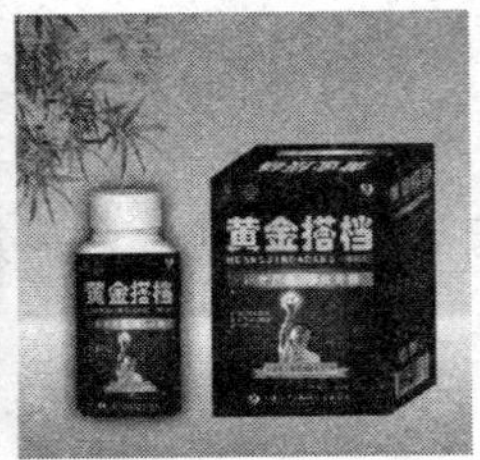

2. 当某医药企业面临着信任危机时，最适合的促销方式是什么？为什么？

3. 举例说明哪些药品适合采用人员推销的促销方式？

第七章　经济核算知识

1. 掌握会计要素与会计报表。
2. 掌握基本的票据知识。

第一节　会计要素

医药企业在营销活动中，必须要对经济业务进行确认、计量和报告，以此作出预测，参与决策，并实施监督，这种管理活动称之为会计工作。在现代经济社会中，医药企业的经营活动是多种多样的，每天发生的经济业务不胜枚举。为了便于将企业的经济业务在会计上加以记录，必须将其按性质归纳为六大要素，即资产、负债、所有者权益、收入、费用和利润，它们是会计记录的主要对象。

一、资产

资产是指企业过去交易或事项形成的、由企业所拥有或者控制的、预期给企业带来经济效益的资产。例如：企业保险柜里的现金，基本存款账户的活期存款（图 1－7－1），仓库里待售的医药商品或者制药车间仪器和设备等。资产可以分为流动资产和非流动资产。

（一）流动资产

流动资产是指企业可以在一年以内或者一个营业周期以内变现或被耗用的资产。这里的营业周期是指企业从投入资金到回笼资金的过程（图 1－7－2）。

图 1－7－1　企业的基本存款账户

一般医药企业一年中有几个营业周期，其资产一般按年划分流动资产和非流动资产。企业常见的流动资产一般包括：库存现金、银行存款、其他货币资金、应收账款、原材料、在途物资和库存商品等会计科目（表 1－7－1），即对会计要素的内容进一步分类后形成的项目。

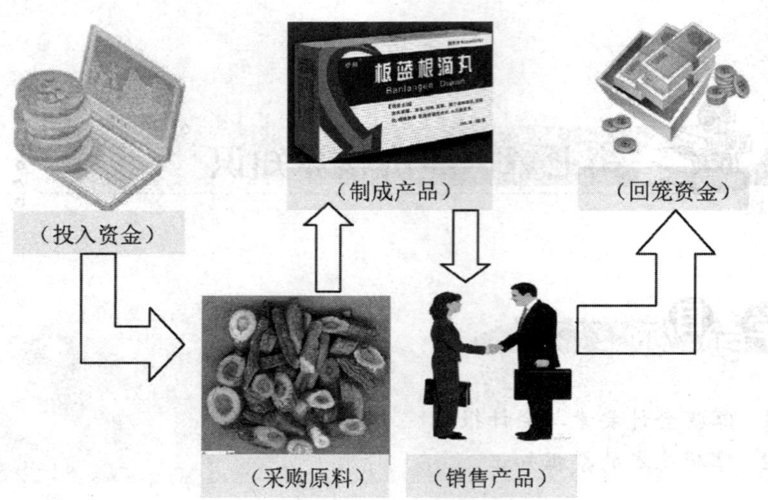

图7－2　营业周期

表1－7－1　流动资产

会计科目	定义	举例
库存现金	企业现金出纳员保管的纸币或硬币	企业日常小额支付的备用金
银行存款	企业存放在银行或其他金融机构的各种款项	企业的支票存款
其他货币资金	企业除现金和银行存款以外的各种款项	企业的银行汇票存款、银行本票存款、信用卡存款等
应收账款	企业因销售商品或提供劳务而发生的对客户的货币请求权	医药公司对医院进行赊销
原材料	企业库存的各种材料，包括原料及主要材料、辅助材料、外购半成品、修理用备件、包装材料、燃料等的计划成本和实际成本	制药企业库存的原料药或中间体
在途物资	企业采用实际成本（进价）进行材料、商品等物资的日常核算，货款已付尚未验收入库的各种物资的采购成本	医药公司向制药企业采购的尚未验收入库的各种医药商品
库存商品	企业库存的各种商品的实际成本（或进价）或计划成本（或售价），包括库存产成品、外购商品、存放在门市部准备出售的商品、发出展览的商品以及寄存在外的商品等	医药公司仓库内已经验收入库的各种医药商品

（二）非流动资产

不属于流动资产的一切资产都是非流动资产。医药企业常见的非流动资产一般包括：长期股权投资、固定资产、无形资产和商誉等会计科目（表1－7－2）。

表 1－7－2 非流动资产

会计科目	定义	举例
长期股权投资	企业通过投资取得被投资单位的股份	企业并购其他制药企业
固定资产	企业为生产商品、提供劳务、出租或经营管理而持有的、使用寿命超过一个会计年度，在使用中能够保持其原有实物形态的资产	企业的厂房、制药设备；医药物流公司的货车等
无形资产	企业拥有或者控制的没有实物形态的可辨认的非货币性资产	企业的专利权、商标权、特许权和土地使用权等
商誉	企业在未来期间为企业经营带来超额利润的潜在经济价值；或企业预期的获利能力超过可辨认资产正常获利能力（如社会平均投资回报率）的资本化价值	企业优越的地理位置、良好的口碑、有利的商业地位、良好的劳资关系、独占特权和卓越管理等

二、负债

负债是指企业过去的交易或事项形成的、预期会导致经济利益流出企业的现时义务。它代表着企业偿债责任和债权人对资产的求索权。负债一般按其偿还速度或偿还时间长短划分为流动负债和长期负债两类。

（一）流动负债

流动负债是指偿还期在一年或一个营业周期以内，预期需动用流动资产或以新的流动负债偿还的债务。医药企业常见的流动负债一般包括：短期借款、应付票据、应付职工薪酬和应交税费等会计科目（表 1－7－3）。

表 1－7－3 流动负债

会计科目	定义	举例
短期借款	企业为维持正常生产经营周转所需向银行或其他金融机构借入的偿还期在一年的各种借款	制药企业向商业银行借入的 6 个月的流动资金贷款
应付票据	企业因购买材料、商品或接受劳务而签发并承兑的，须于约定日期支付一定金额给持票人的书面证明	药店签发商业汇票支付所采购的医药商品
应付职工薪酬	企业根据有关规定应付给职工的各种薪酬	医药企业应付给职工的工资、津贴、奖金和各种福利等
应交税费	企业在生产经营过程中按税法规定所计算出的应向国家交纳的各种税费	医药企业应缴纳的增值税、城市维护建设税、教育费用附加

（二）长期负债

长期负债是指偿还期限在一年或一个营业周期以上的各种债务。医药企业常见的长期负债包括：长期借款和应付债券等会计科目。

1. 长期借款 长期借款是指企业向银行或其他金融机构借入的、偿还期在一年以上的各种借款。借款利息可以分期支付，也可在借款到期还本时一起偿付，具体应视贷款合同的规定。

例如：某医药公司为了建造现代化的物流中心，向银行借入 2 年期的贷款。在申请贷款时，要注意的是凡需要向银行或其他金融机构申请贷款，办理承兑汇票和提供担保等信贷业务的法人企业、非法人企业、事业法人单位和其他借款人，均须向营业

执照（或其他有效证件）注册地的中国人民银行各城市中心支行或所属县支行申请领取贷款卡（图1－7－3）。

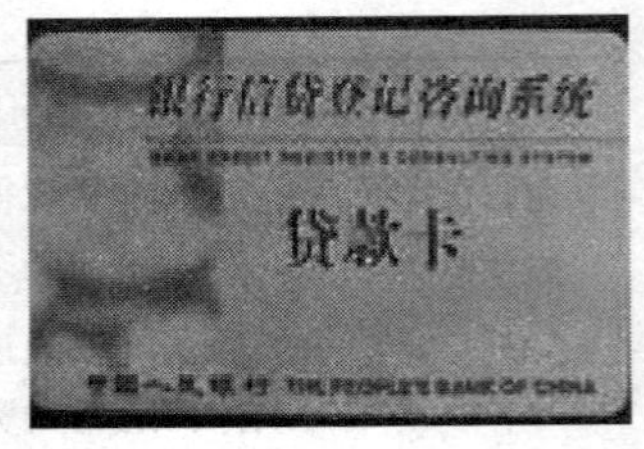

图1－7－3　贷款卡

2. 应付债券　应付债券是指企业为筹集长期资金而实际发行的债券及应付的利息，它是企业筹集长期资金的一种重要方式。企业发行公司债券的价格受同期银行存款利率的影响较大，一般情况下，企业可以按面值发行、溢价发行（高于面值发行）和折价发行（低于面值）。

在我国，发行公司债券必须是股份有限公司、国有独资公司和两个以上的国有企业或者其他两个以上的国有投资主体投资设立的有限责任公司，为筹集生产经营资金才能发行公司债券。公司债券除了到期还本付息外，还能在未到期前按照规定在证券市场上交易转让（图1－7－4所示）。

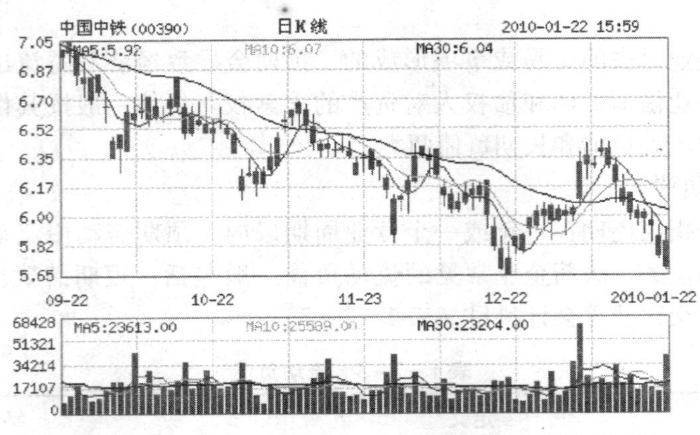

图1－7－4　债券交易

三、所有者权益

所有者权益是指企业资产扣除负债后由所有者享有的剩余权益。按照现代企业制度下成立的公司的所有者权益称为股东权益。所有者权益包括实收资本、资本公积、盈余公积和未分配利润四个会计科目。

（一）实收资本

实收资本是指投资者按照企业章程或合同、协议约定，实际投入企业的资本，它是企业注册登记的法定资本总额来源，它表明所有者对企业的基本产权关系。实收资本是企业永久性资金来源，它是保证企业持续经营和偿还债务的最基本的物质基础，是企业抵御各种风险的缓冲器。医药企业筹集的实收资本包括：国家资本、法人资本、个人资本、外商资本。

1. 国家资本　国家资本是指有权代表国家投资的政府部门或者机构以国有资产投入企业形成的资本金。在我国，国务院国有资产监督管理机构和地方人民政府按照国务院的规定设立的国有资产监督管理机构，根据本级人民政府的授权，代表本级人民政府对国家出资企业履行出资人职责（图1－7－5）。

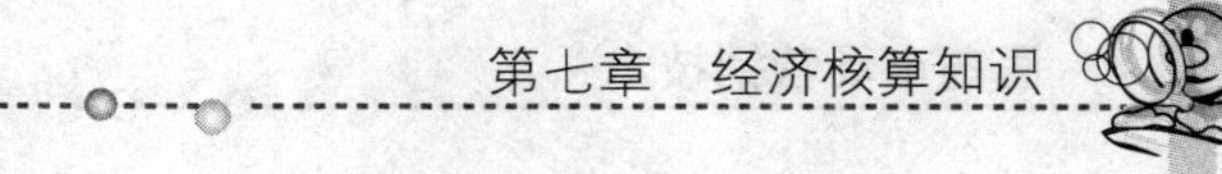

图 1-7-5 国资委

2. 法人资本 法人资本是指其他法人单位以其依法可以支配的资产投入企业形成的资本金。事业单位和社会团体，以国家允许其用于生产经营的资产向本企业投入的财产，亦属法人资本。例如，大型制药企业投资设立医药物流公司的出资属于法人资本。

3. 个人资本 个人资本是指社会个人或者本企业内部职工，以个人合法财产投入企业形成的资本金。最常见的个人资本有员工持股计划，即指通过让员工持有本公司股票和期权而使其获得激励的一种长期绩效奖励计划。

4. 外商资本 外商资本是指国外投资者投入企业形成的资本金（图 1-7-6）。

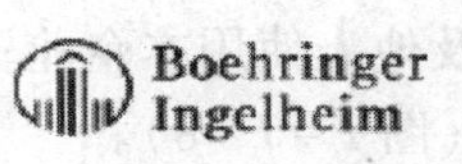

勃林格殷格翰

辉瑞制药

诺华公司

拜耳医药

图 1-7-6 外资医药企业

（二）资本公积

资本本身升值或其他原因而产生的投资者的共同的权益，包括资本溢价、接受捐赠资产等。

1. 资本溢价 资本溢价是指企业投资者投入的资金超过其在注册资本中所占份额的部分。企业在经过一段时间经营后，资本利润率要高于初创时期，这使原有投资在质量上和数量上都发生了变化，为了保护原有投资者的利益，新加入的投资者要付出大于原有投资者的出资额，才能取得与原有投资者相同的投资比例，大于原有投资者

出资额部分的就是资本溢价。

2. 接收捐赠 接收捐赠是指企业因接受现金和非现金资产捐赠而增加的资本公积。资本公积与实收资本的区别（图 1－7－7）。

图 1－7－7 资本公积与实收资本的区别

（三）盈余公积

企业从实现的利润中提取或形成的留存于企业内部的积累。盈余公积是根据其用途不同分为公益金和一般盈余公积两类。公益金专门用于公司职工福利设施的支出。

（四）未分配利润

企业留于以后年度分配的利润或待分配利润。从数量上来看，未分配利润是期初未分配利润加上本期实现的净利润，减去提取的各种盈余公积和分出的利润后的余额。

四、收入

收入是企业在销售商品或提供劳务以及他人使用本企业资产等日常经营活动中形成的经济利益的总流入。其具有以下特点（图 1－7－8）。

(1)收入是从企业日常经营活动中产生的经济利益流入，非日常经营活动带来的经济利益流入不属于本要素的内容
(2)收入可以表现为资产增加，也可以表现为负债减少
(3)收入将引起所有者权益的增加

图 1－7－8 收入的特点

按经营业务不同，收入可分为基本业务收入和其他业务收入。

1. 主营业务收入 主营业务收入又称基本业务收入，是指企业生产经营的主要业务方面的收入。医药企业根据行业的不同，其主营业务收入也有所不同。在制药企业表现为产品的销售收入，在医药商业企业表现为商品销售收入，在医药研究机构或医药物流企业表现为服务性收入。

2. 其他业务收入 其他业务收入又称附营业务收入，是除主营业务以外的收入，如制药企业转让专利使用权，医药物流企业租让仓库等所获得的收入。

五、费用

费用是企业销售商品、提供劳务等日常经营活动中发生的经济利益的流出。他具有以下特点（图1－7－9）。

(1) 费用是从企业日常经营活动中产生的经济利益流出，非日常经营活动带来的经济利益流出不属于本要素内容
(2) 费用可表现为资产减少，也可表现为负债增加
(3) 收入将引起所有者权益的减少

图1－7－9 费用的特点

按照与收入的关系，费用可以分为营业成本和期间费用。

1. 营业成本 营业成本是指企业销售商品的成本或者所提供劳务的成本。营业成本按照所销售商品或所提供劳务在企业日常活动中所处地位可分为主营业务成本和其他业务成本。例如：药店采购医药商品所支付的进价部分属于主营业务成本，而采购购物袋的支出属于其他业务成本。

2. 期间费用 期间费用包括管理费用、销售费用和财务费用（表1－7－4）。

表1－7－4 期间费用

费用类型	定义	举例
管理费用	企业行政部门为组织和管理生产经营活动发生的各种费用	公司总经理的办公费用
销售费用	企业在销售商品、提供劳务等日常活动中发生的除营业成本以外的各项费用以及专设销售机构的各项经费	医药公司采购员的差旅费，医药物流公司的机动车保险费
财务费用	企业筹集生产经营所需资金发生的费用	公司支付银行的贷款利息；药店支付银行的银行卡交易手续费

六、利润

利润（profit）是指企业销售产品的收入扣除成本价格和税金以后的余额，它是企业一定期间内获得的经营成果。利润有毛利润和净利润之分。

（1）毛利润是指主营业务收入扣除主营业务成本的差值。反映主营业务的获利情况。一般连锁店各门店的销售业绩都可以由毛利润来反映。

（2）净利润是指毛利润扣除各项费用和公司所得税后的差值。它反映一家企业最终的经营成果，体现企业实际的经济效益。

公司所得税是指以公司、企业法人取得的生产经营所得和其他所得为征税对象而征收的一种所得税。根据2008年颁布的《中华人民共和国所得税法》的规定：一般企业所得税的税率为25%，内资企业和外资企业一致。但国家需要重点扶持的高新技术企业为15%，小型微利企业为20%，非居民企业为20%。

七、会计要素之间的关系

六个会计要素反映了医药企业的财产现状和经营成果（图1－7－10）。

图1－7－10　会计要素

静态要素之间的关系如下：

资产＝负债＋所有者权益　（1－7－1）

资产反映了资源在医药企业存在、分布的形态。负债和所有者权益（合计起来也称权益）反映了医药企业资源取得和形成的渠道。医药企业的资产和权益实际上是同一资金的两个不同方面，是从资金的占用形式和来源两个不同角度观察和分析的结果。有一定数额的资产，就有一定数额的权益，反之，有一定数额的权益，就有一定数额的资产。资产和权益这种相互依存的关系，决定了在数量上一个企业的资产总额与权益总额必定相等，同时也是编制资产负债表的理论依据，因此也称资产负债表等式。

动态要素之间的关系如下：

收入－费用＝利润　（1－7－2）

动态要素之间的关系反映了医药企业某一时期的盈利或亏损情况，是编制利润表的依据，因此也称利润表等式。

第二节　会计报表

医药企业开展营销工作之前，必须充分关注本企业的财务信息，从而才能制定出符合本企业实际的营销方案。企业的会计报表是最能反映企业实际的财务信息。会计报表是根据日常会计核算资料定期编制的，综合反映企业某一特定日期财务状况和某一会计期间经营成果、现金流量的总结性书面文件。

一、会计报表的分类

1. 按其反映的内容分　可以分为动态会计报表和静态会计报表。

动态会计报表是反映一定时期内经营成果和现金流量的会计报表，比如：利润表反映了企业一定时期内所实现的经营成果，现金流量表反映了企业一定时期内现金的流入、现金的流出及净增加数，因此利润表和现金流量表属于动态会计报表；静态会计报表是指反映企业在一定日期资产和权益总额的会计报表，比如：资产负债表反映了企业某一时点上的资产、负债和所有者权益的情况，因此资产负债表属于静态会计报表。

2. 按其编报的时间分 可以分为月度报表、季度报表、半年度报表和年度报表。

月度报表简称为月报，每月编报一次，包括资产负债表和利润表；季度报表简称为季报，每季编报一次，包括资产负债表和利润表；半年度报表简称为半年报，每年6月30日编报一次，包括资产负债表和利润表，但与月报和季报在部分指标上有一定的差异；年度报表简称为年报，每年编报一次，包括资产负债表、利润表和现金流量表，它要求完整、反映地全面企业的财务状况、经营成果和现金流量情况。

3. 按其编制的单位分 可以分为单位报表和汇总报表。

单位报表是指企业在自身会计核算的基础上，对账簿记录进行加工而编制的会计报表，以反映企业本身的财务状况、经营成果和现金流量情况。汇总报表是指由总公司或主管部门（系统），根据所属单位报送的会计报表，连同本单位会计报表汇总编制的综合性会计报表，以反映总公司或本部门（系统）财务状况、经营成果和现金流量情况。

4. 按其编制的范围分 可以分为个别会计报表和合并会计报表。

个别会计报表是指仅仅反映一个会计主体的财务状况、经营成果和现金流量情况的报表；合并会计报表是将多个具有控股关系的会计主体的财务状况、经营成果和现金流量情况合并编制的会计报表，该报表由母公司进行编制，包括所有控股公司会计报表的数字。

5. 按其服务的对象分 可以分为对内报表和对外报表。

对内报表是指为企业内部经营管理服务而编制的不对外公开的会计报表，它不要求统一格式，没有统一指标体系，如成本表就属于对内报表；对外报表是指企业为满足国家宏观经济管理部门、投资者、债权人及其他有关会计信息使用者对会计信息的需求而编制的对外提供服务的会计报表，它要求有统一的报表格式、指标体系和编制时间等，资产负债表、利润表和现金流量表等均属于对外报表。

二、资产负债表

资产负债表是表示企业在一定时期（通常为各会计期末）的财务状况的主要会计报表（表1－7－5）。它根据会计等式“资产＝负债＋所有者权益”编制。资产一般是按各种资产变化先后顺序逐一列在表的左方，反映单位所有的各项财产、物资、债权和权利。负债和所有者权益则逐一列在表的右方。负债一般列于右上方分别反映各种长期和短期负债的项目，业主权益列在右下方，反映业主的资本和盈余。左右两方的数额相等。

表1－7－5 资产负债表（简）

资 产 负 债 表

主管部门： 会企01表

编制单位： 单位：元

资产	年初数	年末数	负债及所有者权益	年初数	年末数
流动资产			流动负债		
货币资金			短期借款		
交易性金融资产			应付票据		
应收票据			应付账款		
应收账款			应交税费		
预付款项			流动负债合计		
存货			长期负债		
流动资产合计			长期借款		
非流动资产			应付债券		
长期股权投资			非流动负债合计		
固定资产			负债合计		
在建工程			所有者权益：		
工程物资			实收资本		
无形资产			资本公积		
商誉			盈余公积		
长期待摊费用			未分配利润		
非流动资产合计			所有者权益合计		
资产合计			负债和所有者权益合计		

（一）资产负债表的编制方法

资产负债表的编制，主要是通过对日常会计核算记录的数据加以归集、整理，使之成为有用的财务信息。我国企业资产负债表各项目数据的来源，主要通过以下几种方式取得。

1. 根据总账科目余额直接填列 如“应收票据”项目，根据“应收票据”总账科目的期末余额直接填列（图1－7－11）；“短期借款”项目，根据“短期借款”总账科目的期末余额直接填列。

2. 根据总账科目余额计算填列 如“货币资金”项目，根据“库存现金”、“银行存款”、“其他货币资金”科目的期末余额合计数计算填列（图1－7－12）。

3. 根据明细科目余额计算填列 如“应付账款”项目，根据“应付账款”、“预付账款”科目所属相关明细科目的期末贷方余额计算填列。

4. 根据总账科目和明细科目余额分析计算填列 如“长期借款”项目，根据“长期借款”总账科目期末余额，扣除“长期借款”科目所属明细科目中反映的、将于一年内到期的长期借款部分，分析计算填列。

5. 根据科目余额减去其备抵项目后的净额填列 如“存货”项目，根据“存货”

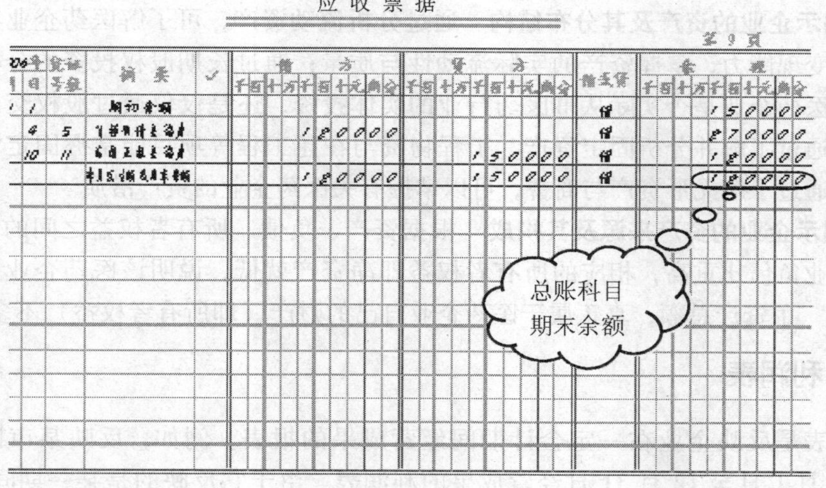

应收票据

第 9 页

月	日	凭证号数	摘要	✓	借方	贷方	借或贷	余额
1	1		期初余额				借	150000
	4	5	[illegible]		180000		借	870000
	10	11	[illegible]			150000	借	180000
			本月发生额及月末余额		180000	150000	借	180000

图 1－7－11　“应收票据”总帐

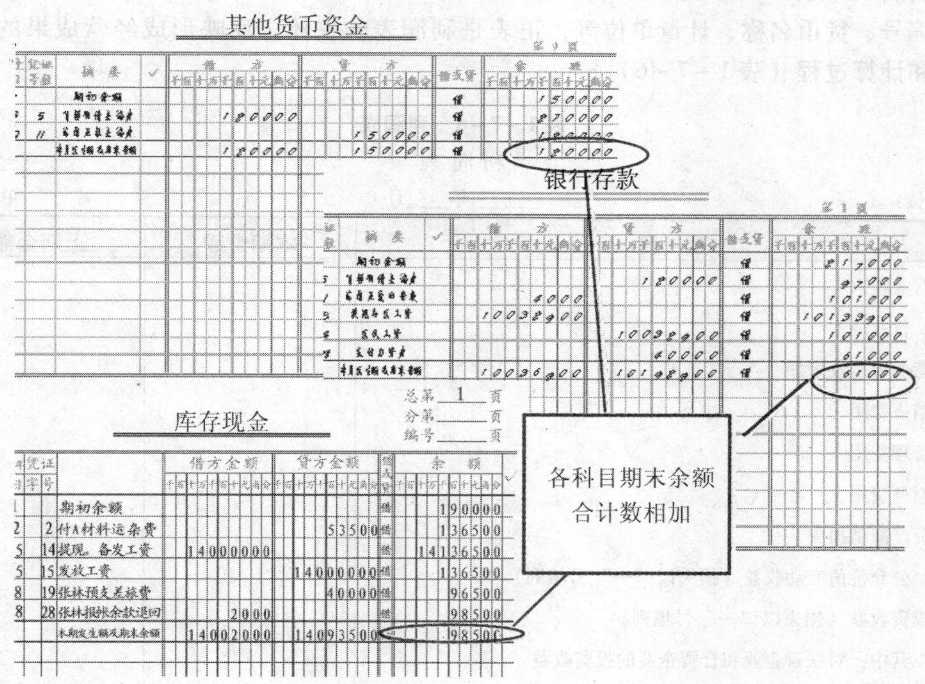

其他货币资金

第 9 页

日	凭证号数	摘要	✓	借方	贷方	借或贷	余额
		期初余额				借	150000
	5	[illegible]		180000		借	870000
	11	[illegible]			150000	借	180000
		本月发生额及月末余额		180000	150000	借	180000

银行存款

第 1 页

凭证号数	摘要	✓	借方	贷方	借或贷	余额
	期初余额				借	817000
5	[illegible]			180000	借	97000
1	[illegible]		4000		借	101000
5	[illegible]		10032900		借	10133900
8	[illegible]			10032900	借	101000
8	[illegible]			40000	借	61000
	本月发生额及月末余额		10036900	10192900	借	61000

总第 1 页
分第____页
编号____页

库存现金

日	凭证字号	摘要	借方金额	贷方金额	借或贷	余额	✓
1		期初余额			借	19000	
2	2	付A材料运杂费		53500	借	13650	
5	14	提现，备发工资	14000000		借	1413650	
5	15	发放工资		14000000	借	13650	
8	19	张林预支差旅费		40000	借	9650	
8	28	张林报帐余款退回	2000		借	9850	
		本期发生额及期末余额	14002000	14093500		9850	

图 1－7－12　计算填列

科目的期末余额，减去“存货跌价准备”备抵科目余额后的净额填列；又如，“无形资产”项目，根据“无形资产”科目的期末余额，减去“无形资产减值准备”与“累计摊销”备抵科目余额后的净额填列。

（二）资产负债表的解读

通过解读资产负债表，可以了解某一医药企业的财产状况信息，从而为制定营销策略提供基础。

1. 揭示企业的资产及其分布结构 通过分析流动资产，可了解医药企业在银行的存款以及变现能力，掌握资产的实际流动性与质量；通过长期股权投资的分析，能够掌握有关医药企业是否实际从事医药行业的实体投资，还是仅仅通过股权交易进行间接投资；通过了解并分析固定资产，工程物资与在建工程等项目能掌握固定资产消长的趋势；通过了解无形资产与商誉，可以掌握有关医药企业的资产潜质。

2. 揭示企业的资产来源及其构成 根据资产、负债、所有者权益之间的关系，如果医药企业负债比重高，相应的所有者权益即净资产就低，说明该医药企业主要靠债务“撑大”了资产总额，真正属于医药企业自己的财产（即所有者权益）不多。

三、利润表

利润表是反映企业在一定会计期间经营成果的报表。例如，反映某市医药公司2011年1月1日至12月31日经营成果的利润表。由于它反映的是某一期间的情况，所以又称为动态报表。有时，利润表也称为损益表、收益表。

利润表一般有表首、正表两部分。其中表首说明报表名称编制单位、编制日期、报表编号、货币名称、计量单位等；正表是利润表的主体，反映形成经营成果的各个项目和计算过程（表1－7－6）。

表1－7－6 利润表

利 润 表

会企02表

编制单位： ______年____月 单位：元

项 目	本期金额	上期金额
一、营业收入		
减：营业成本		
营业税金及附加		
销售费用		
管理费用		
财务费用		
资产减值损失		
加：公允价值变动收益（损失以“—”号填列）		
投资收益（损失以“—”号填列）		
其中：对联营企业和合资企业的投资收益		
二、营业利润（亏损以“—”号填列）		
加：营业外收入		
减：营业外支出		
其中：非流动资产处置损失		
三、利润总额（亏损总额以“—”号填列）		
减：所得税费用		
四、净利润（净亏损以“—”号填列）		

（一）利润表的结构

在我国，利润表采用多步式。多步式利润表主要分三步计算企业的利润（或亏损）。

1. 反映本期实现的营业利润　即营业收入减去营业成本和主营业务税金及附加（其中营业收入包括主营业务收入和其他业务收入；营业成本包括主营业务成本和其他业务成本）；再减去销售费用、管理费用、财务费用、资产减值损失，再加上公允价值变动收益和投资收益，得出营业利润。

2. 反映本期实现的利润总额　即本期营业利润加上营业外收入，减去营业外支出，得出利润总额。营业外收入是指与企业生产经营活动没有直接关系的各种收入。营业外收入并不是由企业经营资金耗费所产生的，不需要企业付出代价，实际上是一种纯收入，不可能也不需要与有关费用进行配比。例如：医药公司对未能及时履行购销合同的供应商，按照合同约定加收一定比例的滞纳金。

营业外支出是指不属于企业生产经营费用，与企业生产经营活动没有直接的关系，但应从企业实现的利润总额中扣除的支出，包括固定资产盘亏、报废、毁损、和出售的净损失、非季节性和非修理性期间的停工损失、非常损失、公益救济性的捐赠、赔偿金、违约金等。

3. 反映本期实现的税后利润　即本期利润总额减去所得税，得出税后净利润（或亏损）。所得税的征收比例参见本章第一节的相关内容。

（二）利润表的特征

利润表分项列示了企业在一定会计期间因销售商品、提供劳务、对外投资等所取得的各种收入以及与各种收入相对应的费用、损失并将收入与费用、损失加以对比结出当期的净利润。这一将收入与相关的费用、损失进行对比，结出净利润的过程，会计上称为配比。其目的是为了衡量企业在特定时期或特定业务中所取得的成果，以及为取得这些成果所付出的代价，为考核经营效益和效果提供数据。

四、现金流量表

现金流量表是反映企业在一定时期现金流入和现金流出动态状况的报表。通过现金流量表，可以概括反映企业的经营活动、投资活动和筹资活动对企业现金流入和流出的影响（表1－7－7）。

现金流量表中的现金是指库存现金、可以随时用于支付的存款和现金等价物。库存现金，可以随时用于支付的存款，一般就是资产负债表上“货币资金”项目的内容。准确地说，则还应剔除那些不能随时动用的存款，如保证金专项存款等。现金等价物是指在资产负债表上“交易性金融资产”项目中符合以下条件的投资：① 持有的期限短；②流动性强；③易于转换为已知金额的现金；④价值变动风险很小。

表1-7-7 现金流量表（简）

现 金 流 量 表

会企02表

编制单位：　　　　______年____月　　　　单位：元

项　目	本期金额	上期金额
一、经营活动产生的现金流量		
（现金流入）		
（现金流出）		
经营活动产生的现金流量净值		
二、投资活动中产生的现金流量		
（现金流入）		
（现金流出）		
投资活动产生的现金流量净值		
三、筹资活动产生的现金流量		
（现金流入）		
（现金流出）		
筹资活动产生的现金流量净值		
四、汇率变动对现金及现金等价物的影响		
五、现金及现金等价物净增加额		
加：期初现金及现金等价物余额		
六、期末现金及现金等价物余额		

（一）现金流量表的结构

1. 经营活动产生的现金流量　经营活动，是指企业投资活动和筹资活动以外的所有交易和事项。经营活动产生的现金流量能由下列项目反映。

（1）销售商品、提供劳务收到的现金；

（2）收到的税费返还；

（3）收到其他与经营活动有关的现金；

（4）购买商品、接受劳务支付的现金；

（5）支付给职工以及为职工支付的现金；

（6）支付的各项税费；

（7）支付其他与经营活动有关的现金。

2. 投资活动产生的现金流量　投资活动，是指企业长期资产的购建和不包括在现金及现金等价物范围的投资及其处置活动。投资活动产生的现金流量能由下列项目反映。

（1）收回投资收到的现金；

（2）取得投资收益收到的现金；

（3）处置固定资产、无形资产和其他长期资产收回的现金净额；

（4）处置子公司及其他营业单位收到的现金净额；

(5) 收到其他与投资活动有关的现金;
(6) 购建固定资产、无形资产和其他长期资产支付的现金;
(7) 投资支付的现金;
(8) 取得子公司及其他营业单位支付的现金净额;
(9) 支付其他与投资活动有关的现金。

3. 筹资活动的现金流量 筹资活动,是指导致企业资本及债务规模和构成发生变化的活动。筹资活动产生的现金流量能由下列项目反映。

(1) 吸收投资收到的现金;
(2) 取得借款收到的现金;
(3) 收到其他与筹资活动有关的现金;
(4) 偿还债务支付的现金;
(5) 分配股利、利润或偿付利息支付的现金;
(6) 支付其他与筹资活动有关的现金。

(二) 现金流量表的作用

现金流量表可用于分析医药企业在短期内有没有足够现金去应付开销。它为我们提供了一家医药企业经营是否健康的证据,企业在开展营销活动时必须关注企业的现金流量状况。编制现金流量表可以对投资者、债权人和其他方面起到以下作用。

(1) 评价企业在将来产生现金净流入量的能力。
(2) 评价企业偿还债务、支付股利以及对外筹资的能力。
(3) 分析企业报告期内净利润与经营活动现金流量差异的原因。
(4) 分析企业报告期内与现金有关和无关的投资及筹资活动。

第二节 票据知识

在现代社会的经济活动中票据被广泛使用,起到在金融交易或商品购销等活动中的凭证作用。一般而言,票据分为金融票据和商业单据。金融票据是依据法律按照一定形式制成,写明有付出一定货币金额义务的证件,是出纳或运送货物的凭证。泛指各种有价证券,如汇票、本票、支票、提单、存单、股票、债券等等。在我国,金融票据即汇票、支票及本票的统称。商业单据是商业活动中所提供给对方的收付款的书面证明,是财务收支的法定凭证,是会计核算的原始依据。如发票、收据等。

一、票据的含义

在医药商品批发、零售等经营活动中,最常使用的票据有发票、支票和汇票。

(一) 发票

1. 发票的含义 发票是指在购销商品、提供或者接受服务以及从事其他经营活动中,开具、收取的收付款凭证。发票是财务收支的法定凭证,是会计核算的原始依据,也是审计机关、税务机关执法检查的重要依据。

2. 发票的类型 发票的种类繁多,按用途可以分为:增值税专用发票、普通发票和专业发票。

按形式可以分为：手写发票、电脑发票、定额发票。

普通发票主要由营业税纳税人和增值税小规模纳税人使用。普通发票由行业发票和专业发票组成。前者适用于某个行业和经营业务，如商业零售统一发票、商业批发统一发票、工业企业产品销售统一发票等；后者仅适用于某一经营项目，如广告费用结算发票、商品房销售发票、铁路、民用航空等（图 1－7－13）。

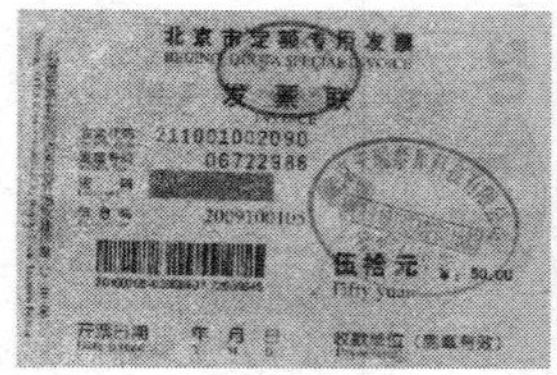

定额发票

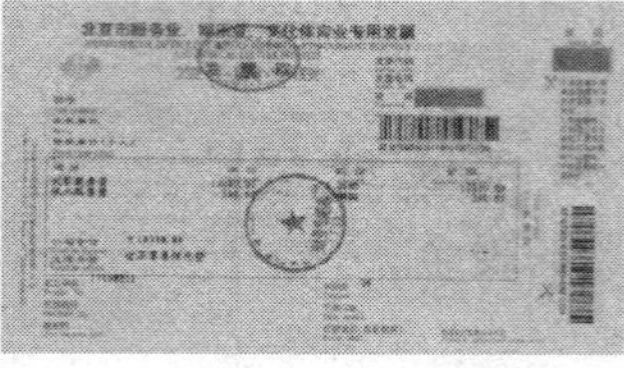

机打发票

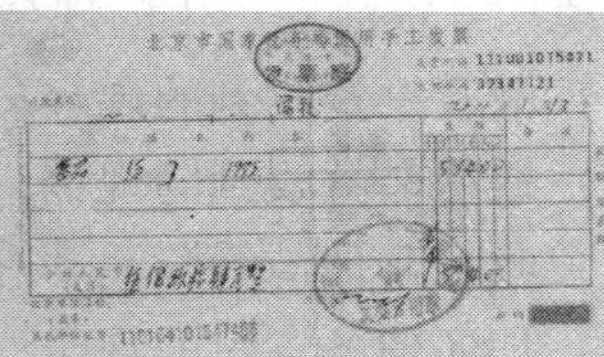

手写发票

图 1－7－13　普通发票票样

增值税专用发票是我国实施新税制的产物，是国家税务部门根据增值税征收管理需要而设定的，专用于纳税人销售或者提供增值税应税项目的一种发票。增值税专用发票既具有普通发票所具有的内涵，同时还具有比普通发票更特殊的作用。它不仅是记载商品销售额和增值税税额的财务收支凭证，而且是兼记销货方纳税义务和购货方进项税额的合法证明，是购货方据以抵扣税款的法定凭证，对增值税的计算起着关键性作用（图 1－7－14）。

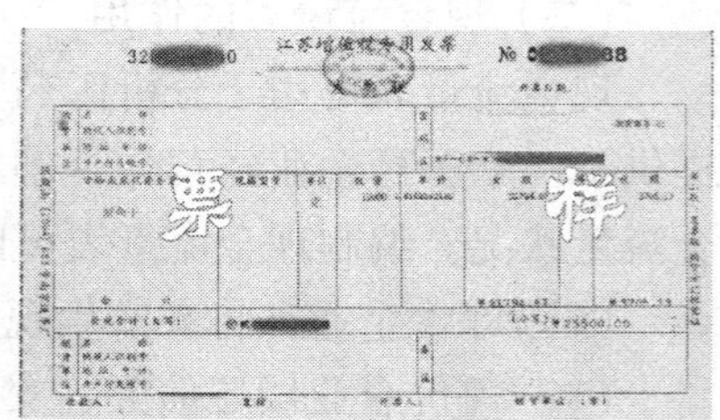

图 1－7－14　增值税发票票样

3. 发票的申领程序　纳税人在领取税务登记证件后，应向主管税务机关提出领购发票申请，同时提供经办人身份证明、税务登记证件，办税员证或者其他有关证明，以及财务印章或者发票专用章的印模。如果曾经购买过发票，那么还需出示使用完毕的最后一张发票的复印件。主管税务机关在对纳税人的领购发票申请及有关证件审核后，发给《发票领购簿》。纳税人凭《发票领购簿》上核准的发票种类、数量以及购票方式，向主管税务机关领购发票。

对不需要办理税务登记临时需要使用发票的纳税人，可以直接向税务机关申请领购，或者向税务机关申请代开发票，即需要发票时，可以凭发生购销业务，提供接受服务或者其他经营活动的书面证明直接到税务机关申请开具。对税法规定应当缴纳税款的，税务机关在开具发票的同时征税。

临时到省外从事经营活动的单位和个人，凭所在地税务机关的证明，向经营地税务机关申请领购发票。经营地税务机关可要求其提供保证人或者根据所领购发票的票面限额及数量交纳不超过 1 万元的保证金，并限期缴销发票。按期缴销发票的，解除保证人的担保义务或者退还保证金；未按期缴销的，税务机关可以责令保证人缴纳罚款或者以保证金缴纳罚款。

增值税专用发票仅限于一般纳税人领购，小规模纳税人和非增值税纳税人不得领

购。一般纳税人领购专用发票，首先要向主管税务机关提出申请，并提供“盖有一般纳税人确认章”的税务登记证副本，经办人身份证明，单位财务专用章或者发票专用章印模以及税务机关要求提供的其他证件资料，经县（市）税务机关审批后，由专用发票管理部门核发《发票领购簿》。纳税人就可以凭《发票领购簿》、经办人身份证明，按照《发票领购簿》上核定的票面金额、数量和购票方式，到主管国税机关领购专用发票。

（二）支票

1. 支票的含义 支票是出票人签发的，委托办理支票存款业务的银行或者其他金融机构在见票时无条件支付确定的金额给收款人或者持票人的票据。

凡在银行设立账户的单位、个体经济户和个人经开户银行同意，均可使用支票结算。支票出票人签发的支票金额，不得超出其在付款人处的存款金额。如果存款低于支票金额，银行将拒付。支票一经背书即可流通转让，具有通货作用，成为替代货币发挥流通手段和支付手段职能的信用流通工具。运用支票进行货币结算，可以减少现金的流通量，节约货币流通费用。

2. 支票的类型 支票由银行统一印制。支票按照收款人的记载形式不同可以分为记名式支票和不记名式支票二种。记名式支票又称抬头支票，是在支票上记载收款人姓名或者商号的一种支票，其支票的票款，只能付给票面指定的人，转让时须有收款人背书。无记名式支票又叫空白支票，即在支票上不记载受款人姓名或商号的一种支票，其持票人可以直接向银行取款，而不必在支票上签字盖章。

支票按照其使用的要求可以分为转账支票和现金支票。依照《支付结算办法》规定，支票上印有“现金”字样的为现金支票，印有“转账”字样的为转账支票。现金支票只能用于支取现金，转账支票只能用于转账。在普通支票左上角画两条平行线的，为画线支票，画线支票只能用于转账，不得支取现金（图1－7－15）。

转账支票　　　　现金支票

图1－7－15　支票票样

（三）汇票

1. 汇票的含义 汇票是出票人签发的，委托付款人在见票时或者在指定日期无条件支付确定的金额给收款人或者持票人的票据。汇票是一种证实货币权利的金融工具，具有支付功能，担保功能和融资的功能。

2. 汇票的类型 汇票分为：银行汇票和商业汇票二种。

银行汇票是汇款人将款项交存当地银行，由银行签发给汇款人持往异地办理 转账结算或支取现金的票据。

商业汇票是指收款人或付款人（或承兑申请人）签发，由承兑人承兑，并于到期日向付款人或被背书人支付款项的票据。商业汇票按其承兑人的不同，又分为商业承兑汇票和银行承兑汇票两种。商业承兑汇票按双方约定签发，由收款人签发的商业承兑汇票，应交付款人承兑；由付款人签发的商业承兑汇票，应经本人承兑。银行承兑汇票是由收款人或承兑申请人签发，并由承兑申请人向开户银行申请，经银行审查同意承兑的票据（图 1－7－16）。

银行汇票

商业承兑汇票

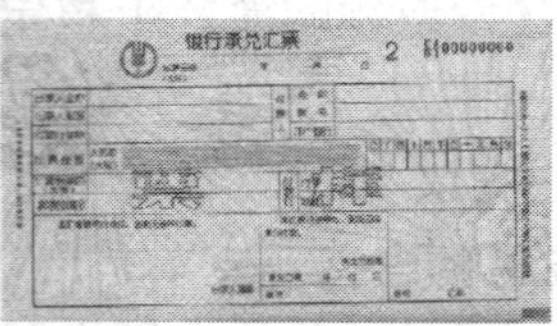
银行承兑汇票

图 1－7－16　汇票票样

二、发票的应用

发票是经营活动的原始凭证，既是买方的支出证明，又是卖方的收入证明。它是单位和个人生产经营会计核算的重要凭证，也是审计机关、税务机关执法检查的重要依据。因此，准确理解发票的作用，正确使用发票，方能有力地保障经营活动双方的合法权益。

（一）发票的作用

随着市场经济的发展，商品流通的不断扩大，发票在整个社会经济活动中，特别是在税收征管及财务管理中起的作用越来越大。其作用主要有以下几个方面。

1．发票是记录经营活动的一种原始证明。由于发票上载明的经济事项较为完整，既有填制单位印章，又有经办人签章，还有监制机关、字轨号码、发票代码等，具有法律证明效力。它为工商部门检查经济合同，处理合同纠纷，法院裁定民事诉讼，消费者向销货方要求调换、退货、修理商品，公安机关核发车船牌照，保险公司理赔等，提供重要依据。所以消费者个人养成主动索取发票习惯是维护自身合法权益的保障。

2．发票是加强财务会计管理，保护国家财产安全的重要手段。发票是会计核算的原始凭证，正确地填制发票是正确地进行会计核算的基础。只有填制合法、真实的发票，会计核算资料才会真实可信，会计核算质量才有可靠的保证，提供的会计信息才会准确、完整。

3．发票是税务稽查的重要依据。发票一经开具，票面上便载明征税对象的名称、数量、金额，为计税基数提供了原始可靠的依据；发票还为计算应税所得额、应税财产提供必备资料。离开了发票，要准确计算应纳税额是不可能的，所以税务稽查往往从发票检查入手。

4．发票是维护社会秩序的重要工具。发票具有证明作用，在一定条件下又有合同的性质。实践证明，各类发票违法行为，不仅与偷税骗税有关，还与社会秩序的诸多方面，如投机倒把、贪污受贿、走私贩私等案件关系甚大。发票这道防线的松懈，将为经济领域的违法犯罪打开方便之门。所以，管好发票，不仅是税务机关的责任，也是整个社会的工作。

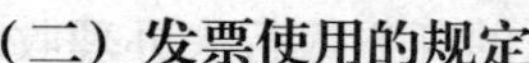

（二）发票使用的规定

1. 在销售商品、提供服务以及从事其他经营活动对外收取款项时，应向付款方开具发票。特殊情况下，由付款方向收款方开具发票。

2. 开具发票应当按照规定的时限、顺序、逐栏、全部联次一次性如实开具，并加盖单位财务印章或发票专用章。

3. 使用计算机开具发票，须经国税机关批准，并使用国税机关统一监制的机外发票，并要求开具后的存根联按顺序号装订成册。

4. 发票限于领购的单位和个人在本市、县范围内使用，跨出市县范围的，应当使用经营地的发票。

5. 开具发票单位和个人的税务登记内容发生变化时，应相应办理发票和发票领购簿的变更手续；注销税务登记前，应当缴销发票领购簿和发票。

6. 所有单位和从事生产、经营的个人，在购买商品、接受服务，以及从事其他经营活动支付款项时，向收款方取得发票，不得要求变更品名和金额。

7. 对不符合规定的发票，不得作为报销凭证，任何单位和个人有权拒收。

8. 发票应在有效期内使用，过期应当作废。

（三）发票保管的规定

发票的保管要建章立制；设置台账；定期保存，已开具的发票存根联和发票登记簿及账册应当保存5年，保存期满报经国税机关查验后销毁。增值税专用发票要专人保管；放在保险柜内；设置领、用、存登记簿；取得的发票抵扣联装订成册；已开具的存根保存5年，期满后报主管税务机关查验后销毁；未经批准，不得跨规定的区域携带、邮寄、运输空白的发票；禁止携带、邮寄、运输空白的发票出入国境。

三、支票的应用

支票因其具有可靠的汇兑、信用、支付功能，以及结算简便、灵活、迅速和可靠的特点，在现代市场经济活动中被广泛使用，成为替代货币发挥流通手段和支付手段职能的信用流通工具。

（一）支票的使用常识

在工作中，支票的使用应注意以下问题。

1. 支票一律记名，转帐支票可以背书转让。

2. 支票正面不能有涂改痕迹，否则本支票作废。

3. 受票人如果发现支票填写不全，可以补记，但不能涂改。

4. 支票的有效期为10天，日期首尾算1天。节假日顺延。

5. 支票见票即付，不记名。（丢了支票尤其是现金支票可能就是票面金额数目的钱丢了，银行不承担责任。现金支票一般要素填写齐全，如支票未被冒领，在开户银行挂失；转帐支票如支票要素填写齐全，在开户银行挂失，要素填写不齐，到票据交换中心挂失。）

6. 出票单位现金支票背面有印章盖模糊了，可把模糊印章打叉，重新再盖一次。

7. 收款单位转帐支票背面印章盖模糊了（此时票据法规定是不能以重新盖章方法

来补救的)，收款单位可带转帐支票及银行进帐单到出票单位的开户银行去办理收款手续（不用付手续费)，俗称“倒打”，这样就用不着到出票单位重新开支票了。

8. 出票人签发空头支票、印章与银行预留印鉴不符的支票、使用支付密码但支付密码错误的支票，银行除将支票做退票处理外，还要按票面金额处以5%但不低于1000元的罚款。

（二）支票的管理

为满足开户单位随时与开户银行办理支付款项业务，或使用支票办理付款及单位之间债权债务关系结算的需要，在银行存款的额度内，开户单位均可向开户银 行领购支票，且开户单位一般都保留一定数量的空白支票以备使用。

支票是一种支付凭证，一旦填写有关内容并加盖留存在银行的印鉴后，即可成为直接从银行提取现金和其他单位进行结算的凭据，所以在使用上必须加强管理，同时要采取必要措施妥善保管，以免发生非法或盗用、遗失等情况，给国家和单位造成不必要的经济损失。因此，在支票管理上应做到以下几点。①由专人看管，明确责任，形成制约机制。支票、印鉴一般应由会计主管人员或指定专业人员保管，支票和印鉴必须由两人分别保管。负责保管的人员不得将印章随意存放或带出工作单位。各种印章应与现金的保管相同，不得随意放入抽屉内保管，防止违法违纪人员有机可乘。②注销空白支票。单位撤销、合并、结清账户时，应将剩余的空白支票，填列一式两联清单，全部交回银行注销。清单一联由银行盖章后退交收款人，一联作清户传票附件。③要严格控制携带空白支票外出采购。对事先不能确定采购物资的单价、金额的，经单位领导批准，可将填明收款人名称和签发日期的支票交采购人员，明确用途和款项限额，使用支票人员回单位后必须及时向财务部门结算。④设置“空白支票签发登记簿”，实行空白支票领用销号制度。经单位领导批准，出纳人员签发空白支票后，应在“空白支票签发登记簿”上加以登记。

（三）支票结算的程序

1. 现金支票结算程序 开户单位用提取现金时，由本单位出纳人员签发支票并加盖银行预留印鉴后，到开户银行提取现金；开户单位向外单位或个人支付现金时，由付款单位出纳人员签发支票并加盖银行预留印鉴和注明收款人后交收款人，收款人持支票到付款单位开户银行提取现金，并按照银行的要求交验有关证件。

结算程序，具体内容如下：

（1）付款人开出现金支票给收款人；

（2）收款人持现金支票向付款人开户银行提取现金。

2. 转账支票结算程序 付款人按应支付的款项签发转账支票后交收款人，凭支票存根贷记“银行存款”，借记对应科目。收款人审查无误后，填制一式两联进账单连同支票一并送交本单位开户银行，经银行审查无误后，在进账单回单上加盖银行印章，退回收款人，作为收款人入账的凭据，收款人据此借记“银行存款”科目，贷记对应科目。进账单另一联和支票银行留存，作为划转款项和记账凭据。

（1）由付款人交收款人办理结算。①付款人按应支付的款项签发转账支票并加盖银行预留印鉴后，交给收款人；②收款人审查无误后，应作委托收款背书，在支票背面“背书人签章”栏签章，记载“委托收款”字样、背书日期，在“被背书人”栏记载开户银行名称，并将支票和填制的“进账单”一并交其开户银行办理转账；③银行受理后，在“进账单”上加盖银行印章，退回收款人，作为收款入账的凭据；④银行之间传递支票并清算资金。其结算程序见图 1－7－17。

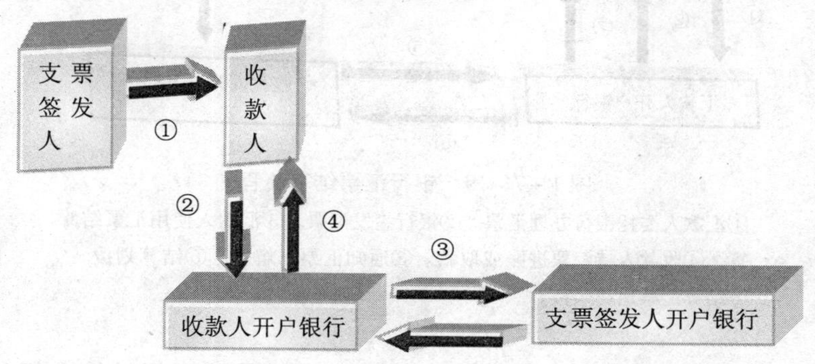

图 1－7－17　支票结算流程（1）

（2）由付款人签发，委托开户银行办理转账结算。①付款人按应支付的款项签发转账支票加盖银行预留印鉴，并填制“进账单”后，直接交其开户银行，要求转账；②付款人开户银行受理后，退回“进账单”回单联（第一联），然后将款项划转收款人开户银行；③银行之间传递凭证，并办理划转手续；④收款人开户银行办妥进账手续后，通知收款人收款入账。其结算程序见图 1－7－18。

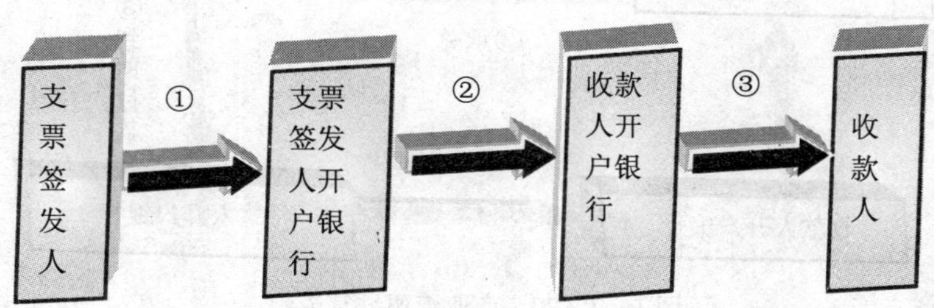

图 1－7－18　支票结算流程（2）

四、汇票的应用

（一）汇票的适用范围

汇票分为银行汇票和商业汇票二种，其中银行汇票信用高于商业汇票。银行汇票适用于异地单位、个体经营户、个人之间需要支付的各种款项。通常在与外埠客户或新客户进行交货付款时使用。银行开立账户的单位、个体经营户和未在银行开立账户的个人，都可以向银行申请办理银行汇票，而且也都可以受理银行汇票。商业汇票适用于在银行开立账户的法人之间根据购销合同先发货后收款或延期付款而进行的商品交易，无论是同城还是异地，其款项结算均可使用商业汇票结算方式。

（二）汇票结算的程序

1. 银行汇票结算的程序　银行汇票结算具有：票随人到，用款及时；付款有保证；使用灵活；兑现性强的特点。银行汇票结算经过承汇、结算、兑付和结清余额四个步骤，具体结算程序见图1－7－19。

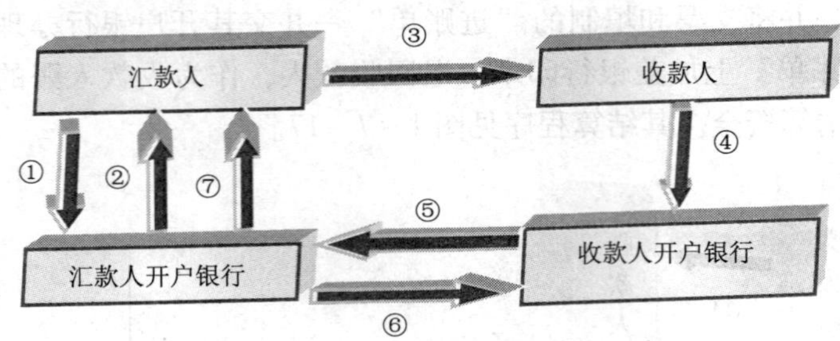

图1－7－19　银行汇票结算流程

①汇款人委托银行办理汇票。②银行签发汇票。③汇款人使用汇票结算。④收款人持汇票进账或取款。⑤通知汇票已解付。⑥结算划拨。⑦结算汇票退还余额。

2. 商业汇票结算的程序　商业汇票结算分为商业承兑汇票结算和银行承兑汇票结算。

商业承兑汇票结算一般可分为：签发和承兑商业汇票；收款人收款；到期兑付三个步骤进行。商业承兑汇票结算流转程序见图1－7－20。

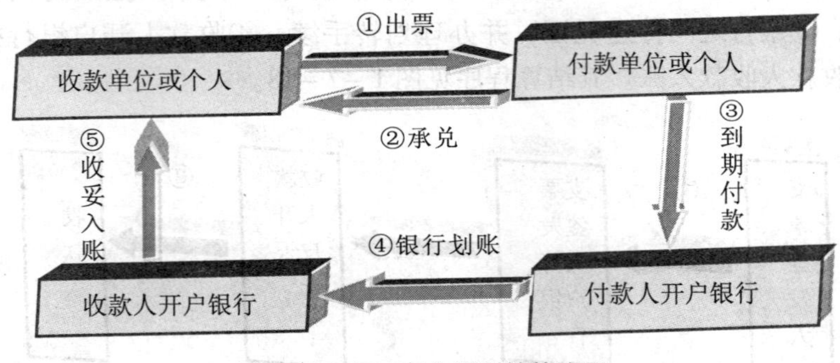

图1－7－20　商业汇票结算流程

银行承兑汇票结算一般也可分为三个步骤进行。其结算程序见表1－7－8。

表1－7－8　银行承兑汇票的结算程序

银行汇票的签发和承兑	承兑申请人（即付款人）持银行承兑汇票和购销合同，向其开户银行申请承兑。银行按有关规定审查同意后，与承兑申请人签订承兑协议一式三联，并在银行承兑汇票上注明承兑协议编号，加盖银行印章，用压数机压印汇票金额后，将第二联银行承兑汇票和第三联解讫通知交给承兑申请人
收款人收款	收款人收到银行承兑汇票后，出纳人员对汇票中记载的收款人单位名称及金额等各项目进行严格审查，审查无误后收存。出纳人员应在银行承兑汇票提示付款期限内（自汇票到期日起10日）填写进帐单，在“票据种类”栏注明“银行承兑汇票”字样及号码，并在银行承兑汇票背面加盖预留银行印鉴，然后将汇票连同进帐单送交开户银行办理收取票款的手续

续表

到期兑换	银行承兑汇票人（付款人）应于汇票到期前将票款足额交存其开户银行。承兑银行应在汇票到期日或到期日后的见票当日支付票款，银行承兑汇票有出票人（付款人）于汇票到期日未能足额交存票款的，承兑银行除凭票向持票人无条件付款外，对出票人尚未支付的汇票金额按照每天万分之五计收利息

知识拓展

一、票据行为

票据行为有广义和狭义两种。广义的票据行为是指以发生、变更或消灭票据的权利义务关系为目的的法律行为，包括出票、背书、涂改、禁止背书、付款、保证、承兑、参加承兑、划线、保付等。狭义的票据行为是票据当事人以担负票据债务为目的的法律行为，包括出票、背书、承兑、参加承兑、保证、保付六种（表1－7－9）。

表1－7－9 票据行为

出票	指出票人依照法定款式作成票据并交付于受款人的行为。它包括“作成”和“交付”两种行为。所谓“作成”就是出票人按照法定款式制作票据，在票据上记载法定内容并签名。由于现在各种票据都由统一机关印制，因而所谓“作成”只是填写有关内容和签名而已。所谓“交付”是指根据出票人本人的意愿将其交给收款人的行为，不是出于出票人本人意愿的行为如偷窃票据不能称作“交付”，因而也不能称作出票行为
背书	指持票人转让票据权利给他人。票据的特点在于其流通。票据转让的主要方法是背书，除此之外还有单纯交付。背书转让是持票人的票据行为，只有持票人才能进行票据的背书。背书是转让票据权利的行为，票据一经背书转让，票据上的权利也随之转让给被背书人
承兑	指汇票的付款人承诺负担票据债务的行为。承兑为汇票所独有。汇票的发票人和付款人之间是一种委托关系，发票人签发汇票，并不等于付款人就一定付款，持票人为确定汇票到期时能得到付款，在汇票到期前向付款人进行承兑提示。如果付款人签字承兑，那么他就对汇票的到期付款承担责任，否则持票人有权对其提起诉讼
参加承兑	指票据的预备付款人，或第三人为了特定票据债务人的利益，代替承兑人进行承兑，以阻止持票人于汇票到期日前行使追索权的一种票据行为。它一般是在汇票得不到承兑、付款人或承兑人死亡、逃亡或其他原因无法承兑、付款人或承兑人被宣告破产的情况下发生
保证	指除票据债务人以外的人为担保票据债务的履行、以负担同一内容的票据债务为目的的一种附属票据行为。票据保证的目的是担保其他票据债务的履行，适用于汇票和本票，不适用于支票
保付	指支票的付款人向持票人承诺负绝对付款责任的一种附属票据行为。保付是支票付款人的一种票据行为。支票一旦经付款人保付，在支票上注明“照付”或“保付”字样，并经签名后，付款人便负绝对付款责任，不论发票人在付款人处是否有资金，也不论持票人在法定提示期间是否有提示，或者即使发票人撤回付款委托，付款人均须按规定付款

二、银行汇票、银行承兑汇票和商业承兑汇票的区别（表1－7－10）

表1－7－10　银行汇票、银行承兑汇票和商业承兑汇票的区别

区别	银行汇票	银行承兑汇票	商业承兑汇票
适用范围	适用于异地单位、个体经营户、个人之间需要支付的各种款项	适用于在银行开立账户的法人之间根据购销合同先发货后收款或延期付款而进行的商品交易	适用于法人之间根据购销合同先发货后收款或延期付款而进行的商品交易
签发	银行签发给汇款人	由承兑申请人向开户银行申请	付款人或收款人按双方约定签发
承兑	见票由银行无条件承兑	在汇票到期日或到期日后的见票当日支付票款。出票人（付款人）于汇票到期日未能足额交存票款的，承兑银行除凭票向持票人无条件付款外，对出票人尚未支付的汇票金额按照每天万分之五计收利息	由银行以外的企事业单位承兑
特点	（1）可签发现金银行汇票（仅限个人使用） （2）银行汇票有效期为1个月 （3）现金银行汇票可以挂失 （4）在票据的有效期内可以办理退票	（1）第一付款人是银行 （2）出票人必须在承兑（付款）银行开立存款账户 （3）付款期限最长达6个月 （4）可以贴现	（1）付款人为承兑人 （2）出票人可以是收款人，也可以是付款人 （3）付款期限最长可达6个月 （4）可以贴现

注：贴现是指汇票的持票人在票据到期日前，贴付一定利息将票据权利转让给金融机构而取得资金的行为，是金融机构向持票人融通资金的一种方式。

案例赏析

默沙东的“万络门”事件

万络（罗非昔布）属片剂，是神经和肌肉、骨骼系统药，用于缓解骨关节炎症状和体征，缓解疼痛及原发性痛经。美国默沙东公司生产关节炎镇痛药“万络”由于严重不良反应估计可能导致全球6万人死亡。默克公司是全球知名制药公司，总部位于美国新泽西州，业务范围覆盖200多个国家和地区，员工总数达7.7万多人。“万络门”事件前，默克公司在业内外口碑相当不错，曾16次获得美国《财富》杂志“美国十大最受推崇公司”称号；被美国《商业周刊》评为2001年度全球“50家业绩最佳”公司之一，在全球制药公司中位列第一；连续15年被美国《工作母亲》评为100家最佳公司之一。

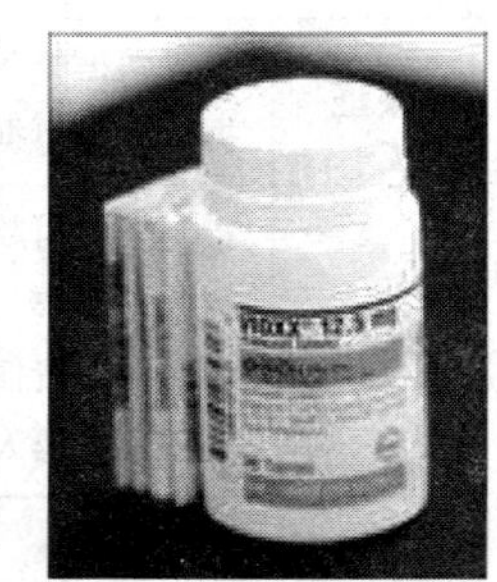

根据估计，全球有约2000万人服用过“万络”。“万络”为默

沙东公司带来了丰厚利润。但是美国食品与药物管理局（简称FDA）发布报告称，“万络”具有引发心脏病副作用，服用“万络”18个月以上的患者，突发心脏病或中风的概率将倍增。默沙东公司迫于压力，于2004年9月决定在全球停止销售此药。美国已有4200多起涉及“万络”的联邦和州级诉讼案。2004年8月19日，美国一家法院曾判定默沙东公司向一名“万络”使用者家属赔偿2.53亿美元。法院认为，“万络”导致这名服用者于2001年5月心脏病突发而死。不过，这只是默沙东公司涉及数千起悬而未决的医疗事故案件之一。专家分析，默沙东公司诉讼赔款最终可能达到180亿美元。

美国医药业曾是收益最丰厚行业之一。据英国《经济学家》报道，美国医疗费每年曾高达1800亿美元。但一位美国制药公司管理者称美国的医药业进入了20多年来最黑暗的时期，丑闻连续不断，医药业在公众中的形象降到了最低点。除了默沙东“万络门”事件外，美国纽约州检察长也对英国医药业巨头葛兰素史克公司正式提出起诉，指控该公司销售抗抑郁药物帕罗西汀时，故意隐瞒药品副作用。美国食品和药品管理局负责监督获批药品安全事务的戴维·格雷厄姆被要求到参议院财政委员会作证，他说FDA高估了药品治疗作用，“严重低估、忽视、不尊重药品的安全性”。他还暗示，FDA与制药公司过从甚密。

因此，此次“万络门”事件不仅使默克公司面临巨额赔偿，也使美国医药行业和FDA饱受外界诟病，面临信任危机。

【案例点评】

严重的药品不良反应或者质量事故不仅会造成大量的赔款，产生巨额营业外支出，影响企业的利润总额，造成亏损局面，更会深远地影响到企业的无形资产和商誉，从而使企业的账面资产更加严重地缩水。从事医药市场营销的人员，必须要对此引起足够的重视。

目标检验

中华药业　清凉世界

上海中华药业有限公司始建于一九一一年，是一家集研发、生产、销售于一体的百年制药企业。公司主要生产龙虎人丹、龙虎清凉油、龙虎风油精、龙虎清凉鼻舒等清凉系列产品。目前，全世界每年有近2亿人次使用中华药业的产品，在世界清凉领域具有不可动摇的地位。2010年公司推出妆字号“舒醒”系列产品，它集国家保密配方成分和多种天然植物精油于一身，是一款专注于提神醒脑的时尚药妆。这标志着百年中华药业公司将进入新的征程。

1. 如何理解龙虎牌的品牌价值？它属于该公司资产负债表中的哪一个科目？
2. 中华药业的主营业务发生了何种变化？

请把下列内容相关的进行连线配伍。

库存现金	企业库存的各种商品的实际成本或计划成本
库存商品	企业货款已付尚未验收入库的各种物资的采购成本
在途物资	企业库存的各种材料的计划成本和实际成本
原材料	企业现金出纳员保管的纸币或硬币

1. 银行承兑汇票属于银行汇票的一种（　　）
2. 转账支票主要用于异地企业之间的资金结算（　　）
3. 零售药房必须按照有关规定向顾客开具增值税发票（　　）
4. 商业汇票属于金融票据的一种（　　）
5. 狭义的票据行为是指以发生、变更或消灭票据的权利义务关系为目的的法律行为（　　）
6. 分配股利、利润或偿付利息支付的现金属于经营活动产生的现金流量（　　）
7. 在我国，企业的利润表一般采用多步式（　　）
8. 资产负债表是反映企业在一定时期现金流入和现金流出动态状况的报表(　　)
9. 资本公积是指企业接受现金和非现金资产的捐赠（　　）
10. 企业应该向工商行政管理机关申领发票（　　）

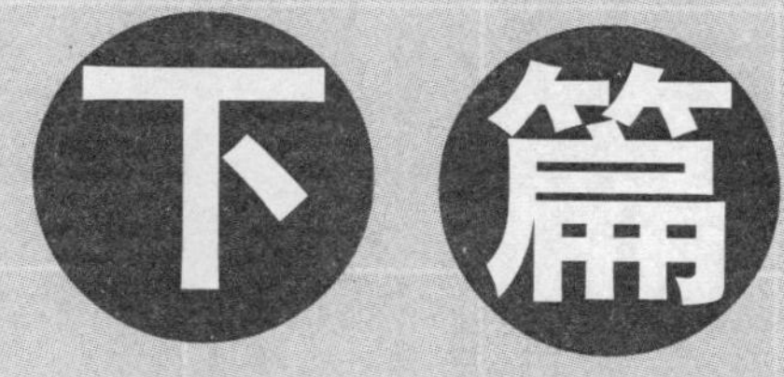

下篇 医药市场营销实践与技能

项目一　医药营销人员的素质培育

医药营销人员应具备的基本素质见图 2－1－1。

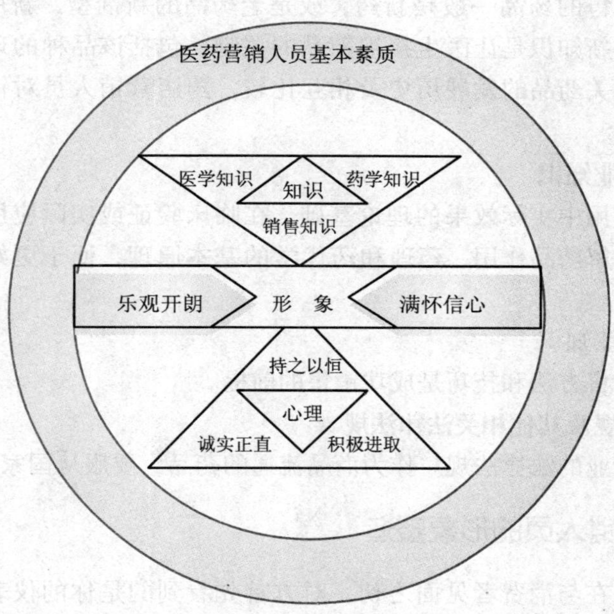

图 2－1－1　医药营销人员基本素质

一、医药营销人员的知识储备

这是医药营销人员开展工作的最基本的要求。药品是特殊商品，专业知识性特别强，这就要求医药营销人员要掌握本企业所生产或经营的药品的特点、功能、用法用量、价格、销售等方面的情况，这样对购买者进行说服、推荐时将会更加有针对性。

医药营销人员作为医药企业与医生之间、医药企业与消费者之间的载体，公司产品形象的大使，产品使用的专业指导，其知识结构应该不断更新和更为广博（图 2－1－2）。

（一）商品知识

药品的概念、作用、分类、常用药品名称及作用、药品的生产、运输、储存的基本要求等。如是药店店员，除了熟悉上述药品的专业知识外，还应掌握药品陈列的专业知识。

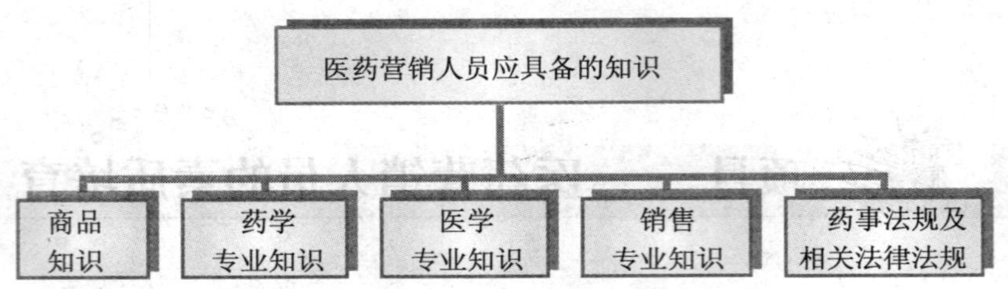

图 2-1-2　营销人员知识结构

（二）药学专业知识

处方药代表销售的药品一般是新药，或是老药品的新剂型、新用途。完整准确地介绍所推广药品的新知识是让医生接纳药品的关键，包括该品种的理论及临床的发展背景、该药品及相关药品的发展历史及相互比较。药店营销人员对销售给消费者的药品更有说服力。

（三）医学专业知识

药品在临床应用中实际效果的理论基础、在临床验证或实际应用中具体情况等知识。可以更深入了解药品作用、药理和药代学的基本原理，便于更好地与医师、消费者交流。

（四）销售专业知识

掌握专业的销售方法和技巧是成功销售的前提。

（五）药事法规及其他相关法律法规

应了解医药行业的法律法规。作为商品流通的药品，要服从国家各项法律的约束。

二、医药营销人员的形象塑造

医药营销人员在与消费者见面之初，对方首先看到的是你的仪表，俗话说“第一印象是最重要的”，别人对营销人员最初的评价是基于他（她）的装束、谈吐和举止。公司产品是一流的，营销人员就要用一流的形象去销售它。

周恩来总理的礼仪格言

周恩来同志青年时代在天津南开学校读书时，学校的一面大镜子的上方悬挂一幅格言：“面必净，发必理，衣必整，钮必结，头容正，肩容平，胸容宽，背容直，气像铁傲勿怠，颜色宜和、宜静、宜庄。”这段格言对周恩来日后成为世人所景仰的风度和仪表是不无影响的。

（一）基本礼仪

医药营销人员应具有适当的仪表。与客户相对，不管是立、是坐、还是行，一定要“站如松，坐如钟，行如风”，使自己具备一种吸引对方的魅力。

1. 站姿　站立是人体最基本的也是最重要的姿态，错误的站姿会影响体内血液循环，可能会压迫内脏，导致消化不良，可导致胃、肺功能变差。反应在形体上，会造成驼背、垂胸、下腹肥胖等情况；反应在外貌上，会出现眼睛模糊无神、皮肤暗淡无光（图2-1-3）。正确健美的站姿将给对方以挺拔笔直、舒展俊美、精力充沛、积极进取、充满自信的感觉（图2-1-4、2-1-5）。

图2-1-3　错误的站姿

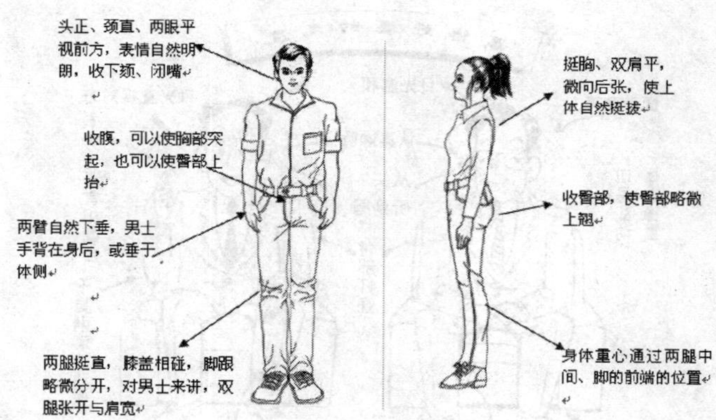

图2-1-4　正确的站姿

（a）男士后搭手（b）女士前搭手（c）男士提公文包（d）女士持文件夹

图2-1-5　几种常见标准商务站姿

2. 坐姿 坐姿除保持腿部的美感、背部挺拔以外，轻松自如、落落大方，将给客户一个文静优美的良好印象（图2－1－6、图2－1－7）。

图2－1－6 错误坐姿

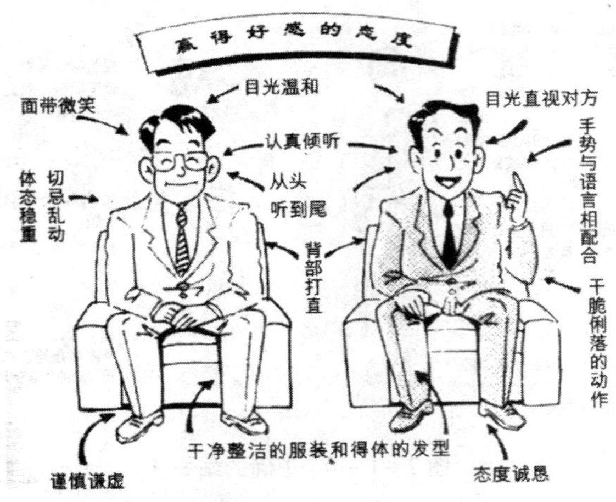

图2－1－7 正确坐姿

你会坐吗?

● 坐下之前应轻轻拉椅子，用右腿抵住椅背，轻轻用右手拉出，切忌拉出大声。

● 坐下的动作不要太快（显得有失教养）、太慢（显得无时间观念）、太重（给人粗鲁不雅的印象）或太轻（给人谨小慎微的感觉），应自然大方，不卑不亢地轻轻落座。

●坐下后上半身应与桌子保持一个拳头左右的距离，坐满椅子的2/3，不要只坐一个边或深陷椅中。

●坐下后上身应保持直立，不要前倾或后仰，更不要搭拉肩膀、驼背、含胸等，给人以萎靡不振的印象。

●肩部放松、手自然下垂，交握在膝上，五指并拢，或一手放在沙发或椅子扶手上，另一只手放在膝上。

●两腿、膝并拢，一般不要翘腿，千万不要抖动脚尖；两脚踝内侧互相并拢，两足尖约距10cm左右。

3. **走姿**　在当前职场中，最能表现人的精神面貌的姿态当属走姿。无论是男性的稳重、大方、有力，还是女性的轻而稳、富有韵律感的步姿，都会给客户一个美好的感受（图2－1－8、图2－1－9）。

错误的走姿：
- 速度过快或过慢；
- 笨重；
- 身体摆动不优美，上身摆动过大；
- 含胸；
- 歪脖；
- 斜腰；
- 挺腹；
- 扭动臀部幅度过大。

图2－1－8　错误走姿

（a）　（b）

图2－1－9　正确走姿

正确的走姿

◆速度适中，不要过快或过慢，过快给人轻浮印象，过慢则显得没有时间观念，没有活力。

◆头正颈直，两眼平视前方，面色爽朗。

◆上身挺直，挺胸收腹。

◆两臂收紧，自然前后摆动，前摆稍向里折约35度，后摆向后约15度。

◆男性脚步应稳重、大方、有力。

◆身分重心在脚掌前部，两腿跟走在一条直线上，脚尖偏离中心线约10度。

4. 着装 时间、地点和场合，是穿着打扮的三条准则，药品营销人员掌握了这三条准则，就能够和环境融为一体，易于建立与对方良好的关系。

（1）着装基本要求 医药营销人员在日常工作中必须从最基本的着装做起，以给人一个良好的第一印象。如果穿着整洁大方，对方一眼看去就会觉得："这人看上去挺舒服，肯定可信可靠"，自然而然就能够接受你、喜欢你，也就容易认可你的商品；相反，如果衣服有皱折且不端正，还有泥灰，让人一见就皱眉，只想让你早些离开，那就更谈不上会有交易合作了。

养成卫生整洁的好习惯

☆勤洗澡，勤换衣，勤擦鞋。

☆男士要经常修面，女士要适度使用化妆品，保持皮肤的细润。

☆指甲要经常修剪，保持指甲清洁。

☆工作前一般不要食用葱、蒜、韭菜等有刺激性气味的食物，养成饭后刷牙的习惯，防止口臭，保持口腔清洁。

☆常洗头发，给人以清爽感。

（2）着装的注意事项 医药营销人员的整体形象塑造不仅仅是着装的外在表现，还包括内在涵养的修炼，良好的形象必须是外表与内涵丰富的统一。当然，对医药营销人员来说，注意仪表并不是一定要穿戴什么名贵衣服，也不是要刻意讲究，因为服装花哨，只会给人一种轻浮、不可信任的感觉，一般做到朴素、整洁、自然、大方即可。具体来讲，医药营销人员的衣着打扮应注意以下几点。①要注意时代气息，体现时代精神。②要注意个人性格特点。③应符合自己的体形。个体要注意的方面很多，无论是中山装、西装或各种便服，在颜色、式样上协调、得体，衣服要干净、烫平；

尽量不把杂物、打火机等放入口袋，以免衣服变形。④“时装不入办公室”对营销人员也是适用的。

男性：对男性而言，白色是一种基调，整套服装颜色的搭配，最好是两三种，太多反而难以达到协调一致的效果。

女性：对女性来说，则应讲究花色的对比和款式的新颖，如能适当佩戴与年龄相宜的饰品，效果或许会更好些。

此外，营销人员与人接触，还应注意一些细节。例如手帕，在正规场合，白手帕最合适；吸烟者，应经常刷牙，并洗掉手指上的黄斑；喜欢留长发和胡须者，应该保持整洁；女性的口红、香水及衣服，都应该考虑到是否适合实际场合。

总之，无论男、女营销人员，在服装穿着上都应避免与顾客服装的差异太大，应巧妙地根据时间、地点、场合的不同，穿戴不同的服装以获得良好的第一印象。

根据上面的内容，想想你一直有什么样的“自我形象”，再想想是什么让你形成了这样的自我形象，然后填写好下表。

你的自我形象	形成的原因

思考：是不是有什么原因误导了你的“自我形象”？如果有，立刻修改你的“自我形象”，重新写下你完整的自我形象：

自我形象：

（二）见面礼仪

医药营销人员在产品销售工作中要接触到形形色色的熟悉的或不熟悉的人，见面礼仪必不可少。

1. 称呼礼仪 称呼是在人际交往中称谓他人以表示礼貌和尊重的礼节形式。称谓是否恰当，能够反映说话人的文化修养，也会影响到医药营销人员的工作效果。营销人员在交往中使用称呼时要注意以下几点。

（1）相应称呼 即根据交往对象的性别、年龄、职业、职务等确定相应称呼（表2-1-1）。

表2-1-1 初次见面常见的一些称呼举例

对象	称呼
年龄较大的男同志	“老大爷”、“师傅”、“老先生”或“大伯”
年龄较大的女同志	“阿姨”
中年女士	“大姐”、“女士”
青年女士	“小姐”（注：在广东等沿海地区，不可随意称呼“小姐”，可以其工作职务相称，如“服务员”、“管理员”、“经理”等）
男士	“先生”
有职务、职称和有学问的知识界人士	直接用职业名称来称呼，如“医生”、“老师”，也可冠以姓，如“刘老师”、“王医生”；教授、工程师等职称可直接称呼，亦可冠以姓，如“李工程师”；职务前亦可加姓，如“王部长”、“王经理”；对学位来说，只有博士可作称谓，一般用在一些专有的场合

（2）上下有异 即对于上级或长辈要用尊敬、得体的称呼，对于下级或晚辈可使用习惯称呼。对长辈、对相交不深或初次见面的客人，应用“您”而不要用“你”，以表示敬意。

（3）主次有序 即在有若干人交往的场合，注意称呼顺序。基本原则是：先外后内，先长后幼，先上后下，先疏后亲。

2. 眼神礼仪 眼睛是大脑的延伸，大脑的思想动向、内心想法等都可以从眼睛中看出来。不能对关系不熟或一般的人长时间凝视，否则将被视为一种无礼行为。

☆社交注视：与新客户的谈话，眼睛看对方眼睛或嘴巴的“三角区”，标准注视时间是交谈时间的30%～60%。

☆超时型注视：眼睛注视对方的时间超过整个交谈时间的60%。一般使用这种眼神看人是失礼的。

☆低时型注视：眼睛注视对方的时间低于整个交谈时问的30%。一般也是失礼的注视。

☆亲密注视：恰当使用亲密注视，和亲近的人谈话，可以注视他的整个上身。

注意：眼睛转动的幅度与快慢——眼睛转动稍快表示聪明、有活力，但如果太快则表示不诚实、不成熟，给人轻浮、不庄重的印象，如“挤眉弄眼”、“贼眉鼠眼”指的就是这种情况；但是，眼睛也不能转得太慢，否则就是“死鱼眼睛”。

3. 一般的手势礼仪　很多手势都可以反映人的修养、性格。所以，医药营销人员要注意手势的运用及幅度、次数、力度等。

（1）大小适度　在社交场合，应注意手势的大小幅度。手势的上界一般不应超过对方的视线，下界不低于自己的胸区，左右摆的范围不要太宽，应在人的胸前或右方进行。一般场合，手势动作幅度不宜过大，次数不宜过多，不宜重复。

（2）自然亲切　与人交往时，多用柔和曲线的手势，少用生硬的直线条手势，以求拉近心理距离。

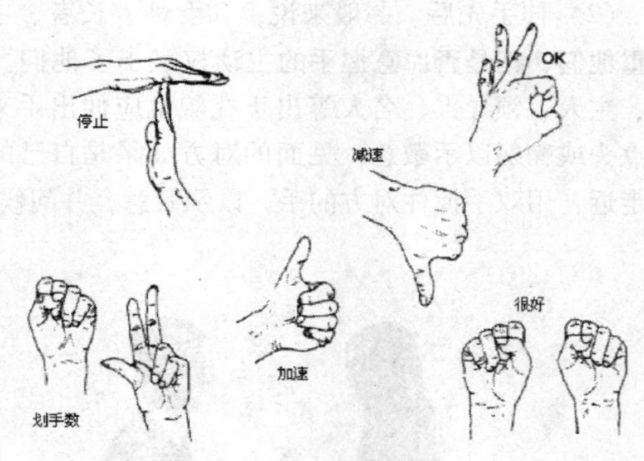

图2－1－10　常见手势

避免不良手势

●与人交谈时，讲到自己不要用手指自己的鼻尖，而应用手掌按在胸口上。

●谈到别人时，不可用手指别人，更忌讳背后对人指点等不礼貌的手势。

●初见新客户时，避免抓头发、玩饰物、掏鼻孔、剔牙齿、抬腕看表、高兴时拉袖子等粗鲁的手势动作。

●避免交谈时指手划脚、手势动作过多过大。

4. 标准的握手礼仪　握手是社交场合使用最多的一种礼节。医药营销人员与消费者初次相识、重逢、告别等都要握手以示礼貌与尊重。握手的方式是多种多样的，握手的力量、姿势与时间长短，往往能够表达出握手人对对方的不同态度与礼遇。

小资料

美国著名盲人作家海伦·凯勒：“我握过许多的手，虽然无言却极有表现力。有的人握手能拒人千里，握着这样的手，如同和凛冽的北风握手一样，使人感到寒冷；而和有的人握手如同和灿烂的阳光握手，它使你感到温暖。”

（1）场合　一般在见面和离别时用。冬季握手应摘下手套，以示尊重对方。当手不洁或有污渍时，应事先向对方声明并致歉意。握手后，有意无意地掏出手帕来擦手都是不礼貌的。一般应站着握手，除非生病或特殊场合，但也要欠身握手，以示敬意。

（2）伸手先后　一般来说，和女性、长者、主人、领导人、名人打交道时，为了尊重他们，把是否愿意握手的主动权赋予了他们。但如果另一方先伸了手，女性、长者、主人、领导人、名人等出于礼貌也应伸出手来握。见面时对方不伸手，则应向对方点头或鞠躬以示敬意；见面的对方如果是自己的长辈或贵宾，先伸了手，则应该快步走近，用双手握住对方的手，以示敬意，并问候对方“您好”，“见到您很高兴”等。

图 2-1-11　与女性握手

图 2-1-12　与客户握手

（3）握手方式　和新客户握手时，应伸出右手，掌心向左虎口向上，以轻触对方为准（如果男士和女士握手，则男士应轻轻握住女士的手指部分）。时间 1～3s，轻轻摇动 1～3 下。而对年轻女性切忌双手相握，即所谓“三明治式”握手，而且一般待女方先伸手时，才与之握手（图 2-1-11）。

（4）握手力量　握手力量轻重根据双方交往程度确定。和新客户握手应轻握，但不可绵软无力；和老客户应握重些，表明礼貌、热情（图 2-1-12）。

（5）握手表情　握手时表情应自然、面带微笑，眼睛注视对方。在主动和人握手之前，应首先想一想自己是否受对方欢迎；如果已察觉对方无握手之意，那么最好向他点头致意，或微微鞠躬，也是很礼貌的。

（6）与几个人见面握手时一般应按由近（身旁）及远的顺序分别握手，注意不要交叉、不能跳跃。

5. 介绍礼仪　介绍是医药营销中比较常见的重要环节，介绍的礼节是通过交际大门的钥匙，是社交场合中相互了解的基本方式，包括为别人作介绍、相互之间的自我介绍和被别人介绍几种情况。

（1）相互之间的自我介绍　医药营销人员使用自我介绍时的情况较多。在人际交往中如能正确地运用自我介绍，不仅可以扩大自己的交际范围，广交朋友，而且有助于自我展示、自我宣传，在交往中消除误会，减少麻烦。

自我介绍，即将本人介绍给他人。从礼仪上讲，作自我介绍时应注意下述问题。

① 注意时机　要抓住时机，在适当的场合进行自我介绍，对方有空闲，而且情绪较好，又有兴趣时，这样就不会打扰对方。

自我介绍的时机

●在交往中与不相识客户相处时。

●有不相识客户表现出对自己感兴趣时。

●有不相识客户要求自己做自我介绍时。

●有求于客户，而对方对自己不甚了解，或一无所知时。

●旅行途中，与客户不期而遇，并且有必要与之建立临时接触时。

●自我推荐、自我宣传时。

●如欲结识某些客户或某个客户，而又无人引见，如有可能，即可向对方自报家门，将自己介绍给对方。

② 讲究态度　自我介绍时态度一定要自然、友善、亲切、随和。应镇定自信、落落大方、彬彬有礼，语气要自然，语速要正常，语音要清晰，表示出自己渴望认识对方的真诚情感，这样有助于给人以好感；相反，如果你流露出畏怯和紧张，结结巴巴，目光不定，面红耳赤，手忙脚乱，则会为他人所轻视，彼此间的沟通便有了阻隔。

③ 注意时间　自我介绍时还要简洁，言简意赅，尽可能地节省时间，以半分钟左右为佳。不宜超过 1 分钟，而且愈短愈好。话说得多了，不仅显得啰嗦，而且交往对象也未必记得住。为了节省时间，做自我介绍时，还可利用名片、介绍信加以辅助。

④ 注意内容　自我介绍内容包括 3 项基本要素：本人姓名、供职单位以及具体部门、担任职务和所从事的具体工作。这 3 项要素，在自我介绍时，应一口气连续报出，既有助于给人以完整印象，又可节省时间，不说废话。要真实诚恳，实事求是，不可自吹自擂，夸大其辞。

⑤ 注意方法　进行自我介绍，应先向对方点头致意，得到回应后再向对方介绍自己。如果有介绍人在场，自我介绍则被视为不礼貌的。应善于用眼神表达自己的友善，

表达关心以及沟通的渴望。

自我介绍的具体形式见表2－1－2。

表2－1－2　自我介绍的具体形式

形式	适用场合	包括内容	举例
应酬式	适用于某些公共场合和一般性的社交场合	最为简洁，往往只包括姓名一项即可	“你好，我叫××。”或“你好，我是××。”
工作式	适用于工作场合	本人姓名、供职单位及其部门、职务或从事的具体工作等	“你好，我叫××，是公司的营销经理。”
交流式	适用于社交活动中	介绍者的姓名、工作、籍贯、学历、兴趣及与交往对象的某些熟人的关系	“你好，我叫××，在××工作。我是的同事，都是××人。”
礼仪式	适用于讲座、报告、演出、庆典、仪式等一些正规而隆重的场合	姓名、单位、职务等，同时还应加入一些适当的谦辞、敬辞	“各位来宾，大家好！我叫××，是××公司的营销经理。我代表公司全体同仁欢迎大家光临，希望大家……”
问答式	适用于应试、应聘和公务交往	有问必答，问什么就答什么	

（2）为别人做介绍　为别人作介绍时应注意使用介绍礼貌用语和措辞。如“请允许我来为你（们）介绍一下……”“这位是×”，同时配合用右手手心向上指向被介绍人，介绍内容要注意实事求是，不可吹嘘，也不可贬低，不可涉及他人隐私，以免使被介绍者尴尬、反感。

介绍的顺序

一般来说，先介绍谁后介绍谁要遵循以下惯例：先向身份高者介绍身份低者，先向年长者介绍年幼者，先向女士介绍男士等。在口头表达时，先称呼身份高者、年长者和女士等，再将被介绍者介绍出来，先提的名字，是一种敬意。介绍时，可以姓名并提，也可以姓与职务并提，要特别注意职务、职称的介绍。当双方年龄相当、地位相当、又是同性别时，可以先向先到者介绍后到者。

（3）被别人介绍　被别人介绍时应站起来握手，并微笑致意说“您好”、“幸会”、“久仰”、“很高兴认识您”之类的礼节性语言。若自己未被介绍给对方时也不宜插嘴，应在旁静候，或选择适当时机自我介绍。

6. 递接名片礼仪　名片是医药营销人员应备的一种常用交际工具。

医药营销人员在和客户交谈时，递给客户一张名片，不仅是很好的自我介绍，而且与客户建立了联系，既方便，又体面。但名片不能滥用，要讲究一定的礼仪，否则，会给人留下草率、马虎的印象。

（1）通常医药营销人员初次见到客户时，首先要以亲切的态度打招呼，并报上自己的公司名称，然后将名片递给对方。

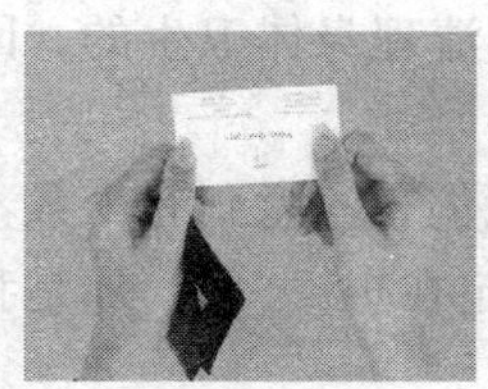

① 递交方式　递交名片时，应用双手的拇指和示指分别夹住名片的左右上端，使名片上的文字顺对着对方，双目含笑注视对方恭敬奉上，还要轻微鞠躬，即头微微低下（图2－1－13）。同时，还可说些“请多关照”、“请多指教”之类的话。

②递交时机　如果事先约好才去拜访的，客户已对医药营销人员有了一定了解，或有介绍人在场，就可以在打招呼后直接面谈，在面谈过程中或临别时，再拿出名片递给对方，以加深印象，并表示保持联络的诚意。

图2－1－13　递送名片

③ 异地推销　不要忘记在名片上留下所住旅馆的名称、房间号和电话号码，以便联系。

④ 接受名片　客户也可能送给医药营销人员名片，营销人员接过名片后要点头致谢，并小声读一遍名片上的名字和职务，然后很郑重地将名片放入自己的上衣口袋或名片夹中，切忌连看都不看就放进口袋里，或将名片扔在桌上，或拿在手上摆弄（图2－1－14）。

图2－1－14　接受名片

⑤ 对客户的第一张名片　第一次见面后，应在名片背面记下会面认识的时间、地点、内容等资料，最好能简单记下对方的特征（如籍贯、毕业学校、特殊的爱好等）。这样，积累起来的名片就成为自己的社会档案，为再次会面或联络提供线索或话题。

妙用名片

☆拜访客户时，如对方不在，可将名片留下，客户回来后看到名片，就知道你来过了，还可以在名片上留言，向客户致谢或预约拜访的时间。

☆把标记有时间、地点的名片装入信封发出，可代替正规请柬，又比口头或电话邀请显得正式。

☆向客户赠送小礼物，如让人转交，则随带名片一张，附几句恭贺之词，无形中关系又深了一层。

☆熟悉客户家中发生了大事，不便当面致意，寄去名片一张，省时省事，又不失礼。

（2）交换名片时的注意事项

① 注意风俗习惯　在中东和许多东南亚国家，递名片时一定要用右手递上，永远不要用左手，即使你是左撇子也不行。在这些地区，左手是用于清理身体卫生的，因此被认为是“不干净”的手。

② 注意尊重　在任何情况，都不要把名片塞在衣服兜里。我们曾注意到有少数不拘小节的美国人竟用名片当牙签使用（在餐桌对面，你的客户一定在想：“喂！那是我的身份，不是你的牙签”）。

③ 注意职务和头衔的选用　在任何情形下，你都要确保写清你的职务和头衔。选择一个头衔，既能让当地人理解又能最准确地反映你的职位。

综上，医药营销人员要根据时间、地点以及工作实际情况确定什么情况下可以使用名片。

7．告别语的使用　在分别时常用告别语以示礼貌。告别语有以下几种类型（表2－1－3）。

表2－1－3　告别语的类型

类　型	举　例
主客之间的告别语	向客户告别时，常伴以“请回”、“请留步”等语言，如营销人员为主人身份时则以“慢走”、“恕不相送”等语回应。如果客户是远行，可说“祝你一路顺风”、“一路平安”、“代问好”等告别语
熟人之间的告别语	如果两家距离较近，可说“有空再来”、“有时间来坐坐”、“有空来喝茶”等，也可说“代问家人好”以示礼貌
再见	这是当今比较时兴的告别语，适用于大部分场合的告别

8．拜访礼仪

（1）医药营销人员到客户办公室或家中拜访时，最好提前预约，进门之前应先按门铃或轻轻敲门，然后站在门口等候，待主人开门时应后退两步，点头微笑致礼。按铃或敲门的时间不要过长，要把握好节奏和力度，无人或未经主人允许，不要擅自进入室内。如无事先预约，应先向客户表示歉意，然后再说明来意。

（2）进入客户的办公室或家中，要主动向在场的人表示问候或点头示意。在客户家中，未经邀请，不能在屋内来回乱走，即使是熟悉的客户家，也不要任意抚摸或玩弄客户桌上的东西，更不能玩客户的名片，不要触动室内的书籍、花草及其他陈设物品。

（3）在客户尚未坐定之前，营销人员不应先坐下。要用积极的态度和温和的语气与客户谈话；客户谈话时，要认真听，回答时，以“是”为先，眼睛看着对方，不断注意对方的神情。当客户起身或离席时，应该同时起立示意。当与客户初次见面或告辞时，营销人员都要不卑不亢，不慌不忙，举止得体，有礼有节。

另外，要克服各种不雅举止。不要乱丢果皮纸屑；不要当着客户的面擤鼻涕、掏耳朵、剔牙齿、修指甲、打哈欠、咳嗽、打喷嚏，实在忍不住，要用手帕捂住口鼻，面朝一旁，尽量不要发出大声等。这虽然是一些细节，但它们组合起来将构成客户对

你的总体印象，所以应引起注意，做到举止文雅得体。

三、医药营销人员的心理修养

（一）乐观开朗的情绪

医药市场千变万化，竞争日益激烈，作为一名医药营销人员，每天都要与人打交道。人是最复杂的动物，相处较多必会遇到许多的困难。企业内部环境或多或少有不尽如人意的地方，市场竞争因素、产品自身因素，甚至生活与工作环境等都会给医药销售人员带来一些消极的影响。在这种情况下，医药营销人员必须具有乐观的性格，多从好的方面去思考问题，解决问题，不能为了小小的挫折或失败而手足无措，开朗、乐观的个性是医药营销人员必备的重要因素。一个人心态积极、乐观地面对人生，开朗地接受挑战，那就成功了一半。

1. 认为自己是公司赢利的关键人物　在公司通过终端把产品销售给患者的营销过程中，医药营销人员就是这个为公司赢利过程的媒介，在其中起着关键作用。

2. 认为自己拥有良好的销售水平　作为一位成功的医药营销人员，不仅仅是向客户销售医药产品，更需要具有推销自身和公司信誉、推销忠诚服务的本领。通过营销人员的信心、友善、忠诚和殷勤，必能赢得客户的信任，把客户牢牢抓在手中。

3. 认为自己恪守的信条是“知识就是力量”　在工作上，医药营销人员应掌握多种知识与技能，再结合亲身经历，才会更有能力去解决在业务交往过程中所发生的一切问题。

4. 认为自己深深热爱本职工作　一个勤奋的医药营销人员会把工作当成一种享受。用自己真正的意志去做喜爱的工作，才不会感到工作乏味无趣。

销售成功的80%来自于心态。积极乐观的心态能让你在挫折面前不低头，在失败面前不气馁，在冷遇面前不灰心，只有始终保持良好心态的人，才能获得优秀的销售业绩，才能拥有与众不同的销售生涯。

（二）高尚的职业道德

具有职业道德是从事任何事业的基本要求。对医药营销人员来说，尤其要求具有高尚的职业道德。因为对于药品销售工作来说，虽然比较艰苦但也比较自由，而且药品作为特殊的商品，在使用的过程中如果使用不当会给消费者带来非常严重的后果，因此，如果没有高尚的职业道德来约束自己，很容易在工作中出现偏差。

1. 忠诚于自己的公司　因为是公司的营销人员，一言一行都关系到公司的声誉，所以，在与客户交往中必须表现出对公司的忠心。因为对自己公司忠诚的形象，会使客户消除受骗的顾忌，敢与你成交。

2. 用殷勤和蔼的态度待客　作为医药营销人员，如果与客户见面时态度和蔼、殷勤，常常会令人感到友善，使客户觉得自己是受欢迎的人，而不是不速之客，那么客户与你交往的机会会很大，以后还会与你做更大、更多的交易，甚至会把新的客户介绍给你。

实际上，比严厉和冷漠更有力的“武器”是爱、关心和尊重，以殷勤与和蔼的态度待客也就是让人们感到温暖。销售产品，就要把客户的需要同产品结合在一起，把客户当亲人，客户需求越强烈，销售的成功率越高。同时，你的温暖更容易感染客户的情绪，从而与公司形成长久的、亲密的关系。

（三）坚韧不拔的毅力

医药营销工作是整个医药企业运转循环中最艰苦的环节，医药营销人员必须具备吃苦耐劳、坚韧不拔的毅力。成功的营销人员是屡败屡战的，他们不相信失败，面对失败和挫折，他们“胜不骄，败不馁”，在失败中他们学会用更好的方法去争取更大的胜利。

因此，不管面对任何情况，营销人员都要永远保持平和的心态和永不服输、永远进取的精神。真正的营销人员从不自满也不自卑，他们绝不会因为今天的挫折而丧失明天的信心，更不会因为现时的成绩而放慢了迈向新里程的脚步。他们深知前面还有无数的困难等着他们去克服，他们乐于接受这种挑战，并以不断克服这些困难和障碍为光荣。

（四）坚定自信的态度

医药营销人员要成功地把产品销售出去，主要依赖于他们坚定自信的信念，这是他们热爱自己的工作、热爱自己销售的产品、热爱自己的企业而形成的心理表露。

每一个对工作有认识的医药营销人员都有坚强的自信心。坚定自信的态度在营销实践中主要表现为：在开拓市场时勇往直前，在开发客户时努力争取，在介绍商品时语言坚定自信，富有感染力和说服力，说明演示清晰明了，说话办事干脆利落，甚至随时随地准备接受拒斥责备，勇于向顽固客户挑战。

自信心的产生是由于自己有充分的知识、能力和经验。当你向客户销售产品，而客户一次又一次地拒绝时，你应该多一份坚忍与自信，对自己说一声“再试一次！”也只有树立雄心壮志的人，才能面对任何困难，通过殷勤周到的工作去赢得客户的心。

（五）富于沟通的团队精神

对于一位销售高手而言，必须要能被对方接受。如果给人一种嫌恶的印象，往往

会叫对方避之唯恐不及。或许，你不能拥有俊俏、亮丽的容貌，但是如果你是一个有亲和力的人，那么在你的人格及个性中就已具备了被人接受的要素了。

真正优秀的营销人员，在日常各项工作中能处理好各种人际关系。“聪明不如学识，学识不如做事，做事不如做人。”现代社会要求我们每一个人都必须要有团队精神，每一位营销人员都要围绕着一个共同目标工作，能很好地与人相处，有爱心，能理解和宽容，做到团结互助，互相学习，取长补短。

请你用四条直线一笔把下图的九个点连起来，中途不得抬笔：

●　●　●

●　●　●

●　●　●

做好了吗？请思考一下，通过这道题你明白了一个什么道理，写在下面的横线上：

____

知识链接

对医药代表更高层次的能力要求

一、具有时间及目标管理能力

1. 充分了解各医院不同的工作方式，分别做出拜访尽量不影响医师正常的医疗工作秩序的时间安排，避免劳而无功或绩效低。

2. 有效分配及管理工作时间，使计划中时间应达到的目标尽可能变成现实。

3. 对目标医院、科室、医生建立目标档案系统。根据接触的情况确定类别，有层次地进行管理，并动态调整类别，实行各类别向良性方面的转换，逐渐以目标对象为基本点扩散覆盖面，建立较稳固的网络系统。

二、具有运用营销4P原理及实际运作市场4P的能力

1. 运用营销4P原理的能力

（1）能把握产品（product）特性与可适用哪些医院及科室的关系。

（2）能分析价格（price）与地域、医院、科室的承受度的关系。

（3）由于目前许多MR还兼有CR（commercial representative，商务代表）的职能，因此须有从分销（place）的原理中，把握选择渠道的能力。

（4）有进行促销（promotion）策划及实际运作的能力。

2. 运用实际运作市场4P的能力

（1）能用较科学的方法，有目的地将收集、记录与整理并分析所促销产品市场潜力及竞争对手情况；能对医院内部环境进行总体了解，并围绕促销工作寻找各层次而对宣传推广运作过程中的主要障碍并分析其原因，即市场调研（probing）的能力。

（2）能准确地进行市场细分，确定所推广药品的目标地区、医院、科室及医师。确定主要、先期的重点目标，即市场细分（partitioning）的能力。

（3）能对目标市场进行有层次，有先后逐步渗透宣传、推广的策划与具体实施，即把握优先（prioritizing）的能力。

（4）根据产品的特性，寻找最佳切人市场点，进行有效的推广与宣传，即产品定位（positioning）的能力。

3. 具有动态分析产品竞争状态的能力（SWOT分析法） MR须经常性从产品的临床使用情况、产品的配销政策情况、销售网络的建立与稳固情况、市场的占有情况、医师对产品的忠诚度情况、企业的内、外部环境情况等方面动态分析产品的优势(strength)、劣势(weakness)、机会(opportunity)与威胁(threaten)，并进行准确的评价，从中了解自我的竞争状态，适时改变策略及工作方法以减少威胁，转劣为优，把握机会，尽可能争取产品销售的长久最佳状态。

4. 具有客观分析推广成败的能力（PMCM分析法）

（1）产品因素（product）产品是否疗效差、副作用大，或有其他更好的替代品种等。

（2）市场因素（market）消费层次与水准，其他同类产品是否竞争占优。

（3）企业因素（corporation）是否品牌值低、信誉差、配销政策不力、产品质量有问题等。

（4）自身因素（myself）是否主观努力不够或方法有待改善等。

实训 模拟招聘医药营销人员

◎实训目的

对于一名医药营销人员而言，良好的印象尤其是第一印象十分重要。通过实训，从外表、举止等形象、心理及知识几方面培养学生树立良好第一印象的技巧。

◎实训内容

李永刚（孟蓝），男（女），23岁，2009年本科毕业于××医科大学临床医学专业。毕业后工作于陕西省咸阳市第二人民医院。站了一年多手术台后，李永刚（孟蓝）

产生了辞职的想法。于是，他（她）开始在在各大招聘网站上发布自己的求职信息，并奔波于多个招聘会现场，想寻找一份理想的药品营销工作。

假如你是李永刚（孟蓝），近日获悉西安杨森药业在招聘医药代表，请根据下面所给背景资料模拟应聘医药销售人员。

附　背景资料

一、李永刚（孟蓝）毕业生自我鉴定

本人在校期间，热爱祖国，热爱医学事业。在“厚德博学，精益求精”八字校训的鞭策下，我努力学习，刻苦钻研、勇于进取、努力将自己培养成为具有较高综合素质的医学毕业生。尊敬老师，团结同学，积极完成院系交给的各项任务，在临床实习期间，积极向临床各科上级医师学习医学知识，为日后的学习、工作打下坚实的基础。我不断地完善自我、充实自我，提高自我。在师友的教育和鼓励下，我不断努力下，打下了扎实的专业基础知识，系统地掌握了临床医学专业课程。虽然仅仅5年，我深深地感受到，理论知识与临床相结合的重要；××医学院给了我知识的源泉，使我步入了医学事业，在2年时间里丰富了我的医学理论，从无到有，从简单到深奥，我逐渐了解了人体的结构，生理、病理等特点。武警××总队医院使我对医学理论知识有了进一步的的提高，实事求是，精益求精，热爱医学事的我，立志献身于医学事业！我决心全力以赴解除病人之病痛，使之有一个完美的健康，救死扶伤，不辞艰辛，执着追求，为祖国、为医药卫生事业的发展奋斗终生。

二、西安杨森制药有限公司招聘信息

职位描述：医药销售代表　　　　　　　　　　工作地点：西安

岗位描述：

1. 执行公司市场部的策略，完成公司的销售任务；
2. 有效地将目标客户进行分级管理，合理安排拜访频率、确保正确的传递产品信息；
3. 组织与社区医院中心幻灯演讲、协助市场部举办区域的推广会议；
4. 相关数据的及时维护和更新，准确而及时的反馈市场信息；
5. 协助主管完成招标及医保事务。

职位需求：

1. 本科及以上学历，并获得学士或以上学位；
2. 1~2年医药行业相关工作经验；
3. 有广阔市场推广经验者优先。

◎实训准备

1. 场地准备　营销情景室。

2. 物品准备

（1）个人形象准备　见表2-1-3。

表2-1-3　个人形象评价参照标准

具体部位	要　求　标　准
头发	无头屑、不是太长，而且梳理的整洁、得体
耳朵	无耳垢
脸	很干净，没有满脸油光和汗水，胡须刮干净，无伸出鼻孔的鼻毛
衣领	干净、硬挺
领带	颜色适当，绛红色、蓝色带有金色或银白色的小花纹为佳，刺眼的花色、花纹过大的为下品
衣服	以职业装为佳

续表

具体部位	要 求 标 准
纽扣与拉链	纽扣系的得当，没有杂纽扣，拉链拉上
鞋	无磨损，光亮如新
袖口	干净
手	干净，没有长指甲，指甲盖清洁干净无污垢
眼镜	干净，没有破损
口气	没有葱、蒜等异味
体味	无怪味和浓烈的香水味
精神面貌	精神焕发、有朝气
整体职业形象	给人一种可信的、专业的营销人员的职业形象

（2）应聘物品准备　个人简历、相关证书、包、名片、笔记本。

（3）资料准备　收集欲应聘公司的各方面信息，包括公司规模、产品种类及产品特点，分析欲应聘岗位。

3. 人员准备　学员分成若干项目小组，每组学员通过角色扮演等方法共同完成实训操作。

4. 心理准备　建立自信心，不要患得患失。

◎实训步骤

1. 检查所需资料及证件是否齐全，并按约定时间来到面试地点等候。
2. 轮到面试时，先轻轻敲门，得到允许后进门。
3. 进门后，走到面试人员面前，先行礼，问好，得到对方回应后落座。
4. 与面试人员开始交流，互答问题。
5. 起身与面试人员告别。
6. 离开房间，面试结束。

◎注意事项

1. 面试前要广泛收集面试公司的相关资料，对该公司进行详细的了解和研究。
2. 做好形象准备，要看所应聘公司的类型再确定着装。穿着整齐、清洁、富有朝气即可，不必穿名牌西装，那样人事经理会对你的评价打折扣。
3. 面试当天及早出门，提前15min到达。
4. 开关门必须轻轻地开关。
5. 落座后宜将手放在腿上，这样显得轻松不拘束；身体微微前倾，表示自己十分专注；尽可能面带微笑，放松脸部表情，同时，眼光要正视对方。
6. 务必留意自己的肢体语言，不要频繁使用自己的肢体语言，如有的人喜欢托腮做沉思状，有的人喜欢摆弄头发，有的人喜欢摆弄手等等。
7. 对于面试官的说明，要仔细聆听并适时的点头回应。
8. 每次作答都应耐心等对方问完问题，并停顿二三秒，先思考一下，整理好思绪，再从容不迫地回答。
9. 即使碰上了你有备而来的问题，也千万不要因为“被自己猜中”就迫不及待地开口，甚至打断对方的问题，那样就功亏一篑了。
10. 如果有不懂的地方，可以请面试官再次说明问题。

一、选择客户

客户的选择是医药企业营销工作的重要一环，它是营销工作的开始，而且客户的特性也决定了营销工作的形式和内容。在众多的客户中进行选择，找到企业的目标客户，一般要做以下工作（图2－2－1）。

确定客户的范围	客户资格的鉴定
✧ 全新客户	✧ 需求的鉴定
✧ 过去的客户	✧ 支付能力的鉴定
✧ 现有的客户	✧ 购买决策权的鉴定

图2－2－1　客户的选择

（一）确定客户的范围

医药企业在正式决定营销之前，营销人员必须确定一个大致的客户范围，从中搜集客户资料，确定真正的客户。

营销人员可将客户分为以下三种类型。

1. 全新客户　是指过去从来没有与本企业发生业务往来的单位和个人。它通常包括企业新开发的市场中的客户、本企业开发或经营的新产品需要面临的客户、在老市场中新成立医药公司或医疗机构。营销人员要不断努力从这些全新客户中寻找目标客户，以使营销工作不断发展。

2. 过去的客户　是指以往曾经合作过多年而现在没有继续合作的客户。中断合作的原因可能是多方面的，但这些曾经合作过的客户仍是营销人员的重要的潜在客户。营销人员要勇于检讨自己，承担责任，认真了解他们不再与自己合作的原因，从而研究出满足他们需求的对策，使他们重新成为自己的目标客户。

3. 现有的客户　营销人员在目标市场中目前所拥有的医药公司、医疗机构或是消费者个人就是其现有客户。这些现有客户对医药产品的营销有着非常重要的现实意义。一方面营销人员可以通过这些客户扩大产品的销售；另一方面营销人员可以比较容易、快速地利用现有客户的基础将自己经营的新产品推向市场。

（二）客户资格的鉴定

面对众多的客户，医药营销人员还要对他们进行进一步的鉴定和筛选，以确定其是否具备目标客户的资格。

现代营销理论中有一条客户鉴定筛选的基本标准：MAN 原则。即作为客户的人（man）是由金钱（money）、权力（authority）和需要（need）三个要素构成的，并且这三个要素同时具备才是合格的客户（图 2－2－2）。需要说明的是 MAN 并不是代表这些要素重要性的顺序，相反在这三个要素中第一位的应该是 N（need），然后是 M（money），最后才是 A（authority）。只不过是为了记忆上的方便，组合成 MAN 应该是一种巧合而已。

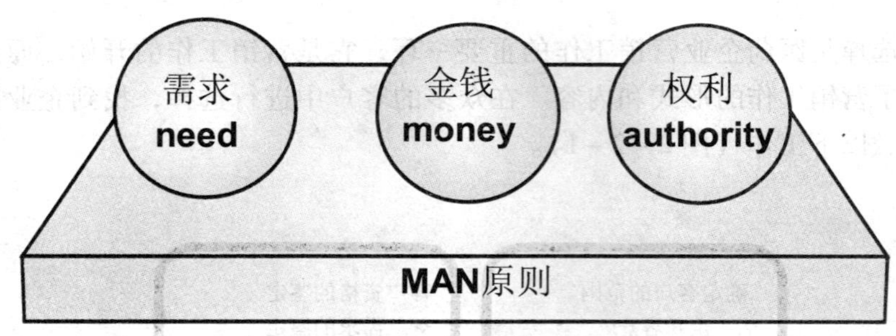

图 2－2－2　客户资格三个构成要素

1. 客户需求的鉴定（need）　客户需求鉴定，是指事先确定某特定客户是否真正需要营销人员所推销的医药产品或服务，鉴定内容通常围绕着是否需要、何时需要、需要多少这三方面问题而进行。

客户是否存在需要，是营销人员推销能否成功的关键。如果鉴定对象根本就不需要营销人员所推销的医药产品或服务，那么对其推销也只能徒劳无功。

例如，药店根本就没有消费者需要的药品，或医院就没有开设自己所推销药品的相应科室，相应的病人也很少或者根本没有，营销人员还在努力的进行推销工作，其结果可想而知。

2. 客户支付能力的鉴定（money）　在商品经济条件下，只有具有支付能力的需求才构成现实的市场需求。因此，对客户需求进行鉴定同时，还必须对其支付能力进行鉴定，以免浪费营销努力。

客户支付能力分为现有支付能力和潜在支付能力两类。首先是现实支付能力，具有需求和现有支付能力的客户，是最理想的销售对象。其次是客户的潜在支付能力，掌握客户的潜在支付能力，可以为医药产品的推销提供更广阔的市场前景。当客户有需求并具有潜在支付能力的时候，营销人员应主动协助客户解决支付能力问题。

3. 客户购买决策权的鉴定（authority）　通过前面对消费者购买心理和行为分析的学习，我们知道，当营销人员向一个家庭或一个集团进行推销时，实际上都是在向该家庭或集团的购买决策人进行推销。因此，客户购买决策权的鉴定，也就成为客户资格鉴定的一项重要内容。营销人员在药品推销中，如果不了解客户的购买决策权状况，见谁就向谁推销，可能到头来会事倍功半，得不偿失。

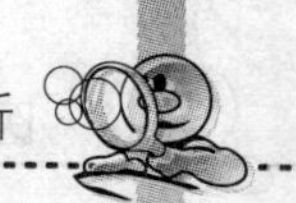

药店营销中，消费者对非处方药的购买决策比较直接。而大多数集团购买，如医药公司或医疗机构的药品购买，购买决策权的鉴定就是一个复杂的工作了。因此，营销人员要了解集团客户内部的组织结构、人事关系、决策系统和决策方式。掌握其内部各部门主管人员之间的相对权限，向有购买决策权或者对购买决策有一定影响力的对象进行推销。只有这样，才能保证推销成功。

二、确定需求

每一位医药客户都是带着某种需求购买药品的，所以营销人员必须了解他们的真正购买动机，才能向他们推荐合适的药品，才能说服他们购买，达成交易。不同的客户需求不同，购买动机不同，会产生不同的购买行为，购买不同的药品。因此，医药企业营销人员要运用一些有效的方法，找到客户的真正需求。营销人员可以通过观察、推荐、询问、倾听等几种方法来确定客户的购买需求（图 2－2－3）。

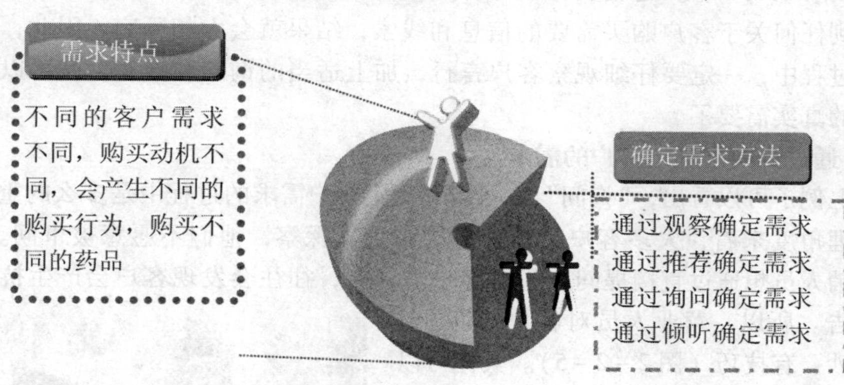

图 2－2－3　确定客户需求

（一）通过观察来确定客户的需求

1. 观察客户动作　当客户长时间凝视某一商品时；客户突然放慢脚步或停下脚步眼睛盯着某一商品时；客户用手触摸某一商品时；客户好像寻找什么的时候；客户的眼光和推销人员的眼光相对时。营销人员在观察到客户以上行为就可以主动上前和他们交谈，以了解他们的需求（图 2－2－4）。

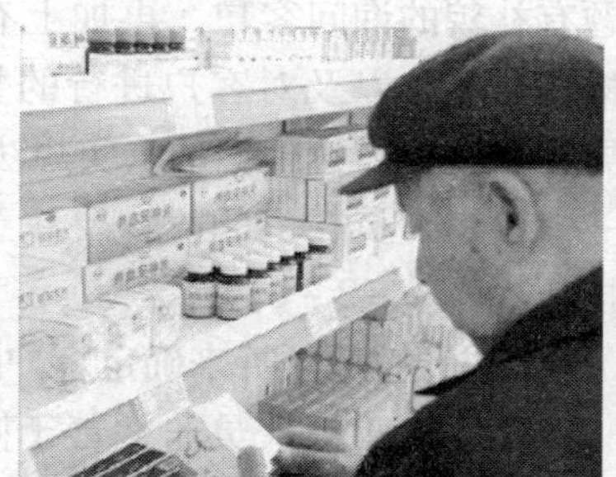

图 2－2－4　观察客户动作

2. 观察客户表情　当客户接过营销人员递过去的药品时，他的表情是面带微笑，表示出兴趣，还是表现出失望和沮丧；当营销人员向客户介绍药品时，他是认真倾听，还是心不在焉。这些都能反映出客户的不同需求情况。如果是前者的话，表示客户对营销人员推荐的药品基本满意，符合其需求要求。如果是后者的话，说明药品根本不符合客户的意愿，达不到其需求要求。

采用观察的方法确定客户的需求，要特别注意不要以貌取人。因为在现实社会中，衣着考究的客户可能会去购买最便宜的药品，而衣着简朴的客户则可能会购买价格昂贵的药品。营销人员绝不能凭主观感觉去对待客户，要尊重每一个消费者的购买愿望，

一视同仁。

(二) 通过推荐药品来确定客户的需求

如果营销人员通过观察没能准确的把握客户的真实需求，那就可以尝试一下推荐药品的方法。营销人员通过向客户推荐一、两种药品，同时观看客户的反应，就可以基本判断出客户的需求了。例如，当一位客户正在仔细的观看感冒药时，营销人员就可以尝试采用推荐药品的方法探测客户的需求。

营销人员：“先生，这种感冒药疗效很好，很适合治疗现在流行的感冒。”客户：“大夫给我开的感冒药，我忘记是哪一种了。”营销人员：“您好好想想然后告诉我。”客户：“哦，我想起来了，就是这种药。”

情况就是这样，营销人员对药品的一句推荐，就达成了一笔交易。假如营销人员在服务中只是采用一般性的问话，如，“先生，您要买什么?”客户：“没什么，我随便看看。”营销人员：“假如您需要什么的话，可以随时叫我。”在这样的对话中，营销人员没有得到任何关于客户购买需要的信息和线索，结果就会大相径庭。因此，营销人员在服务过程中，一定要仔细观察客户言行，加上适当的询问和推荐，就可以较快的把握客户的真实需要了。

(三) 通过询问来确定客户的需求

从以上例子可以看出，“询问”在了解和确定客户需求的过程中是多么的重要。但从客户心理角度来看，大多客户又非常讨厌被别人探察，他们不愿意被审问。因此，有时候营销人员想通过直接提问来了解客户需求时，往往会发现客户会产生抗拒而不愿坦诚相告。所以，营业人员对客户的询问，一定要巧妙、有技巧（图2－2－5）。具体可以这样做，营销人员可以提出几个精心选择的问题有礼貌的询问客户，再加上有技巧的介绍和推荐药品，以及对客户进行的赞美，就可以引导客户充分表达他们的真实想法和需求。

图2－2－5　询问客户

营销人员在询问时，要注意掌握以下几个技巧（图2－2－6）。

(四) 通过倾听来确定客户的需求

优秀的营销人员非常善于倾听，他可以让客户畅所欲言，不论客户是称赞、说明、抱怨、驳斥，还是警告、责难、辱骂，他都会认真、仔细地倾听，并作出适当的反应，以表示关心和重视（图2－2－7）。因为营销人员可以从倾听中了解到客户的购买需求，还因为客户会尊重那些能认真听自己讲话的人，并愿意去倾诉 。

营销人员在倾听过程中要注意以下问题。

1. 做好“倾听”的各种准备　营销人员首先要做好心理准备，要有耐心倾听客户讲话；其次要做好业务上的准备，对自己销售的药品要了如指掌，对消费者提出的一些涉及药学专业问题，要知道自己如何应答。

2. 要注意力集中　当客户说话太快、或者表达不清时，营销人员不能心不在焉，

不要简单的一味询问

没有经验的营销人员常常犯一个错误，就是过多地询问客户一些不太重要的问题或者是接连不断地向客户提问题，使客户有一种“被调查”的不良感觉，从而对营销人员产生反感而不愿意说出自己的真实需求。

询问一定要和药品推荐交替进行

药品推荐和询问是营销人员对客户服务过程的两个不可分割的方面，营销人员只要正确运用这种方式一步一步的往下探寻，就一定能够掌握和确定客户的真实需求。

询问要循序渐进

营销人员可以从比较简单的问题入手，然后通过观察客户的表情和回答来判断，是否有必要再提一些较深入的问题，逐渐地把与客户的交流从一般性的交流过渡到了解客户的购买需求。

图2－2－6　询问的技巧

更不能流露出不耐烦的表情。一旦客户发现营销人员并不在专心地听自己讲话，那么营销人员就会失去客户的信任。

图2－2－7　认真倾听回复

3. 适当发问，帮助客户理出头绪　营销人员在客户讲话过程中，适时地发问，比面无表情地站在一旁更为有效。适时发问，不仅能够帮助客户理出讲话的头绪，还会使谈话更加生动具体。为了鼓励客户的讲话，营销人员不仅要用目光去鼓励客户，还要不时地点头应答，以示听懂或赞同。比如，“我明白您的意思”、“是的”、“不错”。

4. 从倾听中了解客户的意见和需求　客户心中的意见、需要、问题、疑难等等，营销人员要了解，就必须让客户讲出来，从而了解需要、解决问题、消除疑难。在营销人员确定客户真正需要之前，就要找出话题，让客户不停地说下去，营销人员就可以从客户的谈话内容、表情、动作中观察、揣摩出客户的真正需求。

5. 营销人员要注意平时的听力锻炼　倾听也是一门艺术，营销人员在平时生活、工作的谈话中，就要注意锻炼自己的听力，掌握倾听的技巧。只有这样，才能在和客户的交流中，“听”出客户的真正想法和需求。

三、促进成交

医药营销人员与客户之间达成交易是推销过程中最重要的一个阶段，在达成交易过程中，有时很容易，有时又很困难。一些医药营销人员在推销前期工作中表现十分出色，但在最后却没有抓住促成交易的重要信号，以致失去达成交易的良好时机，十分可惜。因此，营销人员必须注意成交的信号，抓住最佳的成交时机，使用正确的成交方法，促成交易成功。

（一）注意成交的信号

成交信号是指医药客户在语言、表情、行为等方面所表露出来的打算购买医药产品的一切暗示或提示。

在实际营销工作中，客户在购买中为了取得交易的主动权，一般不会首先提出成交，但是他的购买意向总会通过各种方式表现出来，对于医药营销人员而言，必须善于观察客户的言行，捕捉各种成交信号（图2－2－8），及时促成交易。

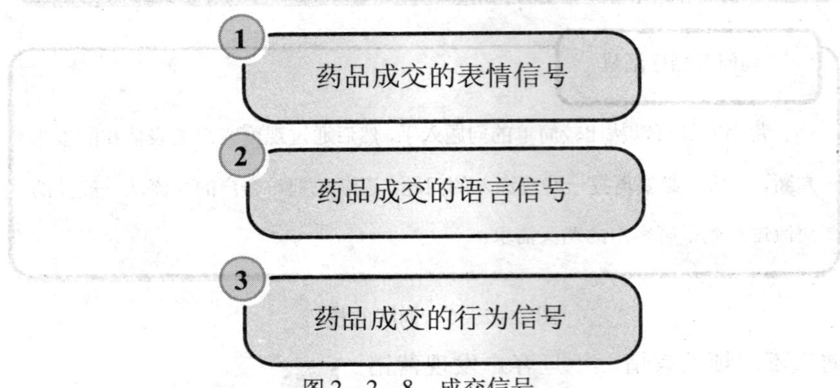

图2－2－8　成交信号

1. 药品成交的表情信号　药品成交的表情信号是指从医药客户的面部表情所表现出来的一种成交信息。

药品成交的表情信号主要有：

（1）目光在药品逗留的时间增长，眼睛发光，神采奕奕。俗话说，眼睛是心灵的窗户。客户眼睛、目光的微妙变化可以反映出其购买信息；

（2）在营销人员介绍药品时，客户认真倾听，兴趣十足；

（3）客户表情由冷漠、怀疑、拒绝变为热情、亲切、轻松自然。

2. 药品成交的语言信号　药品成交的语言信号是指医药客户通过询问药品的价格、使用方法、使用注意事项、支付方式、新旧药品比较、竞争对手的产品、市场评价时表露出来的购买信息。

成交的语言信号主要有：

（1）客户对药品给予一定的肯定或称赞；

（2）在购买过程中，征求同伴的意见或者看法；

（3）详细了解药品具体情况，包括药品特点、使用方法、价格等；

（4）声称认识医药企业的某某人，或者是某某熟人介绍的。

成交的语言信号种类很多，医药营销人员必须根据具体情况，准确捕捉客户成交的语言信号，顺利促成交易。

3. 药品成交的行为信号　药品成交的行为信号是指医药客户在购买过程中从行为动作上表现出的对成交比较有价值的信息。成交的行为信号主要有：

(1) 客户反复阅读药品宣传资料和说明书；

(2) 要求营销人员展示药品样品，并亲手触摸、认真仔细观察药品；

(3) 客户在某药品柜台或货架前流连忘返，或者来回看过几次；

(4) 对营销人员的药品介绍不断点头，表示赞同。

当有以上信号发生的时候，医药营销人员要立即抓住良机，勇敢、果断地去引导客户成交。

(二) 使用正确的成交方法

当医药营销人员在营销过程中发现成交的机会，而客户犹豫不决时，一定要使用正确的成交方法（图2-2-9），说服客户，下定决心，完成交易。

成　交	成 交 方 法
当营销人员在营销过程中发现成交机会，而客户犹豫不决时，一定要使用正确成交方法，说服客户，下定决心，完成交易	✧ 减少客户选择药品范围的方法促进成交 ✧ 打消客户顾虑的方法促进成交 ✧ 给客户提供优惠条件的方法促进成交 ✧ 利用客户的从众心理促进成交 ✧ 向客户提示最后成交机会来促进成交 ✧ 处理客户异议来促进成交

图2-2-9　成交方法

1. 通过减少客户选择药品范围的方法促进成交　医药营销人员可以在销售药品的过程中，有意识的将推荐给客户的药品集中在两、三个品种上，重点介绍、推荐。也就是把客户对药品的选择范围减少到最小。这样既可以防止客户购买时拿不定主意，犹豫不决。又可以尽快地把握消费者的真实需要，有针对性地营销，从而尽快达成交易。

例如，药店营销人员在对一位购买降压药的客户的服务过程中，如果把自己销售的几十种降压药一一都推荐给客户，让他做出购买选择，肯定会出现客户无所适从，不知买哪一种好的情况。有经验的营销人员面对这样的客户，就会有选择的向他推荐几种不同价位、不同种类的有代表性的降压药，供客户选择。这样就会促使客户尽快做出选择，从而达成交易。

从表面上看来，这种成交的方法似乎把成交的主动权交给了客户，而事实上就是让在一定的范围内进行选择，可以更有效地促成交易。

使用这种方法的关键，就是尽量避免向客户提供太多的选择，最好的选择方案就是两项，最多不要超过三项，否则你不能够达到尽快成交的目的。

2. 通过打消客户顾虑的方法促进成交　一些客户在购买药品的过程中，虽然已经有了明确的购买目标，但由于药品知识的缺乏，对药品的疗效、不良反应、禁忌等内容不能有一个准确的认识，往往造成很多顾虑，影响到了他的购买决策，使之在购买过程中出现各种问题，造成成交困难。遇到这种情况，医药营销人员就要充分的发挥自身药学知识方面的专长，给予客户科学的、合情合理的解释，打消客户购买药品过程中的各种顾虑，从而促成交易。

例如，某老年患者，身患多种疾病，需要服用多种药物。在其拿着医生处方到药店购药时，却犹豫不决。药店营销人员发现后，主动热情的询问，才搞清楚：原来老人听说有些药品在服用过程中，会对人体的各种脏器产生不良影响，造成损害。担心自己服用多种药物，也会出现这种情况。所以对购买、使用药品，产生了畏惧心理。了解情况后，营销人员在住店药师的帮助下，对老人服用的药品作了详尽的解释，并进行了合理的安排和指导，从而彻底打消老人的顾虑，轻松愉快地购买了药品。这位老年顾客最后也成了这家药店的老主顾。

3. 通过给客户提供优惠条件的方法促进成交 在客户购买过程中，给他们提供优惠条件，实际上就是给客户的购买提供了附加价值。这对客户的购买会产生巨大的推动作用。从而促进了交易达成（图 2－2－10）。

例如，一位客户在药店购买某种药品，但在购买过程中始终犹犹豫豫，无法成交。这时，营销人员告诉他："先生，我们现在有一个促销活动，实行买一送一，如果您现在购买我们的药品，就可以花一盒药的价钱得到两盒药，非常实惠的。"

这位顾客听了之后，马上付款买走了药品。这就是提供优惠促进成交的神奇作用。

图 2－2－10 提供优惠条件

4. 通过利用客户的从众心理促进成交 很多客户在购买时都有从众心理，医药企业的营销人员就可以利用客户的这种心理，促进成交。从众心理一方面表现为追求相同的利益，当客户了解到很多人已经购买了某个产品时，无形中给他一种压力和紧迫感，使他很快下决心购买。另一方面表现为避险心理，当客户的判断能力、鉴别能力影响到他的购买决策能力时，最常用、最保险的方法就是从众，待他人购买没有风险后再跟风购买。营销人员通过利用客户的从众心理促进成交，如果运用得当的话，甚至会产生滚雪球的效应，取得较大的销售效果。

例如，在药店销售中，我们经常可以听到营销人员这样的话"这种药卖得挺好的，很多人现在都买这种药，他们的情况和你是一样的。""某某名人得的病和你一样，他就是用的这种药。"营销人员的这种做法对促进成交的效果是很好的。

5. 通过向客户提示最后成交机会来促进成交 在营销过程中，营销人员直接向客户提示最后的成交机会，可以使客户产生一种内在的成交压力，造成一种成交时间和心理的紧迫感，促使客户在一定范围内较快成交。

例如，在药店销售中，营销人员对客户说："这是我们药店提价前的最后一批药，

您现在购买我可以按原价给您。”“这段时间我们公司搞让利促销活动，活动即将结束，您现在买还来得及。”营销人员的这些话可以使多数客户很快做出购买决策，完成购买。

6. 通过处理客户异议来促进成交　在购买过程中，客户提出了异议，大多是购买的主要障碍。营销人员经过努力，圆满地解决了客户提出的异议，也就成功地扫除了客户的购买障碍。异议处理完毕，如果立即请求成交，往往收到趁热打铁的效果。

例如，一位客户在购买过程中，对药店营销人员的服务提出了意见，影响到这位客户的购买。药店营销人员经过了解，发现这完全是一种误会。经过耐心解释，客户完全消除了误会，对营销人员耐心的态度和良好的服务非常满意。误解的消除，扫清了客户的购买障碍，使他迅速地完成了购买。

在营销过程中，促成成交的方法很多，这些方法各有特点，没有绝对的好坏。在使用中，需要医药营销人员认真研究，灵活应用。

知识链接

研究客户购买动机的差异性，增强营销的针对性

由于社会、自然、产品诸因素的影响，人们在实际购买活动中，表现出了各种不同的购买动机，对医药企业的营销产生了重大的影响。一般来讲，人们的主要购买动机有以下几种。①求实购买动机，它是以追求医药产品的实用价值为主要目的，注重“实惠”和“实际”原则，并不过分关心医药产品的品牌和包装。在购买中，价格实惠的国产药是其首选，而价格昂贵的进口药往往不会得到青睐。②求新购买动机，它是以追求“新”，冠以新药名称的药品，会引起这类客户的重视。③求美购买动机，它以追求商品的欣赏价值和艺术价值为主要目的，注重商品的颜色、包装等。在药品购买中，药品色彩鲜艳的包装会对这类客户产生巨大的吸引力。④求名购买动机，它以追求商品的名牌、高档为主要目的，注重商品的社会声誉和象征意义。这类客户是国内外医药知名企业名牌药品主要购买者。⑤求廉购买动机，它以追求商品价格的低廉为主要目的，非常注意药品的价格变动，主要购买价格低廉的药品。⑥从众购买动机，它是为保持与别人步调一致而购买某些药品，以前社会上曾经出现的“补钙热”、“减肥热”等等，就是这种购买动机的具体体现。总之，从表面看，来到医药企业的客户都是来买药的，没有什么区别。实际上，他们的购买动机有着巨大的差异，医药企业只有意识到客户购买动机的差异，并认真研究这些差异，才能使自己的营销具有针对性，才能取得好的销售效益。

实训　药店消费者购买行为观察

◎**实训目的**

掌握观察时应注意的事项和操作步骤，学会观察药店消费者的购买行为，总结消费者购买行为的特点和规律，分析消费者购买的影响因素。

◎**实训内容**

星光大药店（虚拟）为进一步了解消费者需求，掌握消费者的购药行为和影响因素，提高工作效率，提升大药店的品牌形象，更好地服务广大消费者，现安排你在当地一家规模较大的健康药店，对下列内容进行观察、记录和分析：

药店药品的种类、价格、包装和陈列点。

1. 该药店POP广告的类别、放置地点。
2. 顾客是自主决定购买，还是向店员咨询？
3. 顾客购买最多和较多的是哪几种？
4. 根据观察结果分析顾客购买最多和较多的原因。
5. 店员是否向顾客推荐药品？顾客是否接受推荐药品？

附　背景资料

星光大药店介绍

星光大药店有限公司成立于1990年4月2日，是一家跨省市药品零售连锁企业，公司经营规模不断扩大，销售额呈阶梯式递增，网点数量呈几何级拓展，迄今在全国网点数达478家。在安徽、江苏、广东及贵州建立了4家医药零售控股公司，共151家网点，销售和网点数在当地均占有较大的市场份额。星光大药店的实力来自于星光的品牌，来自于星光铸就的“把信赖交给我，把健康送给您”服务承诺。星光将“专业化服务、规范化服务、便利化服务、社区化服务、人性化服务”作为自己的核心产品，以诚信、服务树品牌。2008年星光大药店被评为“国家级诚信企业”和“中国商业名牌企业”。

◎**实训准备**

1. 场地准备　模拟药房。

2. 物品准备　准备好记录和观察工具，如笔、笔记本或记录卡片、照相机、摄像机等。

3. 人员准备　学员分成若干项目小组，一人担任组长，负责分配组内成员任务，共同完成实训操作。

◎**实训步骤**

操作步骤（图 2－2－11）。

图 2－2－11　药店消费者购买行为观察步骤

【第一步】明确药店消费者购买行为观察的目的。

通过对药店消费者购买行为的观察，了解消费者购买的过程，总结消费者购买行为的特点，探究影响消费者购买行为的因素，为药店增加销售，更好地服务顾客提供依据。

【第二步】确定观察的对象和内容。

观察对象可以是消费者、店员，也可以是药店环境、店内布局。根据观察目的，针对不同的观察对象，列出相应的观察内容（图 2－2－12）。

【第三步】选择观察方法。

选用何种方法进行观察，要考虑观察的目的、对象、内容和药店的类型等因素。

◆在柜台药店对顾客观察：可以顾客身份参与顾客的购买过程，与顾客进行交流，也可以旁观者的身份对顾客的行为进行观察。

◆在自助药店（即医药超市）对顾客观察：最好在征得店方同意后，以店员身份进行观察。如果以顾客身份或者旁观者身份观察，用眼睛长时间跟踪顾客并作记录，或者给顾客照相，很容易引起顾客的警觉和误解，不仅会影响观察工作的顺利进行，而且还可能给自己带来不必要的麻烦。

◆对店员观察：要将自己装扮成顾客的样子，和店员进行交流，或者要求店员为自己提供服务。

◆对 POP 广告、产品陈列、价格、促销活动等进行观察：无需进行特别的身份装扮，可直接入店观察。

【第四步】做好调查前的准备工作（图 2－2－13）。

消费者	一定时间内购药人数，有明确购买目标人数和在店员指导下购药人数
店员	他们的专业素质，他们向消费者推荐的顺序和态度倾向
陈列	陈列效果是否整洁、美观，包装的正面是否对着顾客或店员
广告	POP 的数量、种类、位置及其效果
零售价	同种药品的零售价
促销	同种药品促销活动形式、吸引消费者的数量、销售效果

图 2－2－12　观察对象和内容

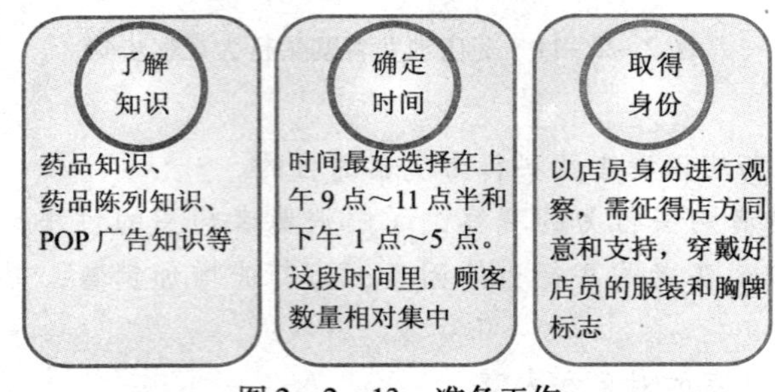

图 2－2－13　准备工作

【第五步】实地观察并做好记录。

每次观察后应立即进行补充性记录和整理，以免忘记。同时，还应认真进行 ，以不断提高观察和分析判断的能力。

【第六步】撰写调查报告。

整理和分析观察资料、撰写观察报告。

◎注意事项

◆选择具有代表性的药店和合适的时间进行观察，以提高观察资料的代表性，使之能够反映消费者购买行为的一般情况。

◆尽可能在被观察者面前隐蔽自己的真实身份，以保证被观察者的表现自然，提高观察资料的准确性。

◆如果条件许可，尽量使用仪器设备（如录音机、照相机、摄像机等）进行观察，以保证所获资料客观、完整和准确。

◆实训前，要熟悉有关业务知识。如购药者的心理动机和行为知识、药品知识、商品陈列知识等，以增强自己观察的敏锐性和分析判断能力。

项目三　医药市场调查

一、收集资料

医药市场信息的分布很广泛，获取资料信息大体可分为以下几种途径(图2－3－1)。

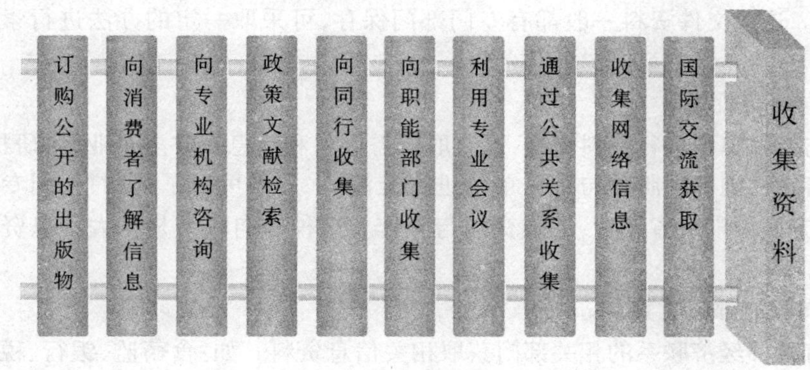

图2－3－1　收集资料的途径

(一)订购公开的出版物

订购各种与本企业产品营销有关的各种图书、报纸、杂志，例如:《中国医药报》、《医药经济报》、《医药经济》、《中国药业》(图2－3－2)等。它们所反映的信息比较及时，许多报纸都有专版、杂志也有专门篇幅直接刊登市场商品的信息资料，这是及时获取信息资料的有效途径之一。图书、手册等虽然时效性不如报纸、杂志，但其信息资料的系统性较强，如《中华人民共和国药典》、《英国药典》、《美国药方集》等，便于查阅、积累。

(二)向消费者了解信息

消费者会很客观地评价不同医药企业、不同产品的质量、服务和价格。因此，与消费者建立联系是一种较好的收集信息资料的途径。消费者根据说明书或药师指导自行决定非处方药的购买，所以医药企业可以直接向消费者了解非处方药的有关情况;处方药的购买和使用必须根据医师的处方。因此，处方药的使用决定权属于医师，消费者处于被动地位，所以医药企业应该通过医师间接向消费者了解处方药的有关情况，尤其是用药反馈。

(三)向专业机构咨询

向有关情报机构、信息咨询机构、信息预测部门、国家综合机关的调研组织，如计委、经委、统计局以及其他经济综合管理部门的调研处、研究室和情报所，国家食品药品监督

图 2－3－2　医药公开出版物

管理局信息中心、医药经济情报中心站，各级医药行业协会等获取资料。

（四）政策文献检索

通过本企业办公室、秘书室获取有关国家和上级主管机构发布的各种政策、文件、通知、计划等。这些文件资料一般都有专门部门保存，可采取一定的办法进行索取、检索、和查询。

（五）向同行收集

通过与有关单位进行资料交换，以获取所需资料和信息。许多企业、科研机构、大专院校经常将自己内部出版物与有关单位进行交流，一方面可以了解同行、同专业的研究动态，另一方面可以节省经费，加强交流与合作。这种横向联系是扩大信息资料来源的重要途径。

（六）向职能部门收集

通过有各种经济联系的相关部门获取相关信息资料。如：食药监、银行、税收、物价、工商管理、审计、外贸等部门，他们往往是市场动态的耳目，掌握着众多的市场信息资料，对市场动态反应灵敏，能为企业提供许多重要的信息。

（七）利用专业会议

通过各种信息发布、展销会、订货会、学术报告会、经验交流会等收集信息资料；也可以通过电视、广播等大众媒体，各种户外广告等信息传播媒介来收集，其特点是：速度快、针对性强，比较客观准确，实用性高。

（八）通过公共关系途径收集

现代企业非常重视公共关系，企业所需要的各种信息资料，在竞争激烈、资料保密情况下，往往很难通过正规途径获取，这时可以通过微妙的人际关系信息网来获取这些信息资料。

（九）收集网络信息

通过电话、电视、计算机网络等现代手段收集信息，网络具有信息交流量巨大、超时性的特点。

（十）国际交流获取

随着对外开放的进一步扩大，与国外的交往、交流也日益频繁，企业可以利用出国进修、考察、讲学、参加国际会议等机会收集信息资料。

二、设计调查问卷

问卷调查是市场调查中最有效也是被经常使用的一种方法，在问卷调查中，问卷设计是非常重要的一个环节，即通过调查问卷完成对样本的访问、收集资料的工作。

（一）调查问卷的结构

问卷是在收集第一手资料时应用的工具，它由一系列的问题组成。一般而言，一个正式的调查问卷由3个部分组成（图2-3-3）。

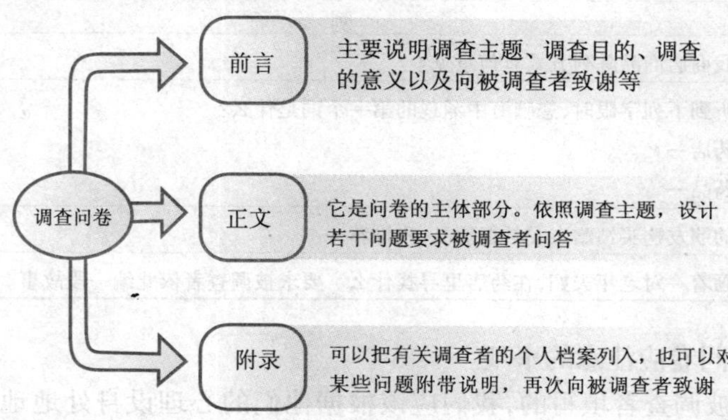

图2-3-3 调查问卷结构

需要注意的是：正文应占整个问卷的2/3到4/5，前言和附录只占很少部分。

（二）问卷内容的设计

问题的设计应简明扼要，准确无误，浅显易懂，有利于调查者与被调查者之间对话。按设计形式可分为两种：开放式问题和封闭式问题（表2-3-1）。

表2-3-1 问卷

封闭式问题	
名　称	例　子
是非题	您服用过新康泰克吗？□是，□否
多项选择题	您服用脑白金的主要原因是： □增加食欲 □延缓衰老 □增加抵抗力 □改善睡眠 □朋友推荐 □其他
事实性问题	您来过本药店几次？
李克特量表	您认为包装色彩比产品质量更重要吗？ 很赞成　同意　差不多　不同意　坚决反对 A（ ）　B（ ）　C（ ）　D（ ）　E（ ）
语言差别法	您对本药店的看法（每个问题上打×） 店址优越＿．＿．＿．×．＿．＿．＿．店址偏僻 品种丰富＿．＿．＿．×．＿．＿．＿．品种单一
分等量表	本商场的售后服务是（ ） A. 极好 B. 很好 C. 好 D. 尚可 E. 差 F. 极差

续表

顺序题	您选择妇科药时，请对下列因素的重视程度做出评价，从高到低，在□中填上1、2、3、…… □治疗效果好 □价格合理 □使用或服用方便 □厂家信誉好 □包装好
评判题	您认为新康泰克的价格如何？ □偏高 □略高 □适中 □偏低 □太低
开放式问题	
名　称	例　子
完全自由式	您对我商店商品陈列方式有何意见？
字眼联想法	当您听到下列字眼时，您脑海中涌现的第一个词是什么？ 平价药店— 国产药品—
语句完成法	当我的朋友购买馈赠亲友的保健品，我推荐—
主题幻觉测验法	图上画着一对老年夫妇，在药店里寻找什么。要求被调查者依此编一段故事。（图略）

（三）设计调查问卷应注意的事项

调查问卷是由被调查者填写的，我们应该根据他们的心理设身处地地考虑。问卷设计在问题的排列、询问预期、措辞等方面要注意下列问题（图2－3－4）。

1. 激发填写者的兴趣　首先要争取填表者的合作和热心，使他们认真填写。

2. 问题精炼、难度适当　问卷上所列问题应该都是必要的，可要可不要的问题不要列入。问题是被调查者有能力回答的，力求避免被调查者不了解或难以答复的问题。注意问题的数量、回答全部问题所用时间最多不超过半小时。

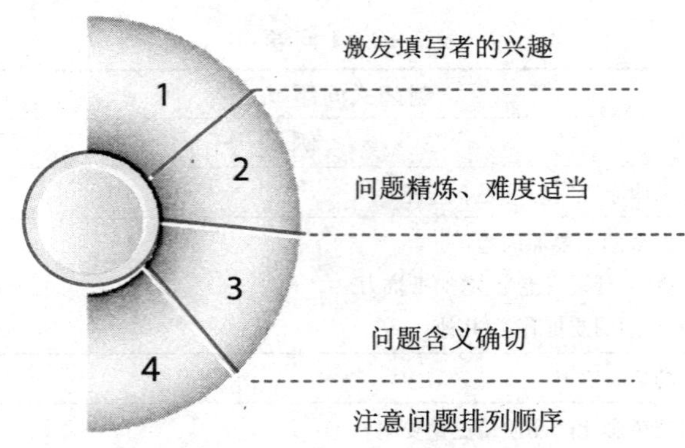

图2－3－4　设计调查问卷注意事项

3. 问题含义确切　要明确问题的界限与范围，问句的字义（词义）要清楚，避免文字理解上的误差，影响调查结果。例如："您的收入是多少？"这个问题的界限不清楚，是月收入还是年收入，应加以注明。避免使用引导性的问题或暗示性的问题，例如："您感冒常用小柴胡吗？"这些的问句容易将答案引向具体产品，造成偏差，应改为"您感冒常用什么药"？

4. 注意问题排列顺序　首先在问卷上应有说明词，说明调查人员代表的单位、调查

目的或意图、问卷的填写、回收方法以及感谢合作等内容。主要调查的问题可安排在问卷中间部分,这是调查的核心。被调查者的收入、年龄、职业、单位等背景材料,一般可排在最后。

三、实施调查

在实地调查(图2-3-5)中,我们要注意几个操作要点。

图2-3-5　实地调查

(一)树立实事求是的态度

在询问、记录和整理分析资料时,必须实事求是,不能带有任何偏见。

(二)克服心理障碍,自信十足

调查之前,要预计到各种可能发生的情况,做好准备,勇敢面对,最好面对同学或老师进行一次战前模拟演练。

(三)设法让被访者愿意接受调查

见图2-3-6。

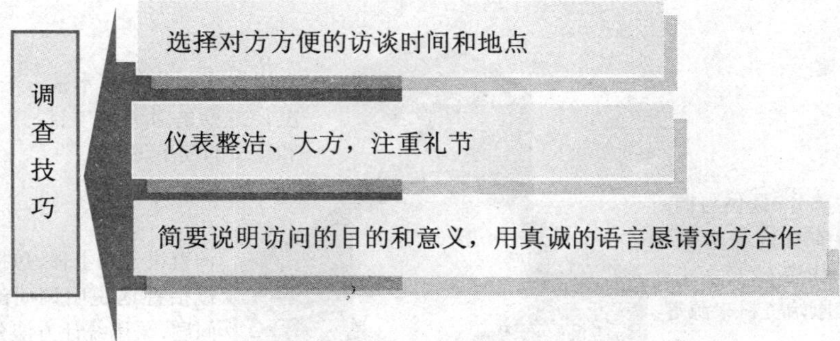

图2-3-6　调查技巧

(四)问题要明确具体

所提问题要让对方准确理解,不易产生误解。要鼓励和引导对方回答问题,通过情感沟通,引起和强化对方对所提问题的兴趣;通过引导,使对方对所提问题进行深度思考,并做出有针对性的回答。

(五)避免对对方诱导

不可提出带有诱导性的问句(图2-3-7);隐蔽自己的态度和情绪,以免影响对方回答,并多做有针对性的解释,消除对方各种顾虑。

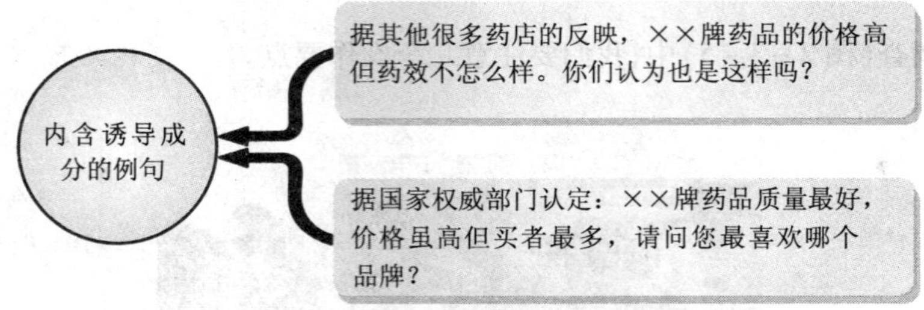

图2-3-7　诱导性问句

(六)尽可能不提与调查主题无关的问题,提高调查效率

快速、准确记录。为便于记录,可将所问的问题设计成封闭式调查问卷。在调查时只需在相应位置上画"√"。也可借助录音设备进行记录。

把握好提问的顺序和调查时间。一般先调查简单的、对方感兴趣的问题。尽量避免将几个问题交叉提问。每次调查的时间要根据当时的情况灵活应对,一般不可过长。

四、撰写调查报告

调查报告是通过文字的表达形式,对调查成果的总结,它反映了调查的内容、质量,决定调查结果的有效程度。

撰写调查报告时,应注意报告内容要紧扣调查主题,突出重点,并力求客观扼要;文字要简练,观点明确,分析透彻,尽可能使用图表说明,便于企业决策者在最短时间内对整个报告有一个概括的了解。调查报告的一般格式如下(图2-3-8)。

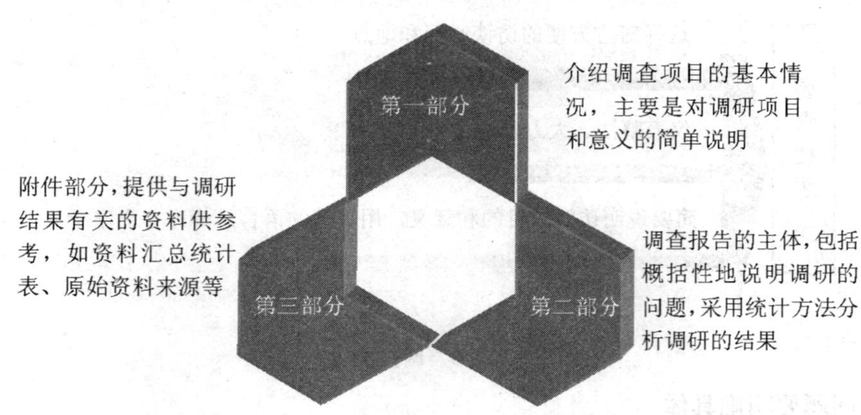

图2-3-8　调查报告的格式

调研报告要简洁明确,有针对性和说服力,重点突出信息的分析结果,避免罗列事实,空洞无力。

过滤性问句与核实式问句

在调查问卷中经常要使用过滤性问句与核实性问句。

过滤性问句的功能是剔除那些不适于回答后续问题的被调查对象。例如,我们要了解长期使用A品牌药品的患者对该药疗效的看法,就可以用过滤性问句"您一直使用A品牌药品吗?"对于肯定回答者,可以继续询问有关A品牌药品疗效的其他问题,对于否定回答者,则终止询问,一次将那些未使用过或偶尔使用该药品的患者从调查对象中剔除。

核实式问句的功能是对被调查者对某一问题回答的真实性进行检验。上例,如果被调查者做了肯定回答——"一直使用A品牌药品",为了核实被调查者回答的真实性,可以在问卷的某一位置(上述问题之后)提出另一个检验性问题,如"请您填写A品牌药品生产企业的名称"。能够准确或基本准确地给出答案的被调查者,一般可以认为,他对"您一直使用A品牌药品吗?"的肯定回答是真实的。否则,就可以认为他的肯定回答是失实的。

实训 OTC终端访谈调查

◎**实训目的**

了解OTC终端访谈调查的意义和内容,熟悉和掌握OTC重点访谈调查的方法、步骤与技巧。

◎**实训内容**

威王(虚拟)集团是我国一家大型医药制造公司。其中非处方类感冒药的品种有:用于成年人的威王感冒快,威王氨咖黄敏片,用于小儿的威王小儿氨酚黄那敏颗粒、威王泰宁、欣宝宝。其中,威王感冒快是公司在全国主打的一种非处方类感冒药,销量一直不错。2011年即将来临,公司为加强对威王感冒快的销售力度,力争进入中国感冒药市场前三甲,进行一次消费市场调查,现决定派你深入一些主要的药店,通过访谈调查的方式,了解第一手市场信息。

附　背景资料

1. 威王感冒快介绍

产品名称:威王感冒快

【规 格】10片装

【单 位】盒

【成 分】双扑伪麻片

【形 状】本品为淡绿色囊形薄膜衣片,内容物为白色片。

【适应症】用于普通感冒及流行性感冒引起的发热、头痛、关节痛、喷嚏、流涕、鼻塞等症状。

【用法用量】口服,成人一次1~2片,一日3次。

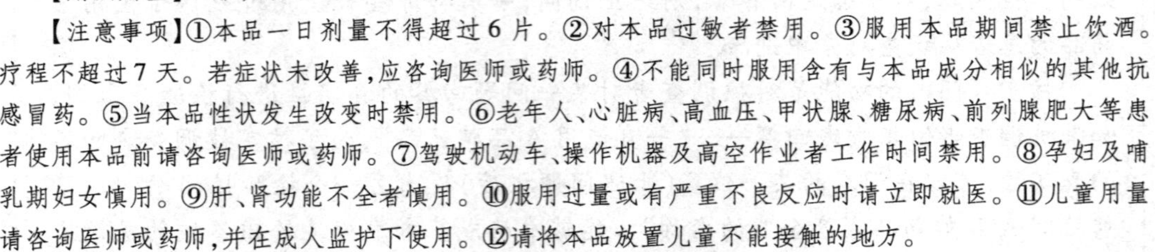

【注意事项】①本品一日剂量不得超过6片。②对本品过敏者禁用。③服用本品期间禁止饮酒。疗程不超过7天。若症状未改善,应咨询医师或药师。④不能同时服用含有与本品成分相似的其他抗感冒药。⑤当本品性状发生改变时禁用。⑥老年人、心脏病、高血压、甲状腺、糖尿病、前列腺肥大等患者使用本品前请咨询医师或药师。⑦驾驶机动车、操作机器及高空作业者工作时间禁用。⑧孕妇及哺乳期妇女慎用。⑨肝、肾功能不全者慎用。⑩服用过量或有严重不良反应时请立即就医。⑪儿童用量请咨询医师或药师,并在成人监护下使用。⑫请将本品放置儿童不能接触的地方。

2. 威王感冒快的主要竞争对手　泰诺、新康泰克(缓释片及胶囊)、白加黑、日夜百服宁、快克、感康、康必得等。

◎实训准备

1. 场地准备　模拟药房。

2. 物品准备

(1)若是对店长和店员调查,要列出调查提纲,而如果对消费者进行拦截式调查,则要设计一份简单的调查问卷。

对店内购买感冒药的消费者拦截式调查问卷

女士/先生:

您好!

我是威王集团负责感冒药销售信息的调查员。耽误您几分钟时间,向您询问几个问题好吗?

1. 请问您打算购买哪一种感冒药? ________________

(或者)请问您购买的是哪一种感冒药? ________________

2. 下列因素中,对您选择感冒药影响最大的是(　　),其次是(　　),第三是(　　)。

A. 价格较低　B. 药效较快　C. 广告宣传

D. 药效明显　E. 副作用小　F. 自己的经验

G. 亲朋好友的推荐　H. 店员推荐

3. 您或您的家人购买或用过威王感冒快吗？(   )

A. 购买过或用过 B. 没有购买过或用过

4. 您认为威王感冒快的主要优点是(   )。

A. 可快速消除感冒初期症状 B. 副作用小

C. 价格比较合理 D. 其他(请说明)

5. 您认为威王感冒快的主要缺点是(   )。

A. 对治疗初期感冒效果慢且不明显 B. 对治疗中后期感冒效果不大

C. 副作用大 D. 其他(请说明)

谢谢您的回答！谢谢您的关系！再见！

(2)准备好记录工具，确定拜访药店的数量和拜访路线。

(3)了解有关感冒病理知识、购药者的心理、店员店长的心理。

3. 人员准备　学员分成若干项目小组，一人担任组长，负责分配组内成员任务，共同完成实训操作。

◎实训步骤

操作步骤(图2－3－9)。

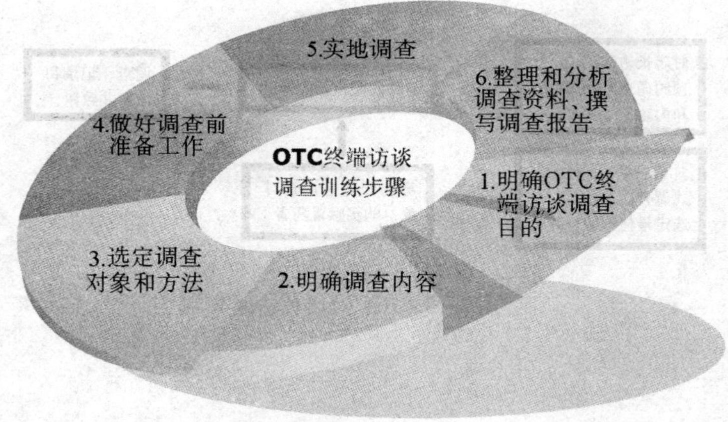

图2－3－9　调查步骤

【第一步】明确OTC终端访谈调查的目的。

了解威王感冒快在药店的销售情况，挖掘影响销售的主要因素，为该公司调整营销策略提供强有力的依据。

【第二步】根据调查目的列出详细的调查内容。

◆威王感冒快在被访药店最近一年每个月的销量。

◆被访药店最近一年每个月感冒西药的销售总量，感冒中成药的销售总量。

◆被访药店销量增长幅度最大的前三种品牌、品种。

◆畅销的原因：价低？广告宣传强劲？现场促销？药效好？包装吸引人？店员推荐

积极性高？供应者的服务好？其他？

◆销量降低的因素：价高？广告宣传力度减弱？店员不积极推荐？陈列位置不太好？不进行现场促销？药效不明显？营销员对药店的服务质量差？其他？

◆消费者对威王感冒快和其他竞争性产品的态度。

◆店长和店员的建议。

【第三步】研究并选定调查对象和方法。

根据不同的调查内容，需要对不同的对象用不同的方法搜集信息资料。

◆找到收款员，查阅和统计各种感冒类药销售总量、威王感冒快销量等数据资料。

◆对店长进行自由访谈式调查。内容：了解最近感冒药总体销售情况，畅销品牌和品种及其畅销的原因。

◆对店员进行小组访谈式调查。内容：了解畅销品牌和品种及其畅销原因，消费者对感冒快和其他竞争性产品的评价，征求他们的建议。

◆对店内购买感冒药的消费者进行拦截式调查。了解他们对威王感冒快，其他同类产品的看法以及影响他们选购感冒药的主要因素。

【第四步】实地调查。

对店长访谈和对消费者店内拦截式调查的步骤（图2-3-10）；对店员小组访谈式调查的步骤（图2-3-11）。

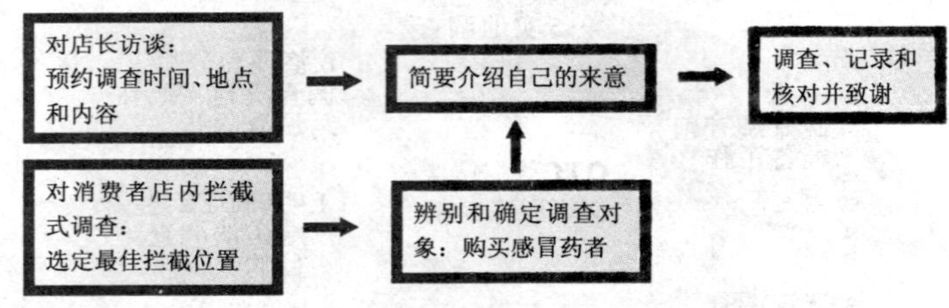

图2-3-10　对店长访谈

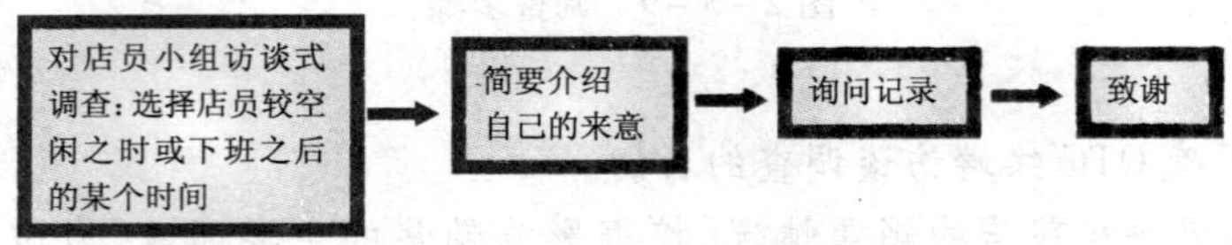

图2-3-11　对店员小组访谈

【第五步】整理和分析调查资料、撰写调查报告。

◎**注意事项**

1. 对店长访谈调查时的注意事项　事前必须约好访谈的时间和地点,所提问题要简明扼要。

2. 对店员集体访谈时的注意事项　突出访谈主题,及时加以引导。

3. 对消费者店内拦截式访谈的操作要点及注意事项

(1)所提问题要精、少、简。

(2)尽量争取店员帮助。

(3)瞄准调查对象。调查对象应该是:本公司的感冒药和其他感冒药的货架前选购或停留的消费者。

项目四　目标市场选择

一、分析市场需求

药品目标市场细分就是指医药企业按照消费者对药品的需求、购买行为、习惯等差异性，把一个总体市场划分为若干个具有共同特征的子市场的过程。药品市场细分的前提条件是消费者需求的差异性，所以细分市场是从消费者的角度来进行划分的。一方面，购买者实在太多、太分散，而且他们的需要也千差万别；另一方面，企业在满足不同市场的能力方面也有巨大差异。因此，每个企业都必须找到它能最好满足的市场部分。

（一）消费者市场的特征

见图2－4－1。

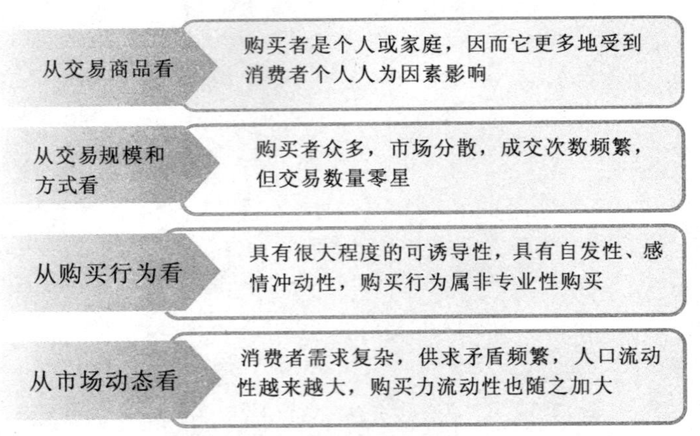

图2－4－1　消费者市场特征

（二）SWOT 分析方法

随着医药产业不断发展，竞争日趋激烈，也更加成熟和规范。在这样的市场中，利用SWOT 方法对营销环境进行分析，对帮助医药企业制定市场营销策略有重要的指导意义。它是一种企业内部分析方法，即根据企业自身的既定内在条件进行分析，找出企业的优势、劣势及核心竞争力之所在。SWOT（斯沃特）是 Strengths（优势）、Weakness（劣势）、Opportunities（机会）和 Threats（威胁）的缩写。S、W 是内部因素，O、T 是外部因素（图2－4－2）。

按照企业竞争战略的完整概念，战略应是一个企业“能够做的”（即组织的强项和弱项）和“可能做的”（即环境的机会和威胁）之间的有机组合。

其中，优、劣势分析主要着眼于企业自身的实力及与竞争对手的比较，而机会和威胁分析则将注意力放在外部环境的变化及对企业的可能产生的影响。通过对企业内部的

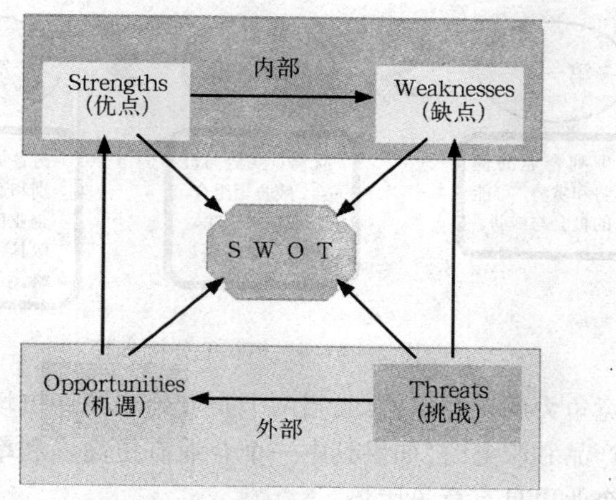

图 2－4－2 SWOT 分析图

优势、劣势,外部的机会与威胁进行全面的分析,从而形成四种内外匹配的战略,即 :SO 战略、ST 战略、WO 战略、WT 战略。他们的具体相互关系如 SWOT 矩阵模型所示(图 2－4－3)。

内部能力:优势(了解项目的优势),劣势(了解项目的劣势)。

外部环境:机会(掌握外部环境的机会因素),威胁(掌握外部环境的威胁因素)。

四种战略的相互关系:

(1)SO 战略 依靠内部优势;利用外部机会。

(2)WO战略 克服内部劣势;利用外部优势。

(3)ST 战 略 依靠内部优势;回避外部威胁 。

(4)WT战略 克服内部劣势;回避外部威胁。

四种战略的相互关系进而为企业制定相应决策提供依据。它可以明确下列问题:我们的客户是谁?在哪里?产品是什么?应该提供什么样的服务?如何应付市场上不断出现的变化?存在哪些威胁和竞争对手?会发生什么样的竞争?如何扬长避短地取得竞争优势?如何改善自己?

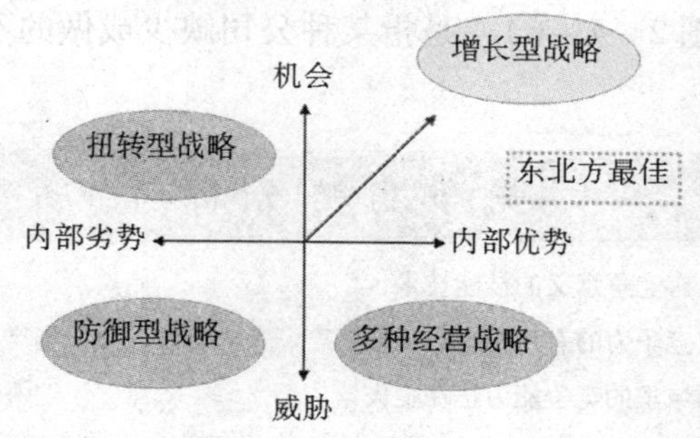

图 2－4－3 SWOT 矩阵图

SWOT 分析的步骤如下(图 2－4－4)。

(1)竞争优势(S)(图 2－4－5) 是指一个企业超越其竞争对手能力,或指公司所特

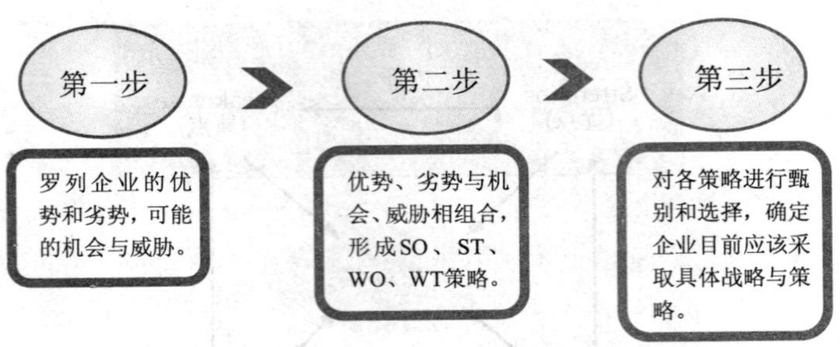

图2－4－4　SWOT分析步骤

有的能提高公司竞争力的东西。例如，当两个企业处在同一市场或说它们都有能力向同一顾客群体提供产品和服务时，如果其中一个企业有更高赢利率或赢利潜力，那么，这个企业比另外一个企业更具有竞争优势。

竞 争 优 势 分 析

◆ 技术技能优势：独特的生产技术，低成本生产方法，领先的革新能力，雄厚技术实力，完善质量控制体系，丰富的营销经验，上乘的客户服务，卓越的大规模采购技能。

◆ 有形资产优势：先进的生产流水线，现代化车间和设备，拥有丰富的自然资源储存吸引人的不动产地点，充足的资金，完备的资料信息。

◆ 无形资产优势：优秀的品牌形象，良好的商业信用，积极进取的公司文化。

◆ 人力资源优势：关键领域拥有专长的职员，积极上进的职员，很强的组织学习能力丰富的经验。

◆ 组织体系优势：高质量的控制体系，完善的信息管理系统，忠诚的客户群，强大的融资能力。

◆ 竞争能力优势：产品开发周期短，强大的经销商网络，与供应商良好的伙伴关系，对市场环境变化的灵敏反应，市场份额的领导地位。

图2－4－5　竞争优势

（2）竞争劣势（W）（图2－4－6）　是指某种公司缺少或做的不好的东西，或指某种会使公司处于劣势的条件。

竞 争 劣 势 分 析

◆ 缺乏具有竞争意义的技能技术

◆ 缺乏有竞争力的有形资产、无形资产、人力资源、组织资产

◆ 关键领域里的竞争能力正在丧失

图2－4－6　竞争劣势

（3）潜在机会（O）（图2－4－7）　市场机会的实质是指市场上存在着“未满足的需求”。市场机会对不同企业是不相等的，市场机会能否成为企业的机会，要看此市场机会

是否与企业的目标、资源及任务相一致,企业能否利用此市场机会比竞争者带来更大的利益。

潜在机会

- 客户群的扩大趋势或产品细分市场
- 技能技术向新产品新业务转移，为更大客户群服务
- 前向或后向整合
- 市场进入壁垒降低
- 获得购并竞争对手的能力
- 市场需求增长强劲，可快速扩张
- 出现向其他地理区域扩张，扩大市场份额的机会

图2-4-7 潜在机会

(4)外部威胁(T)(图2-4-8) 在公司的外部环境中,总是存在某些对公司的盈利能力和市场地位构成威胁的因素。公司管理者应当及时确认危及公司未来利益的威胁,做出评价并采取相应的战略行动来抵消或减轻它们所产生的影响。

外部威胁

- 出现将进入市场的强大的新竞争对手
- 替代品抢占公司销售额
- 主要产品市场增长率下降
- 汇率和外贸政策的不利变动
- 人口特征，社会消费方式的不利变动
- 客户或供应商的谈判能力提高
- 市场需求减少
- 容易受到经济萧条和业务周期的冲击

图2-4-8 外部威胁

如果一个企业在某一方面或几个方面的优势正是该行业企业应具备的关键成功因素,那么,该企业的综合竞争优势也许就强一些。需要指出的是,衡量一个企业及其产品是否具有竞争优势,只能站在现有潜在用户角度上,而不是站在企业的角度上。SWOT 分析法不是仅仅列出四项清单,最重要的是通过评价公司及产品的优势、劣势、机会和威胁,最终得出以下结论:①在公司现有的内外部环境下,如何最优的运用自己的资源;②如何建立公司的未来资源。

药品市场是庞大而又复杂的,任何一个市场都有为数众多、分布广泛的消费者。然

而由于各种因素的影响,消费者对同一药品有着不同的差异要求。任何企业面对需求不同的消费者不可能全部都予以满足。因此药品经营者应在市场细分基础上,通过评估分析企业内部条件(图2-4-9)、素质能力和特点,明确自己的服务对象,选定一个或若干个消费群体作为目标市场。从而对自己力图满足的消费者有了更清楚的选择,从分散地使用营销资源,将资源集中于最有潜力的消费者群体,以确定与其相适应的市场经营范围,并采取相应的市场策略,发挥自己的资源优势,满足一部分消费者和用户某些方面的需求。在市场经营活动中,这就是选择"目标市场"。

图2-4-9 评估企业内部条件

二、细分市场

目标市场战略主要由三部分内容构成:市场细分、目标市场选择和市场定位。市场细分是目标市场选择和市场定位必要前提,而目标市场选择和市场定位是市场细分的必然结果。

依据马斯洛的需求层次理论,人们在不同的环境中,不同的年龄阶段,不同的社会阶层下,需求是不同的,甚至相同处境的人也会存在不同的需要。因此,有效的"市场细分"是药品经营者选择目标市场的前提。

(一)市场细分意义

1. 有利于企业发掘新的市场机会 企业在市场营销中,可以根据市场竞争状况和市面上产品的不足,发掘新的市场机会,开拓新市场。例如,市场上通常以一种廉价快速的普通胶片来满足放射性医疗的需要。但是柯达照相器材公司经过调查发现这种需求并没有充分得到满足,许多医院和医疗机构需要更为节省时间的产品。继而柯达公司研制了两款新产品,一种是特制相机,一种是立即感光胶片,在病理检查中它们能够立刻显影,不必到暗室冲洗,同时可以避免误差。这两款新产品上市后在市面上很快畅销起来,为柯达公司带来新的市场机会,赢得厚利。

2. 有利于中小企业提高竞争能力 中小企业一般人力、财力和物力资源有限,在整体市场或较大的细分市场上,缺乏竞争能力。如果中小企业能善于发现被大企业忽视的一部分特定消费者未被满足的需求时,推出相应的产品或服务,往往能改变自己在整体市场上的相对劣势为局部市场上的相对优势,提高企业竞争力。

例如:由养生堂出品的成长快乐,在儿童细分市场的成绩颇为理想。成长快乐的销售成绩得益于成长快乐广告宣传的针对性强(图2-4-10)。

图2-4-10 成长快乐广告宣传

其家长篇的广告针对的是儿童产品的购买人群——母亲，告知家长：该产品在包装开启方式上做了特殊处理，防止小孩子自己开瓶服用，保证了存放的方便性和孩子服用的安全性。这些设计使得消费者对此评价较高。另外，其口味相对较好，儿童较易接受，也是其特点之一。

3. 有利于企业提高经济效益　在实施市场细分之后，企业可以面对自己的目标顾客，选择适销对路的产品，既使消费者需求得到更好满足，又可提高企业的经济效益。

洗发水行业里，没有一种洗发水可以达到药物去屑的效果。药品行业中，也没有一家厂商生产过去屑特效药。采乐找到一个极好的市场空白地带：药物去屑，市场推广中宣称“专业去屑，8 次彻底去处头屑”，它站在医学研究的角度谈治疗头皮屑，注重利用医学权威，这就是采乐鲜明的市场定位，它一露面就赢得了大部分重度头皮屑患者的欢迎。同时，采乐的营销渠道主要是医院和药房，所以在国内消费者的心目中，采乐是专门针对头屑的去屑特效药，有效的定位避规了激烈竞争。

4. 有利于企业进行营销策略的调整　进行市场细分后，由于企业同时为不同消费者群体提供不同的产品，因此比较容易察觉和估计消费者需求的变化，市场信息的反馈会变得迅速及时，灵活调整产品结构、市场布局等营销策略以满足消费者不断变化的需求，使自己具有高度的适应能力与应变能力。

在欧美国家，美国通用食品公司出品的咖啡牢牢占据了市场的领先地位，因为通用食品对旗下各种品牌的咖啡进行市场细分及市场定位，针对不同的目标消费群体，确定它们各自不同的用途和差异化的需求点，最大程度地满足消费者，以获取他们的忠诚度与满意度。如麦斯韦尔·豪斯牌普通咖啡在市场推广中，被定位成最佳家用早点饮料；而不含咖啡因的桑卡牌咖啡则作为一种家庭晚餐饮料而大力宣传推广；另一种无咖啡因产品——布里姆牌咖啡，则是以占领办公室市场为目的。这种明确定位，细分目标消费群，适应多样化市场，使通用食品公司在巩固产品市场份额，扩大消费群体，延伸品牌知名度及销售方面均取得了最佳的回报。

（二）市场细分步骤

市场细分一般包括以下步骤（图 2－4－11）。

1. 选定产品市场范围	公司应明确自己在某行业中的产品市场范围，并以此作为制定市场开拓战略的依据。
2. 列举潜在用户的需求	可从地理、人口、行为、心理因素等方面列出影响产品市场需求和用户购买行为的各项变数。
3. 分析潜在用户的不同需求	公司对不同潜在用户进行抽样调查，并对所调查需求变数进行评价，分析用户不同需求并找出共性需求。
4. 制定相应的营销策略	调查、分析、评估各细分市场后，最终确定可进入的细分市场，并制定相应的营销策略。

图 2－4－11　市场细分步骤

案例1

图2-4-12
金嗓子喉宝

金嗓子喉宝（图2-4-12）是一种由广西金嗓子制药厂利用中国中草药制成的保健咽喉糖含片。广西金嗓子制药厂原是生产糖果的柳州市糖果二厂，在20世纪90年代初，该厂几乎倒闭，而自从金嗓子问世以来，不仅扭亏为盈，而且年销售额近3亿元，并保持着良好的发展趋势。其成功的原因很多，但主要原因是实施了正确的市场细分、目标市场选择和市场定位战略。

1. 市场细分　咽喉含片均为药粉压制而成，一含即溶，很难在咽喉部较长时间保持药效，而急性咽喉炎和咽喉不适者如不能长时间施药，则很难治愈；润喉糖虽然不会即溶但无治疗作用。这两类产品间存在一个空缺，即中间型治疗保健产品。因为环境污染加剧、空气质量恶化、气候变化无常、吸烟嗜酒者增加以及卡拉OK的流行等原因，导致用嗓过度者、患咽炎者、咽喉不适者及口腔异味者日益增多，从而对咽喉治疗保健药的需求大增。

2. 目标市场选择　对此类产品可能有需求的消费者的一般特征是：有一定工资收入的中年男性、烟酒嗜好者、教师、爱唱歌者、导游。从竞争产品看，原有的名牌均已占统治地位，西瓜霜、草珊瑚、健民咽喉片等已占有市场的大部分份额，且知名度高。

3. 市场定位　由于存在广阔的市场（潜在的和现实的），金嗓子企业决定生产金嗓子产品，顾客定位为男性且有一定收入者。为此，企业采取了高质量、高价格的策略，使金嗓子成为身份的象征。另外，该企业还注意到竞争对手均为老名牌、实力雄厚，因此企业采取差异化营销策略：产品差异化、价格差异化、渠道差异化。

金嗓子正是实施了正确的目标市场营销战略，才取得了成功。

（三）消费者市场细分

对大众消费者进行细分的目的在于医药企业用最低的成本找到最有价值的目标消费者，然后用最低的营销成本为目标消费者提供精准的产品和服务。

目标消费者对于药品的需求可按层次划分：首先是对药品安全性需求；其次是对药品疗效的需求；再次是对药品品牌的需求；最后才是对药品的心理需求。消费者的需求层次是复杂的，需求也是多样化的。如图2-4-13所示。

（四）药品市场细分

1. 按病程细分（图2-4-14）　由于消费者各自追求的具体利益不同，可能会被某种产品的具有不同特征或变异产品所吸引，因此针对药品特征进行细分市场不是根据消费者的各种特点，而是在于某种产品提供什么特殊效用、给购买者带来什么特定利益的基础上进行细分。

一个典型的例子是抗感冒药的市场细分，抗感冒药市场显示出四个主要的细分市场，即存在着特别关心疗效、格外关注是否嗜睡、强调低副作用、注重经济实惠这四个消费群体。感冒属于常见病，一般属于轻症。由于该病表现为较多的不适症状，比如头疼、

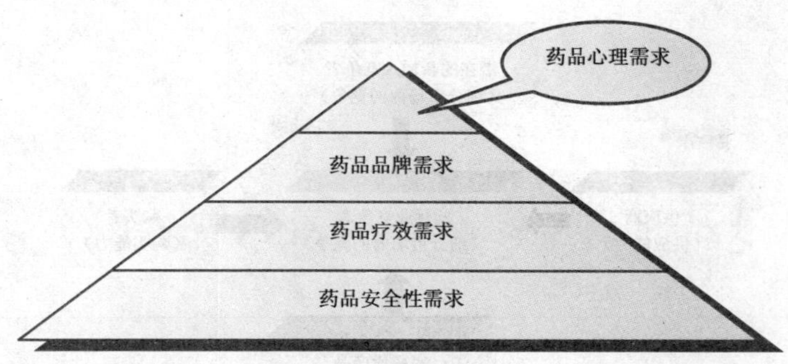

图 2－4－13　消费者需求层次图

发热、流鼻涕、咳嗽、嗜睡等，因而治疗感冒与消除症状对患者而言同等重要。比如新康泰克诉求为解决鼻塞、流涕、打喷嚏（图 2－4－15），白加黑为解决头痛、白天嗜睡症状，百服宁则为解决发烧等。

图 2－4－14　按病程细分

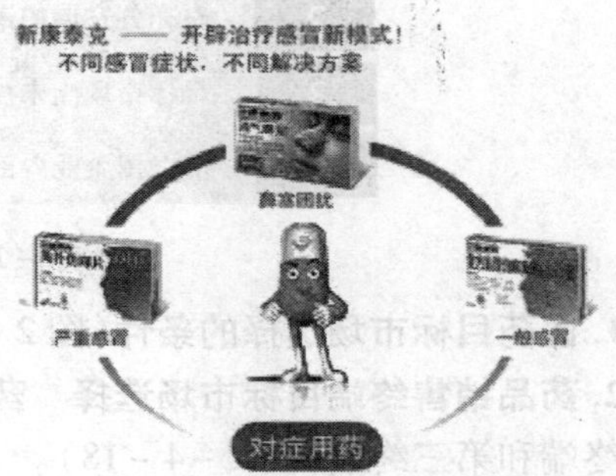

图 2－4－15　新康泰克对症用药

2. 按药品销售终端细分　我国连锁药店属于连锁经营的业态形式，传统营销理论细分市场的标准依然有效，如地理细分、消费者的性别、年龄、收入，生活方式，品牌忠诚度等等。对于连锁药店，目标市场所处地理位置不同，消费水平和消费观念也不尽相同，导致我们的商品结构、营销策略、经营模式有所不同。所以我们在选择目标市场时必须考虑到这些因素。

国外的连锁药店很注重市场细分的标准。美国和日本大多数的连锁药店都进行多元化经营，药店所经营的商品不仅包括药品，还包括保健品、健身器材、健康食品、化妆品、服装、日用品等。消费者不同，商品结构、店面布置也不尽相同。选择恰当的市场细分标准后，它们才能选择适合自己经营的目标市场。

三、选择目标市场

（一）评估细分市场

企业在评估各个不同细分市场时，必须考虑两个因素：细分市场的结构吸引力（图 2－4－16）；企业的目标与资源。

（二）目标市场选择

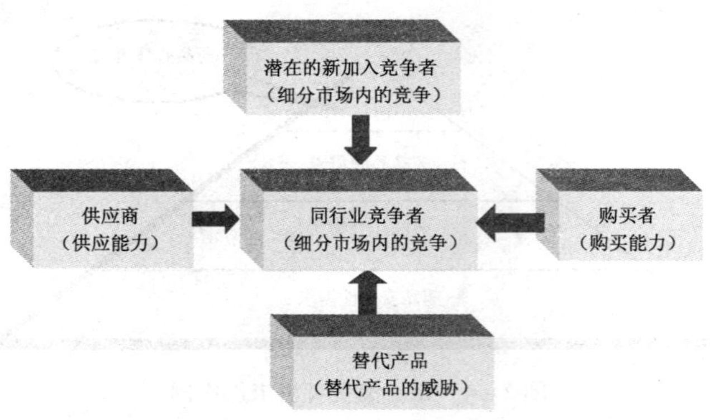

图 2－4－16　细分市场的结构吸引力

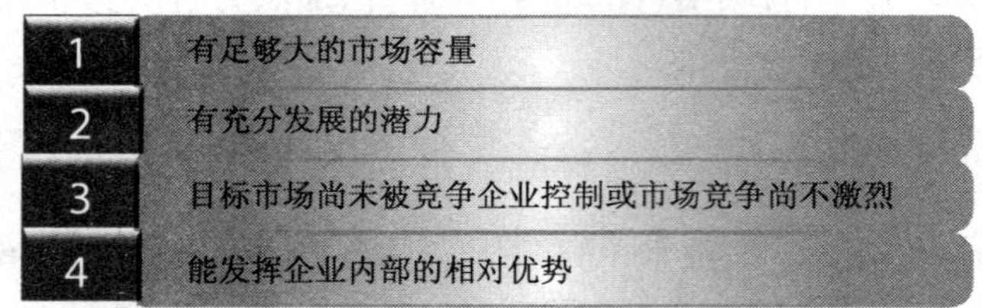

图 2－4－17　目标市场选择条件

1. 医药目标市场选择的条件（图 2－4－17）

2. 药品销售终端目标市场选择　药品销售终端按业界的分法一般可分为第一终端、第二终端和第三终端（图 2－4－18）。

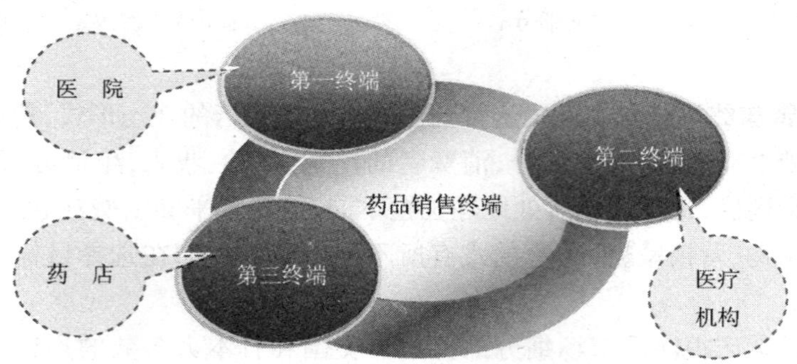

图 2－4－18　药品销售终端

（1）第一终端（医院）市场已被外资及国内大型医药企业所占领。销售药品为国内外大型药企的主要品种，集中度较高。

（2）第二终端主要由连锁药店、药超、单店三部分组成。其中连锁药店占据着第二终端的主要份额。按照地理细分及消费者的性别、年龄、收入、生活方式、品牌忠诚度等标准划分出不同的细分市场。

（3）第三终端是指基层医疗机构的药品销售，主要阵地是广大农村和一些城镇的居民小区，如社区和农村的个体诊所、企业和学校的医疗保健室、乡村医生的小药箱、农村供销合作社及个体商店中的常用药品销售小柜等等。无论是针剂还是其他剂型，都以普

药为主，中低价位品牌药为主，竞争少。

以药店为例

药店定位，实际上是对目标消费者市场的选择，进而制定能够满足消费者需求的市场营销策略。其市场细分和定位要根据药店业态、消费人群、商圈性质、竞争对手等来规划药店自身的经营模式、目标人群、营销策略和管理方法等。

1. 药店定位的影响因素（表2－4－1）

表2－4－1　药店市场影响因素

影响因素	具体内容
营业地址	处于不同目标市场的目标客户其购买力、受教育程度、疾病类型和发病率状况均不同，这些因素也决定着企业的经营目标、经营策略、服务类型的不同
产品类别	供货渠道的不同，产品的类别有多寡，价格有高低，也决定了药店的定位
企业资金实力	是药店定位的主要影响因素；药店选址，必然要考虑所选地址的租金；选择产品类别，必然要考虑到采购总金额和单价

2. 药店市场定位方法（表2－4－2）

表2－4－2　药店市场定位法

定位方法	具体内容
业态定位	大体分为两大业态：一是专业化药店，二是多元化药店。两者的区别主要在其主力商品，专业化药店以药品为主力商品，辅以非药品；多元化药店以非药品为主力商品，辅以药品
消费人群定位	以职业分为居民、白领、工薪阶层、公务员等；以消费水平分为高中低不同收入人群
商圈性质定位	主要分为“居民型、商务型和混合型”三大类。居民型商圈又分为普通型和高档型商圈；商务型又分为商铺型和商务楼型；混合型是居民型和商务型兼顾
竞争对手定位	选择同商圈、同业态和同规模药店作为竞争对手
营销策略定位	不同业态药店有着重点不同的营销方法。比如：专科药店采用“一对一”VIP营销方法为主，新特药药店以“高空”广告为主，便利店以商圈营销为主，药品平价超市以整合营销为主
管理方法定位	连锁药店一般遵循从“专业化管理到标准化管理再到简单化管理”的规律，药店管理从“粗放式管理到精细化管理”是必由之路

某药店市场定位分析流程

1. 区域调查 药店开设8年，非医保定点药店，按辐射半径计算，所在社区共有居民3万人，为中低收入居民汇集区。区域内共有药店10家(其中有5家是定点药店)，社区大型门诊3家，专业保健品店1家，24小时便利店2家。辐射范围边缘，有大型平价药品卖场一家，大型超市3家。

2. 市场分析

(1)区域所在医保定点药店以及门诊众多，常规慢性疾病药物销售不多。同时慢性心血管、糖尿病等内科用药很少会在本店现金购买。

(2)与其他药店相比，经营面积小，扩展能力差，纯扩充品规基数，没有任何优势。

(3)人员均为老员工，电脑信息化技能较差，不具备建立信息化销售(电子药历、会员记录等)的条件。但服从性较好，门店销售经验足，有利于提升单笔销售成功率。

(4)周边超市、便利店众多，经营百货类没有优势。

(5)现金和医保划卡销售的主要分界点是20元。本地消费能力较低，单价超过20元的销售不多，因此需要大力扩充20元以下药品产品线，以求最高购买率。

(6)周边药店管理能力不高，没有完整的经验理念规划。产品线深度、广度不理想，尚处于知名品牌价格战、非知名品种追求高毛利的低级竞争阶段。

(7)周边药店药学服务空白。本店药师素质高，应在药师的指导下，有意识地开展简单药学服务即可占据优势。

3. 确立定位 小型专业化社区药店。

(1)目标人群 中端顾客，年龄20~40岁，有一定的现金消费能力。

(2)产品线规划 零售价10~20元，OTC为核心扩展品规；扩充低端小器械和药品类的小品种。同时补充其他药店产品线所缺乏的品规。

(3)药店业态 柜台销售，节约人力资源，便于发挥员工销售经验优势。

(4)药学服务(图2-4-19) 售前提供方案规划，售后讲解禁忌症和副作用。

(5)战术目标 提高库存周转率和资金的运作效率。放弃利润贡献率低的低端顾客，不追求难以抓到的高端顾客，求中端现金销售顾客的市场份额最大化。通过药学服务和销售技巧，达到有限单笔销售额下毛利的最高化。

图2-4-19 药学服务

3. 医药产品目标市场选择 选择目标市场，明确企业应为哪一类用户服务，满足他们的哪一种需求，是企业在营销活动中的一项重要策略。所谓目标市场就是通过市场细分后,企业准备以相应的产品和服务满足其需要的一个或几个子市场。

案例 2

功能性化妆品选择连锁药店的SWOT分析

随着各种经营理念和管理模式的创新,我国药房从2000年起就已逐步实行了改革:从传统的“柜台式”经营逐步演变成“开架式”经营,从“高库存、高利润、低流量”的经营理念逐步演变为“低库存、低利润、高流量”的经营理念。

由于国家相关部门加大了医药领域的改革力度,导致药房经营企业失去了以往获得高额利润的途径;很多借鉴大型卖场经营理念的“平价药房”的出现,致使一些尚未改革的传统药房出于生存目的,将家庭日用品、化妆品等原本只在超市销售的一些“高流量”商品引入药房销售。这也是借鉴国外一些企业将药房定位为“健康药房”(药品+保健品+家庭用品、化妆品)的一种经营模式。功能性化妆品(图2-4-20)选择连锁药店其市场前景如何呢?

图2-4-20 功能性化妆品

1. 优势(Strength)

(1)功能性化妆品强调专业形象　一方面,大众亟需能够提供具有医学特征、具有疗效的产品,而从专业通路上说,无论是美容院、皮肤病医院及药房等也需要具有医学效果的化妆品。

(2)消费习惯与购买层次上的互补　如今很多人进药房已不再是仅仅为了买药,保健意识的加强已吸引了很多人定期与不定期的光顾药房。

(3)化妆品消费的两大行为特点提升药店销售　一般说来,青年女性在消费上具有典型的“非理性”和“不言悔”两大行为特征。如果能准确把握并引导女性的这两大特点,对药店化妆品销售会有很大的帮助。

2. 劣势(Weakness)

(1)中国内地消费者没有到药店购买化妆品的习惯。

(2)概念缺失　什么是功能性化妆品,国内迄今并没有一个明确的定义。概念上的缺失,功能性化妆品从诞生之日起,就处于一种“名不正,言不顺”的窘境。

(3)营销落后　沿用卖药的方式,坐等消费者上门,而不是主动出击,通过宣传、折扣、促销等活动,把消费者拉进店来。缺乏相关营销经验,很大程度上限制了化妆品的销售。

3. 机会(Opportunity)

(1)市场前景广阔　药妆自登陆中国市场以来,倍受城市消费者的青睐。进口品牌占药妆市场的大部分江山,但是目前也有许多国产药妆品牌的兴起,比如同仁堂同仁本草系列、协和的药妆等。药妆从2003到2007的年平均增长率在38%左右。预计计从未来三到五年,药妆市场依然会保持30%以上的年平均增长率,这一增长率是所有护肤产品的两倍多。

（2）形象良好　药房一向给消费者以专业、严谨和值得信赖这样一种印象，找出了很多消费者选择药房作为日常必需品这一采购场所的心理依据。像一些中年以上妇女，她们采购化妆品就习惯到药房去，因为她们认为药房的东西有保障。这正是我们所要圈定的准消费群体之一。

（3）交叉覆盖，渠道互补　由于药房选址与其他超市、小卖部等选址上的不同，提供了一个空间上的通路互补可能，加大了产品覆盖面，拉大了对消费者的聚集能力。

4. 威胁（Threat）

（1）该渠道可能面临货款回流较慢的问题。由于药店一贯以来所接触的都是高利润的药品生产商，出于规避风险的目的，对供货方的付款方式普遍是滚动付款，影响资金回流。

（2）国内产品线匮乏，对大品牌过度依赖。与国外药妆品牌相比，国内企业生产的功能性不仅品种少，而且大都不成体系。几个国外大品牌，完全占据了主导地位，无论是在知名度、陈列面积、产品品种，还是最终销量上，都远远超过国内品牌。

由此可见，功能性化妆品选择连锁药店，真正发展起来，需要理清概念，需要一大批丰富的同类产品，需要有行业领军企业，需要药店扭转经营策略，从品类的组合、人员培训、货架布局、促销方式等方面全面变革，而这些远非一蹴而就。

知识链接

新形势下医药企业的营销创新

市场细分（market segments），是由美国的市场营销学家温德尔·斯密于1956年提出的一个概念，它既是市场营销学中的一个重要原则，又是一项非常有价值的技术。市场细分的概念一经提出，就受到企业界和学术界的重视，并被广泛采用。产品卖给谁和该到哪里去卖？这是企业生产产品之初就应该考虑的问题，在医药行业也不例外，如果企业对市场认识不深，营销策略不明，就可能无法释放产品的潜力，最终导致企业面临生存危机。

所谓医药目标市场，是指医药企业在市场细分化的基础上，依据企业资源和条件所选定的、准备以相应的医药产品或服务去满足其需求的一个或几个细分市场。

我国新医改必将改变医药市场的竞争格局和游戏规则，传统的营销模式正面临严峻挑战。未来医药市场的竞争取决于市场细分、品牌塑造、营销模式创新、管理提升和战略取胜等企业综合实力的较量。市场细分和目标市场选择是企业制定营销策略的基础。医药企业首先要认真分析自身的产品资源和营销能力，决定自己的产品要进入哪些区域、层级和哪类终端来进行竞争。其次要对目标市场进行SWOT分析，包括政策分析和竞争分析，明确市场定位和战略目标，进而形成有效的竞争策略。创新营销模式，调整通路结构，优化自身的资源配置，积极采取行动，主动应对时局变化。

实训一　对某一新开药店进行目标市场的选择

◎实训目的

通过案例分析，要求学生熟悉市场分析的思路和方法，掌握基于需求分析基础上进行目标市场选择及市场定位的方法，初步学会为药品零售终端选择目标市场并进行市场定位。

◎实训内容

广州二天堂大药房连锁有限公司是一家兼营西药、中成药、贵重药材、中药饮片及医疗器械、保健品、化妆品、药膳等多元化经营的大型药品零售企业。新年伊始，该公司看中了位于某大型高尚住宅区新开发的商业街的一个商铺，该商铺面积150m^2，并正面对该社区最大的超市——宏城超市。假设你作为这家新药店的店长，请根据下面所给背景资料，运用SWOT分析法对该门店进行目标市场选择及市场定位。

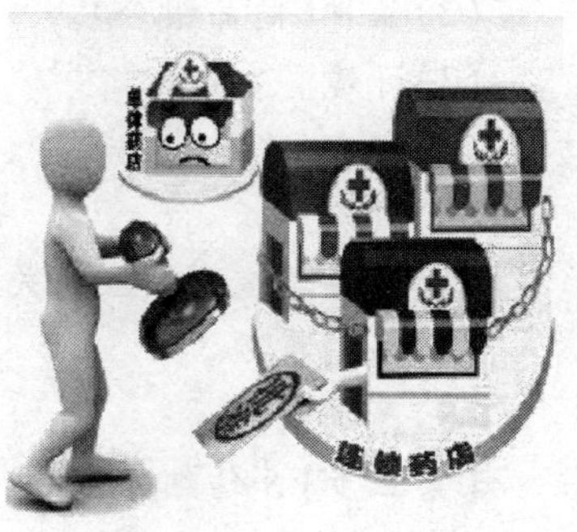

附　背景资料

某大型高尚住宅区占地面积约81万平方米，区内共有9个封闭小区和1个开放式小区。常住人口达3万余人。其中商业街周围有三个小区，一个为开放式小区。这3个小区人口密集，约1.5万人。居住人群结构特征：以白领、工薪阶层、公务员及外籍人士居多。其中家庭人口结构以三代同堂的所占比例较大，约占40%左右。但是该商圈附近已经有3家药店，分别是：B药店、C药店和D药店。

B药店：是一家在当地比较知名的连锁药店，以经营药品＋健康食品＋居家用品＋日常洗护品等商品的多元化营销模式为主，定位为“社区居民基本生活一站式购物平台”，有医保定点资格。

C药店：是一家全国知名的连锁药店，定位为平价药品大卖场。

D药店：是一家单体药店，年代最久远，以中药为特色。

二天堂大药房在这个商圈还能淘到金吗？面对3家药店的竞争，二天堂大药房应如何定位、如何搭配门店的品类呢？

◎实训准备

1. 场地准备　营销情景室及计算机室。

2. 物品准备

(1)通过互联网收集实训所需资料，并做好记录。

(2)利用卡纸、彩笔制作实训演练所需的道具。

3. 人员准备　学员分成若干小组，每组学员通过任务分配等方法共同完成实训操作。

◎**实训步骤**

【第一步】进行市场调查

1. 设计消费者选择药店及购药习惯行为调查问卷,分析消费者需求。调查内容包括以下方面。

(1)消费者信息:家庭人口结构、职业、收入等个人情况。

(2)购买药品常去的药店 。

(3)月均消费药品金额。

(4)常买药品种类。

(5)购药最关心的问题(影响选择药店的因素):价格,环境,品牌,便利性等。

2. 对竞争对手进行调查,内容包括以下方面。

(1)价格。

(2)品种(商品组合)。

(3)环境。

(4)服务。

(5)口碑。

(6)进货渠道和供应商关系。

(7)月销售额。

(8)赢利状况。

【第二步】评估细分市场。

根据对消费者及竞争对手的调查结果分析影响目标市场选择的因素,罗列本门店的优势、劣势,可能的机会与威胁。

【第三步】选择目标市场策略。

【第四步】进行目标市场定位。

◎**注意事项**

1. 运用所学理论进行分析、处理实际问题时,能提出自己的观点和处理方法,分析应具有合理性或可行性。

2. 有效收集资料,消费者调查问卷应按所需市场信息进行设计,建议采用封闭式或选择式问题提问。

实训二　对某一药品的终端市场进行目标市场的选择

◎实训目的

通过案例分析，掌握市场细分原理，以及竞争者战略，学会如何分析竞争状况，掌握目标市场选择及市场定位的方式，并由此来制定企业的相应战略。

◎实训内容

目前我国女性调经养颜市场产品丰富，主要分为以下几个板块：调经补血、调经止痛、调经止带（白带异常）、补血益气等，市场上的产品绝大多数是相似的中药配方，致使许多产品在功能上互为交叉。但由于各产品组方的不同，其在功能上又各具有侧重点。

YY药业公司是一家通过国家食品药品监督管理局《药品生产质量管理规范》（简称GMP）认证的制药企业。以治疗心脑血管的药品为基础，并逐步向眼科、外科止血、妇科用药等领域发展。其中调经养颜胶囊作为该公司的主打产品之一，公司认为调经养颜胶囊为独家产品，市场潜力大，希望能通过目标市场细分后进行产品重新定位，在竞争激烈的女性调经养颜市场中突围而出。假如你是YY药业有限公司的销售负责人，请你根据下面所给背景资料并运用SWOT分析法对该产品市场进行目标市场选择，提出该产品如何进行市场定位的合理建议。

附　背景资料

1. 产品介绍

【品名】调经养颜胶囊

【汉语拼音】Tiaojing Yangyan Jiaonang

【规格】0.5g×8粒×3板/盒

【主要成分】三七、黄芪、女贞子、地板藤、玉带草、小红参。

【性状】本品为胶囊剂，内容物为黄棕色至棕褐色粉末；味苦、涩、微酸。

【作用类别】本品为妇科月经不调类非处方药药品。

【功能主治】中医：补血益气，调经养颜。用于妇女月经不调及其所引起的痛经、面色淡暗或有暗斑。

【用法用量】口服，一次2~4粒，一日3次。

【禁忌】孕妇禁用。

【注意事项】①忌食生冷食物。②感冒时不宜服用。月经量多或患有其他疾病者，应在医师指导下使用。③平素月经正常，突然出现月经过少，或过多，或经期紊乱，或阴道不规则出血者应去医院就诊。

④治疗痛经,宜在经前3~5天开始服药,连服1周。如有生育要求应在医师指导下服用。⑤服药后痛经不减轻,或重度痛经者,应到医院就诊。⑥服药两周症状无缓解,应去医院就诊。⑦对本品过敏者禁用,过敏体质者慎用。⑧药品性状发生改变时禁止服用。⑨请将此药品放在儿童不能接触的地方。⑩如正在服用其他药品,使用本品前请咨询医师或药师。

2. 市场上主要竞争产品 月经失调会导致身体疲乏、腰酸背痛、头晕眼花、皮肤粗糙、面色萎黄或有暗斑等症状。目前市场上靠广告建立起知名度的调经产品主要包括:汇仁集团、同仁堂、陈李济等企业生产的乌鸡白凤丸;半边天药业生产的复方乌鸡口服液;宛西制药生产的月月舒冲剂;广西花红药业生产的花红片等。其中汇仁、同仁堂、陈李济生产的“乌鸡白凤丸”,以及半边天药业生产的复方乌鸡口服液具有共同的卖点诉求:调经、补血、养颜。但是,尚无主打“气血双补”的广告产品。

◎实训准备

1. 场地准备　营销情景室及计算机室。

2. 物品准备　根据背景资料所提供的竞争产品,利用报纸、杂志或互联网络等方式、手段收集竞争对手的市场策略资料。

3. 人员准备　学员分成若干小组,每组学员通过任务分配等方法共同完成实训操作。

◎实训步骤

【第一步】对市场需求及竞品进行调查。

1. 对终端消费者调查:

(1)对月经失调问题选择什么样的解决方式;

(2)对痛经的关注度;

(3)对脸部暗斑、痤疮、皮肤粗糙等症状的关注度。

2. 对竞品市场调查:

(1)各竞品的主要目标消费群体;

(2)卖点;

(3)推广政策;

(4)市场优势。

【第二步】选择目标市场。

通过对市场需求及竞品的调查分析,利用SWOT分析方法选择适合企业的目标市场。

【第三步】选择目标市场策略。

◎注意事项

1. 对终端消费者进行调查时因为需要获得大量的市场信息使市场分析更准确,应尽可能采用开放式问题访问。

2. 对竞品市场调查可直接通过药品销售终端渠道及互联网、报纸、杂志等方式进行。

3. 提炼产品卖点时应以背景资料中所提供的产品介绍为依据。

一、分析产品特征

在医药市场营销过程中，任何一种新产品上市后，在市场上的销售地位和获利能力都处于变动之中，随着时间的推移和市场环境的变化，最终不被用户采用，被迫退出市场。这种变化规律正像自然界生物的生命历程一样，由弱到强，又由盛转衰。根据医药产品生命周期理论，我们把典型的医药产品生命周期分为导入期、成长期、成熟期和衰退期四个显著阶段（表2-5-1）。

表2-5-1　医药产品生命周期各阶段特点

产品生命周期阶段	特　点
导入期	医生和患者对新药品不了解，大部分医生不愿意轻易改变原来的处方习惯，产品销量小，单位成本高 尚未建立最理想的分销渠道 广告费用和其他促销费用较大，利润很小，甚至出现亏损 这个阶段企业承担的市场风险最大，但这一阶段市场竞争者较少
成长期	消费者对新产品已熟悉，销售增长很快 建立了比较理想的分销渠道 单位成本下降，利润迅速增长，逐步达到最高峰 大规模的生产与丰厚的利润，吸引大批竞争者加入，市场竞争加剧
成熟期	产品消费普及面大，销售量和利润均达最高 同类产品不断打人市场，市场竞争激烈 销售的增长速度缓慢 潜在消费者减少，以名牌购买者增多
衰退期	产品老化问题，陷于被市场淘汰的境地 产品销售量和利润急剧下降，企业生产能力过剩日益突出 市场上以价格竞争作为主要手段，努力降低售价，回收资金 一些企业纷纷退出市场，转入研制开发新产品，一些企业的新产品已上市

二、确认产品生命周期阶段

医药企业在营销过程中，必须经常了解自己的产品正处于生命周期的哪一个阶段，以便及时制定出相应的营销策略。判断医药产品生命周期各阶段的方法大致有以下几种。

1. 曲线判断法 曲线判断法即要判断某产品的市场生命阶段，先画出产品销售量和利润随时间变化的曲线，然后将该曲线与典型产品市场生命曲线相比较，可以判断这种产品处于市场生命周期的哪一阶段（相关内容见图2-4-6、2-4-7）。

2. 类比判断法 类比判断法即参照类似产品市场生命周期曲线，来划分企业产品市场生命周期各个阶段。例如参照已退出市场药品的曲线资料来判断新打入市场的类似药品的市场发展趋势。

3. 经验判断法 经验判断法也称家庭普及率推断法。这种方法主要适用于高档耐用消费品的市场寿命周期各阶段的推测。根据经验数据，产品普及率小于5%时为导入期；普及率为5%～50%时为成长期；普及率为50%～90%时为成熟期；普及率为90%以上时为衰退期。

4. 销售增长率判断法 销售增长率判断法即对产品销售量与时间序列进行观察，以销售增长率来划分产品市场生命周期的各个阶段。

根据计算结果，增长率在0.1%～10%之间为导入期或成熟期（成熟期后期的增长率可能是零或负数）；增长率大于10%为成长期；增长率小于零则为衰退期。这种划分标准是一种典型的理想方式，并非所有产品都是如此，特别是当增长率在0.1%～10%时，要结合其他特征分析，判断产品是属于导入期还是成熟期。

5. 比例增长判断法 比率增长判断法即以销售增长率的变化率来判断产品处于市场生命周期的哪一阶段。一般来说，当销售增长率为正值时，产品处于导入期或成长期；当销售增长率为负值时，产品已进入成熟期或衰退期。

三、确定相应营销策略

1. 导入期营销策略 导入期是新产品首次上市的最初销售时期。当新药进入市场时，医药企业应建立有效的营销系统，为每一个营销组合变量制定有效策略，将新产品快速推进导入期，进入市场发展阶段。在药品导入期，企业营销的重点主要集中在促销和价格方面，一般可采用下列市场营销策略（表2-5-2）。

表2-5-2 导入期营销策略

策略名称	高价—高促销策略（快速掠取策略）	高价—低促销策略（缓慢掠取策略）	低价—高促销策略（快速渗透策略）	低价一低促销策略（缓慢渗透策略）
策略内容	即双高策略：医药企业以高价和大量促销费用来推销某种新产品，以求迅速扩大销量，取得较高市场占有率	即选择渗透策略：医药企业以高价格和低促销费用相结合推出新产品	即密集式渗透策略：以高促销费用和低价格的组合向市场推出新产品	即双低策略：医药企业以低价格和低促销费用推出新产品

续表

策略名称	高价—高促销策略(快速掠取策略)	高价—低促销策略(缓慢掠取策略)	低价—高促销策略(快速渗透策略)	低价一低促销策略(缓慢渗透策略)
策略特点	可赚取较高利润,以尽快收回开发时的投资	可使企业获得更多利润	可给企业带来最快市场渗透速度和最高市场占有率	可使产品能够比较容易渗入市场,打开销路,在取得规模经济效益同时树立起“物美价廉”良好印象
适用条件	市场需求潜力大,目标顾客求新意识强,急于购买该产品,并愿意为此支付高价。同时,产品在质量和性能上要优于同类产品或者在某些方面有独特之处	目标市场的潜力和规模有限,竞争威胁不大,大多数用户了解这种产品,适当的高价能为顾客接受	产品市场容量相当大,潜在消费者对产品不了解,且对价格十分敏感;潜在竞争比较激烈;产品的单位制造成本可随生产规模和销售量的扩大迅速下降	市场容量很大,产品适用面广;顾客对该产品很了解,促销作用不明显,但对价格敏感,需求价格弹性高;潜在竞争激烈
举例	案例:清华清茶——双高策略成为制胜法宝	如:德国拜尔公司生产的“阿司匹林”,一种专制灰指甲的特效药——“斯皮仁诺”	抗感冒药、胃药	维生素、风油精等家庭常备药

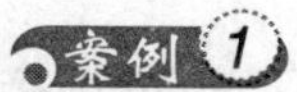

清华清茶——双高策略成为制胜法宝

清华清茶广告第一次在《北京广播电视报》亮相后,创造了京城报纸广告单期反馈的新高,清华清茶和21世纪福来传播机构的合作,开门见喜,初战告捷。“老公,烟戒不了,洗洗肺吧!”像一枚“糖衣炮弹”迅速轰炸全国,以至于被抄袭成“亲爱的老公,烟戒不了,洗洗肺吧!”等各式版本,各种沉浸多年的戒烟产品和“清咽润喉”产品如雨后春笋纷纷登场,开创出一个全新的行业经典。继北京样板市场火爆启动后,短短两个月,全国市场一发不可收,仅2002年5月27~31日,5天1400多个电话!预售产品800多盒!清华清茶成为2002年中国保健品营销的独特亮点。

清华清茶导入期的价格定位,综合考虑了以下几方面因素:一是产品本身的成本,比普通的茶叶和保健茶都要高;二是营销目标,强力开辟和占领市场空当,在消费者的心智阶梯中树立“洗肺”这一独一无二的概念,塑造清华清茶“洗肺”产品第一品牌,解决吸烟者及其关联者的共同困惑;三是目标消费特征,一旦唤起消费心理共鸣,对购买者,成本不是最大的障碍,因为吸烟的成本也是很高的,健康更重要。四是渠道因素,清华清茶的销售主渠道是药店,一方面体现专业度和信赖感,另一

方面也要留出充足的渠道利润空间，调动渠道积极性。五是市场跟风，由于该产品是中药成分的保健茶，所以从产品形态、功效、包装和诉求上都非常容易被模仿和抄袭，必须强势启动，先入为主！

清华清茶决定走一条高起点、高投入、高品质、高价位之路。以快速普及“洗肺”的消费教育，培育市场公信力，短时间内启动市场。故每盒定价 85 元(40 袋，服用 15 天)，因前期只有一种产品组合，考虑到有效服用周期，特别建议消费者每次购买 2 盒一套装(170 元)。而在实际销售中，有 60% 以上的消费者是以 2 盒为单元购买的。

小启示

导入期是产品成长关键阶段，决定着产品市场前景，这一阶段要突出“短”和“准”字。“短”即尽可能缩短导入期时间，使产品在短期内迅速进入市场；“准”即看准市场机会，正确选择新产品投入市场时机，确定适宜产品价格。

上述策略应当作为整个产品生命周期计划营销战略规则的一个组成部分，在运用过程中要根据实际情况加以选择和进行调整，不能为了短期利益而牺牲长远利益。

2. 成长期营销策略　成长期是产品生命周期中的关键时刻，此时产品已被市场接受，销售进入了向纵深发展的阶段。这一段时期市场营销的目的主要是扩大市场占有率，掌握市场竞争的主动权。具体策略见表 2－5－3。

表 2－5－3　成长期营销策略

策　略	主要内容
产品策略	狠抓产品质量，完善质量保证体系，并不断改变产品的特色、款式，改良包装和服务，争创优质名牌产品
价格策略	结合生产成本和市场价格的变动趋势，分析竞争者的价格策略，保持原价或适当调整价格。一般说来，如果企业产品有垄断性，可以采用高价销售，如申报了专利、具有自主知识产权的产品；而一般竞争性产品则可采用低价招揽顾客
促销策略	促销的重点从介绍产品转向树立企业和产品的形象，采用说服性广告，着重宣传产品的质量、性能、服务及维护方法，针对本产品的特点和销售者关心的问题，通过与同类产品的对比，显示其优势，同时加强售后服务，强化销售者的购买信心
渠道策略	巩固原有渠道，增设销售机构和网点，进一步向市场渗透，开拓新的市场领域，适应和满足广大客户的需要，促进市场份额的再度提高

成长期市场营销策略的重点突出一个"好"字,即在继续扩大生产能力的同时,进一步改进和提高产品质量,防止因产品粗制滥造而失信于顾客,设法使产品的销售和利润进一步增长,获取最大的经济效益。

3. 成熟期营销策略　对许多产品来说,成熟期持续的时间最长。因此,医药企业在产品成熟期营销的主要目的是千方百计维持甚至扩大原有的市场份额,确保市场占有率,尽量延长产品的市场寿命。具体有三种策略可供选择。

(1)市场改良策略　也称市场多元化策略,即开发新市场,寻求新用户。市场改良可以通过下述几种方式实现:①开发产品的新用途,寻求新的细分市场;②刺激现有顾客,增加使用频率;③重新为产品定位,需求新的买主。

如:美国强生公司追随处于战后生育高峰的一代人的成长历程,先后致力于婴儿用品、青年妇女用品、医药用品等,使销售量出现再循环。

红桃K开辟城市市场新举措

红桃K生血剂,70%的市场在农村。为了具有更长的市场寿命周期,避免市场下降,红桃K集团公司采取了一系列的新举措:一是加大了产品技术更新的力度,并坚持将销售收入的6%投入技术创新。他们广泛整合社会科技优势资源,产学研结合,先后与25个国际、国内一流的大学、院所、跨国企业建立了紧密的技术合作关系,并与国内的5位院士和近百名科学家密切合作;同时把企业自己的技术开发机构建成成果产业化的加速器,进行核心技术开发和技术延伸,形成大的产业。二是红桃K为了占领城市市场,根据城市消费群体的特点,向市场上推出了新包装,新包装也根据城市不同的消费群体,推出礼品装、关怀装、状元装等。在2001年5月,红桃K新包装系列隆重上市。红桃K以上海为试点探索城市销售模式,以终端药店为主,将销售通道的最后一个环节做扎实,同时通过大众媒体的广告投放强势拉动。试验之初,上海周边的销售额每月为200万元,从周边进入上海市市内后,月销售额上升到500万元。之后,红桃K又在部分大中城市进行推广,销售额均有不同程度的上升。在广州,2001年7月,红桃K的二合一豪华包装就销售200多万元。红桃K的"城市战斗"一打响,就取得了阶段性的胜利。三是为了稳定消费群体,红桃K又着手进行品牌的更新,不断地向消费者传递其产品的高科技含量的形象,同时也在努力使产品具备高科技的特性,借此拉近与消费者的距离,增加其亲和力。在品牌宣传方面,红桃K除了以市场"第一品牌"的形

象出现外，还将品牌定位为“健康、诚信、高科技”的“血健康专家”。与此同时，红桃K广告也从低空爬升到高空——以电视及大报纸为主，如中央电视台、人民日报、广州日报等。同时加大了公关广告宣传力度，如赞助2008年北京奥运会，这些举措都有力地开拓了城市补血市场。

市场在哪里，商家就该在哪里。只有不满足现状，为扩大市场经销领域，靠科技创新提升产品质量，并依据新消费群的需求，赋予产品新的包装，才能刺激消费。达到既扭转原有市场经营可能下滑的趋势，又必将通过新市场的启动而增加销售利润。

(2)产品改良策略　也称为“产品再推出”。医药产品整体概念的任何一个层次的改革都可视为产品再推出，包括开发新剂型、改变功效、更换包装、为消费者提供新的服务等。

(3)营销组合改良策略　是指通过改变定价、销售渠道及促销方式来延长产品市场成长期和成熟期。一般是通过改变一个因素或几个因素的配套关系来刺激或扩大消费者购买。例如可保持产品品质不变，通过降价从竞争者那里吸引一些顾客；也可通过扩大销售渠道，增加销售网点，调整广告媒体等达到同样目的，但这种改进一般很容易为竞争者所模仿。

成熟期医药市场策略的重点是要突出一个“改”字，即对原有的产品市场和营销组合进行改进。

4. 衰退期营销策略　当产品进入衰退期时，由于当竞争者纷纷撤离市场时，市场处于一种真空状态，如果企业能够处变不惊，认真开拓新市场，发掘新服务，终点又将成为起点。如“脑白金”向“黄金搭档”的转型。或者医药企业的决策者能当机立断，弃旧从新，及时实现产品的更新换代。此时的医药营销策略组合包括以下几方面。

(1)产品策略　缩减产品生产量，逐步有计划地撤出市场，淘汰老产品，根据新的目标市场需要，组织新产品开发和生产，力争占领新市场。

(2)价格策略　适当降低售价，但不宜不顾一切地降价，力争取得边际利润；老产品进入新的目标市场和新产品投入市场时，可根据具体情况定价。

(3)渠道策略　减少销售网点，注意加强与新目标市场的中间商联系，以开拓新市场。

(4)促销策略　在即将退出的市场中，不宜大做广告宣传，应努力降低销售费用，节省开支；在新的目标市场上要加强广告宣传，设法开拓市场，占领新市场。

衰退期医药企业营销策略的重点应抓好一个“转”字。值得注意的是，通过“大甩卖”以加速产品退出市场不是惟一策略，措施得当的企业应该是有计划地“撤”，有预见地“转”，有目标地“攻”，这才是制定医药营销策略的关键。

事实上，在某一阶段中最好的营销策略不一定是理论分析中规定的某一策略，每个企业在其具体条件下都有可能创造性地发展出独特有效的营销策略。

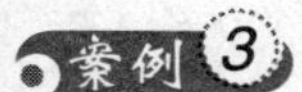

“泰勒胶囊”事件的启迪

“泰勒胶囊”是美国强生公司生产的治疗头痛的止痛胶囊，该药控制了美国35%的成人止痛药市场，每年销售额达4.5亿美元，占公司总利润的15%。1982年9月29～30日，有消息报道，芝加哥地区有人因服用“泰勒胶囊”止痛而死于氰中毒。开始报道是死亡3人，后增至7人。随着新闻媒介的传播，据说在美国各地有25人因氰中毒死亡或致病，后来，这一数字增至2000人（实际死亡人数为7人）。这些消息的传播引起约1亿服用“泰勒胶囊”的消费者的极大恐慌。民意测验表明，94%的服药者表示今后不再服用此药。该公司面临一场生死存亡的巨大危机。实际上，对回收的800万粒泰勒胶囊所做的化验，只发现芝加哥地区的一批胶囊中有75粒受氰化物的污染。但面对这一严峻局势，该公司紧急采取了以下决策。

1. 成立由公司董事长为首的七人委员会，会员中有一名负责公关的副总经理。危机初期，委员会每天开两次会，对处理“泰勒胶囊”事件进行讨论、决策。

2. 经过调查，虽然只有极少量药物（75粒胶囊）受到污染，但公司决策人毅然决定在全国范围内立即收回全部“泰勒胶囊”（在5天内完成），价值近1亿美元。同时，公司还花费50万美元通知医生、医院、经销商停止使用。这一决策表明，该公司坚守了自己的信条“公众和消费者的利益第一”，不惜做出重大牺牲以示对消费者健康的关切和高度责任感。这一决策立即受到舆论的广泛赞扬。

3. 与新闻媒介密切合作，以坦诚的态度对待新闻媒介，迅速地传播各种真实消息，无论是好消息，还是坏消息。

4. 敞开公司大门，积极配合美国公众和相关部门的调查，在5天时间内对全国收回的泰勒胶囊进行抽检，并向公众公布检查结果。

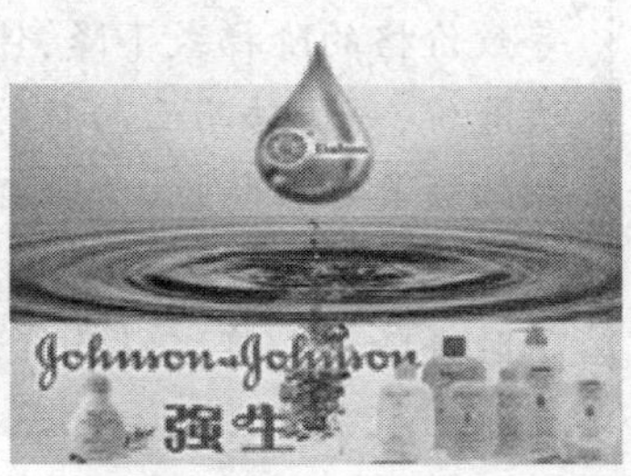

由于该公司在“泰勒胶囊”事件发生后果敢地采取了一系列正确的决策，赢得了公众和舆论的支持，使公司信誉的损失减小到最低程度。“泰勒胶囊”事件后，美国政府和芝加哥地方局发布了新的药品安全包装规定。该公司抓住这一良机，进行了重返市场的公关策划，并为“泰勒胶囊”止痛药设计了防污染的新式包装，重将产品推向市场。为此，在某著名公关公司策划下，1982年11月11日，该公司举行了大规模通过卫星转播的记者招待会。会议由公司董事长亲自主持，他感谢新闻界公正地对待“泰勒胶囊”事件，介绍该公司率先实施“药品安全包装新规定”，推出“泰勒胶囊”防污染止痛胶囊新包装，并现场播放了新包装药品生产过程录像。这次招待会发布的“泰勒胶囊”重返市场的消息传遍全国，美国各电视网、地方电视台、电台和报纸广泛报道，轰动一时。事故发生后的5个月内，该公司就夺回了该药原所占市场的70%。恢复了其事件前在市场上的领先地位，强生公司及其产品重新赢得了公众的信任。

知识链接

产品生命周期各阶段的定价策略

产品生命周期阶段定价策略是企业根据药品市场生命周期中的不同阶段的市场占有率、成本、供求关系、产品销量及产品的特点，采用不同的价格措施和定价方法，来获得最佳经济效益的价格策略。医药产品在市场生命周期所处的阶段不同，其成本、市场竞争程度、消费者的评价及需求不同，因此制定的阶段价格也不同。

1. 导入期的价格策略（也称新产品定价） 新产品定价是决定新产品能否顺利进入市场和取得成功的关键因素，新产品定价有以下几种方法（图2-5-1）。

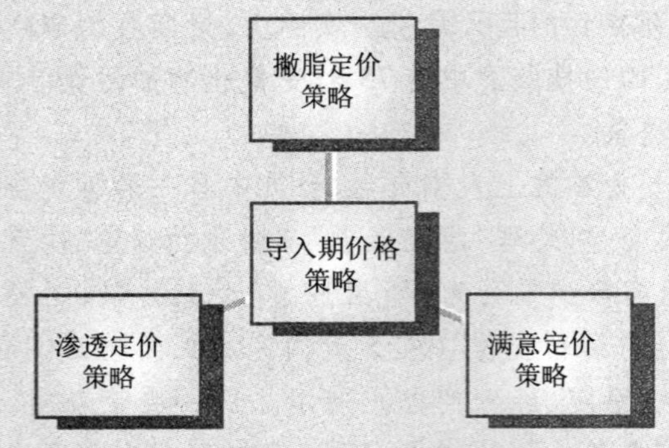

图2-5-1 导入期的价格策略

（1）撇脂定价策略 撇脂定价策略实际上是一种先高价后低价的定价策略。即在产品刚刚上市时，以高价出售尽快收回投资，以后随着生命周期的演变，再分阶段降价。采用这种策略，可使企业在短期内获尽可能多的收益。撇脂价格往往导致价格的阶梯式下降，伴随着生产能力的扩大和高收入市场部分需求的饱和，一边降价，一边转而面向新的市场。与此同时，产品的生命周期也向前推移。这种产品必须具备独特性，竞争者短期无法仿制，消费者对价格不太敏感等条件。如果企业对市场需求情况不清楚，也可以用这种定价策略探路。以高价开始，顾客接受不了时再降价。这比以低价开始造成市场脱销再提价好，给消费者留下的印象也好

得多。缺点是：新产品刚刚投放市场，如果宣传跟不上，高价往往不利于开拓市场，同时还会吸引竞争者加入。

(2)渗透定价策略　渗透定价策略跟上述方法正好相反，采取先低价投放，后涨价的策略。即在新产品进入市场初期，将价格定得尽可能低些，微利或保本无利，以全力推出商品，用最快的速度渗透进入市场，夺取市场份额，尽早取得市场支配地位，阻止竞争者进入，待打开销路后再逐步提价，所以也叫做"侵入市场定价法"。这样做的目的是为了同现有产品竞争，通过便宜价格吸引购买者，从而迅速侵入市场，获得最高的市场占有率，走在竞争者前列，建立本企业在品牌、数量上的优势。这种方法必须具备市场潜力大、潜在竞争多、价格弹性较大等特点。优点：可使产品迅速打开销路，扩大市场占有率，还可减少竞争对手，由于价低利微而使许多企业望而却步。缺点：定价过低，不利于企业尽快收回投资，甚至使消费者怀疑产品质量。当产品在市场上地位巩固后，也不容易成功地提价。

(3)满意定价策略　是介于撇脂定价策略和渗透定价策略之间的一种中间价格策略，既使消费者感到满意而接受，又使企业获得一定的利润，同时不会过多刺激竞争者。多数企业对新药采用这一策略。具体做法是：采用反向定价方法，即通过市场调查或征询分销渠道的意见，估计消费者容易接受的零售价格，然后反向推算出厂价。

2. 成长期的价格策略　新产品经过一段时间的推广和销售，逐渐为市场所接受，销售量上升。这个时期企业所采用的阶段价格策略是目标价格策略。目标价格是企业完成一定目标利润而制定的价格。企业应利用成长期的有利机会，适当提高目标利润水平，加速实现企业利润，到产品进入销售困难时期，企业就有了降价促销的保证和潜力，从而保证企业生产经营目标的实现。

3. 成熟期的价格策略　产品进入成熟期的标志是竞争者的大量涌入、销量增长减慢并开始走下坡路。这一阶段价格策略以竞争为核心，维持和扩大企业产品市场占有率，保持竞争优势和稳定的利润收入，因此通常采用的价格策略是降价销售。当然降价的前提是生产成本的降低，通常成本越低，价格的竞争力就越强，在价格的竞争中取胜的可能性就越大。

注意：企业在降价时需注意的是根据产品需求价格弹性的大小把握好降价的幅度：不能太小，太小不足以引起消费者的注意，也构不成对竞争对手的威胁；当然也不能太大，太大可能使企业没有利润。

4. 衰退期的价格策略　企业在产品衰退期的价格，要尽量使企业在保本微利的基础上，将产品全部销售出去，避免积压，发挥产品对企业的最后的贡献作用。因此，这一阶段主要采用维持价格或驱逐价格的策略。

(1)维持价格策略　是指在产品进入衰退期时不是大幅度的削价，而是基本保持原有价格水平的策略。这样做不至于恶化在消费者心目中的形象，可最大限度发挥产品在最后阶段的经济贡献。

(2)驱逐价格策略　也称歼灭价格,指产品在进入衰退期时采用最低价格,阻止企业产品销售量的下降,将竞争者逐出市场的策略。驱逐价格一般不含利润,有时可以直接以平均变动成本作为最低经济界限来定价。

实训　模拟案例分析:产品生命周期分析

◎实训目的

产品生命周期理论是医药市场营销中非常重要的一部分内容。通过实训,能根据医药产品生命周期各阶段的特点,结合产品生命周期各阶段的营销策略,对医药市场上出售的商品进行产品生命周期的分析。

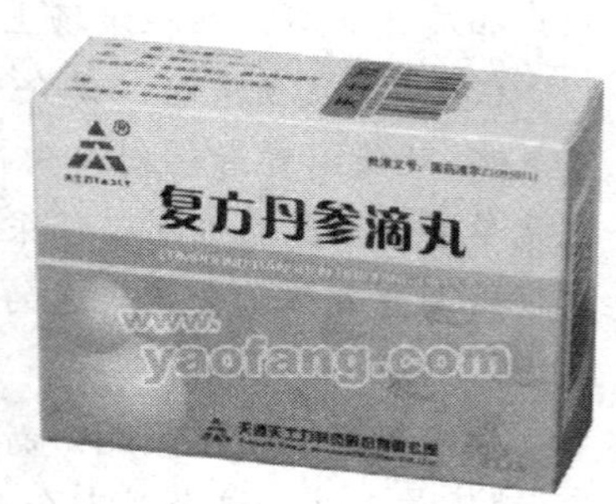

◎实训内容

贵州百灵制药是近几年来迅速崛起的新锐制药企业之一。随着咳速停、泻停封等品牌的高空传播,"贵州百灵"的名字已迅速传遍大江南北,其新产品开发和推广策略也成为了业界广为关注的热点。假设你是该公司的销售部经理,请根据下面所给背景资料的内容,带领你的团队对天士力牌复方丹参滴丸的生命周期进行分析,确定该产品所处的生命周期阶段,并制定本公司新产品相应的营销策略。

附　背景资料

贵州百灵制药股份有限公司自1996年10月由原贵州安顺制药厂以产权整体转让方式改制以来,牢牢植根于胡锦涛总书记亲手创建的"多种经济成分共生繁荣改革试验区"——安顺,在经过几年的经营后企业取得了长足的发展,年平均复合增长率始终保持在20%以上。目前,贵州百灵已成为国内苗药龙头企业之一,2003年总投资超过1亿元的GMP医药工业园投产,为公司成为国内苗药产业化重要研发生产基地进一步巩固重要地位。然而,在声名远播的同时,贵州百灵也陷入了产品线单一、核心竞争力缺乏持续支撑的尴尬局面。为此,从2004年开始,贵州百灵借助各方的力量,对整个市场营销进行了全面的反思和相应的调整,并制定了第二次腾飞的战略规划,旨在打造贵州百灵的持续竞争力,实现企业第二次跨越和更高层次的发展。本着"要做就做大药","要做就做最好"的原则,贵州百灵首先确立了市场提升方略:通过新产品的成功营销,整合贵州百灵的核心资源,带动企业的第二次腾飞。

在新产品选择上,他们坚持"做大药"原则。所谓"大药",贵州百灵定义是:市场大、消费需求紧迫、没有明显季节性变化的产品。从这个定义出发,贵州百灵首先瞄准了用于心脑血管疾病治疗的银丹心脑通软胶囊。理由是:心脑血管疾病发病率高,目前市场上没有垄断性产品,市场需求旺盛且紧迫,发病季节性也不明显,这应该是最合适做"大药"的一个品种。同时,银丹心脑通还具有配方独特(国内第一个使用三味君药配伍的产品）、功效明确（生产批文中的功效全面而具体）、剂型科技含量高（软胶囊）等特点。在这一战略思想指导下，贵州百灵药业市场营销部开始了有计划的市场调研、产品定位等一系列工作。在调研过程中，贵州百灵市场调研人员发现心脑血管药物市场是一个完全竞争市场。目前市面上的300多种心脑血管产品中，营销排名居前3位的产品的年销售总额不足心脑血管类药物销售总额的10%。因此，对于想做"大药"的产品来说，该市场充满机遇与诱惑。其中天津天士力牌复方丹参滴丸在该市场中独占鳌头。

◎实训准备

1. 场地准备　营销情景室。

2. 物品准备　案例背景资料若干，收集资料若干，笔，空白报告纸。

3. 人员准备　学员分成若干组，4～6人为一组，每组选一人为组长。

◎实训步骤

1. 按小组由组长分配各自的成员在规定时间内完成下列因素的分析、调查：企业的目标、营销组合中的其他要素、顾客需求、竞争、政策法规等。要求分析全面、正确。

2. 根据调查分析的结果，结合产品生命周期各阶段的确认方法，由各小组成员共同讨论，确定该产品的生命周期阶段，归纳该产品在本阶段的特点。

3. 根据上述内容，在组长带领下共同讨论制定本小组的新产品营销策略。要求科学、合理。

4. 组织交流，每小组由代表阐述本小组实训实施的过程及最后制定的营销策略。

◎注意事项

1. 实训前一周要布置实训任务，学员必须进行广泛的调研，收集资料，这样最后的分析结论才有据可依。

2. 在实训过程中，组长要起到带头作用，人员分工要合理，充分地调动学员参加实训的积极性。

3. 在产品生命周期阶段的分析中，要牢记产品生命周期各阶段的特点，使分析结果更加准确。

4. 制定新产品营销策略时主要从市场分析、产品定位、渠道选择、市场推广等几个方面考虑。

项目六 医药商品调价

一、解读调价政策

调价政策是指政府价格主管部门或企事业单位根据市场或社会运行情况的变化，对相关商品的价格做出调整的规范性指令。药品的调价政策由政府价格主管部门制定，并以公文形式下发至各有关单位。连锁药店总部或医疗机构的药剂科在规定范围内，可以自行制定调价政策。医药商品的调价原因有以下两方面(4 种形式)构成(图 2－6－1)。

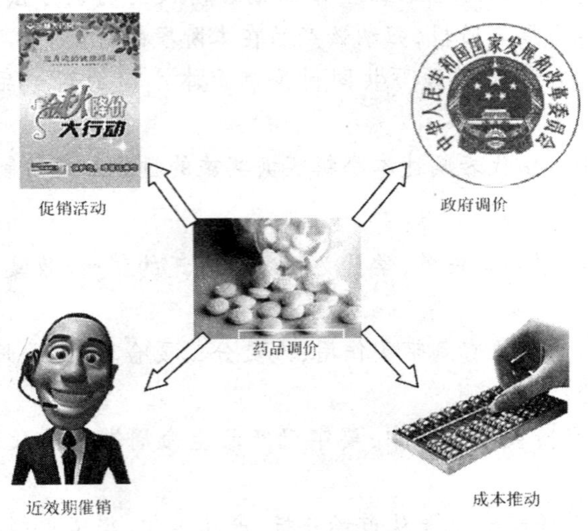

图 2－6－1　药品调价原因

(一)内部原因

1. 促销活动　药店利用节假日、季末或周年店庆等时机对医药商品采取降价的促销方式来提高销量，获取商业利益。中医门诊部在冬令时节举办膏方节，并对膏方进行降价销售，吸引社区中老年病人，体现医疗机构的社会责任。

2. 近效期催销　药店的电子 GSP 系统设有药品近效期自动报警程序，对库房所储存药品的有效期实施动态监控。对于近效期的药品，库房的药品养护员按月汇总、生成“近效期药品催销表”，传递至销售部门。销售部应按“近效期药品催销表”所列内容，及时组织销售，并对药品采取降价方式帮助促销，以避免药品过期造成经济损失。

(二)外部原因

1. 政府调价　对于实行政府定价、政府指导价的药品，政府价格主管部门会依据《中华人民共和国价格法》，统筹考虑社会平均成本、市场供求状况和社会承受能力的变化对药品价格做出相应的调整。因此，药店或医疗机构必须根据政府价格主管部门的指示，进行调价操作。

2. 成本推动　迫于原材料价格、生产成本或流通费用等上涨的压力，药店或医疗机构可以对有关的医药商品采取涨价的方式来维持正常的运营。医药商品的涨价不得与政府物价管理部门的规定冲突。

药店或医疗机构的有关人员在解读调价政策时，应该从经济效应和社会效应两个方面来考虑。经济效应体现在企业销售水平，财务状况和研发能力等的改变。社会效应体现在健康水平，价值观念和安全稳定方面的改变。

国家发展和改革委员会文件

发改价格[2010]2829 号

国家发展改革委关于降低头孢曲松等

部分药品最高零售价格的通知

各省、自治区、直辖市发展改革委、物价局：

根据《药品政府定价办法》及有关政策规定，在进行成本价格调查、专家评审和广泛听取有关方面意见基础上，我委决定降低头孢曲松等部分药品价格。现将有关事项通知如下：

一、降低头孢曲松等单独定价药品最高零售价格（详见附表一）。有关品种其他规格的价格，由各省、自治区、直辖市价格主管部门按照《药品差比价规则（试行）》及有关规定制定。

二、各医疗卫生机构、社会零售药店及其他药品生产经营单位销售相关药品的价格不得超过这次公布的价格。

三、鉴于个别品种已停止生产或进口，取消其价格（详见附表二）。默沙东公司生产的辛伐他汀不再实行单独定价，执行统一价格；西南药业股份有限公司生产的头孢唑啉钠注射剂作为原研制药品的相关条件已改变，取消其单独定价资格。

四、上述规定自 2010 年 12 月 12 日起执行。

附表：部分单独定价药品最高零售价格表

国家发展和改革委员会

二〇一〇年十一月二十九日

图 2－6－2　药品调价通知

例如,近年来,关注民生问题是党和政府执政兴国的一项重要课题。政府价格主管部门对药品采取一系列降价措施来减轻居民医疗成本的负担(图2-6-2、表2-6-1)。通过对发改价格[2010]2829号文件的解读,药店或医疗机构应该对国家发展和改革委员会的调价政策作如下理解。

(1)国家发改委发布了降低头孢曲松等部分药品最高零售价格的通知,取消部分外企药品的单独定价权,执行统一价格。此次涉及降价的药品主要集中于外资及合资药企,内地企业相对较少些。

表2-6-1 部分单独定价药品最高零售价格表(简)

序号	定价序号	药品名称	剂型	规格	企业名称	零售单位	最高零售价	备注
1	7	阿莫西林	胶囊	250mg×2	香港美澳	盒(瓶)	13.7	
2	7	阿莫西林	胶囊	250×30	香港美澳	盒(瓶)	17.0	
27	26	头孢呋辛	片剂	250mg×6	葛兰素	盒(瓶)	47.3	
28	26	头孢呋辛	注射剂	750mg	葛兰素	瓶(支)	33.5	
74	117	氟康唑	胶囊	150mg×1	辉瑞公司	盒(瓶)	50.5	
75	117	氟康唑	胶囊	50mg×7	辉瑞公司	盒(瓶)	142	
143	802	依那普利	片剂	10mg×10	默沙东	盒(瓶)	14.7	
144	802	依那普利	片剂	5mg×10	默沙东	盒(瓶)	8.7	
…	…	……	……	……	……	……	……	

(2)此次调价的药品品种局限于基本药物目录范围,且以原研药为主,其次为首仿药品种,涉及企业多为外资和合资药企,这符合当前外资和合资药企占主导的原研药产业格局。同时此次调价,外资药企"超国民待遇"面临终结,市场竞争日趋公平。

(3)此次降低部分单独定价药品的最高零售价格,涉及抗生素、心脑血管等十七大类药品。调整后的价格比现行规定价格平均降低19%,预计每年可减轻群众负担近20亿元,体现党和政府关心民生,减轻居民医疗负担的坚强决心。

二、执行调价

(一)药店调价(图2-6-3)

连锁药店物价部门接到上级部门调价通知组织学习,并解读调价政策。核价员复核

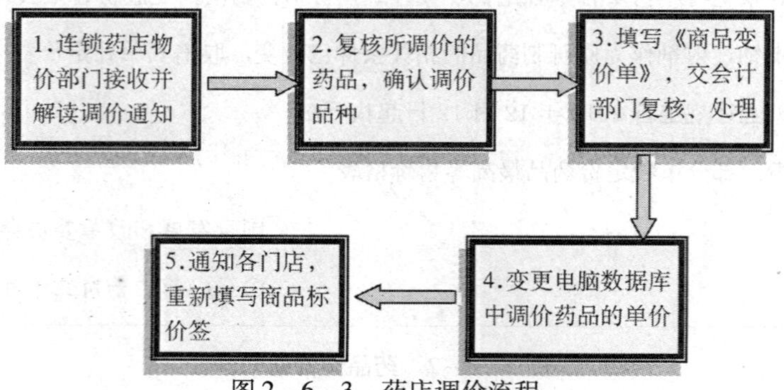

图2-6-3 药店调价流程

所需调价的药品，最终确认调价药品的种类。物价员填写《商品变价单》交会计部门复核并进行账务处理，然后更新电脑数据库中的药品的单价。随后，物价部门通知各门店重新填写商品标价签。

(二)医疗机构调价(图2-6-4)

医疗机构的药剂科接到上级调价通知后解读调价政策，并制定具体调价措施，药库保管员复核需要调价的药品，并作出最终的确认。药库会计填写《药品变价单》并交药库保管员核对。药库会计将新药价输入电脑数据库，并通知调剂部门。调剂部门按照新药价对医师开具的处方进行划价。

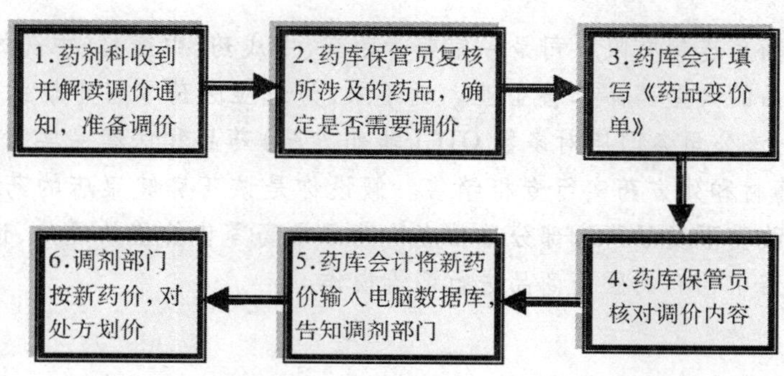

图2-6-4 医疗机构调价流程

药品降价对医药企业的影响

药品降价对医药企业主营业务的影响主要体现在三个指标：毛利率、主营业务收入和主营业务利润。药品降价会使得医药企业的主营业务利润下降。医药企业必须进一步扩大目标市场，提高销售量，"以量补价"来弥补降价带来的利润损失。医药企业改变集中于一、二线城市的现状，将药品推向三、四线城市以及基层医疗市场。从而使得广大的三、四线城市，甚至农村地区的医疗水平进一步提高。另一方面，医药企业也能选择加大非主营业务的经营，实现企业多元化经营战略，从而抵消降价带来的不利影响。

药品降价抑制企业盲目发展普通仿制药，推动了新药要具有较高科技含量药品的发展。一些低水平重复建设的医药企业由于得不到正常的利润而面临淘汰，而优质的医药企业通过技术创新，优化管理形成品牌效益和规模效益，竞争能力也会大大增强。这对优化经济资源配置，促进医药企业改革，促进医药市场发展起到了良好的推动作用。

实训 医药商品调价流程

◎实训目的

医药商品调价是医药企业经营过程中常见的一项业务。通过实训,使学员掌握医药商品调价的操作流程。

◎实训内容

养生堂大药房连锁有限公司是一家兼营西药、中成药、中药材、中药饮片及保健品等超千种医药商品的大型药品零售企业。近年来,为适应医药零售市场的变化,不断满足消费者的需求,该公司各门店对多数OTC(非处方药)药品和保健品实行开架售货,少数OTC药品、中药材和处方药实行专柜销售。假设你是该药房健康店的药品销售人员,近日获悉国家发改委下发了降低部分单独定价药品最高零售价格的通知,请根据下面所给背景资料对门店中已有的医药商品进行调价操作。

附　背景资料

上海市物价局转发《国家发改委关于降低部分单独定价药品最高零售价格的通知》的通知

各区(县)物价局,各相关单位:

现将《国家发展改革委关于降低部分单独定价药品最高零售价格的通知》(发改价格〔2009〕2829号)转发给你们,请依照执行。根据国家发展改革委文件要求并结合我市情况,现将有关问题补充通知如下:

一、附表中未列的同种药品其他规格,各有关医疗机构或生产经营单位要在12月底前将有关资料上报到市物价局,其最高零售价格由我局根据《药品差比价规则(试行)》核定公布。

二、本次降低后的药品价格(具体品种和价格附后),为本市医院、药房及各药品经营单位的最高零售价格,各医疗卫生机构、社会零售药店及其他药品生产经营单位应严格执行国家有关药品调价规定,不得擅自突破规定的零售价格。

三、本次降价药品的品种规格、产地(生产企业),限于表中所列的品种规格及产地(生产企业)。

四、本市有关药品经营单位,要严格执行药品降价规定,各级物价检查部门要加强对药品价格的监督检查,对违反降价规定的行为应严肃查处。

五、上述药品降价自即日起执行。

附表:部分单独定价药品最高零售价格表(简)

上海市物价局

二〇一〇年十二月二十九日

表 2-6-2 部分单独定价药品最高零售价格表(简)

序号	定价序号	药品名称	剂型	规格	企业名称	零售单位	最高零售价	备注
…	…	……	……	……	……	……	……	
38	35	头孢曲松	注射剂	0.25g	罗氏公司	瓶(支)	24.40	*
39	35	头孢曲松	注射剂	1g	台湾泛生	瓶(支)	38.80	*
40	35	头孢曲松	注射剂	500mg	台湾泛生	瓶(支)	22.80	
41	60	阿奇霉素	片剂	250mg×6	辉瑞公司	盒(瓶)	72.30	*
42	60	阿奇霉素	片剂	250mg×4	辉瑞公司	盒(瓶)	48.90	
…	…	……	……	……	……	……	……	
140	801	卡托普利	片剂	12.5mg×20	中美上海施贵宝	盒(瓶)	22.10	*
141	801	卡托普利	片剂	12.5mg×100	中美上海施贵宝	盒(瓶)	104.00	
…	…	……	……	……	……	……	……	

养生堂大药房连锁有限公司总部在接到上述药品调价通知后,根据企业自身经营状况及企业的发展战略,拟定部分单独定价药品零售价清单(表 2-6-3)。

表 2-6-3 部分单独定价药品零售价清单(简)

序号	定价序号	药品名称	剂型	规格	企业名称	零售单位	原价(元)	现价(元)	备注
…	…	……	……	……	……	……	……		
38	35	头孢曲松(罗氏芬)	注射剂	0.25g	罗氏公司	瓶(支)	32.50	22.40	*
39	35	头孢曲松(泛生舒复)	注射剂	1g	台湾泛生	瓶(支)	47.00	35.80	*
40	35	头孢曲松(泛生舒复)	注射剂	500mg	台湾泛生	瓶(支)	33.60	22.80	
41	60	阿奇霉素(希舒美)	片剂	250mg×6	辉瑞公司	盒(瓶)	188.00	69.50	*
42	60	阿奇霉素(希舒美)	片剂	250mg×4	辉瑞公司	盒(瓶)	94.00	46.50	
…	…	……	……	……	……	……	……		
140	801	卡托普利(开博通)	片剂	12.5mg×20	中美上海施贵宝	盒(瓶)	34.00	22.10	*
141	801	卡托普利(开博通)	片剂	12.5mg×100	中美上海施贵宝	盒(瓶)	175.00	101.20	
…	…	……	……	……	……	……	……	……	…

◎**实训准备**

1. 场地准备　营销情景室。

2. 物品准备

(1)背景资料中涉及到的上海市物价局转发《国家发展改革委关于降低部分单独定价药品最高零售价格的通知》的通知，部分单独定价药品最高零售价格表(简)和 部分单独定价药品零售价清单(简)若干。

(2)空白《商品变价单》(表2-6-4)、空白医药商品变价标价签(图2-6-5)若干，部分医药商品的原标价签(图2-6-6)。

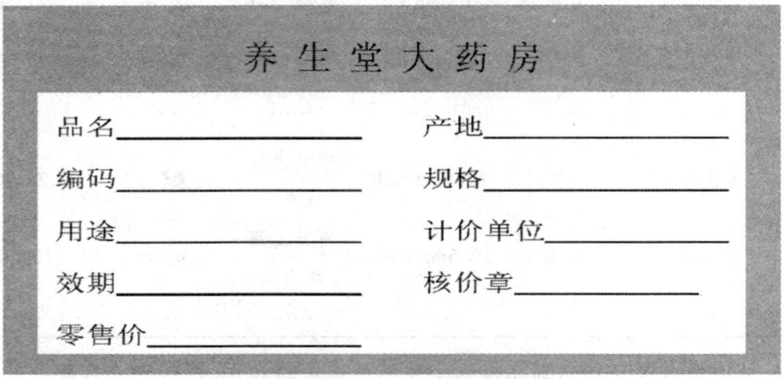

养生堂大药房

品名＿＿＿＿＿＿＿＿　产地＿＿＿＿＿＿＿＿

编码＿＿＿＿＿＿＿＿　规格＿＿＿＿＿＿＿＿

用途＿＿＿＿＿＿＿＿　计价单位＿＿＿＿＿＿

效期＿＿＿＿＿＿＿＿　核价章＿＿＿＿＿＿

零售价＿＿＿＿＿＿＿

图2-6-5　医药商品空白标价签

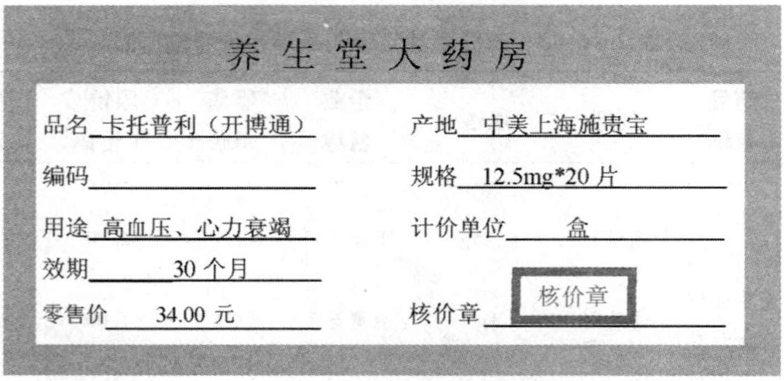

养生堂大药房

品名 卡托普利（开博通）　产地 中美上海施贵宝

编码＿＿＿＿＿＿＿＿　规格 12.5mg*20片

用途 高血压、心力衰竭　计价单位 盒

效期 30个月

零售价 34.00元　核价章 核价章

图2-6-6　医药商品原标价签

(3)医药经营相关印章若干(图2-6-7)。

(4)蓝色或黑色的水笔若干支。

3. 人员准备　学员分成若干项目小组，每组学员通过角色扮演等方法共同完成实训操作。

◎**实训步骤**

1. 根据所给降价通知仔细核对属于调价范围的医药商品的产地、生产厂家，规格，剂型等信息与调价通知所示内容是否相符，最终确认有关医药商品是否需要调价。

2. 根据连锁医药公司办公自动化发布的药品零售价清单再次确认需要调价的商品信息及调价幅度的大小。

图 2-6-7 医药经营相关印章

表 6-4 养生堂大药房连锁有限公司商品变价单

门店　　　　　　　　　　　　　　　　　　　　　　　　　年　　月　　日

药品名称	规格	单位	库存数量	原售单价	新售单价	加或减	单位差价	增加金额					减少金额				
								千	百	十	角	分	千	百	十	角	分
合计																	

变价通知文号　　　日期　　月　　日　　　本页增加(减少)差额

主管　　　会计　　　复核　　　实物负责人　　　制单

3. 填写《商品变价单》,通知销售人员变价事项。
4. 根据《商品变价通知单》内容填写《医药商品标价签》(图 2-6-8),盖“核价章”。

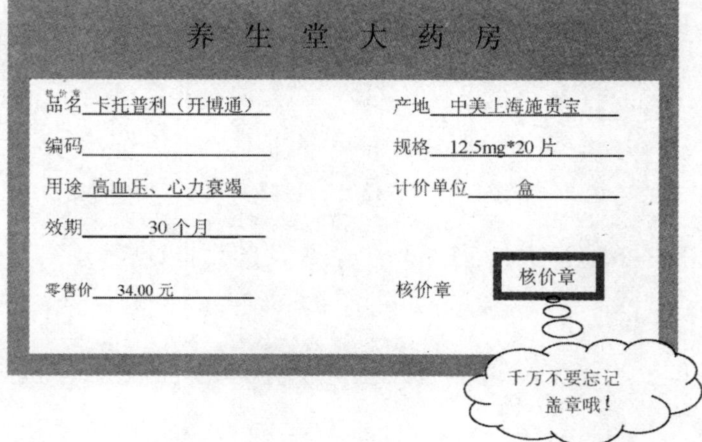

养 生 堂 大 药 房

品名 卡托普利(开博通)　　产地 中美上海施贵宝

编码　　　　　　　　　规格 12.5mg*20 片

用途 高血压、心力衰竭　　计价单位 盒

效期 30 个月

零售价 34.00 元　　　　核价章 核价章

图 2-6-8 新医药商品标价鉴

5. 核对标价签中所填药品价格，更换牌价。

6. 按新金额填写营业日报表（略），变更账面库存金额（略）。填完后由会计部门复核并确认。

7. 变价凭证整理归档。

8. 正常营业。

◎注意事项

1. 如果各连锁药店电脑与公司联网，则调价医药商品电脑里的价格总部会更新；如果各连锁药店电脑与公司没有联网，则需要门店手动更新库存商品价格。

2. 在填制《商品标价签》时，如果医药商品价格上调，应该重新打印新标价签，撤除原标价签，以免顾客购买医药商品时产生抗衡心理；如果医药商品价格下调，除了重新填写新标价签之外，也可以将新的售价打在原标价签上，通过新旧价格的鲜明对比，达到刺激消费者购买欲望，使其产生购买行为的目的。

3. 门店陈列药品最好使用药品专用标价签，而且要规范填写各项内容。包括药品名称、规格或等级、剂型、质量层次、零售价、用途、效期、核价、计价单位、产地等。

4. 在标价签的“核价”栏中必须要盖“核价章”。这是物价局对标价签的要求，只有盖“核价章”的药品才可以上架。

5. 在未接到正式调价通知之前，销售人员不得以任何理由自行调价。

6. 医药商品的价格变动必然会引起消费者的关注，因此，作为零售药店的销售人员应该及时与沟通顾客，协助公司做好调价的相关工作。

项目七 医药商品促销方案的制定

一、选择促销方式

在医药企业的促销中，广告宣传、营业推广（又称销售促进）、公共关系、人员推销四种方式各有其优缺点，为了能够取长补短，充分发挥各种促销方式的作用，医药企业必须将以上四种促销方式充分结合起来，相互补充，综合运用，从而发挥最好的促销效果。医药企业对促销方式的选择可以概括为以下几个方面。

（一）医药企业要根据促销目标来选择促销方式（表 2－7－1）

在不同的营销阶段，为了适应市场营销活动的变化，要求医药企业制定不同的促销目标。因此，医药企业要根据不同的促销目标，选择不同的促销方式和促销组合。

表 2－7－1 根据企业促销目标选择促销方式

促销目标	促销方式
快速提高公众对企业及其产品的认知度	以公共关系和广告为主，其他促销方式为辅
增加销量，提高企业产品市场占有率	以营业推广和广告为主，其他促销方式为辅
巩固市场，加强客户关系	以人员推销和公共关系为主，其他促销方式为辅

（二）医药企业要根据市场条件来选择促销方式（表 2－7－2）

表 2－7－2 根据市场条件选择促销方式

市场条件	促销方式
目标市场规模很大、范围很广	以广告为主，其他促销方式为辅
目标市场规模较小、范围较窄	以人员推销为主，其他促销方式为辅

（三）医药企业要根据经营产品的性质来选择促销方式（表 2－7－3）

对于不同性质的医药产品，客户具有不同购买习惯和购买行为。因而，医药企业所采取的促销方式也应该有所差异。

表 2－7－3 根据产品性质选择促销方式

产品性质	促销方式
非处方药	以广告为主，以营业推广和公共关系为辅
处方药	以人员推销为主，以广告和公共关系为辅
原料药	主要依靠人员推销

(三)医药企业要根据产品的市场生命周期来选择促销方式(表2-7-4)

表2-7-4　根据产品市场生命周期选择促销方式

产品市场生命周期阶段	促销方式
导入期	需要对产品进行广泛的宣传,以提高产品的知名度,这时促销使用广告和公共关系为主,辅以营业推广,效果较好
成长期	企业广告和公共关系仍需加强,但要注意在促销中要强调产品特点,同时使用一些人员推销的方式。在这一阶段,可适当减少营业推广的使用
成熟期	产品竞争者增加较多,企业应该增加营业推广的使用,同时加强广告促销,以求突出企业声誉,稳定和拓展产品市场
衰退期	企业应针对老顾客,主要采取营业推广的方式,同时使用提示性广告,来增加产品销售

(四)医药企业要根据促销预算的多少来选择促销方式(表2-7-5)

医药企业无论开展哪种形式的促销活动,都需要支付一定的促销费用。每个医药企业用于促销活动的费用都是有限的。因此,企业在选择促销方式时,还应该根据自己企业的实力的强弱,资金的多少,然后根据每种促销方式的耗费多少,并结合促销效果,选择相应的促销方式。

表2-7-5　根据预算选择促销方式

预算条件	促销方式
企业实力强,资金雄厚,预算充足	可以选择促销效果较好,但耗费资金较多的人员推销和广告
企业实力较弱,资金缺乏,预算不足	可以结合企业条件选择耗费资金较少的公共关系和营业推广

二、制定促销方案

在医药企业的促销活动中,要取得预期的促销效果,就必须制定详尽的促销方案,并不断根据实际情况调整和修正方案。促销方案制定的正确与否,直接关系到促销活动的成功。一份完整、详尽的企业促销方案主要包括以下几部分:促销活动的目的;促销活动主题和对象;促销活动宣传口号或广告词;促销活动的时间、地点;促销活动的内容;执行促销活动人员;促销活动准备物资;促销经费预算;促销活动注意事项等内容(图2-7-1)。

(一)促销活动的目的

在医药企业营销过程的不同阶段,企业的促销活动有不同的目标或目的。开展这次活动的目的是处理库存,是提升销量,是打击竞争对手,是新品上市,还是提升品牌认知度及美誉度?只有目的明确,才能使促销活动有的放矢。因此,医药企业在组织、策划每一次促销活动时,都必须明确这次活动的目的或目标。例如,在新药上市时,企业促销活动的主要目的就是使消费者尽快地、广泛地了解、认识自己的新产品,为以后产品大范围

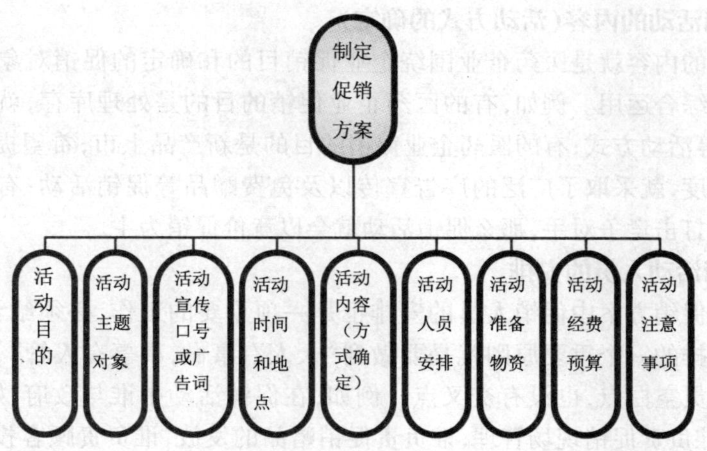

图 2－7－1 促销方案的制定

推广打下基础。

(二)促销活动的主题和对象

围绕着本次促销活动的目的,医药企业还要设计一个活动主题。活动主题是活动目的的具体表现。再好的促销活动,只有做到能够吸引消费者参加,才能达到促销目的。活动主题就像活动请柬,关系到能否吸引顾客光临,只有宾客来了,酒宴才有意义。同时,促销活动对象的确定也至关重要。本次促销活动针对的是目标市场的每一位消费者还是某一个特定的消费群体,哪些消费者是促销活动的主要对象,哪些消费者是促销活动的次要对象。这些选择的正确与否直接影响到促销活动的最终效果。例如,某医药零售企业在重阳节期间,以老年健康为主题,组织了为六十岁以上老人免费赠送保健品的活动,就吸引了大批老年消费者参与,取得了较好的促销效果。

(三)促销活动的宣传口号或广告词

医药企业促销活动要通过凝练的一句话,把主题的含义传递给消费者,吸引消费者参与。这一句话就是促销活动的宣传口号或广告词。促销活动的宣传口号或广告词的含义不仅仅局限在吸引消费者方面,它往往也是企业经营观念的真实体现,对消费者有着巨大的影响作用。例如,吉林修正药业在广告促销中的广告词:“做良心药,做放心药”。这句话的意义就超越了广告词本身,成为百姓们的一个心灵共鸣,也成了行业的一个集体规范。

(四)促销活动的时间和地点

促销活动的时间选择得当会事半功倍,选择不当则会费力不讨好。在时间上尽量让消费者有空闲参与,在地点上也要让消费者方便,而且要事前与城管、工商等部门沟通好。不仅开展促销活动的时机和地点很重要,持续多长时间效果会最好也要深入分析。持续时间过短会导致在这一时间内无法实现重复购买,很多应获得的利益不能实现;持续时间过长,又会引起费用过高而且市场形不成热度,并降低顾客心目中的身价。例如,很多企业喜欢把促销活动的时间定在消费者空闲时间较多的节假日,地点定在客流量较大的商业繁华区,促销效果都比较好。当然,促销活动时间、地点的选择也要考虑企业及产品的特点,具体情况具体分析,综合各种因素进行选择。

（五）促销活动的内容（活动方式的确定）

促销活动的内容就是医药企业围绕企业促销目的和确定的促销对象而选择合适的促销方式加以综合运用。例如，有的医药企业促销的目的是处理库存，就采取了降价促销、买一赠一等活动方式；有的医药企业促销的目的是新产品上市，希望提升产品品牌的知名度和美誉度，就采取了广泛的广告宣传以及免费赠品等促销活动；有的医药企业促销的目的是为打击竞争对手，那么促销活动就会以竞价促销为主。

（六）促销活动人员的安排

医药企业促销方案中促销人员的安排也是一项重要的工作，必须给予足够的重视。促销人员的安排的一个重要原则就是要做到“人人有事做，事事有人管”，使促销活动过程中既没有人员空白点，也没有交叉点。例如，在促销活动中谁与政府、媒体沟通，谁负责文案写作，谁负责促销现场管理，谁负责促销赠品的发放，谁负责顾客投诉？等等。必须做到职责分工，明确到人。促销活动的各个环节都要考虑清楚，否则就会临阵出麻烦，顾此失彼。促销方案中最好能够制定出一份详尽的人员分工表。

（七）促销活动准备物资

促销活动中需要大量的促销物资做保证。在物资准备方面，要做到事无巨细，大到车辆，小到一颗螺丝钉，都要罗列出来，制订一份详尽的物资清单，然后按单清点，准备到位。做到有备无患，万无一失。

（八）促销活动经费预算

没有利益就没有存在的意义。对促销活动的费用投入和产出应作出预算。促销活动预算的主要包括：物品的准备、人员的费用、协调各方关系、广告宣传费用等等。在制订企业促销预算是一定要坚持量入而出的原则，尽量做到少花钱，多办事。降低企业促销成本，提高企业经济效益。

（九）促销活动注意事项

促销活动注意事项，主要是指意外情况的防范。每次促销活动都有可能出现一些意外。比如政府部门的干预、消费者的投诉、甚至天气突变导致户外的促销活动无法继续进行等等。必须对各个可能出现的意外事件作必要的人力、物力、财力方面的准备。

总之，促销方案制订要尽可能周全、详细、具体。越详细具体越便于操作实施。

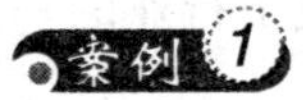

某医药药品超市店国庆节促销活动策划方案

一、活动背景及活动目的

某药品超市是某医药连锁公司第一家、也是最大的药店，人员素质比较优秀；地理位置十分优越，处于某市最为繁华的闹市区；周边居民以本地居民为主，对价格比较敏感；市场成熟度比较高，对营销手段的刺激度相对比较迟钝。

某药店是某医药连锁公司新开的一家药店，刚刚进行了开业大型促销活动和中秋简单促销活动。消费者前期所购买的营养品和保健品应该没有被消化完毕，活动对消费者的刺激性应该不会很强。但鉴于上次活动期间，重复购买性比较强，来客总人数并不多的实际情况，也有一定的市场拓展空间和可能。

为拓展和进一步稳定药品超市和某店在当地商圈中的市场形象，传递药品超市在经营品类上的变化，同时，根据国庆节走亲访友、外出旅游较多的特点，特制定本促销活动策划方案。

二、活动时间及地点

时间：2010 年 10 月 1 日 ~10 月 7 日，共计 7 天。

活动门店：药品超市、某药店。

三、活动主题

主题："国庆聚惠，七喜临门"（图 2－7－2）。

图 2－7－2　药店国庆促销

四、活动主要对象

本医药连锁公司目标市场的所有消费者。

五、活动主要内容

1. 来就送，百样奖品任你猜！

活动期间，每天前 100 名进店购物者，购物金额超过 8 元者，凭小票和号码牌，可参加"百样奖品任你猜"活动。活动规则是准备一百样奖品，主要从现有赠品库中准备，根据奖品情况制成有编号的看板，客人可以根据未揭下号码情况，在小票上写下自己选中的号码，由工作人员撕开该号码位置，背后写的什么奖品就获得什么奖品。总金额控制在 1400 元（7 天、单店），两店合计 2800 元，仓库不足部分用小包心相印纸巾补足。最高奖项——1.8L 金龙鱼调和油一壶。

在使用时须收回小票和号码牌，不能参加其他活动。

2. 满意"溢"送

满××元送 90g 高露洁牙膏 1 支（从现库存中准备，不足部分从超市调配）；

满××元送 900ml 传化洗洁精或 10 元现金抵用券；

满××元送 1.28L 海天金标酱油；

满××元送威猛先生厨房重油污或 20 元现金抵用券；

满××元送香满园珍珠大米一袋（5kg）或 30 元现金抵用券；

满××元送金龙鱼调和油一桶（2.5L）或 40 元现金抵用券。

仅限单张小票，特价、DM 商品和医保刷卡除外，所有特价商品均会用惊爆签形式贴在货架商品上。现金抵用券限面额 10 元，在活动期间使用完毕，每次购买仅限使用一张现金抵用券；使用现金抵用券时不现金找零；使用现金抵用券不得购买特价、DM 商品、处方药。

参加本活动时须收回小票。

3. 超值换购　在享受其他优惠的基础上：

每购物满××元，加1元，换雪肤莱面贴膜（海洋冰泉醒肤型）1贴；

每购物满××元，加5元，换500ml美露华植物润肤洗手液1瓶；

每购物满××元，加8元，换400ml沐浴露1瓶。

上述金额可多张小票累计。换购时，不收回小票，仅在小票上进行标识，不影响参加其他活动。

4. 限时超低卖（图2-7-3） 主要是牛黄解毒片、伤风感冒胶囊等1元之内的药品，准备10种左右，原则上按照1元10盒左右的价格随机性限时销售，并配合现场广播宣传。每次限时30min；每次间隔30min；每次限时超低卖为10个品种。事先录制好，打印好目录，随时播放，并发放目录，以买单小票时间为准，发放新目录时同时收回上次目录。

图2-7-3 特价销售

心脑血管病等知名常用药品准备20个左右，按照5折左右随机性限时购买，并配合现场广播宣传。每次限时30min。

感冒、消炎、妇科各准备5种左右，按照5折左右的价格随机性限时销售，并配合现场广播宣传。每次限时30min。

限时超低卖以买单时间为准，首轮限时抢购以“来就送”活动进行完毕后开始，每次间隔10min，每次限时抢购5种商品。

5. 多购多实惠 全场参茸（同仁堂产品不参与）、滋补用品、日化用品多购多实惠，购买第二件一折起惊喜价酬宾。全场家用医疗器械八折起。

6. 随机礼品大派送（图2-7-4） 根据现场情况，不间断推出附带条件的随机送活动。一般要求购买金额达到188元以上，在享受已有礼品的基础上，在事前10min开始公布，确定一个时间段（2min内）达到一定金额后，随机送出对应的礼品。主要为现有从药店退回的参茸等。

图2-7-4 免费赠品

7. 免费测血糖、血压，免费用药咨询。

六、人员安排

促销活动总指挥：本公司某总经理。

促销活动负责人：本公司某部长。

方案的撰写、下发、检查、核对：本公司市场部。

物品准备和发放：本公司客服部。

附：人员工作分配表（略）。

七、经费预算

本次促销活动费用预算如下：人员培训费 ×××元；奖品和赠品××××元；加班补

贴费用 ××××元;海报费用 ×××元;宣传印刷品 ×××元;横幅费用 ××元;其他费用等 ××××元;合计费用×××××元。

八、注意事项(突发事件处理预案)(略)

知识链接

医药企业促销的社会效益功能

在医药企业的市场营销组合中,促销活动不可或缺,发挥着重要的作用。但大多数医药企业只注意到促销能给自己带来巨大的经济效益,而忽略了它的社会效益功能。甚至有一些企业在促销活动中,作虚假广告,销售假冒和过期药品,虽然一时获得了一定的经济效益,但从长远看,却丧失了公众尤其是消费者的信任,也丧失了企业生存和发展的基础。我国一些著名的医药企业非常重视发挥促销组合的社会效益功能,在取得巨大经济效益的同时,也塑造和提升了自己的社会形象,为企业的持续发展奠定了良好的社会和群众基础。如上海复星医药(集团)股份有限公司,它成立于1994年,1998年8月在上海证券交易所挂牌上市。自1998年上市以来,该企业12年内净利润增长了39倍,年均复合增长率达到39.59%。在公司取得经济效益的长足发展的同时,始终非常重视促销组合中公共关系的社会效益功能,公司及其旗下企业积极开展公共关系活动,参加各种慈善捐助。2008年至2010年间,该公司及其旗下企业共向社会捐助几百万元以及大量的物资设备。并获得了多项荣誉:复星医药连续荣获2008、2009中国医药企业社会责任孺子牛奖;2009年复星集团获评"爱心奉献模范企业";其旗下企业北京金象复星荣获"北京市红十字人道公益事业杰出贡献奖"等等。成为医药企业发展的典范,为我国医药企业树立了学习的榜样。

实训　医药商品促销方案的制定

◎实训目的

医药商品促销活动是医药零售企业常见的一种销售活动。它旨在激发消费者的需求,促进购买和消费。通过实训,学生对整体促销活动的策划,使学生掌握用促销活动促进商品销售的技巧。

◎实训内容

同仁鸿医药有限公司同仁鸿药店是××市首批通过国家《药品质量管理规范》认证的一家大型综合零售药店。假设你是该药店的药品销售人员,请根据下面所给背景资料的内容模拟策划一次该药店的促销活动。

附　背景资料

同仁鸿药店地处××市商业步行街中心位置，主要经营范围包括：中药材；中药饮片；中成药；化学原料药及其制剂；抗生素；生化药品；生物制品；诊断药品；保健品及药用化妆品。其中，非处方药的销售占其总销量相当重要的一部分，地位举足轻重（表2－7－6）。该药店目前日均销售额在8万元左右。

表2－7－6　同仁鸿药店部分非处方药品（化学药品部分）目录

化学药品部分			
序号	药品名称	规格（组成）	分类
一、呼吸系统用药			
…	……	……	…
7	复方甘草合剂	每100ml含甘草流浸膏12ml、甘油12ml、酒石酸锑钾0.024g、浓氨溶液适量、复方樟脑酊12ml、乙醇3ml	甲
8	复方锌布颗粒剂	葡萄糖酸锌100mg、布洛芬50mg、马来酸氯苯那敏2mg	甲
9	布洛伪麻颗粒剂	布洛芬0.2g、盐酸伪麻黄碱30mg	甲
10	小儿愈美那敏溶液	每10ml含愈创木酚甘油醚72.3mg、马来酸氯苯那敏1.4mg、氢溴酸美沙芬4mg及海葱流浸膏适量	甲
11	复方氨酚那敏颗粒	每袋含对乙酰氨基酚0.25g，咖啡因15mg，马来酸氯苯那敏3mg，人工牛黄10mg	甲
…	……	……	…
二、神经系统用药			
…	……	……	…
17	复方氯唑沙宗片	每片含氯唑沙宗125mg，对乙酰氨基酚150mg	甲

续表

化学药品部分			
序号	药品名称	规格(组成)	分类
18	阿司匹林肠溶胶囊	0.15g	乙
19	天麻素胶囊	50mg	甲
…	……	……	…
三、消化系统用药			
…	……	……	…
11	多酶片	胰酶300mg、胃蛋白酶13mg	乙
12	复方维生素U胶囊	氢氧化铝90mg、三硅酸镁72.5mg、维生素U 25mg、甘草浸膏粉16.5mg、罗通定2mg、白及17mg、淀粉酶25mg、胆粉1.5mg、薄荷脑0.5mg	甲
13	胶体果胶铋胶囊	50mg(以铋计)	甲
14	胃蛋白酶片	120U	甲
15	硫糖铝分散片	0.25g	甲
16	复方胃蛋白酶颗粒	胃蛋白酶100U、维生素B_1 0.5mg、山楂300mg	乙
…	……	……	…
四、五官科用药			
…	……	……	…
3	西地碘片	1.5mg	乙
4	盐酸金霉素眼膏	0.5%	甲
5	甲硝唑口含片	2.5mg	甲
6	牛磺酸滴眼液	(1)8ml:400mg;(2)10ml:500mg	乙
…	……	……	…
五、皮肤科用药			
…	……	……	…
17	丁酸氢化可的松软膏	10g:10mg	甲
18	冻疮膏	每克含樟脑30mg、硼酸50mg、甘油50mg	乙
19	尿素乳膏	10g:0.2g	乙
20	硝酸咪康唑溶液	2%	甲
21	复方地塞米松乳膏	每克含醋酸地塞米松0.75mg、樟脑10mg、薄荷脑10mg	甲
…	……	……	…

续表

化学药品部分			
序号	药品名称	规格(组成)	分类
六、妇科用药			
…	……	……	…
5	克霉唑霜	10%	甲
6	硝酸益康唑栓	(1)50mg(2)150mg	甲
7	复方莪术油栓	每粒含莪术油0.21ml,硝酸咪康唑50mg	甲
…	……	……	…
七、维生素与矿物质类药			
…	……	……	…
8	维生素AD滴剂	每1g含维生素A9000U与维生素D 3000U	乙
9	维生素E片	(1)5mg(2)10mg	乙
10	硫酸锌口服溶液	0.2%	甲
11	硫酸锌糖浆	0.20%	甲
…	……	……	…
中成药部分(略)			

◎实训准备

1. 场地准备　模拟药店。

2. 物品准备

(1)服装准备　可着装白大褂,作为零售药店营销人员工作服。

(2)药品样品准备　表2-7-6中所列十种非处方药样品及其基本资料(主要包括适应症、用法用量、不良反应、禁忌和注意事项等)。

3. 人员准备　学员分成若干组,4~6人为一组,每组选一人为组长。

◎实训步骤

1. 按小组由组长组织各自成员在规定时间内完成下列因素的分析、调查:该药店的地理位置、商业环境、经常来药店购药顾客的需求、周围竞争环境、客流状况及政策法规等。要求分析全面、正确。

2. 根据调查分析的结果,确定促销活动的目标和主题。

3. 拟定促销活动方案,方案中要包含多种促销方法。

4. 组织交流,每小组由代表阐述本小组实训实施的过程并讲解促销活动方案。

5. 模拟方案试验,可邀请其他组成员扮演“消费者”,对几种不同的、可能的促销方法做出评价。

6. 选定促销办法,撰写促销活动方案。

◎**注意事项**

1. 实训之前需要做大量的准备工作,包括促销产品的确定、相关资料的收集。

2. 实训中小组成员合作时,组长要发挥带头作用,人员分工要合理,充分地调动学员参加实训的积极性。

3. 实训中学员在制定促销方案的过程中注意考虑以下几个方面的内容:是否将企业的目标和消费者的需求联系起来;是否包括了技能要求中的内容;是否科学合理易于操作。

4. 为加强实训的效果,可以帮助学员设计多种实训场景,使实训内容和实际药店经营更加接近,从而增加实训的实效性。

5. 实训结束后,要及时组织学员总结实训成果。可以通过学员自我评价和学员相互评价的方式,使学员及时了解自己的优点和缺点,以利于他们在以后的实训中发扬优点,克服纠正缺点,从而提高学员的实际营销技能。

6. 为使实训能够顺利进行,在实训中促销药品的范围,应控制在背景资料提供的三十种非处方药中。但在本实训中使用的背景商品,如化妆品、保健品等,可由实训指导教师根据实际情况进行调整。

项目八　医药产品销售——药店零售

一、接待顾客

(一)营业前的准备

俗话说:“台上一出戏,台下十年功”,营业也是如此,必须精心准备,有销售专家说过“销售成功是90%的准备加上10%的推荐”。因此,药店营业员在营业前的准备是必不可少的一项工作。

营业前的准备主要包括个人方面的准备和销售方面的准备。有了这两方面的精心准备,药店营业员在营业时才会胸有成竹,在运用各项业务技术时才游刃有余,才能尽快地进入最优秀的药店营业员角色之中。

1. 个人方面的准备　包括以下三个方面(图2-8-1)。

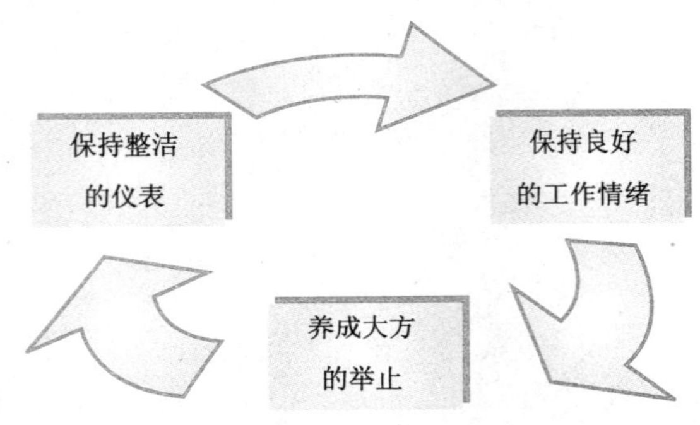

图2-8-1　个人方面的准备

(1) 要保持整洁的仪表　药店营业员的仪表包括她的容貌、服饰着装、仪态和举止风度。药店营业员的仪表如何,决定她给顾客的第一印象如何,而这一印象又决定了顾客的购买行为。一个优秀的药店营业员会保持整洁美观的容貌,穿着新颖大方的着装,表现出稳重高雅的言谈举止,她的仪表能够感染顾客,使顾客产生购买的欲望。以下保持仪表的三个方面。

①仪容整洁。具体说来要勤梳头洗手,要及时修面,要保持脸部干净。

②穿着素雅。药店营业员的着装是顾客首先注意到的,由于药店营业员的工作性质,不宜打扮得花枝招展,以免引起顾客的反感。所以药店营业员的着装应以素雅洁净为好,统一着装,并佩带工作牌。

③化妆清新。药店女营业员可适当化些淡妆,以形成良好的自我感觉,增强自信心,

同时也给顾客留下一个清新的印象，而浓妆艳抹只会招致顾客的反感。药店营业员男要每天刮胡须，头发不宜过长，不易留中分头。

（2）要保持良好的工作情绪　药店营业员在上班的时间里要有饱满的热情，充沛的精力，要求药店营业员在上岗前必须调整自己的情绪，始终保持一个乐观、向上、积极、愉快的心理状态。在工作中，决不允许药店营业员把不好的情绪带到工作中，更不能借机向顾客发火，顾客不是药店营业员的出气筒，伤害了顾客反过来只会损害药店的利益。

（3）要养成大方的举止　在药店里，如果药店营业员的言谈清晰明确、举止大方得体、态度热情持重、动作干净利落，那么顾客会感到亲切、愉快、轻松、舒适；反之，如果药店营业员举止轻浮、言谈粗俗、动作拖沓、心不在焉，顾客会感到厌烦，只希望尽快离开。

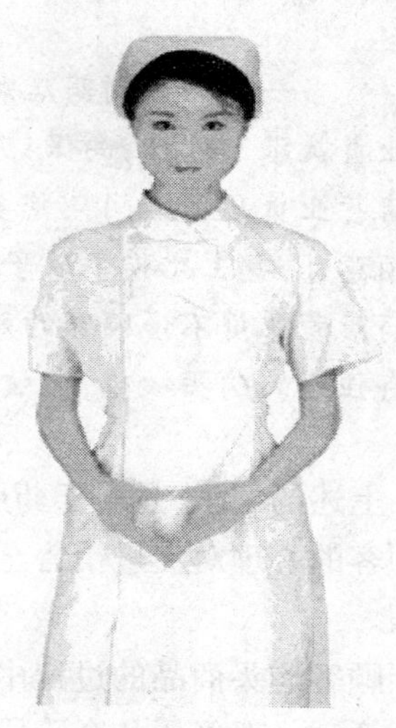

图2-8-2
仪表整洁

药店营业员必须平时多注意，多体会，多练习，一定要练成大方的举止，让顾客满意，要记住"顾客的需要就是药店营业员的必要，顾客的满意就是药店的财富"。

2. 销售方面的准备　顾客到药店主要是购买药品，也可以说是享受药店营业员的优质服务。营业前，药店营业员在做好个人准备之后，需要做好销售的准备。药店营业员准备工作做得好，就能保证营业时忙而不乱，提高效率，减少顾客等待的时间，避免差错和事故。

销售方面的准备包括以下几个方面。

（1）备齐药品　营业前需检视柜台，看药品是否齐全，及时将缺货补齐，要使药品处于良好的待售状态。

（2）熟悉价格　药店营业员要对本柜台的药品价格了如指掌，只有药店营业员能够准确的说出药品价格时，顾客才会有信任感；如果药店营业员支支吾吾，临时查找，顾客心中就会心存疑虑，甚至打消购买的念头。

（3）准备售货用具　药店中必备的计算器、笔、发票等用具一定要事先准备齐，不能临时再去寻找。

（4）整理环境　药店开门之前，药店营业员要搞好清洁卫生，保持药店明亮，让药品摆放整齐，使顾客一进门就有种整洁清新的感觉。

（二）顾客接待流程

1. 顾客购买药品的心理变化　目前药品零售市场竞争非常激烈，要在竞争中取胜，需要认真掌握各种接待顾客技巧。

当一位顾客到药店购买几种常用药品的时候，人刚走进药店，药店里的药店营业员就跟了过来，向保镖一样在顾客的周围“护驾”，只要顾客的目光稍作停留，药店营业员马上就问：“您要这种感冒药吗？”；“您看这种消炎药好吗？”问得顾客心烦意乱，身上比挨了蚊子叮咬还要难受，顾客只想快点离开药店。由此可见，由于药店营业员不懂顾客的购药心理，使得顾客在药店里如芒刺在背，很不舒服，本来有强烈的购买欲望，也被打消了。

上述的例子，是由于药店营业员不了解顾客购药过程中心理变化所导致的，所以研究顾客的心理对促进销售至关重要。下面将根据顾客的心理变化，制定接待顾客的基本步骤。

顾客购买商品的过程中，其心理活动是一个变化的过程，这个完整的过程中顾客的心理活动一般经历8个阶段(图2－8－3)。

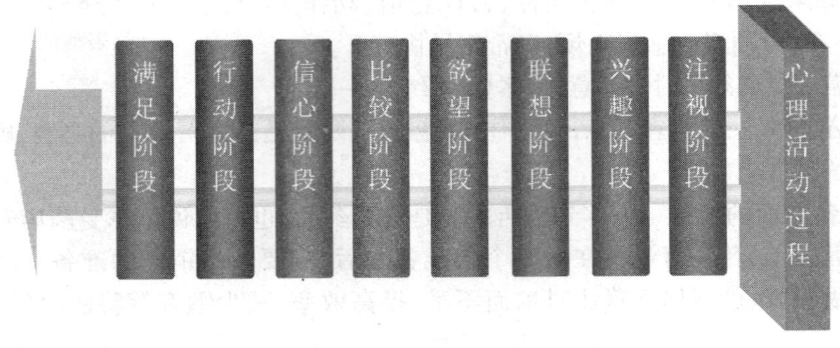

图2－8－3　顾客心理活动过程

(1)注视阶段　俗话说，“百闻不如一见”，在这一阶段顾客希望有一个自由的空间，可以随意地观看药品，顾客还可要求把药品拿在手中，仔细阅读说明书，此时药品最能打动顾客的心。

(2)兴趣阶段　顾客注视药品，会对药品的疗效发生兴趣，还会注意药品其他方面的介绍。药店营业员此时可以适当提升顾客的兴趣。

(3)联想阶段　顾客对某一种药品发生兴趣，自然联想服用该药品之后疾病痊愈的情形。在顾客选购时，药店营业员一定要适度提高她的联想力，促使她下定决心购买药品。

(4)欲望阶段　顾客在产生购买欲望时，极有可能又会产生疑问：“有没有比这种更好的药呢？”由此进入同类药选择比较阶段。

(5)比较阶段　顾客的购买欲望产生之后，会多方比较权衡。这时，她对此种药品和其他药品的各项指标产生比较，如适应症、剂型、价格、服用是否方便等问题会使顾客犹豫不决，这时，需要药店营业员就这些问题给顾客提供咨询。

(6)信心阶段　在经过一番权衡与咨询后，顾客会对该药品产生信心，这一信心来源于三个方面，即相信药店营业员的诚意，相信药品的生产商和品牌，相信某种惯用品。

药店营业员从这三个方面进攻，能够全面地帮助顾客建立信心。

(7) 行动阶段　顾客的决心下定之后，就会当场付款购买药品。这时，药店营业员要熟练地开好销售小票，交给顾客，并包装好药品，等顾客付款后来拿，还可以向顾客推荐其它药品，以加深顾客对本店的印象。

(8) 满足阶段　顾客在完成购买之后，一般会有一种欣喜的感觉，这一感觉来自两个方面：其一，购买产品过程中的满足感(包括享受到药店营业员的优质服务)；其二，药品使用后的满足感，这种满足会促使顾客再次光临药店。

2. 顾客接待过程　在了解了顾客的购买心理活动的八个阶段之后，就要有针对性地制定接待顾客的具体步骤。顾客接待具体步骤如下(图 2－8－4)。

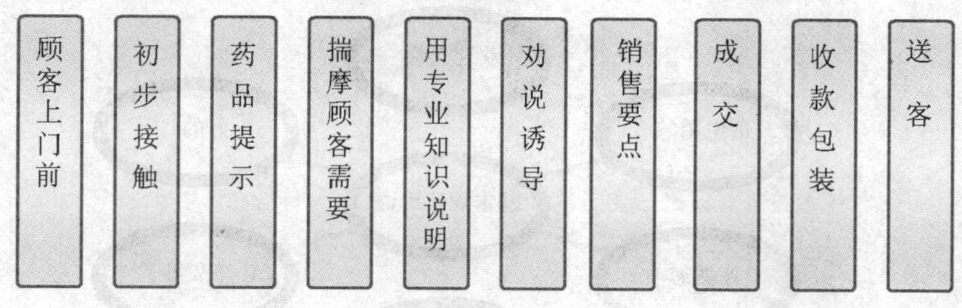

图 2－8－4　顾客接待程序

(1) 顾客进门前　顾客进门前，药店营业员要随时做好迎接顾客的准备，不能松松垮垮，无精打采，不能交头接耳，聊天闲扯(图 2－8－5)。

(2) 顾客来访　顾客来访时，药店营业员应该在看到客人的第一时间招呼客人“您好！”“您早”或者“早上好”、“下午好！”、“晚上好！”。在门口的药店营业员还应目视对方，而面带微笑，握手或向客人行鞠躬礼。

图 2－8－5　顾客进门前

3. 引路　顾客进店后，如不知道商品的摆放而需引路时，药店营业员应抬手示意，并说“这边请”，然后把客人带到恰当的位置。引路时，如路程较远，应注意走在客人左前方的 2～3 步处，并与客人的步伐保持一致。如遇走廊或过道，引路人走在走廊的左侧，让客人走在路中央。引路时要注意客人，拐弯或有楼梯台阶的地方应使用手势，并提醒客人“这边请”或“注意楼梯”等。同时根据实际情况适当的提出一些话题与顾客沟通，以了解顾客的真实需要。

4. 送客　无论客人是否在本店消费，客人离开时，药店营业员都应热情送客。常用的送客语言有“您走好”、“您慢走”等，表达出对客人的尊敬与感激之情。客人出店门时，可招手道别或行鞠躬礼。

(三) 顾客接待基本规范用语

接待顾客时的基本规范用语，并不是什么特别的语言，而是一些简短的待客用语(图 2－8－6)。

(1)“欢迎光临”　在打招呼的同时，必须注意语调应因人而异，如接待年纪较大的顾客，语调应略为低沉、稳重；接待年纪较轻的顾客，语调应以轻快活泼为宜。药店营业员要以礼貌、友善、亲切的心态竭诚为顾客服务，对面向你的来客，都应主动点头，并说“您好”。请记住：微笑可以传达诚意。

此外，跟顾客打招呼的时机也是很重要的，柜台式药店应该是在顾客一进入店里的时候；开放式药店应是在和顾客视线交接的时候。至于“欢迎再次光临”这句话，是要用在顾客即将离开药店时，药店营业员表示感谢与再次欢迎的话语。

(2)“好的” 这是药店营业员被顾客呼唤时回答的用语。譬如顾客说“请拿这个给我看一下”，药店营业员应面对着顾客，回答顾客“好的”或是“请您稍等一下”之后，再出示药品。

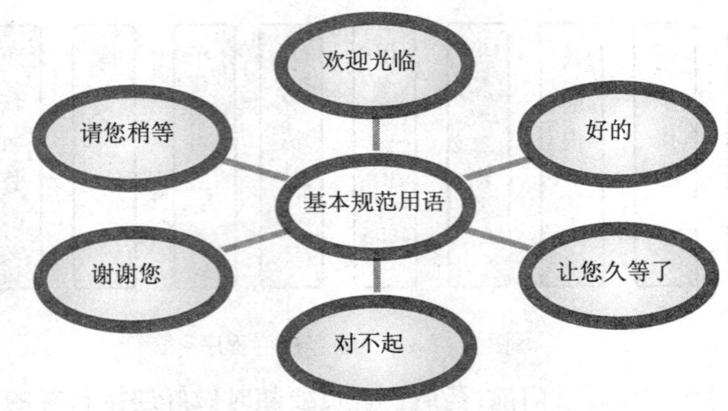

图2-8-6 顾客接待基本规范用语

(3)“请您稍等” 不管顾客等待的时间长短，只要发生让顾客等待的情况就要说“请您稍等”，在说这句话之前药店营业员可以简短地阐述让顾客等候的理由，例如：“我马上去库房查一下有没有您要的药品，请您稍等一下”。就这样，顾客不仅明白为何要等一下，即使等待的时间稍长一些也不会觉得烦躁不安了。

(4)“让您久等了” 找到药品后，拿给顾客看的时候要说“让您久等了”或“很抱歉，让您久等了”。这句话也可以用在药店营业员包装好药品交给顾客的时候。

(5)“对不起” 这是对顾客的要求无法做到时对其表示歉意的言语。例如：“真对不起，这种药品刚好卖完，不过，请留下您的姓名和电话，一旦到货，我马上通知您，好吗？”及时而又坦诚的“对不起”，能够在很多时候将问题顺利解决。

(6)“谢谢您” 这句话可以在接待顾客过程中的任何时候使用，即使对同一顾客使用多次也不用嫌多。此外，当顾客购买完药品要离去时，药店营业员也应该以一种感激的心情向顾客说一声“谢谢您的惠顾”，送别顾客。

二、药品介绍

(一)药品知识基本功

药品是一种特殊的商品，它关系着人民的“生命”和“健康”。为此在向顾客介绍药品时，药店营业员不能光有微笑的面孔，还必须学习各种医药专业知识和服务知识，要做到“卖什么，就学什么，就懂什么”。

一个优秀的药店营业员必须了解以下各方面关于药品的知识：

（1）药品的名称，生产厂家和产地；
（2）药品的成分、药理及药代动力学；
（3）药品的使用方法；
（4）药品的售后服务的承诺。

药店营业员可以从以下方面来了解药品的知识：
（1）通过药品本身的包装、说明书来学习；
（2）向有经验的药店营业员学习；
（3）向懂行的顾客学习；
（4）向生产厂家、批发商学习；
（5）从自身的经验中学习；
（6）通过报纸、专业杂志等出版物学习；
（7）通过内部培训学习。

（二）药品介绍程序

1. 初步接触　顾客进门之后，药店营业员一边和顾客寒暄，一边和顾客接近，这是"初步接触"。从顾客的心理来说，在兴趣阶段和联想阶段之间最容易接纳药店营业员的初步接触行为，在注视阶段接触会使顾客产生戒备心理，而在欲望阶段接触由会使顾客觉得受到冷落（图 2－8－7）。

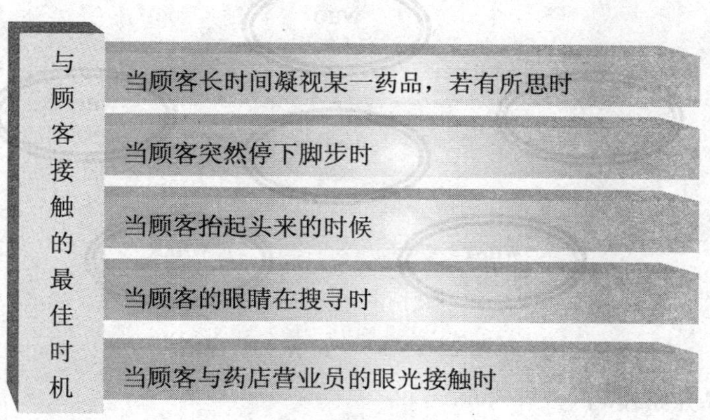

图 2－8－7　与顾客接触的最佳时机

此时，优秀的药店营业员一般会以三种方式与顾客初步接触：与顾客随意打个招呼，直接向顾客介绍她中意的药品，询问顾客的购买意愿。

2. 药品提示　让顾客了解药品的详细说明，即所谓"药品提示"。要对应于顾客心理过程的联想阶段和欲望阶段之间。此时，要使顾客了解以下方面（图 2－8－8）。

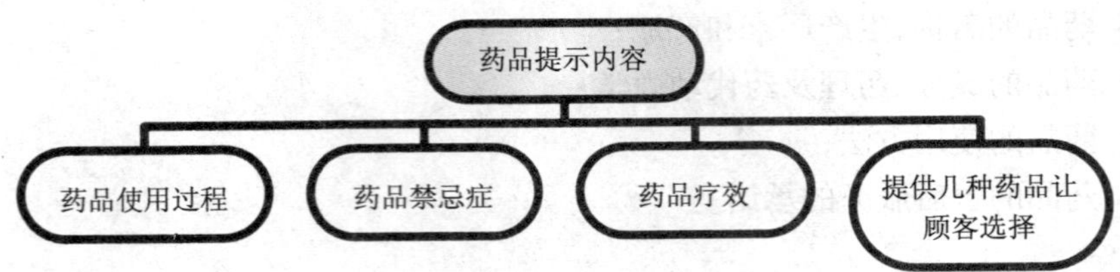

图 2-8-8　药品提示内容

3. 揣摩顾客的需要　顾客的购买动机不同,需求自然不同,所以药店营业员要善于揣摩顾客的需要,明确顾客要买什么样的药品,治疗什么病?才能向顾客推荐最合适的药品,帮助顾客做出明智的选择。

4. 应用专业知识说明　顾客在产生购买欲望之后,并不能立即购买,还需进行比较、权衡,直到对药品充分信赖之后,才会购买。在此过程中,药店营业员要利用专业知识向顾客介绍药品,说明时语言要通俗易懂,有针对性,打消顾客的疑虑。

5. 劝说诱导　在讲解了药品相关知识后,顾客开始决策,药店营业员要把握机会,及时劝说诱导以达成购买。

6. 销售要点　最能导致顾客购买的药品特性称为销售要点。当药店营业员把握住了销售要点,并有的放矢地推荐药品时,交易是最容易完成的。顾客对于药品的需求是多方面的,其中必有一个是最主要的,而能否满足这个主要需求是促使顾客购买的关键因素。一个优秀的药店营业员在做销售要点的说明时,一般用"五 W-H"原则(图 2-8-9),明确顾客购买药品时要由何人使用(Who),在何处使用(Where),在什么时候使用(When),想要用什么(What),为什么必须用(Why)及如何使用(How)。

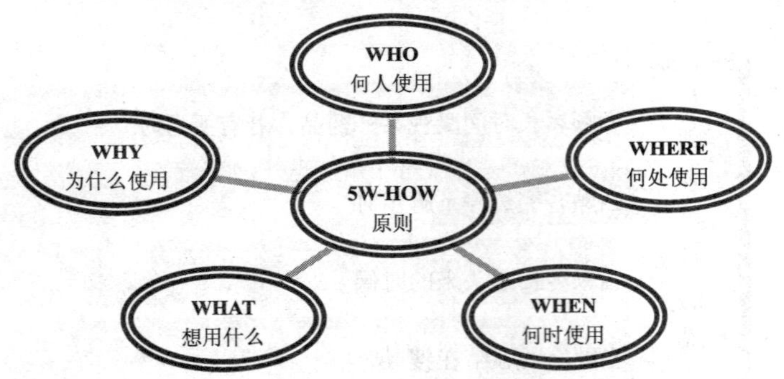

图 2-8-9　"五 W-H"原则

(三)药品介绍技巧

1. 掌握展示技巧　熟练地展示药品可减少顾客挑选的时间。药店营业员在展示药品时一定要尽量吸引顾客的感官,激发她的购买欲望。药店营业员要双手把药品递给顾客,不能单手或把药品直接放在柜台上,同时要有适当的言语表示。

2. 精通说服技巧　顾客在选购药品时,她的心理不是一成不变,药店营业员能给出充足的理由让她对某种药品产生信赖,会得到顾客的认同,并做出购买的决定。

一般说来,只要在顾客对药品提出询问和异议的情况下,才需要药店营业员对她进行说服和劝导。在顾客对药店营业员推荐的药品提出异议时,药店营业员必须回答她的

异议,并加以解释和说明,这个过程,实质上就是说服过程。

说服顾客的技巧有以下的方法。

(1)"是,但是"法 这是一个回答顾客异议的一种方法,其核心是:一方面药店营业员要对顾客的意见表示同意;另一方面药店营业员又要解释顾客产生意见的原因及顾客看法的片面性。"是,但是"法,可以在不和顾客发生争执的情况下,委婉地指出顾客的看法是错误的。

例:有一个顾客走进药店,来到维生素柜台,顾客对药店营业员说:"我想买一盒复合维生素给小孩吃,但是我听同事说她给孩子吃过,但没什么效果。"

药店营业员和颜悦色地解释说:"是的,您说得很对,很多人给孩子服用复合维生素后,效果并不明显,这是由于小孩的身体各项功能并不很完全,效果不能很快地显现。但是,由于小孩不能充分地从食物中摄取生长发育所需的维生素,合理地补充复合维生素将会有助于您的小孩健康成长。根据专家的指导,连续服用肯定是有效果的。"

在这个例子中,药店营业员先用一个"是"对顾客的话表示赞同,再用一个"但是"解释了效果不佳的原因。这种方法可以让顾客心情愉快地纠正对药品的误解。

(2)"高视角,全方位"法 当顾客对药品的某个方面提出缺点,药店营业员则可以强调药品的突出优点,以弱化顾客提出的缺点,当顾客提出的异议基于事实依据时,可用此法。

例:一对夫妇走进药店,她们想为老人买降压药,妻子看了一种药,但显然心存疑虑。

药店营业员解释道:"这种国家级降压新药,降压效果有效"。

顾客问道:"是很快,但是这种降压药能否将压平稳呢? 有什么副作用?"

聪明的药店营业员会信心十足地解释说:"我们咨询过这方面的专家,经过大量的临床证明,它(药品)的降压效果很平稳,而且副作用轻微,您可以放心。"

(3)"自食其果"法 采用这种方法,实际上是把顾客提出的缺点转化为优点,并作为她购买的理由。

例:一位顾客正在挑选一种小孩用复合维生素,看了很久未下决心,最后坦率地对药店营业员说:"这种维生素质量很好,32 元一瓶,价钱有点贵。"

此时,药店营业员应能理解顾客的忧虑,就对她说:"这种维生素含有多种儿童生长发育所必需的维生素,而且口味儿特别受小朋友喜欢,细算一下,每月每天才花一元钱,就能给孩子带来健康的身体,应该不算贵,您说是吗?"

把顾客提出的缺点成为她购买药品理由,此方法能把销售阻力变成顾客购买的动力。

(4)"问题引导"法 有时可以通过向顾客提问题的方法引导顾客,让顾客自己解除疑虑,自己找出答案,比让药店营业员直接回答问题的效果还好些。

例:一位顾客走进药店,对药店营业员说:"我想买一盒白天不困的感冒药。"

药店营业员说:"这种日夜百服咛分为日片和夜片,日片无嗜睡作用,夜片让您安心休息,您觉得可以吗?"

顾客有点犹豫,不大情愿地说:"我想是不是吃起来有点麻烦。"

药店营业员可以耐心解释道:"可是,这总比您一整天昏昏沉沉的好吧。"

(5)"示范"法　示范法实际上就是操作药品的表演,用这种示范来演示给顾客,具体的示范表演比单纯用语言说明更能让顾客信服。

例:在药店医疗器械柜台前,一位顾客上前问道:"这种治疗仪会不会用几天就坏了?"

药店营业员颇有信心地说;"不会的,这种治疗仪采用新材料制成,耐腐蚀,耐酸碱,效果很好,不信,我给你试试看。"说着,药店营业员拿给顾客演示,使她亲身感受治疗仪的好处。这样顾客是能够信服的。

(6)"介绍她人体会"法　这种方法就是利用使用过该药品的顾客"现身说法"来说服顾客,一般说来,顾客比较愿意听使用者对药品的评价。

例:一位女顾客正在观看一种减肥药,她将信将疑,向药店营业员询问道:"我用过很多减肥药,似乎没什么作用,这种能好使吗?"

药店营业员很体贴地说:"您的心情我很理解。许多顾客用过这种减肥药,据她们反映,效果很好。就在几个星期前有一位张小姐买了这种减肥药,开始也担心不起作用,可前天,她又来我们店买了几瓶,说使用后效果很好,还向朋友推荐呢。您不妨也试试看。"

这种说明方法具有极强的说服力,应该积极采用,但不能任意胡说。

(7)"展示流行"法　这种方法是通过揭示当今药品流行趋势,劝说顾客改变自己的观点,从而接受药店营业员的推荐。使用对年轻的顾客身上。

例:一位年轻的女士想给自己买感冒药,她来到一家药店,已经挑选好一会儿,始终犹豫不决。这是另一位药店营业员走过来说:"您看看这种新的感冒药,很多人用了都说好,对您会更好一些。"一句话,是女顾客改变了主意,欣然买下。

(8)"直接否定"法　当顾客的异议来自不真实的信息或误解时,应使用"直接否定法"。如果不对顾客加以纠正,那么,顾客从其他渠道得到真实的信息后,自会对你不信任,因为她会认为你也不懂,她也不会再来买药了。

例:一位顾客在选购感冒药,有些迷惑不解,就问药店营业员:"这种药中含有氢溴酸右美沙芬,这是不是 PPA? 我记得药监局已经禁止销售这类药了。"

药店营业员不同意她的看法,直截了当地说:"我明白您的意思,的确药监局禁止销售的药品中有几个复方右美沙芬,致使不少消费者误认为右美沙芬是禁药,但事实上,右美沙芬不是 PPA 。导致复方右美沙芬被禁用的原因是这些药品含有 PPA,而避免 PPA 才是选择感冒药的关键,我给您推荐的日夜百服咛绝不含 PPA。"

由于直截了当地驳斥顾客,一定要注意说话的语气,必要时才可以使用。而且采用这种方法语气要柔和、婉转,要让顾客觉你是在帮助她才驳斥她,而不是有意和她辩论,这样才不会伤她的自尊心。

以上八种方法分别结合具体的实例来说明营业服务的技巧,在实际工作中要灵活应用,不能生搬硬套。

三、促进成交

顾客在对药品和药店营业员产生了信赖之后,就会决定采取购买行动。此时,需要药店营业员做进一步的说明和服务工作,打消顾客的一丝疑虑,此步骤称为"成交"。当

出现以下八种情况时，成交的时机就出现了（图2-8-10）。

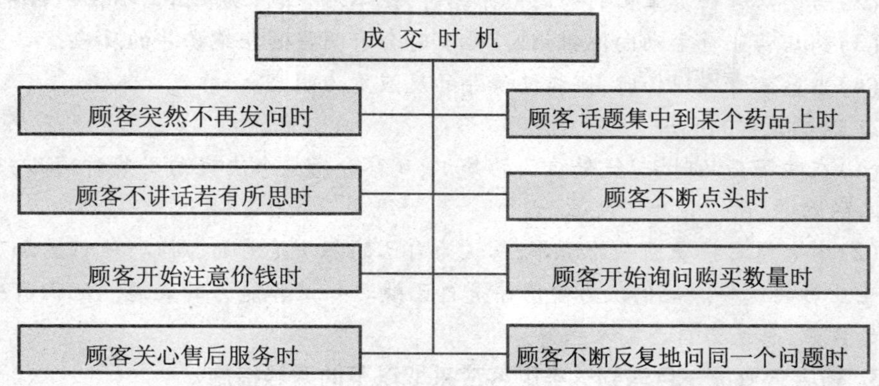

图2-8-10　成交时机

在成交的时机出现时，药店营业员要帮助顾客确定所要的药品，对顾客想买的药品作一些简要的重点说明，促使其下定决心。在这一过程药店营业员应注意方式，不能用粗暴、生硬的语气催促顾客，不要使顾客有强迫推销的感觉。

四、完成交易

顾客在决定购买后，药店营业员要填写收银小票，并交给顾客，请顾客到收银台付款，然后包装好药品。收银时应唱收唱付，声音要清楚准确，态度友好。待顾客付款后，药店营业员应将药品双手递给顾客，并向顾客诚挚地道谢，顾客走时，要道别。

药店销售中五种疑难顾客的诱导方法

人的行为表现往往是情感重于理智，顾客在药店购买药品通常也是情绪性的较多，而非逻辑性的，因此，药店营业员在接待顾客时应当适当掌握顾客的行为反应，以情感人，以理服人，达到说服的目的，以促成新药或组合用药的推销。

推广新药或组合用药，药店药店营业员必须深刻了解不同顾客的心理活动，掌握不同顾客的心理特征，采取不同的应对策略来介绍新药或组合用药，这将会起到事半功倍的效果，并达到双赢的目的。

一、难以做决定的顾客的心理

这类顾客买药品总是犹豫不决，有时连自己也不知道买什么药品为好。这对于药店营业员来说是一个棘手的问题。

1. 这类顾客在药店现场的行为表现

(1)对药店营业员的诱导总是显出不感兴趣的样子；

(2)当药店营业员拿出新药向他介绍时,他不屑一顾,或装出毫不在乎的样子;

(3)药店营业员主动向他推销时,他有时会有明显的拒绝诱导的反应;

(4)当第三者在现场时,他拒绝诱导的反应更为明显。

2. 这类顾客的心理

(1)在购买药品时,想凭借自己的知识、观察和感觉来决定购买某种药品,听不进他人的劝导,所以很难下决心。

(2)不太愿意接受别人的诱导,总认为自己的想法是对的,所以,他们更加厌恶药店营业员的诱导。他们认为被诱导是自己缺乏知识和能力的表现。他们有一种强烈的意识,总认为自己高人一筹。

3. 药店营业员一旦遇到这类顾客应采取以下的诱导措施

(1)要用和蔼亲切的行为来接待这类顾客。

(2)要用适当的语言来赞美对方,然后仔细地观察对方的反应,如果对方的脸上表现出高兴,口中又有假客气的话语,证明措施得当。

(3)与他们保持不即不离的关系,选择合乎逻辑的语言,千万不要多说无关紧要的话。

(4)在没有彻底了解对方以前,千万不能勉强诱导。

二、妄自尊大的顾客的心理

这类顾客来药店购买药品时,总是表现出极高的妄自尊大。

1. 他们在药店现场的行为表现

(1)不管药店营业员如何与他打招呼,对方都不予理睬,使药店营业员简直无法接近他。

(2)不管药店营业员怎样主动向他接近,他总是装出一副瞧不起人的样子。

(3)当药店营业员走近他时,他会立即回避。

(4)当药店营业员向他介绍新药的知识时,他会表现出瞧不起的神情,仿佛在说:"你也懂得如此专业的医学知识吗?"

2. 这类顾客的心理

(1)这类顾客的自尊心比较强,都有一种我比你强的优越感。如果自己不如他人,为了弥补这种自卑感,就会产生一种贬低对方的心理。他们会尽力寻找药店营业员的弱点,以此来满足自己的优越感。

(2)为了不暴露自己的弱点,妄自尊大的顾客总会装出一副冷淡的样子来。这是因为他们有许多弱点,有意摆出一副不易使人接近的姿态。这类顾客虚荣心很强,总是希望别人对他有好评。

3. 药店营业员一旦遇到这类顾客应采取以下的诱导措施

(1)多说恭维的话。比如他/她的服装打扮、家庭幸福、事业有成、知识渊博等。

(2)善于用讨教的语言来诱导对方。

(3)利用他的自尊心来诱导对方。

三、刨根问底的顾客的心理

这类顾客爱讲小道理，喜欢抓住你的失言和挑出你的毛病。

1. 他们在药店内的行为表现

(1)有时会别出心裁地讲一些使人摸不着头脑的话，以便证明他说的有道理。

(2)喜欢对药店的各个方面提出一些意见。

(3)喜欢强词夺理，药店营业员这样说，他偏那样说。

(4)往往喜欢把各种意见的正确与否同药品的评价联系在一起。

(5)为了证实药店营业员的话是否真实而刨根问底，有时会抓住药店营业员的某个把柄而大发议论。

2. 这类顾客的心理

(1)他们也知道自己并非是百事通，但是，总想表现出什么都懂的样子，总怕把自己的弱点暴露给药店营业员，由此而上当受骗。

(2)他们喜欢强词夺理，即使自己的理论站不住脚，也要顽固地坚持，不愿服输。

3. 药店营业员对这类顾客的诱导措施

(1)千万不能与他争辩，你争辩赢了，生意也就完了。

(2)要耐心积极地倾听他的各种议论，不时表现出赞赏的身体语言，并简短肯定的语言来赞赏对方，让他把想说的话都倾吐出来。

(3)在他心情舒畅时，药店营业员要及时转换话题。

(4)对他的提问，药店营业员在回答时要做到少而精，并且要力求确切。

四、沉默寡言的顾客的心理

这类顾客看起来性格比较内向，不会同人发生纠纷。

1. 他们在药店内的行为表现

(1)对于药店营业员的药品介绍，他们总是瞻前顾后，毫无主见。

(2)一般不会主动询问药店营业员，对于药店营业员的提问，即使心中已有答案，也不愿说出来。

(3)药店营业员对他详细介绍情况，有时甚至显得唠叨，他们也决不采取拒绝的态度。

(4)他们总是显得彬彬有礼，但很少言谈。

2. 这类顾客的心理

(1)不擅长言谈的顾客很害怕讲话，怕一旦讲错话而被人误解，想说又说不出的那种焦虑心情和自卑感更增加了他们的不擅长言谈的意识。

(2)不爱说话的顾客在购药时主要听者，而不是提问者。因此，他们对讲话逐渐产生厌烦心理，但他们往往是寥寥数语就能心领神会的人。

(3)当他们想用语言来表达自己的想法时,又不能很好地表达,所以,他们会用身体语言来表达自己的想法。但是,这种身体语言往往与自己的本意有很大的差别。

3. 药店营业员对这类顾客的诱导措施

(1)仔细观察他们的表情和行为,综合起来加以判断。

(2)多问开放性的问题。

(3)在沟通中,对于他们好的想法或观点要多肯定,鼓励他们多话。

(4)尽量用简明扼要的语言来说明问题,切忌唠叨。

五、抱怀疑态度的顾客的心理

这类顾客疑心病很重,大多是因其性格所决定的。

1. 他们在药店内的表现

(1)对药店营业员的药品介绍表示怀疑。

(2)对药品的价格表示怀疑。

(3)对店内所有人的服务都表示怀疑。

2. 这类顾客的心理

(1)可能在其他药店的交易中受骗,不愿意第二次再很当。

(2)想了解药品的详细信息,而对药店营业员的介绍又不是很满意。

3. 药店营业员对这类顾客的诱导措施

(1)药店营业员应主动征求他们的观点和看法,以便取得一致的意见。

(2)及时拿出相关的药品资料来证实自己的观点。

(3)用真实的案例来说服他们。

(4)如果有权威人士的评价证明或国家有关部门的相关文件,也要及时出示,快速打消他们的怀疑心理。

实训 药品介绍

◎实训目的

药品介绍是零售药店常见的工作任务。通过实训,使学员掌握药品介绍的操作流程。

◎实训内容

南山大药房是一家兼营中成药、中药饮片(含参茸银耳)、化学药制剂、抗生素、生化药品、生物制品、医疗器械、保健食品,化妆品和日用百货的大型连锁药店。假如你是

该连锁药店总店的营业员，负责非处方药的销售工作，设有一名胃病患者前来买药，请你根据要求向其推介有关药品。

附　背景资料

患者：范女士

症状：餐后半小时左右，剑突（心窝）下部位出现疼痛，持续1～2h，逐渐消失，直至下次进餐后重复上述规律；疼痛时伴有嗳气、反酸以及呕吐等症状。

◎实训准备

1. 场地准备　模拟药房。

2. 物品准备

（1）相关消化系统用药药盒（含药品说明书），按照GSP要求陈列摆放在柜台或货架上。如：丽珠得乐、吗丁啉、健胃消食片、猴头菌片、多酶片等。

（2）白大衣、胸卡若干。

（3）填写正确、完整的商品标价签。

3. 人员准备　学员分成若干项目小组，每组两名学生，一名扮作顾客，另一位扮作药店营业员，通过角色扮演完成实训操作。

◎实训步骤

1. 药店营业员穿上白大衣，戴上胸卡，检查标价签与商品是否对应。

2. 药店营业员正确站立，面带微笑地迎接顾客。

3. 顾客走上前去，药店营业员招呼顾客。如：您好，有什么可以帮助您吗？

4. 药店营业员问病给药

药店营业员：请问您有什么需要？

顾客：这几天我一吃饭胃就不舒服，疼得难受。

药店营业员：具体是什么位置疼痛？

顾客：就在胸中间骨下面一点的上腹部位。

药店营业员：除了痛还有别的不适吗？

顾客：感觉胃胀没有胃口，还有老打嗝，打出来的都是酸臭气味。

药店营业员：以前有过类似情况吗？

顾客：这几年经常发生。

药店营业员：吃饭后多少时间开始痛的？吃饭前的那段时间会痛吗？

顾客：就是饭后半小时左右开始隐隐作痛，像火烧一样的，饭前不痛的。

药店营业员：这几天是不是每顿饭后都会痛？

顾客：是的。

药店营业员：我初步判断您得的是胃溃疡，我给您介绍一个药品吧，（拿出药）这是丽珠得乐，通用名是枸橼酸铋钾胶囊。

顾客：哦，这药有什么作用？

药店营业员：本药在胃里溶解后能形成黏性沉淀，牢固地黏附于糜烂面上形成保护屏障，抵制胃酸等对胃壁侵蚀，并能加速胃黏膜修复愈合，此外还有清除幽门螺旋杆菌的作用。

顾客：有什么特点吗？

药店营业员：本药方式独特，不仅直接起保护作用，还能增加胃的自身保护能力。既不中和胃酸也不抑制胃酸分泌，所以不影响正常消化功能。相比之下硫糖铝等保护性铝剂，作用不够持久，会引起便秘；雷尼替丁抑制胃酸分泌，副作用较多。奥美拉唑效果虽持久可靠，但是价格较高。

顾客：回去怎么吃啊？

药店营业员：口服。成人一次1粒，一日4次，前3次于三餐前半小时，第4次于晚餐后2小时服用。

顾客：知道了。

药店营业员：请您注意，连续使用不得超过7天，如症状未缓解，请去看医生。不要同时服用同类药品。如服用过量或出现严重不良反应，应立即就医。对本品过敏者禁用，过敏体质者慎用。严重肾功能不全者及孕妇禁用。请放在儿童不能接触的地方。

顾客：谢谢您的介绍。

药店营业员：回家后按时按要求服药，饮食要注意易消化的，烟、酒、酸、辣、生、硬等刺激食物别吃啊。

顾客：谢谢。（欲离店）

药店营业员：请走好，祝您早日恢复。

◎注意事项

1. 药店营业员不要过早招呼顾客，把握好与顾客接触的最佳时机。

2. 药店营业员在向顾客介绍药品时，应该有目光交流，不能目光飘忽不定，也不能长久凝视顾客。

3. 药店要熟悉相关药品知识及常见病知识。介绍药品时，要严格按照说明书内容介

绍,不得捏造,夸大和隐瞒有关药品信息。

4. 根据顾客所述症状,正确选择所推介的非处方药药品,切勿将处方药介绍给顾客。

5. 语气柔和亲切,语言条理清楚。

6. 注意在条件允许的情况下实现组合销售,以提高销售业绩。

项目九　医药产品销售——终端销售

一、客户拜访

药品终端是指将医药商品直接卖给消费者的零售机构。医药制造企业或批发企业的销售对象主要就是药品终端。药品终端有三种类型(图2－9－1)。

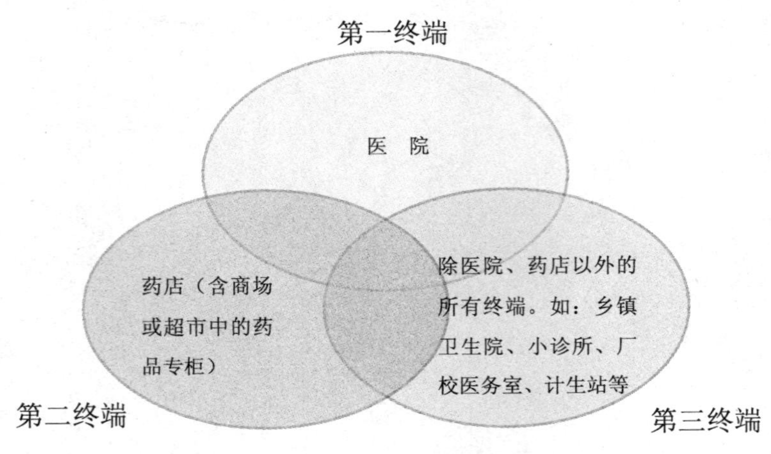

图2－9－1　药品终端

拜访终端客户是医药商品销售工作的主要环节之一。被拜访的对象主要有医院各临床科室主任、药剂科主任、医院主管药事的副院长；药店的门店经理，采购部或商品部经理；以及其他有关负责人。

(一) 客户拜访的准备工作

医药企业的销售业务员在拜访客户前应做好充分的准备。一般来说，拜访前的准备包括六个方面：熟悉企业的基本情况；认识所销售的医药商品；了解客户情况；自我准备；物质准备；拟订拜访计划。

1. 熟悉本企业基本情况

(1)熟悉企业的发展历史　医药企业的销售业务员要熟悉本企业的创立时间、地点；企业早期的生产规模、医药产品的种类；早期的销售情况；新医药产品的发明日期和发明过程；企业名称或商标的出处；企业中的特殊贡献者等等情况。这些信息能够激发

客户的购买兴趣和欲望(图2-9-2)。

图2-9-2 企业的发展历史

(2)熟悉企业目前的生产能力和供应能力 销售业务员要搞清楚该企业的经营状况、经营范围、竞争能力、市场占有率、行业地位、销售区域及销售额等。这些信息能够有助于客户对本企业建立信心。

2. 认识销售的医药产品

(1)了解医药产品的功能与特点 医药产品是一种特殊的产品,要充分认识产品的功能和特点。医药企业的销售业务员应成为所推销医药产品的专家。

首先,销售业务员要了解所推销的医药产品的特点、功能、价格、适应症、配伍禁忌等;应考虑医药产品能给客户带来什么利益,能够满足顾客的何种需求。另外,医药企业的销售业务员所拜访的对象都是医药卫生行业的专门从业人员,他们对医药产品的特性、效用、价格等多种因素要在充分了解后才会做出购买的决定。因此,仅靠销售业务员的花言巧语是很难打动客户的。销售业务员必须展示医药产品的相关性能和专业数据,并对客户会产生很强的感染力,这样才能说服客户。

(2)了解医药产品的形象 传统的医药产品概念仅局限于产品特定的物质形态和它的具体用途。而现代市场营销中,产品的概念是一个多层次的概念,它包括核心产品、形式产品和附加产品。核心产品为顾客提供了最基本的效用和利益,形式产品是核心产品的外部特征,附加产品是产品的各种附加利益。医药企业的销售业务员应将这样一个多层次的概念综合把握,深入体会,了解医药产品所形成的综合形象。例如,消费在购买家庭常用医疗器械时不仅注重商品的效用,而且更青睐于品牌,同时也看中品牌产品附带的相关服务,可见这种附加产品给顾客留下了深刻的印象。医药企业的销售业务员可以通过对自己所推销产品的深入分析,从中抽象出一种最有利的形象,并以此作为拜访客户时推销重点。

(3)相信产品 医药企业的销售业务员必须相信自己所推销的产品有其独到的优势并珍爱推销的产品。例如:作为新兴的民营制药企业的医药代表要对自己推销的药品树立信心,因为作为民营药企的后起之秀不胜枚举(图2-9-3)。可见,医药代表的态度绝对可以影响客户的选择。如果对自己推销的药品充满信心,那么其行动就会在无形中影响客户。

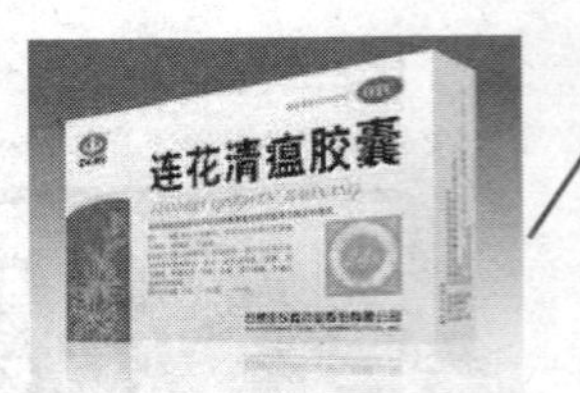

莲花清瘟胶囊是作为民企的河北以岭医药集团的自主研发药品。因该药物的临床疗效和价格优于达菲，被卫生部列入《人感染甲型 H_1N_1 流感诊疗方案》中治疗甲型 H_1N_1 流感的推荐目录，目前已进入全国推广阶段。

图 2－9－3 民营企业

3. 掌握客户的第一手资料 包括对拜访企业的调查了解、对拜访人士的了解、预测客户可能的问题、准备应对客户的策略。只有充分准备，才能在拜访中应对自如、稳操胜券。

(1)了解客户的基本情况 医药企业的销售业务员要掌握客户的姓名、年龄、籍贯、文化水平、家庭状况、兴趣爱好等，有助于选择适当的话题和推销计划，创造有利的面谈气氛。

(2)确定客户需要 医药企业的销售业务员要观察客户现有的产品，以了解客户的购买习惯，推测他今后需要的产品；了解客户喜爱的产品特征，以便预测客户是否对销售的产品感兴趣；发现客户改进的愿望，以便按照这个方向设计自己的拜访过程，满足客户希望改变、提高的愿望；提供解决方法，增进其利益。

医药企业的销售业务员所拜访的客户大多工作忙碌，能给的时间有限，为了充分利用这段时间，在进入客户办公室之前应当有十分明确的思路以表达你的希望。例如，销售业务员在约见有关科室的主任医师之前，就必须尽可能地了解医生及其工作的情况。首先要与护士保持稳固关系，因为她了解医生及其工作；其次，医生桌上的陈列、书籍、期刊亦可提供一些信息；再次，医生的行为、神态、谈话的速度与内容均为医生个性的线索。注意这些细节，从接近医生至离开这段时间的观察，可以帮助了解医生的侧面。知道的线索越多，就越能了解其需要，满足其要求的机会也就越多(图 2－9－4)。

图 2－9－4 观察医生及其诊室

4. 自我准备

(1)心理准备 医药企业的销售业务员要树立自信心，承受压力，迎接挑战。良好的心理状态是要靠平时的自我修养，有意识的训练和自我暗示进行调节的。同时，销售业务员要学会管理情绪，能够通过倾诉等方法科学合理地宣泄不良情绪。总之，良好的心态是成功的保证。

（2）形象准备　医药企业的销售业务员要有恰当的仪容仪表、幽默文雅的谈吐、落落大方的风度以及神采奕奕的精神面貌。

5. 物质准备

（1）与企业有关的物质准备　医药企业的销售业务员要准备好企业法人营业执照、药品经营许可证、药品经营质量管理规范认证证书（GSP 证书）、购销合同等（图 2－9－5）。

中华人民共和国

药品经营质量管理规范认证证书

中华人民共和国

药品经营许可证

图 2－9－5　GSP 证书与药品经营许可证

（2）与产品有关的物质准备　医药企业的销售业务员要准备好医药商品的样品、样本、图片、图样、药品使用说明书、价目表、产品检验合格证等，如果是进口药品，还应准备《进口药品注册证》（图 2－9－6）等有关资料。

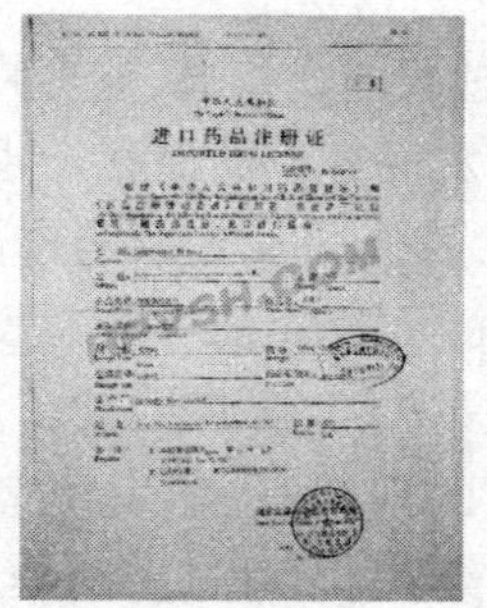

进口药品注册证

图 2－9－6　进口药品注册证

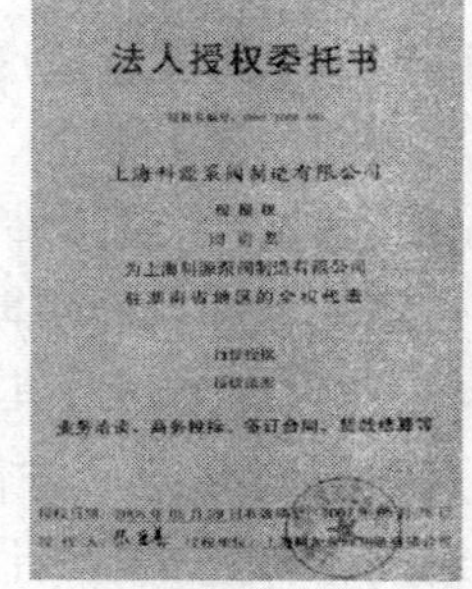

法人授权委托书

图 2－9－7　法人授权委托书

（3）与拜访者个人有关的物质准备　医药企业的销售业务员要准备好本人的身份证、企业法人的授权委托书（图 2－9－7）、工作证、名片、笔、纸及其他必要的办公用品等。

6. 拟定拜访计划　计划的意义在于规范客户经理日工作流程，提高拜访效率。在制定客户拜访计划中可分清重点与非重点客户，以便有效地进行经营指导。

（二）客户拜访技巧

医药企业的销售业务员在与拜访客户时要注意以下几个方面。

1. 称呼、感谢对方　当医药企业的销售业务员敲开客户的门见到经过预约即将拜访的对象时，马上称呼对方，进行自我介绍并立即表示感谢。如“××院长（××经理），您好！我是××公司的销售主管××，非常感谢您能抽出宝贵时间接受我的拜访。”拜访客户必须要给客户留下一个客气、礼貌的形象有助于客户对你迅速产生好感（图 2－9－8）。

2. 寒暄、表明拜访来意　在称呼、感谢后，客户会立即引导医药企业的销售业务员进入会议室或其他合适的场所，期间相互交换名片。落座后访谈的双方会分别拿出笔、笔

图2－9－8 礼貌的形象

记本、手提电脑、公司介绍文件等访谈需要的文具和材料，做会谈的准备。此间，销售业务员要迅速提出些寒暄的话题与客户进行寒暄。寒暄的目的是要营造出比较融洽、轻松的会谈氛围，也避免马上进入会谈主题，使客户产生突兀感。寒暄的内容可以五花八门，如足球赛、天气、娱乐新闻、对拜访客户的公司感受等。一般与外资公司的客户寒暄的时间较短，与国有企业的客户寒暄的时间比较长；与沿海经济发达地区的客户寒暄的时间比较短，与内地经济欠发达地区的客户寒暄的时间会比较长。寒暄的目的是营造气氛、让客户对销售业务员产生好感，只要目的达到了，就自然地结束寒暄，表明拜访来意，进入会谈主题。

3. 访谈、介绍询问倾听 这是拜访的主要部分，通过双向式沟通，让客户大概了解自己的公司及其医药产品和服务，了解客户的现状并力图发现客户的潜在需求。在初次拜访中，即使先前通过传真或邮件已经向客户介绍了自己的公司及其医药产品，销售业务员还是要花一定的时间当面再向客户简要介绍。一方面，客户先前可能并没有仔细地看你发送的材料，对你的公司及其医药产品并不了解；另一方面，客户即使了解了，销售业务员也要经过短暂的介绍后方能过渡到询问客户目前的现状、以便发现客户的潜在需求。介绍的时间不可过长、要针对医药商品的优势来介绍；也不可过多渲染，因为此时销售业务员还不了解客户的需求，如果该医药产品的优势并不能满足客户特定的利益需求，客户是不会认可的。介绍可以以封闭式的问题结束，如“××院长（××经理），上面介绍的就是我们公司大概的情况。您觉得我已经介绍清楚了吗?”当客户确认后，销售业务员就可以要求客户介绍他公司的情况并适时地发问了。

4. 总结、达到拜访目的 医药企业的销售业务员介绍了自己公司的情况；了解了客户的现状和问题后，要主动对这次拜访成果进行总结并与客户确认。总结主要是针对客户的情况介绍和潜在需求进行，因为客户在与销售业务员会谈时一般不会向销售业务员一样进行精心的提前准备，在与销售业务员访谈前，客户可能并未意识到其潜在需求。总结可以进一步使客户明确其目前存在的问题，并可使销售业务员自然地导入到下阶段的销售工作。

5. 道别、不忘下次约见 在达到拜访目的、总结之后，医药企业的销售业务员需要再次向客户表示感谢并立即与客户道别。因为通常一次的拜访很难完成一个销售过程，特别是针对企业客户的销售工作更是如此。因此在与客户道别时要有意识地约定与客户下次访谈的时间，从而获得向客户进一步销售的承诺。在进行下次预约时，要避免模糊

的时间约定。只有明确了进一步销售的具体时间,才是真正的获得了向客户进一步销售的承诺。

二、医药产品的宣讲与演示

医药产品的宣讲与演示是指医药企业的销售业务员在现场对药品终端客户宣传所销售的医药产品,并当众演示产品的特性与优势,以眼见为实促动客户购买的方法。销售业务员可以选择对几个人小范围地宣讲,也可以选择宣讲会的形式进行普遍的公开宣讲(图 2-9-9)。

图 2-9-9　产品宣讲与演示

(一)宣讲与演示的内容

1. 医药产品的基本信息　在医药产品介绍的开始,医药企业的销售业务员应当先对医药产品的基本信息进行简要的介绍。基本信息包括:商品名、通用名、规格、成分、含量、作用机制、适应症或适用人群以及服用方法等。

2. 医药产品的 FABE 法则　FABE 法则是指医药企业的销售业务员介绍医药产品的特征(Feature)、优点(Advantage)、利益(Benefit)和证据(Evidence)。即销售业务员在找出客户最感兴趣的各种特征后,分析这一特征所产生的优点,找出这一优点能够带给客户的利益,最后提出证据,证实该产品确能给顾客带来这些利益。

F 代表特征(Features):医药企业的销售业务员要介绍产品的特质、特性等最基本功能,以及它是如何用来满足我们的各种需要的。特性,毫无疑问就是要自己品牌所独有的。

A 代表由这特征所产生的优点(Advantages),即 F 所列的医药产品特性究竟发挥了什么功能。医药企业的销售业务员要向客户证明购买的理由;与同类产品相比较,要列出本产品的比较优势。

B 代表这一优点能带给顾客的利益(Benefits),即产品的 A 带给客户的好处。利益推销已成为推销的主流理念。医药企业的销售业务员要一切以客户利益为中心,通过强调顾客得到的利益从而激发顾客的购买欲望。

E 代表证据(Evidence)。包括技术报告、顾客来信、报刊文章、照片、示范等。证据具有足够的客观性、权威性、可靠性和可见证性。

例如向心血管内科的主任医师介绍氯沙坦钾片时,按照 FABE 法则应该作如下介绍(表 2-9-1)。

表 2－9－1　FABE 法则

内容 FABE	宣讲内容概要
F （特征）	氯沙坦钾片是血管紧张素Ⅱ受体（AT1 型）拮抗剂
A （优点）	氯沙坦钾片可以阻断内源性及外源性的血管紧张素Ⅱ所产生的各种药理作用（包括促使血管收缩，醛固酮释放等作用）
B （利益）	氯沙坦钾片可选择性地作用于 AT1 受体，不影响其他激素受体或心血管中重要的离子通道的功能，也不抑制降解缓激肽的血管紧张素转化酶（激肽酶Ⅱ），因此不会像服用卡托普利片那样产生干咳
E （证据）	通过对猴子进行 3 个月，大鼠和狗进行 1 年的多次口服给药的一系列毒性试验来评价氯沙坦钾片的潜在毒性，未发现会阻碍在治疗剂量水平上服药

（二）宣讲与演示的工具

作为医药企业的销售业务员，应该有自己的武器—演示工具。在发开终端客户过程中，如果能够合理的运用各种销售工具，便能够顺利达到向客户介绍并说服客户购买的目的。常见的演示工具如下。

1. 图片　相册、宣传资料中的图片说明是很好的演示工具。医药产品实体通过照片的形式显示在眼前，使原本死板、生硬的医药产品鲜活地呈现在客户面前，从而更容易打动客户。

在运用图片时，还可以增加客户的参与感，以便吸引客户的注意力。医药企业的销售业务员开展业务时最大的困难就是如何抓住客户的心，而读图是加深对方参与度的一个好方法。当客户通过视觉来接受信息时，心里便会投射出一个印象，令精神集中。

2. 宣传手册　宣传手册应该将产品最重要的特点或优惠以一句话或一段文字说明清楚。再将最好的见证、推荐以及选购建议简洁摘录或重现。在宣传手册上列出的所有数据都应当真实、严谨、可信。因此，宣传手册是呼吁客户进行采购行动的销售工具之一，宣传手册上面会清楚并且明白地对医药产品的质量、品质做出明确申明（图 2－9－10）。

图 2－9－10　宣传手册的内容

3. 证书与证明　医药产品的检测报告、产品合格证、荣誉证书和证明文件也是进行产品介绍的工具。这些证书和证明文件可以使客户对医药产品的质量放心，并以此来打动和吸引客户。

4. 媒体报道　医药产品在进行营销推广时，一般会在媒体上发布一些广告或报道性质的文章，这些材料在医药企业的销售业务员向客户进行宣讲和演示时是很好的辅助工具。通过向客户展示这些报道资料，可以让客户对医药产品生产企业的规模、市场运营能力有一个直观的认识，从而增强客户对产品的信心。

三、处理客户异议

(一)客户异议的概念

客户异议就是客户对医药企业的销售业务员所说内容不明白、不同意或反对的意见。客户表示异议而打断销售业务员的话,或是就某问题而拖延等对销售业务员都是不可避免的。必需认真对待和分析。

(二)客户异议的分类

1. 真异议　客户认为目前没有需要,或对所销售的医药产品不满意或持有偏见。例如,客户从别人那里听说某医药企业的产品质量不好,就会对该企业的销售业务员敬而远之。对于此类"真异议",销售业务员必须视情形考虑是立刻处理还是延后处理。

2. 假异议　假异议通常分为两种:一种是不想真心介入销售的活动。客户用借口、敷衍的方式应付销售业务员,没有诚意地和销售业务员会谈;另外一种是客户提出很多异议,但这些异议并不是他们真正在意的地方。如药店的采购经理对销售业务员说"这种牌子的药物,我们公司没听说过吧"。

3. 隐藏的异议　隐藏的异议指客户并没有直接地把真异议提出,而是通过提出各种假异议来制造假象,给隐藏异议解决提供有利条件。例如客户希望某中药材降价,但却提出其他如产地、品质等异议,以降低产品的价值,从而达到降价的目的。

(三)产生异议的原因

1. 客户原因

(1) 拒绝改变　多数人对改变都会习惯性地产生抵触情绪。例如,从目前使用的A品牌转换成销售业务员所推荐的产品;从目前可用的预算中拿出一部分来购买未来的保障;等等。

(2) 情绪处于低潮　当客户的情绪正处于低潮时,可能没有心情来谈,也容易提出异议。

(3) 没有意愿　销售业务所销售的医药产品不是客户当前的需要,没有购买意愿。这不能引起客户的注意及兴趣。

(4) 无法满足客户的需求　客户的需求不能得到充分地满足,无法认同销售业务员所销售的医药产品。

(5)预算不足　因而产生价格上的异议。

(6)借口、推托或客户抱有隐藏的异议　客户抱有隐藏的异议时,会提出各式各样的异议。

2. 销售业务员的原因

(1) 销售业务员素质不高,举止态度让客户产生反感。

(2) 陈述有所夸大且不真实。比如,以不实的说辞哄骗客户,结果带来了更多的异议。

(3) 专业知识不够。如销售业务员的专业知识不够,无法清楚说明药物的药理作用。

(4) 调查资料不正确。销售人员引用不正确的调查资料,引起了客户的异议。

(5) 没有沟通技巧。并没有把握住客户的需求点,因而产生许多异议。

(6) 展示失败。展示失败会立刻遭到客户的质疑。

(7) 使客户处于劣势。比如,销售业务员处处强势,客户感觉不愉快,提出主观异议。

只有了解异议产生的可能原因,医药企业的销售业务员才可能更冷静地判断异议产生的真正原因,并针对原因来"有的放矢",从而有效地化解异议。

(四) 处理异议的态度

1. 正确认识异议 刚刚参加工作的销售业务员对异议往往抱有负面看法,甚至对异议怀有挫折感与恐惧感。但是,对有经验的销售业务员来说,客户肯提出异议,这就说明销售人员已成功了一半。他能从客户的异议中能判断客户是否真的有需求;从客户的异议中能了解到客户对你的接受程度;从客户提出的异议中可以获得更多的信息;如此等等。解决异议,满足需求并同客户建立良好关系,以创造新的销售机会。所以,销售人员应该正确理解异议(图 2-9-11)。

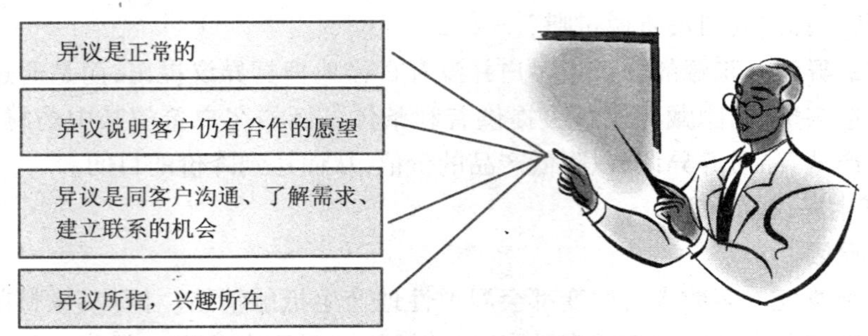

图 2-9-11 正确认识异议

2. 处理时的态度 异议不能限制或阻止,而只能设法去加以控制,而在处理异议时应注意以下几点。

(1) 控制情绪、不得紧张。"我很高兴你能提出意见"、"你的意见非常合理"、"你的观察很敏锐"等是作为销售业务员处理异议时的一般开场白。在客户提出异议时,销售业务员必须保持冷静,不可动怒,以笑脸相迎,并了解反对意见的内容或要点及重点。切不可有反常的心理,更不可采取敌对行为。

(2) 欢迎、鼓励异议的提出。销售业务员应真诚地欢迎并鼓励客户提出异议。当客户提出异议时,应聚精会神地倾听,不要干扰客户的诉说。当然客户提出异议以后,销售业务员要承认并接受客户的意见,以示对其尊重,那么,当你提出相反意见时,客户自然也较易接纳你的提议。

(3) 充分了解异议。销售业务员向客户重述其所提出的反对意见,表示已了解。必要时可询问客户,其重述是否正确,并选择反对意见中的若干部分予以诚恳的赞同。

(4) 认真回答,保持友善。销售业务员对客户所提的异议,必须认真、审慎回答。一般而言,应以沉着、坦白及直爽的态度,将有关事实、数据、资料、确定或证明,以口述或书面方式送交顾客。措词须恰当,语调须温和,并在和谐友好的气氛下进行洽商,以解决

问题。

(5) 客户为上，尊重顾客，巧妙应付。销售业务员切记：客户就是上帝，不可忽略或轻视客户的异议、不可直接反驳客户、不可粗鲁地反对其意见，甚至指其愚昧无知，应避免顾客的不满或怀疑，否则交易谈判无法继续下去，而且与客户之间的关系也将永远无法弥补。

(6) 准备撤退，保留后路。销售业务员应该明白顾客的异议不是能够轻而易举地解决的。不过，销售业务员与客户面谈时所采取的方法，对于今后的业务发展有很大的影响。如果根据洽谈的结果，销售业务员认为一时不能与客户成交，那就应设法使日后重新洽谈的大门敞开，以待再有机会去讨论这些分歧。

(五)处理异议的原则

1. 认真倾听的原则　"倾听是最好的老师"，也是对人尊重的表现。销售人员在拜访客户时，面对客户的异议，倾听是解决的有效途径。与客户争论或保持沉默都不利于问题的解决。通过聆听来进一步了解客户的真实想法，发现客户的真实需求，也为销售业务员与客户达成协议提供更多的机会，得到更满意的结果。同时客户也因为被尊重而感到心情舒畅，也回毫无保留地向销售业务员说出自己的真实想法。

2. 详细记录的原则　俗话说："好记性不如烂笔头"，光凭记忆来记住和理解客户的异议很容易出错。面对客户的异议，销售业务员要通过有效地听进行有目的的记录异议，把握客户异议的关键。这样才能更有效地解决客户的异议。

3. 换位思考的原则　追求服务的零缺陷是销售业务员所努力追求的。但由于客户与销售业务员所处的位置不同，对产品自然有着不同的看法，当然也就产生了异议。对客户所提出的异议，销售业务员应该要换位思考一下，站住客户的立场想一想："如果是我，我又会怎么想呢？"所以要对客户给以理解。如果销售业务员改变了看待问题的角度，很自然地便会将理解融入到处理异议的全过程，更利于异议的解决。

4. "对事不对人"的原则　在面对客户提出异议时，销售业务员要倡导"对事不对人"的原则和方法，把客户自身与客户提出的异议区分开来，加以区别对待。同时面对客户的异议时，销售业务员要理解客户提出异议时的心情，注意保护客户的自尊心，避免伤害客户的人身和心灵。这样才能保证能顺畅地处理客户的异议。

5. 及时回复的原则　对客户提出的异议，销售业务员一定要坚持"尽快答复"的原则。这样做有以下三点好处：

(1) 客户真切地感受到被尊重；

(2) 表示销售员对于解决问题的诚心和诚意；

(3) 可进一步防止客户的负面宣传所可能造成的恶劣的影响。

对于可以在现场解决的问题，销售业务员务必要当即回复；不能解决的，要给客户以准确回复时间，换取客户对销售业务员的信任，为以后工作的顺利开展扫清障碍。

6. 多听多问的原则　多听多问，让客户说出自己的真正想法，了解客户的真实需求，把握客户的心理特征，是销售业务员处理客户异议时必须遵守的一个原则。

(六)处理异议的方法

1. 忽视法　医药企业的销售业务员去拜访药店经理。药店经理一见到销售业务员

就开始抱怨说:“哎呀!你们这个产品的广告为什么不找明星拍呢?如果你们找比较有名的明星拍广告的话,我早就向你进货了”。这个销售业务员只是面带微笑说“您说得对”。然后就接着向药店经理介绍自己的产品了。

这就是忽视法。找明星拍广告不是问题的重点,那只是客户的简单反对,或是一些见解而已,与眼前的交易没有任何的关系。这时销售业务员只要面带微笑地同意客户所说的意见就行了,不必浪费时间去认真处理,甚至会有节外生枝的可能。只要客户满足了表达的欲望,销售业务员就可以采用忽视法,迅速地引开话题,谈你所关心的话题,以便交易的达成。

2. 补偿法 如果客户说“你这个药品包装设计的颜色都非常棒,令人耳目一新,可惜啊这个包装材料很普通”。那么销售业务员回答道,“某某先生,您的眼力真的特别好,这个包装材料啊,的确很普通,若选最好的包装材料的话,这个价格可能就要比现在这个价格高出好几倍以上了。”

这就是补偿法,即销售业务员首先要承认并欣然接受客户所提出的有事实根据的异议,然后向客户说出产品的其他优势,给客户一个补偿。如客户提出价格贵时,销售业务员可说效果好啊,这也是客户所更加关心,更加重要的一点,也正好提升了产品的价值,那理所当然价格就会更贵了。这样客户就更加容易接受了。世界上本来就没有十全十美的产品,当然要求产品的优点越多越好,但这不是真正影响客户购买与否的关键。事实上它的优点不是特别多,也就是说补偿的方法就是能够有效地弥补产品本身的弱点。

3. 太极法 如果客户说:“你们这个企业都把太多的钱花在这个广告上,为什么不把这个钱省下来,作为我们进货的折扣,让我们多一点利润那多好呀。”销售业务员回答道:“就是因为我们投下了大量的广告费用,消费者才会被吸引到你们公司来购买我们的产品,而且能够顺便带动你们公司其他商品的销售”。

这就是太极法。所谓太极法就是取自于太极拳中的借力使力,你一出招我就顺势接招再返招的办法。太极法的基本做法是,销售业务员把客户提出不购买的异议当作说服的要件,把客户的反对意见直接转换成客户必须购买的理由。这就是借力使力的太极法。太极法处理的异议多半是客户不十分坚定的异议,特别是客户的一些借口,太极法最大的目的就是销售业务员能够借处理异议而迅速处理,以引起客户购买的注意。

4. 询问法 如果客户说:“我希望你们公司的各类药妆品的价格再下降10%”。销售业务员回答道,“我知道你一定希望我们给你百分之百满意的服务,难道你希望我给你的服务打折吗”。又如,客户说,“我希望你们所提供的药妆品品种能够让客户选择”。销售业务员说,“报告某某总经理,我们已经选了五种最容易被客户接受的品种了,难道你们希望拥有更多的品种来增加你们的库存负担吗?”

这就是询问法。通过反问来提醒客户,让客户想清楚自己所提出的异议是否确切。只要是适合这种方法来处理的异议,一般情况下,只要通过销售业务员的询问后,客户就能意识到自己提出的异议也就不存在了。

5. 间接反驳法 客户采购药品时说,“你们公司的药品没有什么知名度吧”。销售业务员说,“您大概有所误解,我们公司的药品虽然是刚刚打入北京市场,但是在华南地区市场份额很高,患者满意程度也很高”。又如,客户说,“你们企业的售后服务风气不好,

电话叫修总是姗姗来迟”。销售业务员说，“您说的一定是个别现象，有这种情况发生我们感到非常遗憾，我们企业的经营理念就是服务第一，企业在全省各地都有售后服务部，最快的速度，我们都是以最快的速度来为客户服务，以达成及时沟通的承诺”。

这就是间接反驳法。前面已经强调不要直接反驳客户，否则容易陷入与客户的争辩。所以，即使有些情况你必须使用直接反驳法时也一定注意直接反驳的技巧，态度要诚恳，要对事不对人。千万不要伤了客户的自尊心，要让客户感觉到你是很专业和敬业的。

四、建立客户档案

医药企业的销售业务员在第一次访谈客户后，要建立具体的客户档案，以便客户关系的管理，有利于今后进一步地开展销售工作。客户档案一般分为文字式或表格式两种。由于表格式客户档案比文字式客户档案更加清楚和直观，医药销售企业通常采用表格式客户档案来建立客户档案（表2－9－2）。

表2－9－2　客户档案

东方医药公司客户档案

<table>
<tr><td>客户单位名称</td><td colspan="3"></td></tr>
<tr><td>客户单位地址</td><td colspan="3"></td></tr>
<tr><td>电 话：</td><td>电 传：</td><td>E－mail：</td><td>Website：</td></tr>
<tr><td colspan="4">单位法人代表：</td></tr>
<tr><td>客户姓名：</td><td>职务：</td><td colspan="2">手机：</td></tr>
<tr><td colspan="4">单位性质：</td></tr>
<tr><td colspan="4">上级主管部门：</td></tr>
<tr><td>业务范围</td><td colspan="3"></td></tr>
<tr><td>分支机构及分布</td><td colspan="3"></td></tr>
<tr><td>客户单位的特色业务或经营品种</td><td colspan="3"></td></tr>
<tr><td>客户单位的经营目标与发展前景</td><td colspan="3"></td></tr>
<tr><td>客户单位的具体需要与潜在需要</td><td colspan="3"></td></tr>
<tr><td>客户单位的历史交易与诚信记录</td><td colspan="3"></td></tr>
<tr><td colspan="4">行 动 方 案</td></tr>
<tr><td>日期</td><td>行动步骤</td><td>下一步</td><td>所需时间</td></tr>
<tr><td></td><td></td><td></td><td></td></tr>
<tr><td></td><td></td><td></td><td></td></tr>
</table>

建立客户档案时要使用简化汉字书写，不要出现错别字，避免使用繁体字和异体字。

如果表格是用电脑填写的，尽量使用常用的字体。所填写的信息应该尽量简明扼要，突出重点，使人一目了然，从而提高工作效率。如果建档对象是医院，必须在单位性质中写明等级。我国的医疗机构一共分三个级别，每级都有甲乙两等，销售业务员必须分清。如果建档对象是药店，必须在单位性质中写明企业的所有制形式，如：国有、私营、外资、合资等。

五、销售缔结

医药企业的销售业务员通过多次上门拜访，与客户洽谈业务后，必须想方设法与客户促成交易，这就是销售缔结工作。由于药品终端企业形式多样，客户需求也各不相同，销售缔结的方法必须也因客户而异，依情况而异。常见的缔结方法有以下几种。

1. 假设缔结法 假设成交法指的是当医药企业的销售业务员发现要求客户购买的时机已经成熟时，可以抛给客户一个选择性的问题。举例来说，假设客户有意购进某生物科技公司的保健产品，该公司的销售业务员可以问道，“贵公司打算一次购进多少？”；“您希望我公司的具体交货时间和方式是什么？”等等。

假设缔结法要求销售业务员在销售的适当时机询问一些假设当客户已经决定购买之后，所需要考虑的一些购买细节问题。提出这些购买细节问题就是为了缔结客户。在任何一个销售过程中，缔结都是最后一个步骤。所以每一个销售业务员都应该善加规划和设计缔结的方法和步骤。当销售业务员发现客户购买的时机成熟的时候，就应该很巧妙、很顺畅地转入缔结的过程。

2. 不确定缔结法 不确定缔结法是指当医药企业的销售业务员发现客户对于购买产品犹豫不决时，暗示货源紧张或稀缺，以促成缔结客户的办法。例如，某药材公司的销售业务员发现客户迟迟不能下定购进决心，这时他在于客户沟通中可以突然停下来说：“嗯，等一下。这批红景天这个月的销路非常好，让我查一查还有多少库存”。运用这种方式，让客户在内心中感觉到他要的很抢手，再作迟疑有断货的风险以促进客户下定购进决心。同时，这种方法也暗示了客户的选择是正确的，能给顾客以足够的信息。从心理学角度来看，我们发现当一个人越得不到一件东西的时候，他就越想得到它。因此，使用这种方式来促使客户成交，有时候是非常有效的。不确定缔结法通常被使用在热销的或者稀缺的医药商品销售中。

3. 合同缔结法 合同缔结法是指当医药企业的销售业务员与客户进行产品介绍时，销售业务员拿出一张预先设计好的购销合同或订单，并在上面逐一记下客户需求等基本信息，以暗示客户缔结的一种方法。当销售业务员发现客户有意购买产品时，可以拿出购销合同，如果客户说：“等一下，我还没有决定购买你们公司的产品呢”。这时候销售业务员可以非常轻松地说：“不要紧张，这张合同并不是要让您购买产品，只是因为我怕把我们等会儿所讨论的内容忘了，所以我想将一些细节记录在这上头，等我们说完后，如果您不想购买，我们就把它扔到垃圾筒里”。在与客户洽谈时，销售业务员可以不经意问一句：“这种产品您比较倾向采购哪种规格？”每当客户回答后，销售业务员就将答案写在或者勾在合同上面。其实，每当销售业务员询问客户合同上面关于购买产品的选择性的问题时，就提高了客户购买产品的意愿，客户也就更容易做出购买决定了。当销售业务员

一旦得到所有客户关于购销合同上所列的问题时，产品的成交步骤也完成了80%或90%了。最后销售业务员可以使用假设成交法询问客户交货和支付方式，一旦这个问题客户答完后，销售业务员就可以把合同交给客户，然后让客户签字。

4. 对比缔结法　对比原理是一种人类的知觉原理，它影响着人们对于两种依次出现的事物的认知。如果我们先与一位漂亮的女士交谈，然后有一个相貌平平的女士加入我们的谈话，那么，相比之下，第二位女士给我们的印象会比她的实际长相还差。使用对比原理时，医药企业的销售业务员要让客户以为两种产品之间的区别比它们之间的实际区别还要大，以此促进缔结客户。

例如，医药公司的销售业务员向药店采购部经理介绍药品时，可以先介绍拥有单独定价权的原研药。这样，更多的仿制药与原研药相比，其价格就显得不那么高了，这样就能促使采购部经理购进更多的仿制药。

5. 强迫缔结法　医药企业的销售业务员碰到拖延型的客户时，可以使用强迫缔结法。拖延型的客户不能明确地表示到底买或不买，而这时销售业务员必须花很多时间一次次不断地接触这位客户，徒然耗费了大量的时间成本，这是强迫缔结法能够帮助缔结客户。

医药企业的销售业务员要预先准备一份看起来非常正规的购销合同，然后拿着这份合同到客户面前说："先生（小姐），我想经过了很多次的解说和介绍，您对我们的产品和服务以及能够带给你们的利益已经非常清楚了，我想这一次为什么不让我们现在就决定下来。如果您觉得这种产品对您真的是有意义的，有帮助的，那么您应该在这上面签字；如果你真觉得我们的产品或服务对您一点用处都没有，那么您就不要理会这份合同。"说完以后，销售业务员把这份合同连连同签字笔送到客户的面前，然后保持沉默。一般来讲，60%的客户在这种情况下，都会签下这份购买合同的。使用这种方法时，最重要的一点是当销售业务员把合同送到客户的面前后，必须保持沉默，不要讲任何话，直到对方签下合同为止。

6. 回马枪缔结法　回马枪缔结法也称为"反败为胜法"。这种方法通常适用于当医药企业的销售业务员尽了所有的努力后，发现客户仍然不配合，销售业务员完全不能够说服客户，客户也不愿意告销售业务员背后真正的拒绝原因是什么时。这时候，回马枪缔结法能达到起死回生的效果。

例如销售业务员可以告诉客户："好了，××经理，很感谢您刚才给我这些时间，让我向您解说这些产品，希望我下次还能有机会为您服务。"这时销售业务员一面说，一面开始收拾手提箱，让客户感觉到他终于要离开了，这时候客户也会开始松一口气而放松戒心。当销售业务员走到客户大门时，可以突然转过头来问这位客户："×× 医生，在我最后离开之前，可不可以再请您帮我最后一个小忙呢？"这时候客户大多会答应请求。然后销售业务员接着说："××医生，因我从事这个行业的时间并不是很久，可能我的经验也并不是非常丰富，我想在我走之前，有一个小忙要请您帮助我，我非常想知道，在今天我拜访您的过程中到底是什么原因让您觉得不愿意购买我们的产品，您可不可以告诉我，让我能够得到一些经验，有一些改进呢？"在这个时候，几乎十之八九的客户都会开始告诉销售业务员不购买的主要原因。因为这时候客户觉得没有任何的压力，而此时他们所告诉的原因,通常也就是他最终的那个抗拒点。这时销售业务员可以告诉客户:“哎呀,原来是这个原因让你不愿意买我们的产品,这是我的错误,我想我刚才一定是疏忽了向您解释这件事”。这时,销售业务员应该再次走回客户的办公室告诉客户:“我只要再占用您一两分钟的时间,来向您解释这件事,如果当我解释完后,您仍然觉得不合适,那我再也不会打扰您了。”销售业务员重新走回来,解除掉客户最后的抗拒点,就能直接缔结成交,这种方式时常可以起到起死回生的效果。

维护客户关系

1. 维护客户关系的原则

(1)给予客户真正的尊重　尊重客户是最起码的商业道德,也是开展有效的客户管理、实现企业营销目标的前提。体现在与客户往来的每个环节与各个方面。

(2)保证客户的利益　企业与客户其实是一个利益共同体,企业在经营中不能仅仅考虑自身的利益而置客户利益于不顾,否则这个利益共同体的寿命不会长久。

(3)着眼于与客户的长久合作　客户稳定是企业销售稳定的前提,客户群体的稳定对企业销售政策的连贯性和市场维护是不可缺少的。

(4) 对客户进行动态管理　客户资料要不断加以调整,及时补充新的资料,突出重点、灵活运用,对客户的变化进行跟踪,使客户管理保持动态性,提高客户管理的效率。

2. 维护客户关系的方法

(1)做好销售计划及台账记录

①对每个客户制定月度销售计划,内容包括销售目标(含品种、规格、数量、单价等)、周进度计划、应急情况处理制度等,用以指导客户有效地开展销售业务。

②客户销售工作每个环节做详细记录,如进货时间、品种、规格、数量、单价、金额、付款时间与进度、欠款情况等,记录应做到有明细、有合计与累计以及与销售计划的进度比较,这样可以明确掌握每个客户的销售情况和市场变化状况,有效区分客户优劣及其市场影响,从而采取相应措施,更有针对性地改进销售政策与计划。

③采用先进管理技术,如计算机管理、网络管理,更好地利用客户信息,增强客户信息的时效性、全面性和便捷程度。可以利用这些基础资料建立一套自动管理系统,提高客户管理的效率。

(2)做好合同管理工作　合同是企业处理与客户关系的最有约束力的法律文件,是企业管理客户的法律依据。依照规章制度在销售业务中与所有客户签订正式合同,确保合同的严肃性和科学性。依照《合同法》的规定,建立符合企业实际情况的标准合同规范文本。合同既是法律文件,又是经营企业的商业秘密,要做到专人管理,分门别类,集中建档,保证合同保管的严密性和完整性。

(3)保证沟通渠道的畅通 要与客户交朋友,就要在业务工作中以实际行动设身处地地为客户着想,解决客户遇到的问题,用诚心换来客户的工作积极性。企业在保证了客户的基本利益时,也就保证了企业自己的销售市场,保证了企业的未来,在此与客户的沟通就尤为重要了,那么选择有效沟通渠道的方式及所达到的目的就相辅相成了。以下三种形式供参考。

①客户业务座谈会 由企业定期召开,与客户代表面对面沟通交流,广泛听取客户意见,探讨业务合作发展思路,更好地安排以后的业务计划,达到知己知彼的目的,充分给予对方信任感和尊重感。

②客户访问 由销售业务领导或主管带队,对客户进行走访,了解客户与市场状况,收集客户意见,加深感情,消除隔膜,以解决问题及咨询为目的,更好地为客户提供服务,最大限度的满足客户需求。

(4)建立客户预警机制

①欠款预警 为每个客户设定一个授信额度,一旦客户欠款超过此授信额度,及时发出警报,调查分析原因,督促客户及时回款。

②客户流失预警 对客户有一段时间不再进货了,可能要流失了,发出警报,要及时调查情况,采取对策。

③销售进度预警 根据销售记录,发现客户进货进度与销售计划进度、历史同期进货情况等相对比发生较大下降时,发出警报,应及时进行调查原因,采取对策。

④客户重大变故预警 当客户发生重大变故,如被盗、车祸、火灾、企业分立或合并、领导人重病等情况时,应发出警报,要提高对此客户的关注,严防出现风险。

实训 拟定客户拜访计划

◎实训目的

拟定客户拜访计划是医药生产企业或批发企业的销售业务员常见的工作任务。通过实训,使学员掌握拟定客户拜访计划操作流程。

◎实训内容

元庆生物制药公司是一家高科技生物医药企业,公司主要生产生物制剂和营养补充剂,并向长三角地区的各大医院和连锁药店供货。目前,该公司的销售业务员孙红根据公司销售经理李明的指示,准备拜访一家连锁药店的采购经理,洽谈公司营养补充剂产品的铺货事宜。请根据下面所给背景资料拟定本次的拜访计划。

附　背景资料

表 2－9－3　客户档案表(简)

元庆生物制药公司客户档案

<table>
<tr><td>客户单位名称</td><td colspan="3">佳拯大药房连锁有限公司</td></tr>
<tr><td>客户单位地址</td><td colspan="3">上海市浦东新区健康一路6号</td></tr>
<tr><td colspan="2">电 话:021—58888888</td><td colspan="2">Website:www. jiazheng. com. cn</td></tr>
<tr><td colspan="4">单位法人代表:黄爱国</td></tr>
<tr><td>客户姓名:刘伟</td><td colspan="2">职务:采购经理</td><td>手机:13588888888</td></tr>
<tr><td colspan="4">单位性质:民营企业</td></tr>
<tr><td colspan="4">上级主管部门:白玉兰医药集团公司</td></tr>
<tr><td>业务范围</td><td colspan="3">中西成药、中药饮片、第一类医药器械、保健食品、营养补充剂、药妆品和日用百货的零售</td></tr>
<tr><td>分支机构及分布</td><td colspan="3">全市各区县均有分布,共39家直营门店、10家加盟店</td></tr>
<tr><td>客户单位的特色业务或经营品种</td><td colspan="3">专业的营养师负责营养补充剂的咨询和销售</td></tr>
<tr><td>客户单位的经营目标与发展前景</td><td colspan="3">以营养保健品销售为特色的综合性大药房</td></tr>
<tr><td>客户单位的具体需要与潜在需要</td><td colspan="3">适合中老年人、女性、男性、青少年的各类营养补充剂</td></tr>
<tr><td>客户单位的历史交易与诚信记录</td><td colspan="3"></td></tr>
</table>

◎实训准备

1. 场地准备　营销情景室。

2. 物品准备

(1)背景资料中涉及到的《元庆生物制药公司客户档案》。

(2)空白“客户拜访计划表”(表2－9－4)。

表2－9－4　客户拜访计划表(空白)

元庆生物制药公司客户拜访计划表

______年______月______片区客户拜访计划

片区销售经理：　　　　　　　　　　销售代表：

序号	客户名称	拜访对象(部门/人员)	拜访的目的	预期达到的目标
1				
2				
3				

日程安排

出发		离开		交通工具	拜访对象	类别	时间统计		
地点	时间	地点	时间				路途时间	拜访时间	休息时间
合计									

(3)与销售有关的相关模拟证照。如：营业执照、药品生产(经营)许可证、GMP(GSP)证书复印件、药品样品、药品说明书、营养补充剂样品、产品合格证书、批准文号、卫生许可证号、价格批件、法人授权委托书和销售人员身份证复印件等。

(4)蓝色或黑色的水笔若干支。

3. 人员准备　学员分成若干项目小组，每组学员通过相互讨论完成实训操作。

◎实训步骤

1. 仔细阅读元庆生物制药公司的客户档案表、找出需要拜访的对象，分析客户需求，确定拜访目的以及销售目标。

2. 根据实际情况，拟定合适的拜访行程、确定拜访时间。

3. 填写“客户拜访计划表”表2－9－5。

表2-9-5　客户拜访计划表

元庆生物制药公司客户拜访计划表

20××年××月 浦东片区客户拜访计划

片区销售经理：×××　　　　销售代表：×××

序号	客户名称	拜访对象（部门/人员）	拜访的目的	预期达到的目标
1	佳拯大药房连锁有限公司	采购经理 刘伟	营养补充剂铺货	建立合作关系
2				
3				

日程安排									
出发		离开		交通工具	拜访对象	类别	时间统计		
地点	时间	地点	时间				路途时间	拜访时间	休息时间
公司总部	10:00	佳拯药房	11:30	地铁	刘伟	采购经理	20分钟	60分钟	/
合计							30分钟	60分钟	/

4. 审核所填写的内容，确保制定的计划具有可执行性。

5. 确定拜访客户时所需携带的正确资料，必须找出加盖企业原印章的营业执照、药品生产许可证、GMP证书复印件、营养补充剂样品、产品合格证书、卫生许可证号、法人授权委托书和销售人员身份证复印件等。

◎**注意事项**

1. 拜访客户的最佳时间一般是上午9:00～11:00。拜访时间过早或过晚都会给顾客带来不便，影响拜访成果。

2. 元庆生物制药公司属于药品生产企业，所以应该携带药品生产许可证、GMP证书复印件；营养补充剂属于保健食品，不能与药品关有的证照相混淆。

3. 拜访客户时一般安排自驾或乘坐地铁、出租车等容易控制出行时间的交通工具，以避免误时而影响拜访。

项目十　经济核算——各项经济指标分析

一、经济核算指标的识别

经济核算是指获得最佳经济效益为目标，运用会计核算、统计核算和业务核算等手段，对生产经营过程中劳动和物资消耗以及取得的成果，用价值形式进行记录、计算、对比和分析，借以发掘增产节约的潜力和途径。经济核算是医药企业有计划管理经济的方法。医药企业的营销活动离不开经济核算，它能够为营销活动提供必要的数量经济信息。企业的经济核算指标可以分为以下几类(图 2－10－1)。

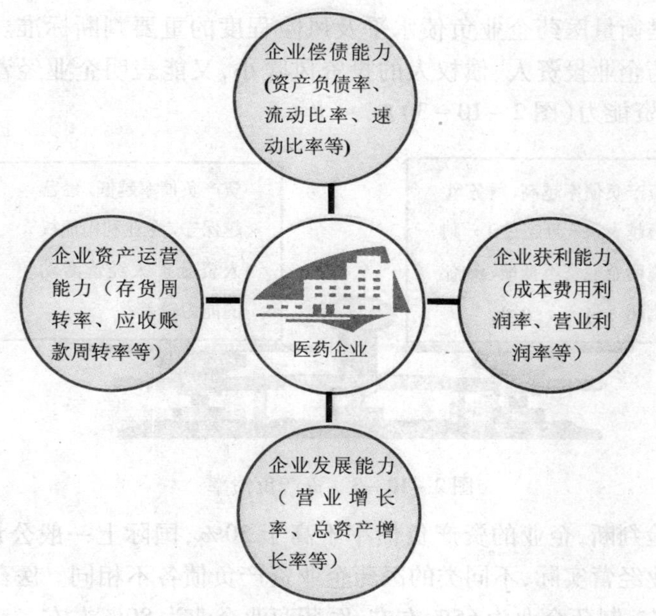

图 2－10－1　经济核算指标

二、经济指标的核算与分析

对一家医药企业的各项经济指标进行核算和分析属于定量研究法。定量研究一般是为了对特定研究对象的总体得出统计结果而进行的。定性研究具有探索性、诊断性和预测性等特点，它能客观的反映和评价医药企业的有关方面状况(图 2－10－2)。

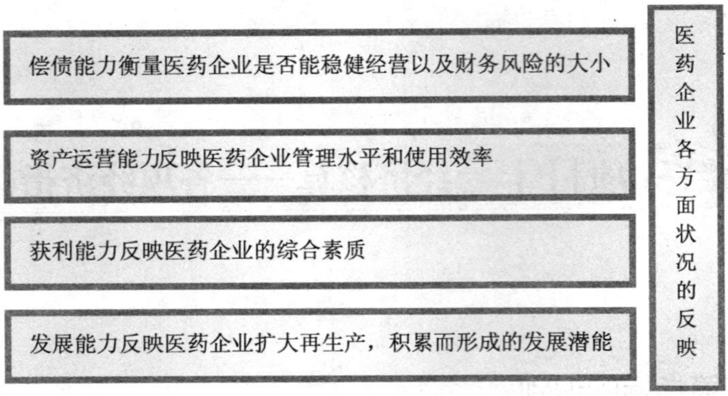

偿债能力衡量医药企业是否能稳健经营以及财务风险的大小
资产运营能力反映医药企业管理水平和使用效率
获利能力反映医药企业的综合素质
发展能力反映医药企业扩大再生产，积累而形成的发展潜能
医药企业各方面状况的反映

图 2－10－2　定性研究

（一）医药企业偿债能力的核算与分析

1. 资产负债率　资产负债率是指企业一定时期负债总额同资产总额的比率。资产负债率表示医药企业总资产中有多少是通过负债筹集的，该指标是评价医药企业负债水平的综合指标。其计算公式如式 2－10－1 所示：

$$资产负债率=\frac{负债总额}{资产总额}\times 100\% \qquad 式2-10-1$$

资产负债率是衡量医药企业负债水平及风险程度的重要判断标准。适度的资产负债率既能表明医药企业投资人、债权人的投资风险小，又能表明企业经营安全、稳健、有效、具有较强的筹资能力（图 2－10－3）。

资产负债率越高，财务风险越大，一旦超过 1，则说明企业资不抵债，濒临倒闭
资产负债率越低，经营越保守，企业利用债权人资金扩大经营活动的能力较差

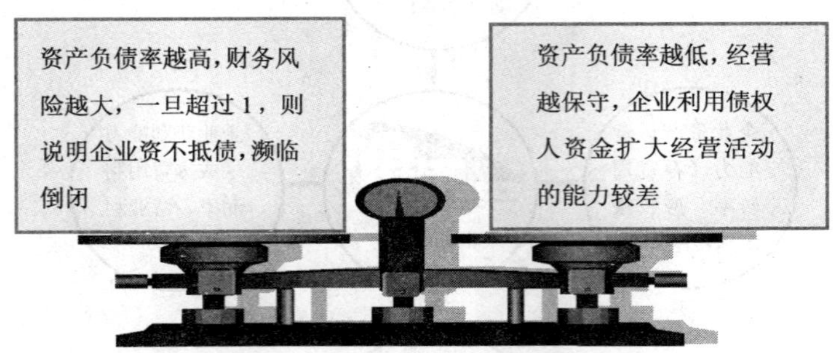

图 2－10－3　资产负债率

按照保守经验判断，企业的资产负债率不高于 50%，国际上一般公认 60% 比较好。根据我国医药企业经营实际，不同类的医药企业资产负债各不相同。医药物流企业资产负债率为 50% 左右，制药企业为 65% 左右，医药商业企业为 80% 左右。

2. 流动比率　流动比率是企业一定时期流动资产同流动负债的比率。流动比率衡量企业短期债务偿还能力，评价企业偿债能力的强弱。其计算公式如式 2－10－2 所示：

$$流动比率=\frac{流动资产}{流动负债} \qquad 式2-10-2$$

流动比率衡量医药企业资产流动性的大小，充分考虑流动资产规模与流动负债规模之间的关系，判断医药企业短期债务到期前，可以转化为现金用于偿还流动负债的能力。例如：2010 年 12 月，东南沿海地区拥有较高知名度的聚维酮碘原料药、聚维酮碘溶液剂

的生产企业——广东庆发药业有限公司因无法偿还到期的短期债务而向法院申请破产保护，最后被科伦药业以2430万元收购其100%股权。因此，流动比率越高，表明医药企业偿还短期负债的能力越强。

注意：该指标若过高，说明医药企业存在过多的流动资金，资金利用效率低下。

国际上公认的标准流动比率为200%，我国较好的比率为150%左右。

3. 速动比率 速动比率是企业一定时期的速动资产同流动负债的比率，速动比率衡量医药企业的短期偿债能力，评价企业流动资产变现能力的强弱，其计算公式如式2－10－3所示：

$$速动比率=\frac{速动资产}{流动负债}\times 100\% \qquad 式2-10-3$$

其中：速动资产是指扣除存货后流动资产的数额，即速动资产＝流动资产－存货。

速动比率是对流动比率的补充，是在分子剔除了流动资产中变现能力最差的存货后，计算医药企业实际的短期债务偿还能力，比流动比率更为准确。该指标越高，表明医药企业短期负债的偿还能力越强。国际上公认的标准速动比率为100%，我国目前较好的比率在90%左右。

（二）医药企业资产运营能力的核算与分析

1. 存货周转率 存货周转率是企业一定时期营业成本与平均存货的比率。其计算公式如式2－10－4所示：

$$存货周转率=\frac{营业成本}{平均存货}\times 100\% \qquad 式2-10-4$$

公式中的营业成本来自于利润表，它是指医药企业销售医药产品、提供劳务等经营业务的实际成本。平均存货是资产负债表中存货年初数与年末数的平均值，即式2－10－5：

$$平均存货=\frac{存货年初数+存货年末数}{2} \qquad 式2-10-5$$

存货周转率是评价医药企业从取得存货、投入生产到销售收回（包括现金销售和赊销）等管理状况的综合性指标，用于反映存货的周转速度。存货周转率也可以用时间来表示，即存货周转天数，如式2－10－6所示：

$$存货周转天数=\frac{平均存货}{营业成本}\times 100\% \qquad 式2-10-6$$

医药企业，尤其是医药商业企业中，存货在流动资产中比重较大。采用本指标的目的在于针对存货管理中存在的问题，促使医药企业保证在生产经营的同时，提高资金的使用效率，降低存货占用水平。同时，也一定程度上反映了医药企业销售实现的快慢。所以，一般情况下，该指标越高，表示医药企业的资产由于销售顺畅而具有较高的流动性，存货转换为现金或应收账款的速度快，存货占用水平低。一旦存货周转出问题，就会影响医药企业营销的各个环节（图2－10－4）。

图2－10－4　存货周转

2. 应收账款周转率　应收账款周转率是企业一定时期内营业收入同平均应收账款余额的比率。其计算公式如式2－10－7所示：

$$应收账款周转率=\frac{营业收入}{平均应收账款余额}\times 100\% \qquad 式2-10-7$$

公式中，营业收入来自于利润表，它是指医药企业销售医药产品、提供劳务等经营业务的实际收入，平均应收账款余额是资产负债表中应收账款年初数与年末数的平均值，如式2－10－8所示：

$$平均应收账款余额=\frac{应收账款年初数+应收账款年末数}{2} \qquad 式2-10-8$$

应收账款周转率反映了医药企业应收账款的流动速度，即医药企业本年度内应收账款转为现金的平均次数。用时间的表示的应收账款周转速度称应收账款周转天数，其计算公式如式2－10－9所示：

$$应收账款周转天数=\frac{平均应收账款余额}{营业收入}\times 360 \qquad 式2-10-9$$

在我国，医疗机构时是医药企业的主要销售对象，大多数药品都流向医疗机构。医药企业采取赊销，并按月结账的办法向医疗机构结算货款，因此应收账款在流动资产中占较大份额，应收账款周转率高，说明应收账款收回及时。因此，医药企业就能减少营运资金在应收账款上的呆滞占用，从而提高企业的资金利用效率。

采用本指标的目的在于促进企业通过合理制定赊销政策，严格管理药品购销合同、及时结算货款等途径加强应收账款的管理，加快应收账款回收速度，活化企业营运资金。医药企业的商务代表负责应收账款回收工作，如图2－10－5所示。

商务代表对各种收账方法的评价：

1. “七寸”打击法 (54.9%)
2. 心理施压法 (25.4%)
3. 粘着不放法 (12.4%)
4. 贴身跟踪法 (7.3%)

图2－10－5　应收账款的回收工作

（三）医药企业获利能力的核算与分析

1. 营业利润率　营业利润率是指企业一定时期营业利润同营业收入的比率。它能反映医药企业主营业务的获利能力，是评价企业经营效益的主要指标，其计算公式如式2-10-10所示：

$$营业利润率 = \frac{营业利润}{营业收入} \times 100\% \qquad 式2-10-10$$

公式中，营业利润等于营业收入扣除营业成本、销售费用、管理费用、财务费用、营业税金及附加之和。长期投资收益、营业外支出等因素不在其列。营业利润的主要组成部分是企业的主营业务利润，主营业务利润是企业全部利润中最重要的组成部分，是影响企业整体经营成果的主要因素。

营业利润率体现了医药企业经营活动最基本的获利能力，没有足够大的营业利润就无法形成企业的最终利润。因此，营业利润率能够充分的反映出医药企业的成本控制，费用管理，产品营销等方面的不足和成绩。营业利润率越高，说明医药企业的医药商品定价科学，产品附加值高，营销策略得当，主营业务市场竞争能力强。

2. 成本费用利润率　成本费用利润率是企业从一定时期的利润总额同企业成本费用总额的比率。成本费用利润率表示企业为取得利润而付出的代价，从企业支出方面补充评价企业的收益能力。其计算公式如式2-10-11所示：

$$成本费用利润率 = \frac{利润总额}{成本费用总额} \times 100\% \qquad 式2-10-11$$

公式中，成本费用总额是指医药企业营业成本、销售费用、管理费用、财务费用之和。成本费用利润率是从医药企业内部管理等方面，对资本收益状况的进一步修正，该指标通过医药企业的收益与支出直接比较，客观评价医药企业的获利能力。

成本费用利润率从耗费角度补充评价企业收益状况，有利于促进医药企业加强内部管理，节约支出（图2-10-6），提高经济效益。成本费用利润率越高，表明医药企业为取得收益所付出的代价越小，企业成本费用控制的越好，获利能力越强。

图2-10-6　节约支出

（四）医药企业发展能力的核算与分析

1. 营业增长率　营业增长率是指医药企业本年营业收入增长额同上年营业收入总额的比率。营业增长率表示与上年相比，企业营业收入的增减变动情况，是评价医药企

业成长情况和发展能力的重要指标。其计算公式如式 2－10－12 所示：

$$营业增长率 = \frac{本年营业增长额}{上年营业总额} \times 100\% \qquad 式 2-10-12$$

公式中，营业增长额是医药企业本年营业收入与上年营业收入的差额。如果本年营业收入低于上年，本年营业收入增长额用"—"表示。上年营业总额可以理解为利润表中本企业营业收入的年初数。

营业增长率是衡量医药企业经营状况、市场占有能力、预测医药企业经营业务拓展趋势的重要标志。不断增加营业收入是医药企业生存的基础和发展条件。世界 500 强主要以营业收入的多少进行排序。

营业增长率大于 0，表明医药企业本年的营业收入有增长，指标越高，说明增长速度越快，企业市场前景好；若该指标小于 0，则说明医药企业本年的营业收入缩水，负值越大，说明缩水越严重，医药企业的营销策略出现问题。

2. 总资产增长率　总资产增长率是企业总资产增长额同年初资产总额的比率。总资产增长额衡量医药企业本期资产规模的增长情况，评价医药企业经营规模数量上的扩张程度。其计算公式如式 2－10－13 所示：

$$总资产增长率 = \frac{本年总资产增长额}{年初资产总额} \times 100\% \qquad 式 2-10-13$$

公式中，本年总资产增长额是资产总额年末数与年初数的差额。如果本年资产总数减少，用"—"表示。

总资产增长率指标是从医药企业资产总量扩张方面衡量企业的发展能力，表明医药企业规模增长水平对企业发展后劲的影响。该指标越高，表明医药企业一个经营周期内资产经营规模扩张速度越快。但实际操作时，应注意资产规模扩张的质与量的关系，以及医药企业的后续发展能力（图 2－10－7），避免低水平地重复投资。

图 2－10－7　扩张规模与后续发展

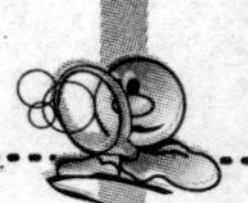

经济核算的功能

医药企业的经济核算工作为企业的营销工作提供了大量的有效信息，是营销人员必须掌握的工具。经济核算的功能总结下来有以下两点。

1. **经济核算具有约束和监督功能**　在医药企业中，一切涉及资金的收支活动，都与经济核算有关。事实上，企业内部各部门与资金不发生联系的现象是很少见的。因此，经济核算的触角，常常伸向医药企业营销活动的各个角落。每一个部门在合理使用资金、节约资金支出等方面接受经济核算结果的约束和监督，以此来保证医药企业经济效益的提高。

2. **经济核算具有反映医药企业营销状况的功能**　在营销管理中，决策是否得当，经营是否合理，技术是否先进，产销是否顺畅，都可迅速地在经济核算指标中得到反映。例如，如果企业生产的产品适销对路，质量优良可靠，则可带动生产发展，实现产销两旺，资金周转加快，盈利能力增强，这一切都可以通过各种经济核算迅速地反映出来。这也说明，经济核算既有其独立性，又受整个营销活动的制约。经济核算结果出来后，应该向企业领导及时通报有关经济核算指标的变化情况，以便把医药营销的各项工作都纳入到提高经济效益的轨道，努力实现医药营销的目标。

实训　OTC 终端访谈调查

◎实训目的

经济核算是医药企业生产经营过程中必要的工作。通过实训，使学员掌握经济核算的具体操作过程。

◎实训内容

京龙药材有限公司是一家批发中药材、中药饮片及营养滋补品的小型医药商品批发企业。本期会计年度终了，公司财务部门按照相关会计制度的要求编制出企业本年度的会计报表。请根据下面所给背景资料对京龙药材有限公司进行相应的经济核算，并按照国际惯例初步分析和判断年末时京龙药材有限公司的经营管理状况是否理想。

附　背景资料

表 2-10-1　资产负债表(简)

资　产　负　债　表

主管部门:　　　　　　　　　　　　　　　　　　　　　　　　　会企 01 表

编制单位:京龙药材有限公司　　　　　　　　　　　　　　　　　单位:元

资产	年初数	年末数	负债及所有者权益	年初数	年末数
流动资产:			流动负债:		
货币资金	12200	13000	短期借款	5000	7000
应收账款	800	1000	应付税费	2000	3000
预付款项	0	0	流动负债合计	8000	10000
存货	5000	6000	长期负债:		
流动资产合计	18000	20000	长期借款	50000	50000
非流动资产:			应付债券	0	0
长期股权投资	0	0	非流动负债合计	50000	50000
固定资产	72000	80000	负债合计	58000	60000
在建工程	0	0	所有者权益:		
工程物资	0	0	实收资本	30000	35000
无形资产	0	0	资本公积	2000	5000
非流动资产合计	72000	80000	所有者权益合计	32000	40000
资产合计	90000	100000	负债和所有者权益合计	90000	100000

表 2-10-2　利润表(简)

利　润　表

会企 02 表

编制单位:京龙药材有限公司　　2010 年 12 月　　　　　　　　单位:元

项　目	年末金额	年初金额
一、营业收入	50000	70000
减:营业成本	15000	16000
营业税金及附加	5000	6000
销售费用	8000	8000
管理费用	2000	1500
财务费用	0	500
二、营业利润(亏损以"—"号填列)	20000	38000
加:营业外收入		200
减:营业外支出	500	100
三、利润总额(亏损总额以"—"号填列)	19500	38100
减:所得税费用	3900	7600
四、净利润(净亏损以"—"号填列)	15600	30500

◎实训准备

1. 场地准备　营销情景室。

2. 物品准备

(1)背景资料中涉及到的京龙药材公司年末的资产负债表和利润表。

(2)白纸，计算器和水笔。

3. 人员准备　学员分成若干项目小组，每组2位学员，一位负责核算相关经济指标、另一位负责复核以及解读指标显示的信息完成实训操作。

◎实训步骤

1. 找数据　在资产负债表和利润中找出经济指标核算所需要的各项数据。

2. 初步处理数据　计算平均存货、平均应收账款余额、速动资产、成本费用。

(1) $平均存货=\frac{存货年初数+存货年末数}{2}=\frac{5000+6000}{2}=5500$

(2) $平均应收账款余额=\frac{应收账款年初数+应收账款年末数}{2}=\frac{800+1000}{2}=900$

(3) 速动资产 = 流动资产 − 存货 = 20000 − 6000 = 14000

(4) 成本费用 = 营业成本 + 销售费用 + 管理费用 + 财务费用 = 16000 + 8000 + 1500 + 500 = 26000

(5) 本期营业增长额 = 营业收入年末数—营业收入年初数 = 20000

(6) 本年总资产增长额 = 资产总额年末数—资产总额年初数 = 100000 − 90000 = 10000

3. 计算相关经济核算指标并做出初步判断

(1) $资产负债率=\frac{负债总额}{资产总额}\times100\%=\frac{60000}{100000}\times100\%=60\%$

分析：该公司的资产负债率达到60%，完全符合国际公认状态，负债水平良好。

(2) $流动比率=\frac{流动资产}{流动负债}\times100\%=\frac{20000}{10000}\times100\%=200\%$

分析：该公司的流动比率达到200%，完全符合国际公认标准，短期偿债能力良好。

(3) $速动比率=\frac{速动资产}{流动负债}\times100\%=\frac{14000}{10000}\times100\%=140\%$

分析：该公司的速动比率达到140%，超过国际公认标准100%，短期变现能力很强，但过高的速动比率说明该公司尚未完全充分利用流动资金。

(4) $存货周转率=\frac{营业成本}{平均存货}\times100\%=\frac{16000}{5500}\times100\%=290.9\%$

分析：该公司的存货周转率达到290.9%。存货周转率较高，说明该公司销售顺畅。

(5) $应收账款周转率=\frac{营业收入}{平均应收账款余额}\times100\%=\frac{70000}{900}\times100\%=7777.8\%$

分析：该公司的应收账款周转率高达7777.8%，应收账款周转率极高。说明该公司应收账款回收非常迅速，流动资金极少被占用。

(6) 营业利润率 $=\frac{营业利润}{营业收入}\times 100\%=\frac{38000}{70000}\times 100\%=54.3\%$

分析:该公司的营业利润率为54.3%,营业利润率较高。说明该公司最基本的获利能力较强,营销策略恰当,主营业务竞争力较强。

(7) 成本费用利润率 $=\frac{利润总额}{成本费用总额}\times 100\%=\frac{38100}{26000}\times 100\%=146.5\%$

分析:该公司的成本费用利润率为146.5%,成本费用利润率较高。说明该公司取得收益所付出的代价较小,企业成本费用控制的越好,获利能力越强。

(8) 营业增长率 $=\frac{本年营业增长额}{上年营业总额}\times 100\%=\frac{20000}{50000}\times 100\%=40\%$

分析:该公司的营业增长率为40%,营业总额增长较快。说明该公司增长速度较快,企业市场前景良好。

(9) 总资产增长率 $=\frac{本年总资产增长额}{年初资产总额}\times 100\%=\frac{10000}{90000}\times 100\%=11.1\%$

分析:该公司的总产资产增长率为11.1%,总资产稳步增长。说明该公司在一个经营周期内资产经营规模扩张速度合理较快。

◎注意事项

1. 仔细阅读资产负债表和利润表,摘录有关数据时必须准确无误。此外还要分清期初数据和期末数据。根据记账规则,一般情况下本年期初数据等于上年期末数据。

2. 计算时必须列出计算公式,并代入数据运算,最后得出结果。如果不列出计算公式,则运算结果是没有经济意义的。

3. 经济核算指标的分析必须实事求是,注意用词准确。不能无中生有,也不能夸大或掩盖事实情况。

4. 分析结果供营销人员参考使用,所以分析结论必须言简意赅,不能出现歧义。

项目十一　经济核算——填制票据

一、填制票据

（一）填制票据的内容

票据是医药企业买卖双方经济活动的重要证据。填制票据是医药企业履行销售合同中的支付与结算的重要环节，也是开展营销活动所需要的不可或缺的技能。广义的票据填制可以分成以下两类。

1. 填制商业单据　填制商业单据是指医药企业在医药销售过程中填制的有关物权转移单证，交易完成证明，销售明细记录或其他有关的辅助票证。如：提单（图2－11－1）、发票、跟货单等。

托运人
Shipper

收货人或提示
Consignee or order

通知地址
Notify address

中国对外贸易运输总公司
CHINA NATIONAL FOREIGN TRADE
TRANSPORTATION CORP

直运或转船提单
DIRECT OR WITH TRANSSHIPMENT

	转运港 Port of transshipment
船名 Vessel	装货港 Port of loading
卸货港 Port of discharge	最后目的地 Final destination

Cable	Telex
SINOTRANS BEIJING	
Guangzhou 44464 Cgtrs CN	Huangpu 44797 Tcahp CN
Shanghai 33040 Cnccs CN	Foshan 44775 Fatrs CN
Qingdao 32134 Chtqd CN	Zhanjiang 45237 CN
Tianjin 23141 Tjflt CN	Shantou 45404 Cnccs CN
Dalian PG 165 Cnccd CN	Yantai 32603 Cftyt CN
Xiamen 93011 Xmftb CN	Jiangsu 34003 Njfft CN
Fuzhou 92129 Cftf　CN	Ningbo 37034 Ntran CN

标志和号码 Marks and Nos	件数和包装种类 Number and kind of packages	货名 Description of Goods	毛重（公斤） Gross weight (kgs)	尺码（立方米） Measurement(m^3)
	以上细目由托运人提供 ABOVE PARTICULARS FURNISHED BY SHIPPER			

运费和费用
Freigh and charges

SHIPPED on board in apparent good order and condition (unless otherwise indicated)the goods or packages specified herein and to be discharged at the mentioned port of discharge or as near thereto as the vessel may safely get and be always afoat.

The weight measure .marks and numbers .quality contents and value being particulars furnished by the Shipper are not checked by the Carrier on boarding

The Shipper. Consignee and the Holder of this Bill of loading hereby expressly accept and agree to all printed. written or stamped provisions .exceptions and conditions of this Bill of loading including those on the back hereof.

IN WITNESS whereof the number of original Bills of Loading stated below have been signed .one of which being accomplished .the other(s)to be void:

运费支付地 Freight payable at	正本提单份数 Number of original Bs/L
货单地点和日期 Place and the ofissue	代表船长签字 Signed for or on behalf of the Master 代理 as Agent

图2－11－1　提单

2. 填制金融票据　填制金融单据属于《票据法》中规定的出票行为，即出票人签发票据并将其交付给收款人的票据行为。出票为基本票据行为或主票据行为。支票是医药企业在销售过程中主要填制的金融票据。

狭义的票据填制即指填制金融票据。

(二)填制票据的依据

经办人员在填制票据时，要对经济业务的内容进行审核，审核无误后才能填制票据；根据经济业务的性质填制相应的票据凭证，其票据要采用本部门、行业、企业或地区、全国统一规定的标准格式。

(三) 填制票据的要求

1. 填制票据的一般要求(表2－11－1)

表2－11－1　填制票据一般要求

书写要求	1)用蓝黑墨水或黑墨水填写，禁止使用铅笔。 2)按规定需要书写红字的，可以用红墨水； 3)需要复写的，可使用圆珠笔。 4)属于套写的票据，一定要写透，不要上面清楚，下面模糊，严禁在应复写的地方不复写或分开复写，前后内容不一致。
填制内容要求	1)接受票据单位名称，须按名称全称填写清楚； 2)填写日期要年、月、日各项齐全，填制票据的日期须同办理业务的时间保持一致； 3)填写票据时，按照票据已有的项目，应自上而下逐项填写，不得随意增减应填列内容。
签名盖章要求	1)从外单位取得的票据须盖有填制单位的公章； 2)从个人取得的票据，必须有填制人员的签名或盖章 3)自制票据必须有经办单位领导或者其指定的人员签名或盖公章。 4)对外开出的票据，必须加盖本单位公章。
编号要求	填制票据时，应按照票据的连续编号依次使用，不得漏号或跳号。
处理错误票据要求	1)票据填制出现错误，不得涂改和挖补，应由开出单位重开或者按规定方法更正， 2)如注销票据错误并加盖经办单位图章或将错误票据作废另行开具正确票据，在更正处应加盖开出单位的公章等 3)一式几联的发票收据，必须用双面复写纸套写，并连续编号。作废时应加盖“作废”戳记，连同存根一起保存，不得撕毁。

2. 发票的填制(图2－11－2)

××省商品销售统一发票

客户：张明　　　　　　　　　　　　2010 年　09　月　16　日

品名规格	数量	单位	单价	金额							
				十	万	千	百	十	元	角	分
阿莫西林胶囊（再林）	2	盒	15.5				¥	3	1	0	0
复方大山楂丸（三立）	2	盒	8.2				¥	1	6	4	0
维生素 E 胶丸（开明）	3	瓶	9					2	7	0	0
小写金额合计				¥ 74.40							
（大写）	⊗ 万 ⊗ 仟 ⊗ 佰　柒 拾 肆 元 肆 角 零 分										

开票人：黄敏　　　　收款人：李乐　　　　企业名称（盖章）

图 2－11－2　发票的填写内容

（1）客户名称的填写　填写客户名称，也称填写抬头人。填写时必须写全称，不能简写。零售发票不得开企业抬头。

（2）开票日期的填写　填写开票日期，必须是经济业务活动发生的实际日期，不能提前，也不能滞后，要做到当天开取。

（3）药品名称的填写　填写药品名称，应该按照销售药品名称应逐项如实填写，不得虚开或改变内容。尤其是一些药品在填写药品名称时，不仅要填写通用名，还要填写商品名。例如，海南先声药业有限公司生产的阿莫西林胶囊（再林）。不仅要填写通用名阿莫西林胶囊，还要填写商品名“再林”。

（4）规格、计量单位、数量、单价的填写。填写规格、计量单位、数量、单价时，必须按实际或标准填写。

（5）金额数字的填写。大小写金额数字的填写规范。首先必须同时填写大小写金额，两者缺一不可。同时要注意，大写金额前应填“⊗”符号封顶，小写金额前应写上“¥”符号封顶。

3. 支票的填制（图 2－11－3）

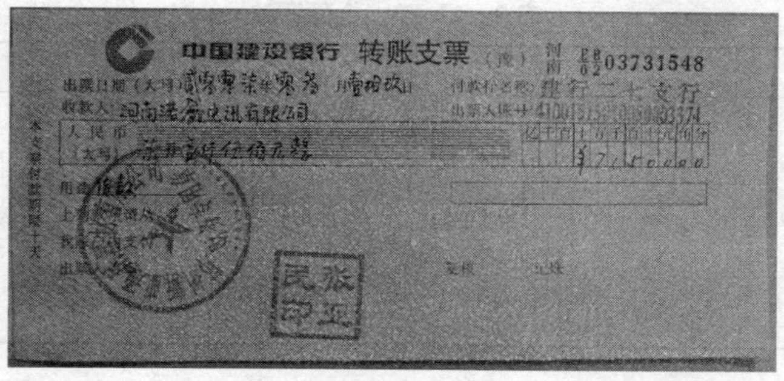

图 2－11－3　支票的填制

（1）出票日期的填写　日期数字必须大写，大写数字写法：零、壹、贰、叁、肆、伍、陆、柒、捌、玖、拾（表 2－11－2）。

表 2-11-2 出票日期写法

出票日期	大写日期
2010 年 8 月 5 日	必须写成:贰零壹零年捌月零伍日,捌月前零字可写也可不写,伍日前零字必须写
2009 年 2 月 13 日	必须写成:贰零零玖年零贰月壹拾叁日。

另外,在填写出票日期时要特别注意两个问题:

一是壹月贰月前零字必须写,如零壹月、零贰月。叁月至玖月前零字可写可不写。拾月至拾贰月必须写成壹拾月、壹拾壹月、壹拾贰月(前面多写了“零”字也可以,如零壹拾月);

二是壹日至玖日前零字必须写,如零壹日至零玖日。拾日至拾玖日必须写成壹拾日及壹拾×日(前面多写了“零”字也可以,如零壹拾伍日,下同)。贰拾日至贰拾玖日必须写成贰拾日及贰拾×日,叁拾日至叁拾壹日必须写成叁拾日及叁拾壹日。

(2)收款人的填写 支票收款人的填写要注意 3 个问题:一是如果现金支票收款人为单位,可写收款单位名称,此时现金支票背面“被背书人”栏内加盖该单位的财务专用章和法人章。(被背书人是指在背书活动过程中,接受背书票据的法人、其他组织或者个人。背书是一种票据行为,是票据转让的一种重要方式。背书是由持票人在汇票背面签上自己的名字,并将汇票交付给受让人的行为。这里的持票人称为背书人,受让人称为被背书人。)二是如果现金支票收款人为个人,可写收款人个人姓名,此时现金支票背面不盖任何章,收款人在现金支票背面填上身份证号码和发证机关名称。三是转账支票收款人应填写为对方单位名称。转账支票背面本单位不盖章。收款单位取得转账支票后,在支票背面被背书栏内加盖收款单位财务专用章和法人章,填写好银行进账单后连同该支票交给收款单位的开户银行委托银行收款。

(3)付款银行名称、出票人账号的填写 填写本单位开户银行名称及银行账号,例如:工行新区支行向阳路分理处 1202027409900088888 账号小写。

(4)金额的填写 支票金额数字的填写分大写和小写两种,填写大写金额时,如果金额到元位或角位,后面必须加“整(正)”字,如果金额到分位则可不加“整(正)”字。例如表 2-11-3 所示。

表 2-11-3 金额写法

金　额	大写写法
289 546. 52 元	要写成贰拾捌万玖仟伍佰肆拾陆元伍角贰分
7 560. 31 元	可写成柒仟伍佰陆拾元零叁角壹分,此时“陆拾元零叁角壹分”“零”字可写可不写
532. 00 元	可写成伍佰叁拾贰元正,其中“正”写为“整”字也可以,但不能写为“零角零分”
425. 03 元	可写成肆佰贰拾伍元零叁分
325. 20 元	可写成叁佰贰拾伍元贰角,角字后面可加“正”字,但不能写“零分”

小写写法为:在最高金额的前一位空白格用“¥”字头打头,数字填写要求完整清楚。

二、审核票据

对填制的票据要进行全面的审核。审核票据是企业会计人员结合日常财务工作进

行会计监督的基本形式。

(一)票据的审核内容

票据的审核内容主要包括3个方面。

1. 审核票据的真实性 所谓真实性,是指票据上反映的应当是经济业务本来面目,不得掩盖、歪曲和颠倒真实情况。审核票据基本内容(票据名称、接受票据单位名称、填制票据日期、经济业务内容、总金额、填制单位和填制人员及有关人员公章和签名、票据附件和票据编号等)是否真实和正确。主要审核经济业务双方当事单位和当事人的真实性、经济业务发生的时间、地点、填制票据日期的真实性、经济业务内容真实性、经济业务"量"的真实性,以及重点审核单价、金额的真实性。凡有下列情况之一者不能作为正确的票据。

(1)未写接受单位名称或名称不符;

(2)数量和金额计算不正确;

(3)有关责任人员未签字或未盖章;

(4)票据联次不符;

(5)有污染、抹擦、刀刮和挖补痕迹。

2. 审核票据的完整性 所谓完整性,是指票据应具备的要素要完整,手续要齐全。审核时首先要检查票据必备的要素是否都填写了。例如,发货票上要有供货单位的财务公章、税务专用章、本联发货票用途、发货票的编号等。要素不完整的票据,原则上应退回重填。

其次,审核票据的手续是否齐全,主要包括:双方经办人是否签字或盖章;是否需要附上相关旁证。需要另外登记的票据,需经登记以后再到会计部门报账;需经领导签名批准的票据,要有领导人亲笔签名。手续不齐全的票据,应退回补办手续后再予以受理。

3. 审核票据的合法性 所谓合法性,是指要按会计法规、会计制度(包括本单位制定的正在使用的会计制度和计划预算)办事。在实际工作中,要审核经济业务的发生是否符合相关政策和法规。凡有下列情况之一者不能作为合法的票据。

(1)多计或少计收入、支出、费用、成本;

(2)擅自扩大开支范围,提高开支标准;

(3)不按国家规定的资金渠道和用途使用资金,或挪用资金进行基本建设;

(4)巧立名目,虚报冒领,滥发奖金、津贴、加班费、防护用品、福利费或实物,违反规定借出公款、公物;

(5)套取现金,签发空头支票;

(6)不按国家规定的标准、比例提取费用(或专用基金);

(7)私分公共财物和资金;

(8)擅自动用公款、公物请客送礼;

(9)不经有关单位批准,购买、自制属于国家控制购买的商品。

(二)审核票据应注意的问题

1. 购买实物的票据,必须有实物收货说明;支付款项的票据,必须有收款单位或收款人的收款证明,付款人不能自己证明自己确实付出了款项。

2. 一式几联的票据,必须用双面复写纸复写,并连续编号。因填写错误或其他原因而作废,应加盖“作废”戳记,整份保存,不得缺联。复印的票据一般不能作为凭证的依据。

3. 已经销售的物品被退回,实物要验收入库或另作处理,退还款时,要先填制退货发票。用现金结算退款时,要取得对方的收款收据;以银行存款退还的,以银行结算凭证联作为证明,不得以退货发票代替对方的收据。

4. 职工因公借款,应填写正式借据作为凭证的附件。这种借据因为要作为记账的凭证,不能退还给借款者,职工用报销的差旅费冲销或退还原借款时,由出纳人员另开收据或用借款结算联一类单据作为证明,并向借款人说明不退借据的原因。

5. 经过行政机关批准的经济业务,批文是不可缺少的票据。年终,如果需要将批文抽出另行保管时,应当复印一份作为附件替换正式批文。

(三)票据中容易出现的错误与舞弊

图 2-11-3　开具阴阳发票的结果

1. 内容记载含糊不清,或故意掩盖事情真相,进行贪污作弊。

2. 单位抬头不是本单位。

3. 数量、单位与金额不符。

4. 无收款单位签章。

5. 开具阴阳发票,进行贪污作弊。所谓阴阳发票,就是指发票联的内容与其他联次的内容不同(图 2-11-3)。

6. 在整理和粘贴票据过程中作弊。例如:利用单位票据粘贴、整理不规范的弱点,在进行粘贴、整理时,采用移花接木的手法,故意将个别票据抽出,等以后再重复报销;或在汇总票据金额时,故意多汇或少汇,达到贪污其差额的目的。

7. 模仿领导笔迹签字冒领。

8. 涂改票据上的时间、数量、单位、金额,或添加内容和金额(图 2-11-4)。

图 2-11-4　涂改票据

(四)有问题票据的处理

在审核票据的过程中,会计人员应认真执行《会计法》所赋予的职责、权限,坚持制度,坚持原则。对违反国家规定的收支,超过计划、预算或者超过规定标准的各项支出,违反制度规定的预付款项,非法出售材料、物资,任意出借、变卖、报废和处理财产物资以及不按国家关于成本开支范围和费用划分的规定乱挤乱摊生产成本的票据凭证,都应拒绝办理。对于内容不完全、不完备、数字有差错的票据,应予以退回,要求经办人补办手续或进行更正。对于伪造或涂改票据等弄虚作假、严重违法的票据,在拒绝办理的同时,应当予以扣留,并及时向单位主管或上级主管报告,请求查明原因,追究当事人的责任。

《中华人民共和国票据法》关于法律责任的若干规定

填制与审核票据，很多人仅仅认为是一种经济行为，实际上它还是一项严肃的法律行为。我国于1995年5月10日颁布实施了第一部《中华人民共和国票据法》，并于2004年8月28日对《中华人民共和国票据法》进行了修改和完善。

第一百零二条　有下列票据欺诈行为之一的，依法追究刑事责任：

（一）伪造、变造票据的；

（二）故意使用伪造、变造的票据的；

（三）签发空头支票或者故意签发与其预留的本名签名式样或者印鉴不符的支票，骗取财物的；

（四）签发无可靠资金来源的汇票、本票，骗取资金的；

（五）汇票、本票的出票人在出票时作虚假记载，骗取财物的；

（六）冒用他人的票据，或者故意使用过期或者作废的票据，骗取财物的；

（七）付款人同出票人、持票人恶意串通，实施前六项所列行为之一的。

第一百零三条　有前条所列行为之一，情节轻微，不构成犯罪的，依照国家有关规定给予行政处罚。

第一百零四条　金融机构工作人员在票据业务中玩忽职守，对违反本法规定的票据予以承兑、付款或者保证的，给予处分；造成重大损失，构成犯罪的，依法追究刑事责任。

由于金融机构工作人员因前款行为给当事人造成损失的，由该金融机构和直接责任人员依法承担赔偿责任。

第一百零五条　票据的付款人对见票即付或者到期的票据，故意压票，拖延支付的，由金融行政管理部门处以罚款，对直接责任人员给予处分。

票据的付款人故意压票，拖延支付，给持票人造成损失的，依法承担赔偿责任。

第一百零六条　依照本法规定承担赔偿责任以外的其他违反本法规定的行为，给他人造成损失的，应当依法承担民事责任。

实训　零售药店发票的填制

◎实训目的

医药企业营销人员在营销过程中正确填写发票是企业营销人员必须掌握的一项营销技能。通过实训，可以使学员熟练掌握发票的填制方法和技能。

◎**实训内容**

民生大药房是××市首批通过国家《药品质量管理规范》认证的一家零售药店，主要经营范围有：中药材；中药饮片；中成药；化学原料药及其制剂；抗生素；生化药品；生物制品；诊断药品。假设你是该药店的药店收银员孙彦，请根据下面所给背景资料对顾客李平购买的有关药品开具发票。

附　背景资料

民生大药房经营的部分药品的基本资料（表2－11－4）。

表2－11－4　民生大药房部分药品零售价格表

序号	药品名称	剂型	规格	产地	零售单位	单价（元）
…	……	……	……	……	……	……
38	牛黄上清片（佐今明）	片剂	24片×2板	河南	盒	10.60
39	金胆片（雷氏）	片剂	100片/瓶	上海	瓶	20.20
40	维C银翘片（奥邦）	片剂	24片/盒	四川	盒	16.50
41	杞菊地黄丸（童涵春）	丸剂	300丸	上海	瓶	16.00
…	……	……	……	……	……	……

◎**实训准备**

1. 场地准备　模拟药店。
2. 物品准备

（1）空白的模拟发票若干张（数量可根据参加实训的学生人数来确定）（表2－11－5）。

表2－11－5　××省商品销售统一发票

NO 002743

客户：　　　　　　　　　　　　　　　　　年　月　日

品名规格	数量	单位	单价	金额							
				十	万	千	百	十	元	角	分
小写金额合计											
（大写）　万　仟　佰　拾　元　角　分											

开票人：　　　　**收款人：**　　　　**企业名称**（盖章）

（2）背景资料若干份（同上）。

（3）蓝色或黑色的水笔和圆珠笔若干支。

(4)双面复写纸若干张。

3. 人员准备 学员分成若干小组,每组学员通过角色扮演等方法共同完成实训操作。

◎实训步骤

1. 顾客购买金胆片两瓶,牛黄上清片一盒。

2. 药店收银员根据顾客的实际消费进行唱付、唱收、唱找(即三唱)。如:您好,总共51元;收您60元;找您9元。

3. 将零售发票簿翻至当前空白页。

4. 填写发票前,确认顾客所购买的药品,并核实消费者购买药品的资料信息(品名、剂型、规格、产地(或厂家)、单位及单价。

5. 经过计算,审核,确认无误后,严格按要求给消费者开具销售发票(表2-11-6)。

表2-11-6 ××省商品销售统一发票

NO 002743

客户:李平 2010年06月09日

品名规格	数量	单位	单价	金额							
				十	万	千	百	十	元	角	分
金胆片(雷氏)	2	瓶	20.20				¥	4	0	4	0
牛黄上清片(佐今明)	1	盒	10.60				¥	1	0	6	0
小写金额合计											¥51.00
(大写)	⊗万⊗仟⊗佰伍拾壹元零角零分										

开票人:孙彦 收款人:孙彦 企业名称(盖章)

6. 将填好的发票交与顾客。

7. 实训结束。

◎注意事项

1. 应依据顾客的有效购物小票开具发票,同时在购物小票上加盖“发票开讫”印章或注明“已开发票”并签名。在实训中如果没有小票,此项可省略。

2. 填写发票,应用圆珠笔,采用双面复写纸按序号全份一次复写(发票本身具有复写功能的除外),各栏目必须真实、完整,各联次内容完全一致。

3. 大写金额前应填“⊗”符号封顶,小写金额前应写上“¥”符号封顶。

4. 填写发票如有出错,必须完整保留出错联次,不能缺联,如已撕开,必须完好地展会原处,并在作废发票的每一联上注明“作废”字样,以备查验。

5. 发票的填写内容必须和发票的使用范围(企业的经营商品或服务)一致,不得超越使用范围,应写明消费者单位或姓名,如实填写发票日期,发票填写后填票人应用正楷签名(盖章)。

6. 发票必须按实际发生金额填开,不得多开。

7. 发票开具日期必须按时间顺序填写,必须按序号开具发票,不能先撕下再给消费者填开发票。

参考文献

[1]侯胜田. 医药市场营销学[M]. 北京:中国医药科技出版社,2009.
[2]管翠玲. 医药市场营销学[M]. 北京:中国中医药出版社,2010.
[3]乔德阳. 实用医药市场营销技术[M]. 北京:化学工业出版社,2008.
[4]冯国忠. 医药市场营销学[M]. 北京:中国医药科技出版社,2008.
[5]张大禄 薛建欣. 药品营销策略与技巧(实战158例)[M]. 北京:中国医药科技出版社,2007.
[6]苏兰宜. 药店零售技术[M]. 北京:化工出版社,2009.
[7]王冬丽. 医药商品销售[M]. 北京:化工出版社,2009.
[8]钟明炼. 药品市场营销案例[M]. 北京:人民卫生出版社,2010.
[9]汤少梁. 医药市场营销学[M]. 北京:科技出版社,2008.
[10]严 振. 药品市场营销技术[M]. 北京:化工出版社,2009.
[11]侯胜田. 医药市场营销学[M]. 北京:中国医药科技出版社,2009.
[12]侯胜田. 医药营销案例点评[M]. 北京:中国医药科技出版社,2007.
[13]王成业,邹旭芳. 药品营销[M]. 北京:化学工业出版社,2008.
[14]劳动和社会保障部教材办公室. 医药营销实训[M]. 北京:中国劳动社会保障出版社,2006.
[15]周晓明,邱秀荣. 药品营销综合实训教程[M]. 北京:化学工业出版社,2005.
[16]霍红,李楠. 商场超市管理制度与表格. 北京:化学工业出版社,2008.
[17]梁春贤. 药品店堂推销技术. 北京:中国医药科技出版社,2009.
[18]樊丽丽. 药店零售与药店经营全攻略[M]. 北京:中国经济出版社,2009.
[19]药学互动论坛 http://www.gzkingway.com
[20]世纪医药招商网 http://www.yy21.net
[21]中国礼仪网 http://hr.dxrc.cn/ly/grly/jbsy/200902/237837.html
[22]宁波礼仪网 http://www.nbliyi.com
[23]前程无忧网 http://www.51job.com/default.php